杜忠誥 著

說文篆文訛形釋例

文史哲學集成
文史哲出版社印行

內容提要

本書是在前人研究成果的基礎上，根據出土甲骨、金文、璽印、貨幣、古陶、簡牘、帛書等古文字資料，參考現存文獻，並結合書法中與文字書寫密切相關的「筆法」、「筆意」與「筆勢」等概念，從漢字形體學之角度，針對《說文》篆文訛形的有關形體問題，所進行的一系列探討。期能振葉尋根，討其本源；又能循流而下，悉其枝派。務使每一個篆文訛形之形體，不論其爲個別點畫筆勢之訛，抑或部件、偏旁，乃至整體字形之訛，對其訛變遞嬗由來，皆能獲得較爲近理之分析、推索與闡釋，以還其形體動態發展演化之歷史真相，一改過去長期以來以靜態的六書分類與文字偏旁部首分析爲重點的傳統字形研究方式。

本書首章之「緒論」，除了「前言」一節爲本書之研究動機與研究方法外，尙有「形體學研究的價值與意義」、「《說文》篆文之形體來源」、「漢字訛變的兩大主因」、「《說文》篆文與出土簡牘帛書」、「《說文》篆文訛形之判定及其類型」等五節。凡與本書各章節所論述的有關漢字形體學上之基本理念，略具於此。第二章至第九章，依《說文》篆文訛形之靜態結構，歸納爲「離析之訛」、「連合之訛」、「增冗之訛」、「刪減之訛」、「穿突之訛」、「縮齊之訛」、「錯綜分合之訛」及「其他」八個類型。每類型各爲一章，並分別舉例，就形體學之動態發展新視角，加以析論，是有關漢字「形體學」研究之實際演示。

周 序

曩年，忠誥擔任國小教師期間，曾考入師大夜間部國文系進修，嗣因有感於日間上班，晚間上學，難以全力向學，乃辦休學而參加本系日間部轉學考試，以英文成績偏低之故，名落孫山。然其本科成績則爲群英之冠。時余正承乏系務，雖知愛才，格於簡章依總分計算之規定，未能錄取，深有遺珠之憾。特往撫慰，並勉其明年捲土重來。忠誥果然不負所望，加強補習英文，全力準備應考。於時，忠誥小學服務五年之期限亦將屆滿，終以成績優異，於次年正式保送進入日間部國文系就讀。

時余頗異其決心毅力，有栽培之意。其後每相勉勵，期其毋以浮游於淺水爲已足，當思沈潛深淵以探驪珠。卒業後八年，忠誥又負笈日本遊學，獲藝術學碩士學位。並就便蒐集大陸諸出土文物資料，盈篋而歸。再明年，復考入師大國文研究所，攻讀博士班，嘗受學《三禮》於余。時忠誥已以書藝顯名當世，且以此授徒養家。數年苦讀，在名師許錟輝博士指導下，焚膏繼晷，殫精竭慮，終於去歲撰成《說文篆文訛形研究》，獲得博士學位。余又蒙邀參與論文會考，榮任座師。余固深信彼此有緣也。自余病後，忠誥亦時相過從。名爲師生，誼同摯友。考前余細讀其論文，穩健紮實，無一語之虛發，考徵詳核，足澄千載之疑惑。洵深味之精蘊，學林之英萃。昔儒孫詒讓《札迻》曾云：「古子群經，有三代文字之通假，有秦、漢篆隸之變遷，有魏、晉正草之混淆，有六朝、唐人俗書之疏失，有宋、元、明校讐之孱改。」於今千載之下，欲辨正歷來文字之訛變，誠非易事。幸大陸文物賡續出土，吉光片羽，堪徵源流。忠誥既幸而得睹諸鼎彝簡帛之真，復熟闇書法筆勢之運轉，深明文字遞嬗之故，潛心研剔，逐字羅列案前，比對其悞舛之跡，卒撰成此巨著。得文史哲出版社彭正雄先生之鼎助，將以付梓，行之久遠，求序於余，迺樂爲書諸端。余早年亦嘗教授文字之學，略識之無，及讀忠誥之作，殊多愧赧，茲附驥尾，留名於後，幸何如也。復思及昔乾嘉學者，多自小學入手，由文字、音韻以通詁訓，由詁訓以通經學，此治學之正途也。蓋如執意於文字筆畫纖細芒介之間既久，心胸或致狹隘；以忠誥植基之深厚，復留心於傳統文化之精華，若能由此通入經學，由小成以進入大成之域，必可待也。方今小學人材凋零，經學尤呈荒蕪之際，亟須有以振之，國魂攸在。忠誥篤厚君子，勉之哉。謹序於台北縣新店市。

陳　序

余初以聲韻、訓詁之學執教於臺灣師範大學，屈指算來，逾三十年。杜生忠諾於民國六十年代從余習聲韻、訓詁，以其嘗執業於小學，故比同時受業諸生年稍長焉。然其兢兢業業，認真求學之精神，實不亞於儕輩；其字跡之整飭，骨肉停勻，遠勝他人，故予我以深刻之印象。余之授聲韻也，每語受業諸生曰：「將予以千錘百鍊，諸生必須先有心理準備。」而杜生肄業期間，亦接受嚴格之錘鍊。舉凡切語上下字之歸類、詩經韻語之分部、通假文字之探索諸端，均能一一完成，余心大慰。

民國七十八年余應聘於香港浸會學院中文系任教，忠諾忽自日本來函，謂在日本進修，正撰寫碩士論文〈睡虎地秦簡研究〉一文，余知忠諾習書多年，探索秦簡，必有所因。蓋漢字形體之演變，從純象形文字變爲意象文字，隸變實爲其分水嶺也。《說文解字・敘》云：「是時秦燒滅經書，滌除舊典，大發隸卒，官獄職務繁，初有隸書，以趣約易，而古文由此絕矣。」古文之變滅，實由隸書導之也。故探研秦簡，實直尋根源，擣其襟項矣。余復函勉之，期許成功。

余自港返臺，復授東坡詩詞研究於師大國文研究所，忠諾前來聽講，恭謹之態，復如其初始肄業之時，未稍改也。其於蘇詩研究堂上，亦選東坡〈次韻子由論書〉一詩，作爲研讀報告，其論書之言，分筋擘理，深得其要。會忠諾舉行書法義賣個展，余乃率全班博碩士研究生，往忠諾書法展覽場，觀其書法展覽。忠諾之書，篆隸行楷，各擅勝場，復創新格。琳瑯滿目，歎觀止矣。因屬爲余書對聯「不種硯田無樂事；非撐鐵骨莫支貧。」及中堂「鍥而不舍，金石可鏤」各一幅，蓋所以深勉之也。忠諾亦能仰體吾意，雖在疾病煎熬，經濟拮据之窘狀下，猶能兢兢業業，克服萬難，終抵於成，並經校方聘請考試委員，舉行論文口試，而獲全票通過，因得博士學位。

忠諾得博士學位後，持博士論文謁余於寒舍，並懇賜序言，余既非指導教授，復非考試委員，忠諾之所以尚欲求余一言者，蓋未忘舊日勉勵之初衷也。生未忘舊，余何敢不略貢獻替，瑣屑之訓，已承耳受。今言其佳善，發前人未發者，舉其犖犖大端，蓋有數事焉。妒所從戶、庶之上端，皆石之訛，形固潛移，音尤精確，石訛作戶，卓識堪欽。跡之從朿，而訛爲亦，鐸部錫部，音實不同，遞變之跡，犁然可識。稷之與稷，原屬形似。折之與制，連合難辨。升斗之差，點滴之異。度庶從石，聲從定母，韻歸鐸部，淸析無似。席雖隸邪，邪古歸定，一言而決。說此數端，可得其概。昔我先師瑞安林景伊(尹)先生每提示於我，文字之學，形音互因，音義相酬，三者不離，乃得其全。今觀忠誥此篇，真得我先師之精髓者也。故樂爲之序而歸之，並爲讀斯篇者告也。
中華民國九十一年三月二十一日陳新雄序於臺北市和平東路鍥不舍齋

許　序

世之治《說文》者,皆知《說文》有誤。自來學者論述《說文》篆文譌形者甚夥，然多以其譌歸諸許慎，曰：此許君釋形之誤也，不知《說文》篆文之譌，其由多端。先師魯公實先嘗謂《說文》有五誤，曰：釋形之誤、釋義之誤、類例之誤、分部之誤、妄屬之誤，而未言及許氏所以譌誤之由。今細讀《說文》，有篆文無誤而許氏誤釋其形構者，若「鳥」字釋云:「象形，鳥之足似匕，从匕」、「木」字釋云:「从屮，下象其根」，是其例；有篆文已誤，許氏據以誤釋其形義者，若「行」字釋云:「人之步趨也，从彳亍。」魯師謂卜辭、彝銘作「行」、「卝」，字象交道之形，而以道路爲本義，引伸爲人步趨之義，篆文譌變作「行」，許慎據以誤釋其形云:「从彳从亍」(見《文字析義》23—25 頁);「中」字釋云:「內也，从口丨，下上通也。」魯師謂卜辭、彝銘作「中」、「中」，審其形構，豎筆以象旗杠，中以象幅，上下以象斿，於文爲獨體象形，本義爲中央之旗，引伸爲凡中央與中外之義。彝銘別有「中」字，示射侯中臬，於文爲從矢〇(圜之古文)會意，當以射中爲本義，其作「中」者，乃「中」之省。「中」、「中」形義互異，而經傳掍爲一文，故《說文》亦誤爲一字，因之所釋形義俱非（見《文字析義》13—14 頁)，是其例。然則許氏撰寫《說文》，收錄前代文字，其形即已譌變，特許君未察，以譌傳譌，據以收錄，此「《說文》篆文譌形由來之先天基因」。再者，許君之後，傳抄、翻刻《說文》者，復以己意增損、更易篆文形體，此「《說文》篆文譌形由來之後天因素」。

原夫文字之譌變，始於書寫時筆勢曲直、連斷之變異；復由筆畫之譌誤，衍生局部構件之譌化，終則形成偏旁部首、整體字形之譌變。夫文字形體，厥有二事，其一主其筆勢、間架之美，是爲文字架構學，此書藝家之所長；其二主其筆畫、結構之正，是爲文字結構學，而小學家之所重。惟歷來書藝家多側重文字架構，講求文字呈現之美，忽於文字結構之內涵；而小學家則側重文字結構，講求文字內涵之真，疏於文字架構之形式。余治文字之學，多歷年所，而自慚疏於書藝，每念及此，未嘗不引爲憾事。觀夫歷來治小學者又多從事六書之論述，偏於形體結構之靜態分析，鮮有從事字形演化譌變之研討者，雖有之，亦未見宏效。蓋形體結構之動態探索，須經由書寫，從而追溯文字點畫筆勢嬗變之迹，苟無精深之書藝造詣，鮮克見功奏效也。

杜君忠誥，專精書藝，享譽書藝界，於文字之學亦多所涉獵，負笈東瀛，就讀筑波大學藝術研究所，以《睡虎地秦簡研究》一文，成其碩士。返國之後，致力書藝之餘，深惟學無止境，雖以羸弱之軀，年過不惑，猶復鼓其餘勇，更上層樓，毅然決然進入臺灣師範大學國文研究所博士班研習，並以文字之學爲其主修課題，其間選修余所授「甲骨文專題研究」、「金文專題研究」等課程，孜孜不倦，時有獨見，發人深省。杜君有鑒於《說文》中篆體多有譌誤，而昔賢之所論述，僅就《說文》篆文著眼，訟議不休，迄無定論。間有依憑商、周甲骨、金文爲說，亦僅略述其形體譌變梗概，終難了然譌變之由與夫嬗變之迹。近數十年來，戰國、秦、漢之簡牘、帛書大量出土，取與《說文》篆文相比照，於其譌形之形成，每有予人豁然開朗之感。因擬以「《說文》篆文譌形」作爲研究主題，思揭其形譌之字、究其譌變之由、明其嬗變之迹、綜其譌變之類，從問於余，余深許之。閱時九載，其間每受累於體氣衰弱，難以成篇，余深以爲憂，然亦未知何以助成之，而耿耿於懷。去年初，杜君告以得高人指引，修「準提神咒」法，氣機發動，神氣轉旺，博士論文可如期完成，聞後爲之雀躍不已。

杜君既成其博士,今擬將其博士論文付梓問世，求序於余，余讀杜君之作，其可稱說者，厥有四事：

一曰正譌，其論《說文》篆文譌形，歸爲八類：一、「離析之譌」；二、「連合之譌」；三、「增冗之譌」；四、「刪減之譌」；五、「穿突之譌」；六、「縮齊之譌」；七、「錯綜之譌」；八、「其他之譌」。總此八類，可以觀《說文》篆文形譌之原由。如「離析之譌」，論「黑」字形譌，依甲骨、金文，「黑」之初形，當是象顏面被墨刑者正面之形。許氏釋爲从「炎」从「囮」，未允（見杜書 54 頁），是其例。

二曰旁徵，如「增冗之譌」，論「欠」字形譌，既依甲骨、金文得其初形，象人張口欠伸之形矣，復旁徵小徐本「欮」字所从「欠」，與夫从「厥」聲者十四字中，「蹶」（卷三走部）、「蹷」（卷四足部）、「鷢」（卷七鳥部）、「髍」（卷八骨部）、「觼」（卷八角部）、「橜」（卷十一木部）等六字，其所从「欠」，篆文皆作「㇇」，正與徐鍇「祛妄篇」中所錄，並據以嚴詞批斥李陽冰篡改之篆文同形。他如玉部「歔」、口部「吹」、「歗」（「嘯」之籀文）、龠部「籥」、木部「楁」、貝部「資」、禾部「稽」、辵部「遂」、「警」（「速」之古文）、「遬」（「速」之籀文）

等字，所从「欠」，篆形均作「」，皆與小徐本中徐鍇說解不合（見杜書 112--118 頁），足證《說文》「欠」字篆文本與甲骨、金文同形，李陽冰所說無誤，後世形體譌變，二徐據譌形為說，未允，是其例。

三曰探本原，如論述「欠」字形譌，追溯《說文》成書前「新莽嘉量」中「次」字，與夫延光二年刻立，年代稍後於《說文》之嵩山「開母廟石闕」中「闕」、「歇」等字，以及年代相若「少室石闕」中「闕」字，其所从「欠」，並與甲骨、金文同形，存古形之正。復就羅福頤《漢印文字徵》、《漢印文字徵補遺》所收「欠」字與夫从「欠」諸字，亦並作「从人上開口」形，無一作「」之譌形者，甚且曹魏正始年間所刻立〈三體石經〉中「厥」字所从「欠」，仍然保存正形。「欠」字篆文之譌形，始見於初唐〈碧落碑〉，其「闕」字所从「欠」，正與今本《說文》篆文譌形相同，是知兩漢時代，「欠」字篆形猶未譌誤（見杜書 117 頁），是其例。

四曰明嬗變，如「漢字譌變的兩大主因」，論《說文》「友」字下所收「古文」第二形作「」，狀似「習」字而實非「習」字，下體「」乃由金文从「口」加點，展轉演化而來。上體與「羽」字同形，實乃篆文「」形之譌變。文中並羅列七形，以明其嬗變之迹（見杜書 33 頁），是其例。

要之，杜君「《說文》篆文譌形研究」之作，或分析比對，確定形譌；或旁蒐博採，統整歸類；或討源尋流，析述論證。條分縷析，頗得體要，言之成理，多所發明。夫學海浩瀚，而人生無常，杜君以不惑之齡、羸弱之軀，孜孜向學，其情可感；歷時九載，逾知命之年而終成其博士，其事足褒。爰綴數語，所以見其成學之艱，並與杜君共勉也。壬午季春，粵梅許錟輝序於臺北學而思齋，時年六十有八。

自 序

此書是筆者去夏完成的博士論文，原名《說文篆文譌形研究》。今乘正式出版之際，謹從口試委員蔡教授信發先生之建議，改爲今名，似覺較原名更爲切合實際。又，「譌」與「訛」爲同字異體，戰國時代已互用無別。如〈中山王方壺〉用「訛」字，〈郭店楚簡〉則「訛」、「譌」兩形並見。就字義上推勘，从言化之「訛」應係本字，「譌」爲借字。古「化」、「爲」音同，故相通假。本論文初成之際，倉促之間未敢定其孰爲本字，題簽時以審美角度，姑取「譌」字。後知一般電腦字模都只用「訛」字，不收「譌」字，爲免困擾，今並改作通用之本字「訛」。內文部分，由於依原論文照像製版之故，一時間不及一併校改，以致書中兩形互見，未能統一，謹向讀者致歉。

筆者自一九八七年春留學日本筑波大學期間，由於接觸到大量新出土的戰國、秦、漢間的簡牘帛書文字，被那些字體介於篆、隸之間，筆趣鮮活，體勢多變的筆寫墨跡資料所感動，因而對於文字「形體學」產生了莫大的鑽研興趣，直覺這是一門值得深入探索的新領域。三年下來，也累積了不少心得。儘管在後來撰成的《睡虎地秦簡研究》碩士論文中，已略發端緒，由於時間短暫，兼以用青澀的日文撰寫，雖經潤飾，仍頗有語焉不詳，辭不達意之憾。

歸國以後，一則爲了鞭策自己繼續深入探討，一則也想藉著修學期限的外在壓力，強迫自己早些將個人在漢字形體學方面的一些研究心得撰寫成書，因而決定繼續攻讀博士學位。事實上，博士課程的規定學分，早在頭兩年就已修滿。之所以會延遲到九年方才畢業，除了因循痼習及俗冗牽纏外，健康問題也是一個重要因素。賤體自從二十多年前在臺大醫院住院膀胱鏡檢查時，爲某腎科醫師所誤，傷及要害，始則出血，繼而流精，命如懸絲。後因勤練南師懷瑾先生所教道家五禽戲之鳥伸（固精），並服用南師所賜丸藥，又經王學長振德教授介紹新加坡留台學人陳平福先生每週兩次免費爲我作針灸治療。幾經調救，得以不死。然自此元氣大爲斲喪，體氣轉弱，稍稍用功，便覺氣餒神憊，心力無法持久集中，長期處在虛羸病懨的狀態中。論文方向早經確定，資料蒐集也從未間斷，且已大致就緒，可就是提不起勁來凝聚構築。當心緒極端低落時節，也嘗興起甘脆放棄拿學位的念頭。心想，總不能用實質的健康去換取虛假的文憑！總之，經此煎熬，方才深切印證了〈學記〉所謂「時過然後學，則勤苦而難成」的論斷。

直到前年農曆春節期間，得有機緣在首愚法師之指引下，到新竹峨嵋的十方禪林，專修「準提神咒」法，老老實實地打了兩個七。在氣機連續發動後，全身體質起了極大的變化。二十多年來的羸病陰霾，大有霍然掃除之感，神氣轉旺，深切體悟到「身」、「口」、「意」三密的神奇效驗。前此雖也斷續修習過多次禪七，卻從未經受過如此深刻的體驗，南師說我這是「初嚐法味」。從此，像似打了一針強心劑，睡眠時間明顯減少，卻仍有足夠的精神從事寫作。十四個月後，就在緊要關頭把博士論文撰寫完成，在規定期限內順利提交出去，免去了險些「胎死腹中」的尷尬。說來也真是不可思議的奇妙際遇呢！

當然，在修學期間，相關研究圖籍的出版，以及地下新資料的不斷湧現，固然提供了不少研究上的便利，也增加了很多論據上的新材料。但牽一髮而動全身，有時只爲了不肯放棄某一條關鍵性的新例證，字表必須重新製作，論文也得局部修改，甚至有少數幾節還被迫不得不整篇改寫。再說，漢字譌別多，其間冤抑也多，且多屬懸疑千百年以上的舊案。文字形體學的研究，正是爲漢字別白洗冤。譬猶包公辦案，既要當檢察官，廣事蒐證；又要當法官，根據字例證據，作出平情之論斷；有時還得權充律師，爲兩造辯護；最後更要當書記官，將這些推索論證辯解與判決經過寫成文案。故每考釋一個字，就形同接手一件訟案。當然，此中工作量極爲繁劇，研究過程儘管艱辛，可卻樂趣無窮。一旦洞中窾竅，歡快何似！

其實，對於這個論文題目，原本準備討論的有一、兩百個字，相關資料都已大致蒐齊。等到實際動筆以後，發現工程實在太過浩大，在現階段作全面論述，時間實不允許。只好暫時就著論文架構所需，依《說文》篆文的各類訛形，姑舉數例以進行析論，先完成學位再說。算一算也不過才討論了五、六十個字，其餘的就只好等日後再隨緣而寫了。如此這般貪多務得的痼癖，也都使得論文之完成，不能不向後延緩。

而今，懸宕多年的博士論文既已殺青，猶如擺落心頭上一塊沈重的石頭，其解脫暢快之感，自非筆墨所能形容。仔細回想起來，這篇論文終竟能夠順利如期完成，實際上是集合眾緣相助的結果，在在令我感念。

除了前述「準提法」的特殊因緣外，首先要感謝的是，我的母系師大國文研究所。我留學日本，取得的是藝術研究所碩士學位，以不合母校師大國文研究所博士班報考資格而不得報考。所裡知情後，還爲此開會議決，特別在第二年的報考資格欄內，增加「藝術研究所」一條，爲我開了方便門。使我能有機會在隔年如願考取母校國研所博士班，在諸師長的循循誘導下，繼續深造，方有此書之出現。飲水思源，恩不可忘。

其次，我的家人應是我的最大助緣了。從事古文字學研究工作，原本是極爲繁瑣的行當。從資料的影印、剪裁，到字表的製作、粘貼，士弘、士宜等幾個孩子都給我以極大的協助。特別是在最後半年多，除了接到白帖子，須上殯儀館以外，我幾乎謝絕了一切酬應。最後連電話都不敢接聽，就在工作室的書房「閉關」，三餐也多半由雙胞胎負責送飯。而大女兒小沛，不僅承擔了全部文稿二十多萬字的打字及版面設計工作，以她那每分鐘七十多字近乎專業的打字速度，隨時機動配合這個老爹的文字生產與修改，無形中替我解決了打字行員最感棘手的古文字學稿件之打字問題。遇到一般字模所無，且爲數不少的「古怪」字形，還得應用她從季旭昇老師那兒學來的造字技能另行造字。而內人張翠鳳女士身爲職業婦女，長期以來，爲這個家庭無保留地付出與奉獻，爲我營造了一個可以專心研學的情境。也常負責代爲校對文稿，既協助又涵容，其辛苦可想而知，已非「感恩」二字所能了事。甚至連我那唐氏症的懷兒，在最後階段竟然也學會了操控升降梯，獨力爲我送飯（我工作室所在的大樓離家約有八百公尺）的本事，令人驚喜萬分。因此，若說爲了撰寫本書，全家總動員，實在一點也不誇張。至於因我長時期的求學歷程，以致疏忽或耽誤了不少起碼的家庭休閒生活。長久以來，雖也獲得家中妻兒們同情的諒解與包容，但撫躬自省，常懷歉疚。這些，只有等待來日再慢慢謀求補贖了。

此外，我的指導教授許師錟輝先生，在百忙中審閱了我的論文初稿，逐章逐節爲我訂正錯漏，殷切指導，頗受啓益。更常賜借圖書資料，至深銘感。而口考委員周師一田、蔡教授信發、鍾教授柏生、季教授旭昇諸位先生以及陳師伯元先生，也都先後個別提供不少寶貴意見或參考資料，使我得據以改進，減少謬誤，謹致上由衷之謝忱。當此書決定付梓，又承蒙許師錟輝、周師一田、陳師伯元三位恩師在百忙中賜撰序文，拙著爲之增彩，感篆何似！尤其周師序文乃抱病完成，更是令我既感且慚。今後，也唯有秉志持恆，精進不懈，庶幾能報諸師長殷殷期勉之雅意於萬一。其他得自諸多師友及親人的種種關懷鼓勵與熱心協助之處尚多，未能一一縷記，併此致謝。

筆者質性駑緩，學殖疏陋。兼以撰寫倉促，雖經多次校改，書中罣漏錯謬處恐仍不少。倘蒙學界先進不吝指正，則感激不盡。

公元二零零二年三月　　杜忠誥謹識於臺北養龢齋

說文篆文訛形釋例

目　次

周　序……………………………………………………周　何………………1
陳　序……………………………………………………陳新雄………………3
許　序……………………………………………………許錟輝………………5
自　序……………………………………………………………………………9

第一章　緒論

第一節　前言………………………………………………………………………1
第二節　「形體學」研究的價值與意義…………………………………………12
一、成立「形體學」獨立學科之必要…………………………………………12
二、「形體學」之研究重點………………………………………………………14
三、「形體學」與異體字之整理…………………………………………………16
第三節　《說文》篆文之形體來源………………………………………………21
第四節　漢字訛變的兩大主因……………………………………………………28
第五節　《說文》篆文與出土簡牘帛書…………………………………………37
第六節　《說文》篆文訛形之判定及其類型……………………………………48
一、《說文》篆文形訛之判定……………………………………………………48
二、《說文》篆文訛形之分類……………………………………………………52

第二章　離析之訛

第一節　說「黑」…………………………………………………………………53
第二節　說「并」…………………………………………………………………58
第三節　說「稷」、「稷」…………………………………………………………61
第四節　說「粦」…………………………………………………………………67
第五節　說「孛」…………………………………………………………………73

第三章　連合之訛

第一節　說「折」、「制」…………………………………………………………83

第二節　說「與」、「与」……92
第三節　說「脊」、「寮」……96
第四節　說「姡」……103

第四章　增冗之訛

第一節　說「欠」……112
第二節　說「歲」……119
第三節　說「州」……124
第四節　說「燕」……128
第五節　說「皇」……132
第六節　說「面」……138
第七節　說「長」、「髟」……144

第五章　刪減之訛

第一節　說「到」、「致」……150
第二節　說「受」……159
第三節　說「則」、「具」、「員」……164
第四節　說「乘」……172

第六章　穿突之訛

第一節　說「非」……179
第二節　說「升」、「斗」……187
第三節　說「半」……191
第四節　說「帚」……196
第五節　說「庶」、「度」、「席」……201

第七章　縮齊之訛

第一節　說「章」……211
第二節　說「平」……223
第三節　說「青」……228
第四節　說「甲」、「卑」……235

第八章　錯綜分合之訛

第一節　說「笑」……………………………………………………………245
第二節　說「奪」、「奮」……………………………………………………257
第三節　說「朝」、「潮」……………………………………………………263
第四節　說「叕」……………………………………………………………272
第五節　說「畏」……………………………………………………………276
第六節　說「贛」、「贑」……………………………………………………280

第九章　其他之訛

第一節　說「旁」……………………………………………………………292
第二節　說「臱」、「邊」……………………………………………………298
第三節　說「展」、「尻」……………………………………………………306
第四節　說「悝」……………………………………………………………324
第五節　說「鬼」……………………………………………………………327
第六節　說「戎」……………………………………………………………332

第十章　結 語……………………………………………………………338

【參考書目】…………………………………………………………………340

說文篆文訛形釋例

第一章　緒　論

第一節　前言

許慎生當東漢中期，漢字象形意味濃厚的古篆文字早已步下歷史舞台，而純粹抽象符號化的隸書普遍盛行，文字形體訛僞日滋。當時的一些「俗儒鄙夫」，動輒以後世新興的隸書俗體去分析文字，解釋經義，以致謬說充斥。所謂「人用己私，是非無正，巧說邪辭，使天下學者疑」。他爲了「理群類，解謬誤，曉學者，達神恉」（註 1），因而才有《說文解字》這部偉構之出現。《說文・敘》說：「今敘篆文，合以古、籀」，揆其著述宗旨，正是想要通過篆文及古、籀文字，以推求先人造字之初義，使字原（本形）與語原（本義）能有較爲合理的對應關係之揭示。

然而，由於時代的限制，許氏當時所據以說解文字形義的古篆文字材料，不論是周代的《史籀篇》、秦漢之間的《倉頡篇》與《訓纂篇》等古字書，或是孔子壁中書及民間所獻的經傳古文，乃至當時流傳或習用的金、石、竹、木、陶、帛等漢代實物文字資料。這些資料，基本上多屬於春秋、戰國以迄兩漢之間的材料，上距文字創制伊始，已甚遙遠。材料本身的某些形體，在材料形成的當時，或多或少已有訛變。再加上《說文》成書以後，歷代輾轉傳抄，又幾經校刊翻刻，其中訛誤竄亂，也是勢所難免。過去，由於可供稽考的古文字資料不多，對於《說文》古篆形體之研究，便只能根據少數的傳世器物及相關文獻，取與許說互校。如清代四大文字學家之一的王筠，在形體研究方面傾注心力獨多，成果也最爲豐碩，讀其《說文釋例》一書，可觀大略。惟以今天的時代條件再加審視，則仍有諸多不足。

註 1：以上引文，並見《說文・敘》。

自清末民初以來，甲骨、金文先後大批出土，不少學者如孫詒讓、吳大澂、羅振玉、王國維、唐蘭、于省吾及先師魯實先先生等學者，據以考釋古文字，並各有著述。對於《說文》古篆形體也多所是正，成績斐然。近年來，大陸考古事業空前興盛，不僅商、周甲骨、金文等古文字續有發現，更挖掘出土了大量的戰國、秦、漢之間的簡牘帛書等墨跡文字資料，爲漢字形體發展之研究，提供了無比的良好條件。

筆者曩在就學師大期間，有幸受教於魯先生，略聞其緒言，或弘闡許說之微言奧旨，或補苴訂正許氏訓解之疏誤。既醇且肆，左右逢源，頗受震撼啓發，因而引生筆者對《說文》一書的強烈研究興趣。在大學畢業以前，對於九千三百五十三個《說文》篆文，幾已全能默寫。嗣後，鑽研不斷，既廣泛涉獵甲骨、金文等商、周古文字，又陸續接觸到一些新出土的簡牘帛書資料，乃開始對於篆文形體的隸變問題產生關注。一九八七年春，筆者負笈東瀛，即以〈睡虎地秦簡〉文字爲切入點，針對《說文》書中部分可疑篆文訛形，作過一些關於形體分析的初步探討，撰成《睡虎地秦簡研究》一編。

歸國後，旋於一九九二年秋間，考入本所博士班，期能在形體學研究方面作進一步較爲深入之研究。就學期間，新的考古文字資料，如曾侯乙墓及包山、郭店等楚系竹簡，又不斷出土，並整理出版。其他相關的重要研究論著，如《甲骨文字詁林》(于省吾主編，姚孝遂按語)、《戰國古文字典》(何琳儀編著)等專書，也相繼問世。在在爲《說文》「古文」、「籀文」及「篆文」形體之探討，營造了更加優越的條件。正由於此，目前學術界對於漢字形體發展演化之研究，較之前代，似乎有漸趨熱絡之勢。惟平日閱覽當代學人探討有關漢字由篆到隸的形體演變問題，其解析深中肯綮，令人擊節者，固然不少。但也經常發現，其結論雖然正確無誤，卻缺乏進一步令人信服的推導與論證；或雖有推論，卻語焉不詳；或者其所推論之演化過程並不真確，甚至還不免有鄰於玄想臆測的現象。揆其原由，對於相關資料未能作歷史性發展的全面觀照考察，固然是原因之一；更加關鍵的因素，或與其對於毛筆書寫時，筆鋒之運動方式與筆畫形體之間的因果對應關係，缺乏真切的認識與體悟不無關係。

筆者數十年來，勤操筆硯，樂此不疲，雖不敢便云有何成就，然對於在實際書寫過程中，筆鋒提按使轉的運用之道，及其與點畫體態形勢之間的因果對應關係，自信亦不無一愚之得。亟思將個人對漢字發展演化與訛變過程中，有關點畫筆勢與形體結構比較分析的研究心得，藉著對《說文》篆文訛形作出分類探討之際，提出一些不成熟的粗淺看法，聊當多年來修學研習的初步成果報告。

茲將本論文的研究方法與步驟分述如下：

（一）、分析比對，確定形訛

本書既以《說文》篆文之訛形爲研究主軸，故首先要面對的，便是如何知其爲訛形的判斷問題。根據文字的本形，以求其本義，乃文字學研究的終極目標，也是許氏撰述《說文》之基本宗旨。所謂「訛形」，意味著本形的訛變或湮晦，亦即由文字形體，已無法看出其當初創造此文字時所賦予之原始意義。

偏旁形體構成分析，是進行漢字形體研究的第一步準備工作。故凡遇一字，不論其書寫材料爲何，先須就其偏旁部首及構形部件予以分析，以確定該字的形體構成元素。許慎撰著《說文》，依照文字偏旁，將書中所收九千三百五十三個篆文，據形系聯，分別歸屬於五百四十個部首之下。這種偏旁分析的方法，正是許氏在《說文》書中的一大創發。在漢字形體研究方面，給予後人以極大的啓發。《說文》書中列爲字頭，作爲主要訓解分析對象的篆文形體，也是許氏根據當時可以考見的有關古今文字資料，進行對照、比較、甄別後的結果。其書之所以受到後世如此的推重，跟他所採行的這種符合科學精神的研究方法，是密不可分的。今天，我們對於《說文》古篆文字訛形問題的探討，也唯有師法許氏，運用這種偏旁分析比對的方法，才能避免主觀的任意猜測，或落入射覆式的猜謎遊戲之窠臼。

許慎撰著《說文》一書，其所據以說解的字形，不論是當時傳承習用的文字資料，或幾經傳抄的特定字書，其與文字初創時期相距久遠，漢字由象形兼表意的階段。進入表意兼標音，新興形聲字普遍盛行的階段，文字或處於劇烈隸變過程中，或者早已隸變完成，其中含有不少譌誤的形體存在。在這樣的歷史條件之下，許氏只能以偏旁部首作爲六書分析的基本單位，作出幾近靜態的定點式的形體構成之分析，無法如今日有大量豐富的各類古文字資料作爲稽核參考之背景，讓我們對於漢字形體，能有較爲全面的縱貫的歷史性動態發展之認識機遇。故其所分析歸納出來的五百四十個部首，也並非盡皆可以信從。

實則，文字之譌化，泰半從實際書寫時的筆勢變化開始，由於筆勢之曲直或連斷之變異，往往導致筆畫之譌變；復由一筆一畫之譌誤，而引生局部構件之譌化，最後才形成偏旁部首，乃至整體字形之譌變。

以今日的眼光看來，過去長久以來所奉行，以偏旁部首作爲形體分析基本單位的傳統六書理論，用來解釋早經隸變，錯綜萬端的漢字形體，已嫌疏略而捉襟見肘，不足以真正解決漢字的形體演化問題。在此一認識的前提下，重新對《說文》篆文逐一加以檢視，通過與隸變前、隸變中及隸變後的各個不同時期、不同地域，乃至不同材料之對照比較，竟然發現有至少十分之一，亦即接近一千個篆文形體是有問題的譌形（註 2）。事實上，漢字裡頭十之八

註 2：如「走」字，甲骨文只作「」，象人擺動雙手跑步之形，隸定作「夭」，兩周金文又增「止」旁爲形符，作「」。故「夭」、「走」原本是一字的簡、繁二體。今本《說文》篆文作「」，上部所从之「」，並非「夭」字，乃是「夨」字。《說文》誤以頭部之右傾者爲「夭」，而以頭部之左傾者（）爲「夨」，不確。商、周古文字原以頭部之傾側者爲「夨」，其左傾或右傾無別。今「走」字已確證是譌形，則凡从「走」構形，列在「走」部下的八十五個篆文，也一體皆譌。又如「欠」字，本當作「」。今本《說文》篆文作「」，已確證是譌形。則不只第二代系屬於「欠」部下的六十五個从「欠」之字俱爲譌形，其他由从「欠」之字所構成的第三代（如「資」之从「次」；「厥」之从「欮」），乃至第四代的字（如「濱」、「穦」之从「資」；「獗」之从「厥」），也無不同譌。單是「走」、「欠」兩個字族，就有一百五十許個譌形，其他成群結隊的譌形字族尚多。筆者此處說是「十分之一以上」，已算是保守的估計了。

九都是合體字，故漢字的譌變，相對而言，獨體字的整體譌變，所佔比例極小，絕大部分都只是偏旁或部首的譌變。而偏旁部首的譌變部分，又往往只是該偏旁部首的某一個組成部件，或是整個字的某一兩個筆畫之譌化而已。有些字的《說文》篆文譌形是整體面目全非式的譌變，形同將古文的舊屋子整個拆掉剷平，重新改建新體的隸、楷書。如「叕」字，今本《說文》篆文作「」，係由甲骨文中的「」形譌化而來（註 3）；又如「襄」字，金文本作「」（〈穌甫人匜〉，註 4），今本《說文》篆文則譌變作「」；有些則只是偏旁部首的譌變，如「妬」字本从「石」聲，今本《說文》或譌爲从「戶」聲；更有些則只在局部的部件變易，如「歲」字本从步「戉」聲，今譌爲从「戌」，筆畫既有增冗，又變形聲爲會意；或一筆一畫之增刪，如「牢」字甲骨文作「」，〈睡虎地秦簡〉作「」，今則譌冗一筆作「」；甚至還有些只是個別筆畫本身的態勢，如「公」字甲、金文皆从八从口，作「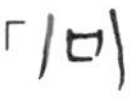」或「」。所从之「口」形，隸變後均譌作「厶」，《說文》篆文則譌爲从「」，寫作「」。其他如「弘」、「強」、「雄」等被許慎解釋爲从「厶」構形諸字，譌變情況與「公」字相類。這些篆文譌形，若用過去以偏旁爲單位元素的靜態分析眼光看，或者會不疑有他，不會發現什麼問題，一旦改用形體遞嬗過程推索的動態發展演化分析，便會發現其中實在問題重重。

註 3：關於「叕」字之形體演化問題，請參閱本論文第八章第四節，「說叕」。

註 4：案，此字吳大澂《說文古籀補》首先釋出。其所从之「」，〈辥侯盤〉作「」，甲骨文只作「」。商器〈祖辛爵〉作「」，下象人赤足之形，與甲文从「」者同意。上从「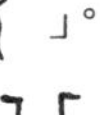」，所象不明。「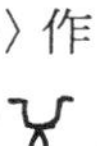」字之創制本旨雖尚難確指，惟就甲、金文形體發展上看，其爲《說文》「嚴」字之初文，應無可疑。說見于省吾著《甲骨文字釋林・釋》，頁 132～134（台北，大通書局，1981 年 10 月）。根據早期甲骨、金文資料可知，《說文》「襄」字之篆文「」，所从「」旁左下之「」形，乃「人」形（）之譌變；「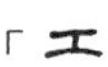」形則由「土」形譌來；右下之「」形，則爲「攴」形之譌變。

這些篆文譌形率皆不合於本形自然之演化，以及商、周以來一脈相承之形體規範。大多在形體譌變後，其本義之訓解亦隨之而誤。當然，其中大部分應是許書原本之譌，但也有一小部分是由於後人傳抄時，有意或無意所造成的譌形。只能分別爬梳，難以一概而論。

（二）旁蒐博採，統整歸類

《說文》篆文譌形的斷定，是以文字的本形作爲分析參照的對象，故基本上仍以隸變前的較早期文字資料之採集爲主。惟本論文並不以確知其譌形爲滿足，更欲進而討源尋流，析其原委。爲求其能信而有徵，作出較爲客觀而具說服力之論斷。故在資料的蒐集上，更須力求完備，不厭博多，俾便從中揀擇其最具關鍵角色的字例，以爲舉證之用。

與本論文有關的研究資料，大致可分爲兩類：一是作爲舉證之用的字形資料，二是作爲論述佐證的文獻資料。關於字例資料方面，最重要的，莫過於近百年來地下陸續出土的大量古文字實物資料。這些新資料，既包括商、周時代圖畫意味濃厚，文字形體發展相對較爲穩定，足供考求文字本形的古篆文字；也有春秋、戰國、秦、西漢之間，形體變動最爲劇烈的六國古文字及古隸文字；更有完全隸化後的漢、魏、六朝乃至隋、唐時代的隸、楷書文字，種類繁多。特別是秦及西漢前期，爲數甚鉅的簡牘帛書古隸文字資料，不僅補足了隸變過程中的不少重要環節，也爲漢字形體發展演化研究，提供了令人信賴的第一手資料。其中大部分還都是當時人手寫的墨跡文物，目前大多均已整理出版，甚至依部首或筆畫編纂爲字形表或文字編之類的專書，頗便利用。其收錄單一字體字形的，有《甲骨文編》、《續甲骨文編》、《金文編》、《金文續編》、《古籀彙編》、《石刻篆文編》、《古璽文編》、《陶文編》、《古幣文編》、《漢印文字徵》、《隸書大字典》等；兼錄各體字形的專書，有《字形匯典》、《古文字類編》、《漢語古文字字形表》、《秦漢魏晉篆隸字形表》、《書法大字典》等。不但檢索容易，入手也不難。

不過，這些字書，率皆經過人工轉摹，難免會有摹寫失真或譌誤的現象，本身也還存在著不少問題。（註 5）。即使字書與字書之間，也存在不少矛盾（註 6）。故不管面對任何資料，都須以批判的精神去加以運用。所幸有不少新出土古文字資料的專書，如《甲骨文合集》、《殷周金文集成》、《侯馬盟書》、《郭店楚墓竹簡》、《睡虎地秦墓竹簡》、《馬王堆漢墓帛書》、《長沙馬王堆一號漢墓竹簡》等，都依原件照相製版印刷，如有疑義，可以覆按。當然，即使是原件，有些字的筆畫也有漫漶模糊的現象，並非找到原件圖版就可了事，仍須審慎甄別利用。

由於各類出土古文字材料數量實在太過龐大，別說是兼錄各體的一般字書，即使是只收錄單一字體的文字編之類的編纂，對於古文字資料，多半也只是採樣式的收錄，並非全皆收載。有不少形體特殊，極具關鍵環節角色的文字，常不免會遺逸在外，成了漏網之魚。如〈睡虎地秦簡〉中的「春」字，根據拙編《雲夢睡虎地秦簡文字編》所收，就有五個字例。既有从艸从日屯聲的形體，也有从日屯聲的簡體，其所从之艸旁，多已移寫到聲符的「屯」旁之下。「日書乙種」的三個字例，所从之「屯」，中間一筆上縮，形近「出」字。在「屯」下「艸」上，還都冗增一筆橫畫。然而，《秦漢魏晉篆隸字形表》卻只採錄〈秦律十八種〉第四簡的一個字例。此字原簡除了「日」旁較為清晰外，其餘筆畫都有些模糊，難以準確辨認。而此書的摹寫者，卻似乎很篤定地將它摹寫成「日」上从五個「中」符（上中下茻）的怪異形體。就〈日

註 5：如秦「陽陵兵符」的「甲」字，本作「」，原器框廓中从「十」，作十字相交之形，仍清晰可辨。與《說文》篆文之从「丅」作「」者不同。而《秦漢魏晉篆隸字形表》則依今本《說文》篆文譌形，摹作寫「」，顯係誤摹（見該書頁 1049）。又如「粦」字，甲骨文作「」，金文或於字下加「舛」為繁文。上部原本从大，於手臂的上下各加兩點，象「粦」（鬼）火。隸變後譌為从炎，許氏即據隸變後的譌形採作篆文。「石鼓文.吳人」的「憐」字，心旁置於字下，而上面的「粦」旁，仍存古形作「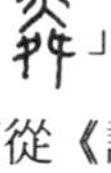」，清晰可辨。《漢語古文字字形表》則誤摹作从「炎」（見該書頁 395）。顯然是盲從《說文》，未予諦審，致有此譌。

註 6：見本章第二節，「形體學研究的價值與意義」所引用之例。

書乙種〉第二五二簡的清晰字形看來，最上面的一個「屮」，應是「屯」形之譌；至於「屯」下的「茻」形，原簡儘管不易辨晰，但縱觀商、周以來的古文字資料，凡从「茻」之字，上下兩「艸」之間，必有其它形符以相隔離，絕無作似此上下緊鄰相重疊者，故其非从「茻」，可以斷言。顏之推有言：「考校是非，特須消息。」（《顏氏家訓・書證篇》句）試想，若拿這類既片面又遭扭曲過的文字資料，作爲探討形體演化的根據，又將如何得其正鵠呢？因此，若真正有心作文字形體學之研究，字形書固然少不得，但也不能全皆仰賴現成的工具字書，最好還是要能直接閱讀未經摹寫的原跡圖版。所謂「披沙撿金，往往見寶」，每能讓人有意外的收穫。當然，倘能直接就實物資料審視，更加理想，只是對於一般研究者而言，很難有此種機會罷了。有些出土文物本身，由於年代久遠，色澤都極灰暗，原物的字跡或許筆畫還很分明，一經拍攝製版後，效果反而未必都好。如直接看照相製成的圖版，有時還遠不及摹本來得清晰。故轉寫過的字書雖不免疏誤，卻仍不失爲便利的參考資料。

此外，如徐鉉《說文解字》、徐鍇《說文解字繫傳》、段玉裁《說文解字注》、桂馥《說文解字義證》、王筠《說文解字句讀》、《說文釋例》、朱駿聲《說文通訓定聲》等今日流傳的各種《說文》版本，《原本玉篇殘卷》、《宋本玉篇》、《廣韻》、《集韻》、《龍龕手鑑》、《萬象名義》等傳世字（韻）書，以及歷代各體碑刻、法帖等等，也都是本論文研究基本的重要參考圖書，不能不購置案頭，以備隨時查對比較。

根據前述有關資料蒐集的成果，以《說文》篆文譌形爲主軸，進行初步的分析整理後，乃將所採集資料中，具有形體演化代表角色，足以作爲文字源頭本形及其流變演化過程論證說明之用的字例，依時代先後，予以排列，各別製成字表。並即全面針對《說文》篆文之譌形，在與相關資料的比對分析之下，依各個篆文譌形所呈現的形體結構之異同，予以整合歸類，分爲「離析之譌」、「連合之譌」、「增冗之譌」、「刪減之譌」、「穿突之譌」、「縮齊之譌」、「錯綜分合之譌」七類。別立「其他之譌」一類，以收納不易歸屬之譌字，共計八種類型。即於每一類型之下，各舉數例，分別論述，作爲本研究論文之基本架構。

至如王國維所提出「二重證據法」中的「紙上文獻」方面，如《說文詁林》(丁福保)、《金文詁林》(周法高)、《甲骨文字集釋》(李孝定)、《甲骨文字詁林》(于省吾)等各種論說總集，以及傳世文獻中的經傳、諸子文集、史地、美學等專著，乃至散見於各種期刊、雜誌或私人論著中，諸家有關古文字考釋論述之作，凡與本題有關，足資參考者，自然也都在蒐求採集之列。不過，儘管有某些譌形之確定，係由於前人相關論述文字之啓發，惟就舉證上說，這些紙上文獻資料，基本只能作爲進行學理論述之間接佐證，真正有力的直接證據，仍非地下新出土的古文字實物資料莫屬。

(三)討源尋流，析述論證

根據本形，以求本義，是文字學研究的基本課題。探求文字最源頭的本形，則是漢字形體研究的首要工作。故先須根據所收時代最古的文字資料，分析其形體構成，明其本形，並參稽眾說，闡述其當初創造此一文字的原始意義。

上古人事簡樸，先民「依類象形」所造之文字，爲數原本不多。其後「形聲相益」，乃孳乳而漸多。故關於文字之「源」，依其實際創制時間，在時代上，亦有先後之殊。再說，漢字產生譌變的時間，也有早有慢。有些在古文篆書盛行時代就已經譌化的，謂之「篆變」；有些是在由古文篆書向隸書過渡中譌變的，謂之「隸變」；更有些則在由隸書向楷書過渡，甚至在楷真書盛行以後才譌變的，謂之「楷變」。其中文字形體變動最大最爲徹底的，莫過於「隸變」。有些古篆文字，在經歷過隸變期的翻天覆地之折騰後，形體相貌幾經易容，最後或竟變成截然不同，甚至整體譌誤的全新字形。其實，外在體貌(形)雖經變異，而內在精魂(本音或本義)往往始終未改。卻有可能只因其演化過程中的某些環節的消失，致令後人無法將這音、義全同的前後兩個異體字劃上等號，取得形與義之對應而加以明確指認。

于省吾說：「古文字是客觀存在的，有形可識，有音可讀，有義可尋，其形、音、義之間是相互聯系的。而且，任何古文字都不是孤立存在的，我們研究古文字，既應注意每一字本身的形、音、義三方面的相互關係，又應注意每一個字和同時代其他字的橫的關係，以及它們在不同時代的發生、發展和變化的縱的關係。只要深入具體地全面分析這幾種關係，是可以得出符合客觀的認識的。」（註 7）于氏的這一番話，真不啻是度人金針，確是過來人語。也唯有採取動態歷史演化的觀點，對於漢字形體發展與演變真相之探討，方有可能獲得較爲相應如實的認識與理解。

文字書寫中的筆勢，是筆法運用的結果。乃一筆一畫在整個字中，由於上下承啓的關係所形成的體態姿勢。它是由隱藏在書寫者腦海中的意象（筆意），經由特定的工具與技巧（筆法），所產生的可被視覺感知之點畫形象（筆勢）。故在漢字的實際書寫中，筆法與筆勢上的變異是因，構形部件或偏旁部首等結構上的譌變是果。然因既生果，果又成因。因又致果，因果相生，循環牽連。起先的筆勢之變，細微難知；末後的偏旁結構之譌，則象顯易覺。推究起來，所有的譌變，都因細部的筆勢之近似與誤解而來，由於誤解原跡筆勢背後隱含的筆意而致誤書，因誤書而產生譌形。故欲究明漢字的譌形問題，書寫中有關「筆意」、「筆法」與「筆勢」之間，這個三位一體的生成對應關係，絕對是不可忽視的一環。本論文在探討漢字譌形的形成，推索其一筆一畫的所以然時，除了無徵不信，一切根據證據以立論外，也不嫌繁瑣，特別對於書寫過程上的筆勢變易之小單位元素之動態演化，給予了較多的關注。以期對漢字演變過程中，千狀萬彙，各種錯綜複雜的形體由來，能作出較爲合理而接近真實的闡釋。

關於《說文》篆文譌形之研究，有三個基本課題要掌握，亦即知譌、證譌與析譌。所謂「知譌」，是對某一形體之是否爲譌形之認定；「證譌」，則是對此一認定之進一步舉證；至於「析譌」，係針對該譌形的字形、偏旁、部件或單個筆畫之所以爲譌的來由，提出盡可能的合理詮釋。這三個問題，彼此之間，環環相扣，互爲補濟。若無初步概略之「析譌」，便莫由「知」其爲「譌」；若不知其爲譌，「證譌」之舉便成無的放矢；而若未經齊全之舉「證」，則其原先所知之「譌」，究係只是疑似爲譌，抑或確實是譌，便無從判斷。又倘若不能根據這些例證，對於譌形之筆畫、部件、偏旁，乃至整體字形之形體由

註 7：見于著《甲骨文字釋林》序，臺北，大通書局。1981 年 10 月。

來，作出進一步動態形體演化之推索與論述，一如法庭審案之現場重建。則儘管字例齊全，鐵證如山，也只能在主觀直覺上更加明確「知」其爲「譌」，無法作出富有理據的客觀論證來。然而，三者皆依字例資料而進行，故須有充分之字形資料作前提。如果缺乏可靠的字例資料，或資料不夠齊備，研究工作便難以順利進行。即使進行研究，其研究成果必然也要大打折扣。大抵人之常情，要稱讚他人之是，只要一言半語，便足以令其歡悅；而要評斷他人之非，往往千言萬語，猶不足以令其折服。《說文》一書，以其體大思精，千餘年來入人甚深。至或推尊太過，自己奉之若神明，又不許他人持異議者，容亦有之。爲了克服本論文先天上的此一艱難困境，故往往總要「上窮碧落下黃泉」，只爲了盡可能求其關鍵字例之齊全，期能作出較具說服力之析解與論斷而已。胡適之說過：「有幾分證據，說幾分話。」故掌握較全面之參考資料，不僅是本論文研究上的基礎準備工作，實在也是始終貫串著整個研究工作進行的重頭工夫。

第二節　形體學研究的價值與意義

一、成立「形體學」獨立學科之必要

文字是記錄語言的書面符號，語言中的「音」與「義」，早在文字創制伊始，便由文字的「形」來一體承載。故文字學的研究，相應於文字的「形」、「音」、「義」三要素，原本應該包括「形體學」、「聲韻學」和「訓詁學」三個學術範疇。然而，一則由於漢字多屬單音詞，詞的音義與字形混合爲一，所謂「得意忘象」，原本可以也應該自立門戶的文字之形體，往往落得只是純爲字音和字義服務的載體工具而已。這種字（形）、詞（音與義）合一的漢字特質，使得文字形體的學術性格難以顯揚。再則，原本就跟聲韻學和訓詁學鼎足而三，以字形爲研究重點的「形體學」，長期以來，均由涵蓋假借（字音關係）與轉注（字義關係）在內，以六書分析與字體分類爲重點的「文字學」一詞來含混頂替，無形中也助長了一般學人對於「形體學」研究內容的認識上之籠統與錯亂。

按理說，「聲韻學」的正名應作「文字聲韻學」，「訓詁學」的正名應作「文字訓詁學」，「形體學」應作「文字形體學」。而這三個學門，既皆含攝在「文字學」之下，故上面的「文字」二字均不妨略去，便成「聲韻學」、「訓詁學」與「形體學」。今既以泛指字形、字音、字義的「文字學」，來作爲字形研究的權名，使得字形的研究內容，不僅嚴重縮水，甚且遭受不少無謂的扭曲與誤解，而漢字形體學的園地，遂爾荒蕪，耕耘者極少。爲今之計，若欲改弦更張，唯有將原本以字體分類與六書分析爲研究主題的「文字學」，正名改稱爲「形體學」。既可物各付物，還其本有，又能肆應現代學術研究的科學精神之要求（註 1）。

註 1：近代有關文字形體研究專書，惟一九五六年蔣善國《漢字形體學》一書，明確以「形體學」作爲研究重點，首揭「形體學」作爲獨立學科之義。書中雖亦頗有創發，惟其時隸變劇烈期之戰國、秦、西漢之地下簡牘帛書出土尚少，對於漢字形體演變之推導與論證，還有極大的限制，無法深入開展。

文字的形、音、義，既是三位一體，故對於字形的研究，固然也須兼顧其與音、義之間的關係。惟若不能針對文字的點畫或偏旁，先在字形上作出精確的辨析與論斷，則對於字音與字義上的研究，便難以順利開展。清儒段玉裁說：「聖人之制字，有義而後有音，有音而後有形。學者之考字，因形以得其音，因音以得其義。」（註 2）王筠也有類似的說法：「古人之造字也，正名百物，以義爲本，而音從之，於是乎有形。後人之識字也，由形以求其音，由音以考其義，而文字之說備。」（註 3）兩位清代文字學家所見略同，都認爲文字形體研究，乃是探討字音與字義的入手基礎。而分析字形，以明本義，則是研形之首要課題。特別在訓詁學方面，除了本義以外，還有各種引申義與假借義之運用。而本義完全寄託在本形之上，若本形不明，則孰爲本義，孰爲假借義或引申義，不僅無法作出適當的梳理判斷，甚至還可能會誤以引申義或假借義爲本義，導致種種曲解與附會。

此外，有些存在聲韻學上的問題，也往往由於文字形體的譌變，而變成了不可解的難題。如許書从石得聲之字，經朱駿聲《說文通訓定聲》一書統計，有「石」、「祏」、「碩」、「秳」、「鼫」、「斫」、「柘」、「磔」、「跖」、「橐」、「袥」、「拓」、「櫜」、「蠹」等十四個「字」。事實上，漢字从石衍聲的字，絕對不止此數。如二徐本都已譌爲从「戶」的「妒」字，在甲、金文及西漢帛書中，均从石得聲，可以證知从「石」的「妬」字才是本形。由於六朝以後「石」旁譌爲从「戶」，其作爲聲符的「石」字，在中古音又似看不出跟「妬」字的讀音有何關係。而新譌成的「戶」旁，因與「妒」字讀音相近，卻被不疑有他地傳承下來。在清代四大家的《說文》著作中，也仍舊是莫衷一揆。桂馥《說文解字義證》、王筠《說文解字句讀》、朱駿聲《說文通訓定聲》，均依二徐本，从女戶聲作「妒」。只有段玉裁《說文解字注》，根據「柘、橐、蠹等字皆以石爲聲，戶非聲」，以其在聲韻學上的慧解，而將「妒」之篆文譌形毅然訂正爲从「石」聲的「妬」，卓識堪欽（註 4）。

註 2：見王念孫《廣雅疏證》書前段氏序。台北，廣文書局。1971 年 10 月。

註 3：見王著《說文釋例》自序。北京，中國書店，1983 年。

註 4：詳細請參閱本論文第三章第四節，「說妬」。

此外，如「庶」、「度」、「席」三字，也當在衍「石聲」之列。這三個字，上部所从之「庐」形，均由「石」旁譌變而來。在上古音中，「庶」字讀爲魚部書紐；「度」字讀爲鐸部定紐；「席」字爲鐸部邪紐。「度」、「席」二字既同屬「鐸」部，而「魚」、「鐸」二部，在段玉裁「古十七部諧聲表」中，又同在第五部（註 5）。故知「庶」、「度」、「席」三字古音相近，其同爲从「石」得聲，不僅可以在形體學上獲得證成（註 6），在古音上也有學理上的根據。而今，由於這三個字的本形有所譌變之故，其本音也因之隱晦而無法究明。

諸如此類潛存在聲韻學上的一些糾葛，若不配合形體學上的董理分析與檢證，將永難獲致圓滿的解決。故關於漢字形體發展之研究，不僅是形體學本身獨立的課題，更是聲韻學與訓詁學研究上的基礎課題。

二、「形體學」之研究重點

形體學的研究重點，在於振葉尋根，設法從歷代可以考見的字例中，找出每一個文字最初的本形，並由此循流而下，觀察其在各個不同時期的形體發展之歷史演變。同時，也兼顧其同一時期的不同地域之形體差異，並推索其一筆一畫的所以然之故。故欲進行這樣的研究，相關資料愈齊全周備愈好，以便作出較具說服力之析述與論證。近代以來，經由科學考古挖掘，歷史上各個不同時期、不同地域，乃至不同材料的大量古文字資料的出土，已爲漢字的形體研究，創造了比往昔的任何時代都還有利的學術環境。

漢字的形體，表現在兩個方面，一個是筆勢（與書寫相關），這是文字外在筆畫樣態的呈現根據；一個是結構（與書法審美上的結構概念不同），亦即文字內在的六書組成方式。歷代各種字體之變遷，就是這結構與筆勢兩個方面，互相推移，互相激盪作用下所產生的結果。六書結構問題是傳統文字

註 5：見段玉裁《說文解字注》，書後所附「六書音均表二」，頁 829。台北，黎明文化事業公司，1974 年 9 月。

註 6：關於「庶」、「度」、「席」諸字形體之探討，請參閱本書第六章第五節。

學的探討重點，而筆勢問題，則與書法之書寫具有密不可分的關係。就漢字的歷史發展演變上說，結構之變是「大變化」，筆勢之變是「小變化」(註 7)。結構的變化，象顯可徵；筆勢的變化，細微難知。筆勢之變是結構之變的先行，若無前者點畫筆勢上之變異，後者的形體結構上之譌變，即無生成之可能。長久以來，小學界關於文字形體方面的論述，泰半側重在六書組成方式的形體結構上之靜態分析，而忽略了與書寫活動所引致的點畫筆勢之動態探索，遂導致漢字形體研究的嚴重落後。

《說文》書中有不少篆文譌形，若不從形體學的角度，追尋字形發展之歷史性脈絡，那奇詭的形體之來龍去脈，是絕難索解的。如被孫海波《甲骨文編》收在書後附錄的「」字，假若沒有〈睡虎地秦簡〉「」及「」的中間環節之出土，後人無論如何也不可能把它跟隸、楷書中的「叕」字連結起來，更難以想像它跟《說文》篆文中的「」字會有什麼樣的瓜葛。連替甲骨文中「」字的螟蛉形體認祖歸宗的機會都沒有，更別說進一步析論其形體演化的遞嬗過程了。

又如「芻」字，甲文作「」，从又持二屮；或从又持二木，作「」。字形向左或向右，並無差別。本象以手取草木之形，爲蒭蕘的「蒭」字之初文。羅振玉首先釋出是「芻」字，其說確不可易。西周以後，从屮之形獨傳，手形並統一向左。其後受文字規整化影響，至戰國、秦、漢間，或譌作「」。所从之「又」旁，原本象肘臂之一筆，已萎縮不見，致與指掌背面平齊。後來，更進而被拆解成兩個「象包束艸之形」的「」。其後，又添加艸旁爲形符而成「蒭」字。根據自商、周以迄秦、漢時代的古文字資料，在形體發展上，不難梳理出一條明晰的遞嬗演化脈絡來。然而，在當代古文字學者之間，對於此字的釋讀卻還很混亂，看法並不一致。如高明主編的《古文字類編》，以甲、金文中之「」爲「若」(註 8)，而以〈戰國古璽〉中已譌變

註 7：見蔣善國《漢字形體學》，頁 2~5。北京，文改革出版社。1959 年 9 月。

註 8：見該書頁 298。東京，東方書局，1987 年。

之「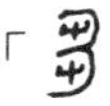」爲「叒」（註 9），誤分一字爲兩字。更以「若」（甲文作，象人跽跪以雙手理順頭髮之形，金文或增「口」爲繁文）爲「叒」（註 10）；至於容庚的《金文編》，則依唐蘭之說，既以从又持二屮之「」爲「若」（註 11），又以从邑之「」爲「都」（註 12），混「叒」、「若」二形而爲一。唯有徐中舒主編的《漢語古文字字形表》，以「」爲「叒」，而以「」爲「若」（註 13），爲得其正鵠。諸家之所以會存在如此嚴重的殽亂情況，主要在於大多數學者，仍停留在以偏旁部首作爲字形分析的靜態字相上看問題，尚未能從縱貫動態發展的形體演化上，作全面觀照與推索之故。

事實上，以「」爲「若」，不僅在形體發展的實物文字資料中，找不到从「口」的字例，以爲串聯之一貫證成，也無法對甲骨文中「从又持二屮」以外，尚有「从又持二木」的異構現象，作出圓滿的解釋。故今天我們要探討漢字的形體演化問題，若不能從形體學動態歷史發展的角度去進行考察，忽略了對其間錯綜複雜的點畫筆勢遞嬗過程之全面觀照與考索，只就古今篆、隸字形作偏旁部首的簡單直接之對應比附，便不免會治絲益棼，無法真正解決問題。當然，對存在於學者之間，某些混殽不清的有關漢字形體之糾葛，其孰是孰非，也就無從作出合理而客觀的評斷。

三、「形體學」與異體字之整理

形體學的研究重點，在於探究每一個文字形體演變的歷史性發展脈絡。字樣學所要進行的重點工作，則是針對某一特定時代的諸多異體字加以整理，並制訂出該時代的用字標準----「正字」。兩者所面對的都是文字的形體

註 9：同上書頁 297。同註 8。

註 10：見《古文字類編》，頁 298。同註 8。

註 11：見《金文編》，頁 38。北京，中華書局，1985 年。

註 12：同上書頁 451。同註 11。

註 13：見《漢語古文字字形表》，頁 24~25。四川辭書出版社，1987 年。

問題，但側重點有所不同（註 14）。後者若譬之爲斷代史，前者便是通史。如果缺乏縱貫的通史之全面觀照基礎，專治斷代史而欲其有大成就，必不可得。假令缺乏形體學上宏觀的歷史性探究成果之根據，則字樣學對於「正字」標準之擬訂，便失去憑藉，其說服力必大打折扣。

漢字大抵是沿著草率化與規範化，兩路交互前進發展的。文字的產生，是先民長期集體創造的結晶，並非成於某時某地的某一人之手。起初往往只是各造各的，異體紛呈，後來經過廣土眾民長期的甄別汰擇，約定俗成，才逐漸形成共識而被大家傳承習用。故異體字的問題，不僅早在文字創制之初期，便已存在。甚至，只要漢字仍被書寫使用，都可能不斷有新的異體字被製造出來。由於文字之傳寫者，既非文字的創制者，又多不解文字的構形原理。一般日用書寫，基於便捷的實用心理需求，簡率連筆的情況，是難以避免的。若放任其自由發展，不只異體充斥，甚且譌別滿紙。故在經過一階段的混亂狀態之後，便會有主政者或民間的有心人士出來，針對當時所行用的「異形」文字進行一番整理，加以規範統一。這便是所謂「正字」運動，其運動成果的記錄，就是歷代相傳如《倉頡篇》、《訓纂篇》、《干祿字書》、《五經字樣》等字書，而成爲「字樣學」的主要研究對象。故「字樣學」其實就是爲了解決異體字的問題，應運而生的一門學科。

無論其爲何時何地，異體字一經出現，並被傳承，不管是被收錄在特定的字書中，抑或作爲該文字載體的實物，如簡、帛、金、石等資料的流傳或發掘出土，它便有可能成爲一個客觀而永恆的存在。因此異體字的數量，也就與日俱增，愈來愈龐大。由漢初《倉頡篇》的三千三百字，到二十世紀末期《漢語大字典》的五萬四千六百七十八字。前後兩千年間，字數增加了將近二十倍，甚至已到了令人一看就頭大的地步。試一翻閱聯貫出版社出版的《字形匯典》（註 15），書中所錄，各體字形龐雜宏富，無奇不有，可見一斑。

註 14：參曾榮汾《字樣學研究》，頁 5~7。台北，學生書局。1988 年 4 月

註 15：此書遍收古今與字形有關書籍，匯爲一編，工程浩大。由陳師新雄、余迺永、李殿魁、袁炯諸先生主纂，聯貫出版社負責人袁炯先生散盡家產，獨資編印。全書計分五十冊，前三十冊已出版，後二十冊亦已編成待印中。

惟若詳予稽考，在這麼多的異體字形裡頭，其中有些固然是早已被廢黜了的死字，只當歷史陳跡，供後人憑弔祭奠。但也有不少是音義全同的異體字，且多係漢字由篆變隸，及由隸變楷的字體轉換歷程中，所出現的尚未定型的過渡性文字形體，被唐、宋以後的學人，用後世的隸書或楷書改寫過而留存下來的，其中有很大一部份還都是譌誤的形體，有必要重新予以全面爬梳整理，究明其孰爲正形，孰爲譌形。縱使是譌形，對其一點一畫之由來，也當有合理之詮釋，指出其何以爲譌的理據來。

如「者」字，或於「曰」上著點作「者」，這兩個異體字，究竟有點者爲正，還是無點者爲正呢？由教育部在一九八二年九月正式公告，通令全國遵行使用的《常用國字標準字體表》的「者」字，其下附註云：「本作者，今從省。」（註 16）根據註文語意，「者」字似當以「曰」上加點者爲「正」，不加點者爲「省」。實則，「者」字甲骨文作「」，金文作「」，上部本象板築之形（註 17），小篆漸趨規整化，作「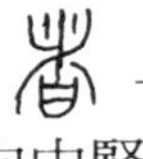」。其後，由於書寫時筆勢的映帶，篆文上部中豎的左右分開的兩點，向中豎靠攏而連結爲一；右下之點，也跟左上方點下的折筆接合，而連成一筆，經此筆畫之重組，遂演變成全新的構形，作「」。後來，向右斜出的一筆，漸被擺平，便成了後世行用的楷書字形。實則，此一新體早在戰國末期的〈睡虎地秦簡〉中，即已隸化完成而頻頻出現。後人或見兩周金文及秦代小篆「者」字，右下有一筆，便不明究裡地再加一點，以爲正形理當如此。不知古篆文中的這一點，早已在隸變過程中，與左上方的折筆連接融合而爲向右斜出的長横（捺）。其間的演化之跡，大抵如下：

註 16：見該書老部，頁 163。台北，正中書局。1986 年 12 月版。

註 17：依林光義說，見陳初生《金文常用字典》所引，頁 416。西安人民出版社，1987 年 4 月。

有趣的是，通行簡體字的大陸彼岸，其所出版與字形有關的《漢語古文字字形表》及《秦漢魏晉篆隸字形表》兩本權威著作，「者」字都从有點的「者」字，在其書後所附的〈檢字表〉中，「八畫」裡頭是查不到此字的，必須到「九畫」裡才找得到。可見海峽兩岸的文化界，對於這個「者」字，到底是有點的爲正，還是無點的爲正？都還處在一種模稜不定的含混狀態，此一問題始終未獲根本性的解決。

事實上，以有點的「者」字爲正體，而以無點的「者」字爲「俗」、爲「非」，並不始於今日。刊行年月比教育部《常用國字標準字體表》還早的《中文大辭典》，就以有點的「者」字作爲字頭，而於此條之末，附以無點之「者」，下註云：「者之俗字。」（註 18）若再向上推溯，則明代焦竑《俗書刊誤》書中，在無點的「者」字下，註云：「俗無點，非。」（註 19）在筆者所見文獻資料中，這是最早明文註出以有點之「者」字爲正，製造糾葛的始作俑者。然而，同是明人的梅膺祚《字彙》老部，也把「者」字列在卷首「檢字」的「九畫」之下（註 20）。可見以有點的「者」字爲正體，乃是明朝人的共同認識，其所由來已久。像這類懸宕數百年的公案，若不從文字形體學的歷史發展角度去探討究明，其間的是非便難以裁斷，甚至還常會落入仁智互見，彼此相非的無謂糾葛中。

總而言之，漢字由象形的古篆文字形態，向著點畫符號的隸楷書的今文字形態轉化，其間經歷的變動，錯綜複雜，紛紜萬彙。故對於漢字形體隸變之研究，也是一件極爲龐雜而煩瑣的工作。然而，工程儘管浩大艱鉅，一旦圓滿實踐，究明每個字的「譜系源流」，則不僅可以訂正《說文》篆文譌形及

註 18：見該書第七冊，頁 856。中國文化大學出版部，1973 年 10 月初版。1979 年 5 月四版，仍同。

註 19：見該書卷二，「十六者」下。刊《欽定四庫全書》「經部十」。

註 20：見張自烈《正字通》書前〈字彙舊本首卷〉，頁 62。北京，國際文化出版公司，1996 年 1 月。

訓解之疏失，並可替訓詁學及聲韻學之研究做好初步的築基工作。其研究成果，還可爲字樣學中有關標準字體之研擬制訂，提供具有說服力之理論依據，更是妥善解決異體字整理及歸屬問題的最好參照。

第三節　《說文》篆文之形體來源

關於《說文》篆文形體的來源問題，許慎在書後的《敘》中，為我們鉤勒了一張概略的藍圖。

《說文・敘》說：「今敘篆文，合以古、籀。」可見許書基本上是以篆文作為分析字形，說解字義的主要依據。這裡所謂「古籀」，即許氏書中所收「古文作某」,「籀文作某」的「古文」與「籀文」之簡稱。「籀文」，是指周宣王太史籀所著，用以教導學童的識字教科書，後世稱為《史籀篇》。其文字體勢，「大抵左右均一，稍涉繁複，象形象事之意少，而規旋矩折之意多」(註1)跟古文微有不同，也就是漢人書中所說的「大篆」。原本有十五篇，後漢光武帝時亡佚六篇，故流傳到許慎的時代，至多也只是僅剩九篇的殘本（註2）而已。

「古文」，指的是孔子舊宅壁中書及民間所獻的古文經傳。亦即《說文・敘》所謂「其稱《易孟氏》、《書孔氏》、《詩毛氏》、《禮周官》、《春秋左氏》、《論語》、《孝經》，皆古文也。」「篆文」，基本上是指秦始皇統一天下後，由當時朝中精通文字的李斯、趙高和胡毋敬等大臣，根據《史籀篇》省改重編的《倉頡篇》、《爰歷篇》、及《博學篇》三種字書。這些以秦代小篆書寫的古字書，到了西漢初年，曾被「閭里書師」整編為三合一的《倉頡篇》,「斷六十字以為一章，凡五十五章」，共計三千三百字（註3)。

關於《說文》書中「籀文」與「古文」的時代問題，王國維曾在所撰〈戰國時秦用籀文六國用古文說〉一文中，提出「古文、籀文者，乃戰國時東、西土文字之異名」的觀點。又說：「六藝之書，行於齊、魯，爰及趙、魏，而

註1：《觀堂集林》卷五，頁254。台北，河洛圖書出版社，1975年3月。

註2、見班固《漢書・藝文志》〈史籀十五篇〉下註，頁1719。台北文光出版社，1973年4月。

註3：同註1，頁1721。

罕流布於秦（猶《史籀篇》之不行於東方諸國）。」（註 4）王氏所說，「古文」是戰國時代的東方六國文字，就目前出土的戰國古文字資料看來，大體是正確的。但他把「籀文」的時代也拉到戰國時代，與六國古文成爲並列的地域關係，則顯然與出土戰國古文字的實況不符。何琳儀教授根據「籀文」中有不少文字與六國「古文」吻合的例證，提出「秦文字和六國文字都是籀文的後裔」,「籀文和古文是豎線時代關係和交叉地域關係的混合」的新觀點，並且列表加以說明：

金文—籀文（周宣王）——┬—籀文（秦）
　　　　　　　　　　　　└—籀文（六國）＋ 古文（六國）

何氏透過這個古文字發展序列表，對於《說文》書中「古文」與「籀文」的時代與地域關係所作之論述（註 5），深切著明，遠比王國維的說法合理，宜可信從。

漢代開國未久，一切多承秦制，以吏爲師，文字政策也不例外。按之尉律:「學僮十七已上始試，諷籀書九千字，乃得爲吏。」又以秦書八體（案即大篆、小篆、刻符、蟲書、摹印、署書、殳書、隸書）作爲基礎教育的教學重點，也是學僮考試的主要科目。一般文書官吏之晉用與考績，秦書八體也成爲重要的甄試考核項目。「書或不正，輒舉劾之。」（註 6）不僅要求文字書寫要端正美觀，更要求不能寫錯別字。否則，便要被舉發而遭受處罰。情況嚴重時，甚至還要連帶罰及當初舉薦的人。其對字學的重視，可見一斑。後來，由於政府對於文字政策的鬆弛，「雖有尉律，不課。小學不修，莫達其說久矣。」到了西漢後期，所謂「倉頡多古字，俗師失其讀」，這些以小篆書

註 4：見《觀堂集林》卷七，頁 305～306。同註 1。

註 5：見何撰〈戰國文字與傳抄古文〉一文，載《戰國文字通論》，頁 39～40。北京，中華書局，1989 年 4 月。

註 6：以上引文，並見《說文解字・敘》。

寫的《倉頡篇》上之古文字，一般學者幾乎都已經無法釋讀了。故許慎在《說文・敘》中，又說：「孝宣時，召通《倉頡》讀者，張敞從受之。涼州刺史杜業、沛人爰禮、講學大夫秦近，亦能言之。孝平時，徵禮等百餘人，令說文字未央廷中，以禮爲小學元士。黃門侍郎楊雄，采以作《訓纂篇》。凡《倉頡》已下十四篇，凡五千三百四十字。群書所載，略存之矣。」

然而，《說文》篆文共有九千三百五十三字，除了他本人如前述所明白指出的《倉頡篇》與《訓纂篇》爲其主要來源外，其他四千多字，則是另有來源。

至於這「倉頡已下十四篇」，目前可以考知的，有《漢書・藝文志》中所載：武帝時，司馬相如的《凡將篇》；元帝時，黃門令史游作的《急就篇》；成帝時，將作大匠李長作的《元尚篇》；平帝時，楊雄作的《訓纂篇》。再加上漢初的《倉頡篇》，總共才五篇，即使把漢初三合一的《倉頡篇》算作三篇，也不過是七篇，其他尙有七篇既未見諸載籍，或皆早已亡佚，今已莫得其詳。又，《訓纂篇》後來又經班固增入十三章，合爲六千一百二十字（註 7）。此外，東漢和帝時，賈魴作《滂喜篇》，以《倉頡》爲上篇、《訓纂》爲中篇、《滂喜》爲下篇，亦稱《三倉》，字數增至七千三百八十字（註 8）。此篇雖用當時通行的隸書寫定，然既與《倉頡》、《訓纂》等篇並置，其所取材，當亦有一定的學術價值，故此書勢必亦爲許氏著作時之重要取資參考對象。

前引《說文・敘》中，曾說《訓纂篇》中的五千三百四十個篆文，只是西漢末年，由平帝所主持召開的全國古文字學術研討會，經審慎討論後獲致的成果之結集。其所根據的，只是「倉頡已下十四篇」；還不包括當時可能猶是十五篇完本的《史籀篇》，與漢武帝時，魯恭王壞孔子故宅所得《禮記》、《尙書》、《春秋》、《論語》、《孝經》，以及漢惠帝年間，北平侯張蒼所獻《春秋左氏傳》等古文字資料在內。儘管許書中明確標示爲「古文」或「籀文」者，

註 7：並見《漢書・藝文志》，同註 1。

註 8：見張懷瓘《書斷》，載《墨池編》，頁 320。台北，國立中央圖書館出版，1978 年 2 月。

爲數不多，總共也不過六百多個（註 9）。但這並不表示《說文》一書所採用的「古文」與「籀文」字只有這些。

關於《說文》「篆文」與「古文」、「籀文」之間的關係問題，淸儒段玉裁有一段極精闢的論述。他說：「許重復古，而其體例不先古文、籀文者，欲人由近古以考古也。小篆因古籀而不變者多，故先篆文，正所以說古籀也。隸書則去古籀遠，難以推尋，故必先小篆也。其有小篆已改古籀，古籀異於小篆者，則以古籀附小篆之後，曰『古文作某』、『籀文作某』，此全書之通例也。其變例，則先古、籀，後小篆。」（註 10）又說：「許所列小篆，固皆古文大篆。其不云『古文作某』、『籀文作某』者，古籀同小篆也。其既出小篆，又云『古文作某』、『籀文作某』者，則所謂『或頗省改』者也。」（註 11）段氏的這兩段話，對於《說文》書中的「篆文」與「古文」、「籀文」之關係，說得明白洞達。因此，前所述及許氏當時所及目見的《史籀篇》殘本及孔子壁中書等古、籀文字資料，其形體之同於小篆者，固皆爲許氏之所採用，並已散列在《說文》篆文之中。至於收錄在許書中，標明爲「古文作某」或「籀文作某」的字形，則是「古文」、「籀文」的形體結構與篆文相異者，並非許愼當時所見到的「古文」與「籀文」的材料只有這幾百個而已。

王國維在「說文今敘篆文合以古籀說」一文中，說：「敘所云『今敘篆文，合以古、籀』者，當以正字言，而非以重文言。……然則《說文解字》實合古文、籀文、篆文而爲一書。」（註 12）由此可知，《說文》基本上雖以「篆文」作爲說解的「正篆」，但所選取的這些「正字」，卻是參酌了「古文」與「籀文」形體後的總結。其他未能入選的字，則附錄於正篆之下，作爲「重文」異體，保存了不少珍貴的文字史料，也爲後人理解《說文》篆文來源，提供了極好的津筏。

註 9：根據張震澤的統計，《說文》書中所收「古文」有四百零五個，「籀文」有二百一十三個，共計六百一十八個。見張著《許愼年譜》，頁 66。遼寧大學出版社，1986 年 8 月。

註 10：見段著《說文解字注》，頁 771。台北，黎明文化事業公司，1974 年 9 月。

註 11：同註 9，頁 765，「皆取史籀大篆，或頗省改」句下注。

註 12：見王著《觀堂集林》，頁 319。台北，河洛圖書出版社，1975 年 3 月。

此外，在許書撰著《說文》當時，凡可以考見，足資利用的前代及當代所傳習使用的文字資料，如銅器、碑刻、簡牘、帛書、鉥印、古陶等，雖屬零量散見，亦必皆為許氏之所珍惜採納。除了散布在《說文》字頭的篆文以外，許書所列重文異體一千一百六十三字，扣除明確標示為「古文」與「籀文」的大約六百個左右的古、籀字形，其他所剩大約半數的重文異體，應該都跟許慎當時在生活上習見的實物文字資料密切相關。

《說文・敘》又說：「郡國亦往往于山川得鼎彝，其銘即前代之古文，皆自相似。雖叵復見遠流，其詳可得略說也。」（註 13）王筠以《說文》書中未嘗有稱引商、周古器銘文者，乃認定「說文不收銘」（註 14）。唐蘭也有同樣的看法，他說：「漢以後雖曾發現銅器，像〈孔悝鼎〉、〈尸臣鼎〉、〈仲山甫鼎〉之類，但不多見，所以沒有人去蒐集那種文字。《說文・敘》裡雖提鼎彝，卻沒有採用一字。」（註 15）實則，漢時出土前代青銅器銘文，既多見諸載籍，也有當時古文字學專家參與釋讀工作（註 16）。唐氏所謂「沒有人去蒐集那種文字」，純是想當然耳的臆說。或恐當時尚無傳拓技術，摹寫為難。然以許氏之邃於古文字學，亦必能自如釋讀，並加以利用。或者所見器銘不多，其字形與「古文」、「籀文」無別，遂不別加標注罷了。試想，以許氏對於古文字學之篤好，對於此類前代第一手寶貴古文字材料，必無輕棄不取之理。且《說文》若於彝銘全未採用，則許書〈自敘〉中所提鼎彝事，便是無的放矢。以許氏治學之矜慎謹嚴，當不致如此。所謂「有者必然有，無者不

註 13：此段文字，舊有爛缺，雖經後人填補，恐尚有譌誤，亦難為句讀。王筠引嚴氏之說云：「《汗簡》引無『其銘』二字。又，『皆』字下空白。蓋舊本爛闕，二徐臆補『自相似』三字。」見王筠《說文解字句讀》，頁 605。北京，中華書局，1988 年。

註 14：同註 12。

註 15：見唐著《古文字學導讀》，頁 37。台北，樂天出版面社，1973 年 7 月。

註 16：漢宣帝時，美陽民間曾出土有銘文之寶鼎，獻給朝廷，古文字學家張敞受命讀之。敞乃案鼎銘勒而上議，以為宜薦見宗廟云。事見《漢書・郊祀志》，頁 1251。台北，文光出版社，1973 年 4 月。

必無」，王、唐二氏以《說文》書中未見稱引商、周鼎彝者，便說「說文不收銘」、「沒有採用一字」。這就如同看到《說文》書中標註「古文」者有四百多個，標註「籀文」者有二百多個，便謂《說文》書中所引用「古文」與「籀文」，才不過這六百多個一樣，既不合道理，也不合實情。

《說文》三下攴部，「攸」字篆文作「」，其下出重文从「水」作「」，字下釋云：「秦刻石繹山，石文『攸』字如此。」或據此以謂秦代刻石亦爲許書所採。實則，繹山原刻石雖毀於唐代野火，今尚有宋代鄭文寶據徐鉉所摹複刻拓本傳世，「攸」字作「」，「攴」旁左方之豎作兩筆，與今本《說文》之作一筆者固然不同，也與重文之从水作者不合，可見這條資料本身便有問題。案甲骨文「攸」字，但作「从人从攴」形，至金文或於字中加點。東漢〈婁壽碑〉則作从三點。故當以今傳鄭文寶所刻拓本爲正。「攸」字下所出重文及釋文，或係唐、宋間人所竄改增入。故秦代刻石，應不在許書篆文來源之列。其他，在「繹山刻石」中，如「戎」、「于」、「數」、「皇」、「黔」、「戰」等字，形體既與今本《說文》篆文不同，且更接近於商、周古文字。如謂許氏見到秦刻原石，如何未被採用，乃只見此「攸」字一例，何況所引用者又是譌形？其事不無可疑。

當然，也有一部分被許慎收入《說文》書中的篆文，是隸變完成後，形體已有譌變的漢代隸書文字，只不過是運用小篆的筆法改寫，並將平直方正的隸書體勢，改成勻圓而略帶縱長的小篆體勢而已。這種「以隸作篆」的情形，恐怕是許氏在當時既找不到比較古早的字形，不得已才作出的權宜之計。如「與」字《說文》篆文上部所从的「」，乃係「牙」之譌變，本當作「」，象兩齒相錯之形。西漢早期的簡帛文字及兩漢印文，筆畫雖微有變異，从「牙」之形體未失。其譌作今形（与），是〈曹全碑〉、〈桐柏廟碑〉等後漢碑刻上才有的。許氏由於不明「與」字原本从「牙」，除了篆文依當時所見隸書字形，以篆法寫定外，還誤把漢碑中「與」字的簡體「与」字，望文生義，訓作「一勺爲与」，列在十四上的「勺」部之下，胡說一通，實不足爲據（註 17）。又

註 17：詳見本書第三章第二節，「說與、与」。

如「奪」、「奮」兩字上部，金文如〈奪簋〉、〈奪壺〉等，原本均从衣从雀構形，並非如許書所說的从「奞」。今隸、楷書中「奪」、「奮」兩字，上面的「奞」，顯然是由早期金文所从「衣」旁的上面衣領部份，跟下方的「雀」旁兩個形體，在隸變過程中，錯綜解構，再重新組構後，所生成的譌形（註 18）。許氏書中此類「依隸作篆」的篆文形體，他如「厄」、「婁」、「受」、「章」、「弘」等字，還有不少，此處難以一一枚舉。根據這類早已隸變的譌形來說解文字，顯然是不可靠的。時代限之，亦無可如何。惟這類字形的甄別與吸納，固然跟許氏對於當時新興文字形體之詮釋觀點有關，另一方面，也有一部分，可能是經魏、晉以後學人傳抄竄改的結果，須要分別深入爬梳，以還其歷史真相。

綜上所述，許慎《說文》篆文的資料來源，主要來自三個方面：一、古字書。這一方面，有周代的《史籀篇》殘本九篇；秦代的《倉頡篇》、《爰歷篇》及《博學篇》；西漢的《訓纂篇》及東漢的《滂喜篇》等。二、傳抄古文獻。這部分有孔子舊宅壁中所得《禮記》、《尚書》、《春秋》、《論語》、《孝經》及北平侯張蒼所獻《春秋左氏傳》等古文經傳抄本。三、實物文字資料。這一方面，包括傳世器物及當時所傳承使用的相關篆、隸文字資料。以上三個部分，應該就是《說文》篆文的主要材料來源。

註 18：詳見本書第八章第二節，「說奪、奮」。

第四節　漢字訛變的兩大主因

如前所述，作爲《說文》篆文重要來源的《史籀篇》、《倉頡篇》、「壁中書」等古文字資料，由周代，歷經春秋、戰國、秦、西漢，以至許慎生存的東漢中期，漢字在這前後百千年間的傳衍使用中，字體由象形意味濃厚的古篆文時代，經過內部形體的解構，再重新組構而成爲純抽象點畫符號的隸書時代，即使在這些原始資料的形成當時，其本身必然也含藏著不少已經譌化的形體。換句話說，被許慎收錄到《說文》裡頭的篆文字形，在其被收錄的當時，若本身已有譌變，許書也只有跟著傳譌而已。關於這一點，從近代以來出土的甲骨、金文及簡牘等大量古文字資料，已獲得有力的證明。這是《說文》篆文譌形由來的先天基因。

再說，自從許氏《說文》問世以後，迄今又已將近兩千年。在傳拓與印刷技術尚未發達以前，古籍之流傳，幾乎全賴抄寫。在這長期的傳抄過程中，不管是抄寫者個人學養不足之無心疏誤，或因傳抄者主觀見解的有意竄改，乃至原寫本字跡不清，辨識困難，由於誤解筆畫而致誤抄等，在在都有可能讓原本字形失真走樣。尤其到了唐代，眾所皆知的，精研字學，自稱「斯翁之後，直至小生」的篆書家李陽冰，就曾經重新刊定《說文》，全面進行研究整理，不僅對於文字形義提出他個人的新解，也對許書中的篆文有所改易。

如今《說文》原本及李陽冰的刊定本，早已亡佚不存（註 1）。今日傳世的《說文》通行本子，只有徐鉉的校訂本《說文解字》（或稱《大徐本》）和徐鍇的《說文解字繫傳》（或稱《小徐本》）兩種，而其所依據的底本，主要仍是李陽冰的刊定本。《大徐本》與《小徐本》，兩種都是宋本的清代複刻本，不僅內容、注釋及各字之間的次序不同，即所收篆文及「古文」、「籀文」形

註 1：關於李陽冰《說文》刊定本，在徐鍇《說文解字繫傳・祛妄篇》中略存吉光片羽。今觀其所改易諸字，對於字形或字義之說解，容有未甚諦當之處，而某些篆文，如「欠」、「非」等字，都與商周甲、金文字相合，足見李氏當時改易許書篆文必有所據，小徐以「妄」闢之，未必有當。

體，也有所不同。如《說文》「非」部，有从「非」某聲者四字，及从某「非」聲者三十七字，其中「非」字及从「非」諸字，《大徐本》與《小徐本》，大致均已譌作「」。唯土部「圮」字或體「醇」（），右半上部所从「非」旁，兩本都作「」，不譌。與李陽冰所刊定者同，想必皆從李本改寫未盡之孑遺。而同是从「非」構形的手部「辈」字，所从之「非」，《小徐本》已譌，《大徐本》不譌。又，「俳」、「排」、「婓」、「[illegible]」、「裴」等五字，《大徐本》已譌，《小徐本》不譌，兩本互有異同。舉此一例，可見一斑。這自然跟摹寫的書手與刻印工人之文化素養不齊有關。每多一道手續，便增加一分致誤的可能。這些因輾轉傳抄或翻刻，所造成的譌誤，則是《說文》篆文譌形由來的後天因素。

且不說是經歷一、兩千年，被輾轉傳抄過的《說文》篆文系統，就以出土未久的〈睡虎地秦簡〉爲例。根據筆者初步研究編成的《雲夢睡虎地秦簡文字編》，共得字頭一千四百七十七個，被收錄到《秦漢魏晉篆隸字形表》書中的，有三百八十三字，約佔全部字頭的四分之一強。其中被誤摹失真的，有「祿」、「福」、「春」、「局」、「步」、「衛」、「試」、「譽」、「與」、「旋」、「索」、「歙」、「讓」、「受」、「肥」、「牆」、「毋」、「飢」、「某」、「富」、「穿」、「覆」、「僑」、「斆」、「竈」、「襄」、「戾」、「獻」、「壅」、「黨」、「黥」、「應」、「抏」、「掇」、「義」、「弩」、「織」、「蚤」、「徹」、「斧」、「轉」、「輸」、「陵」、「隱」、「亂」、「辱」等四十餘字。其中還不包括原簡過度漫漶，實在無法辨識，卻硬被在模糊中摹錄下來的一些筆畫彆扭怪異的字形。在所採錄不到四百個秦簡字例中，已有如許誤摹失真處，同書所收其他大量簡牘帛書文字，譌誤恐亦不少。實則，簡牘帛書文字字體多屬介乎篆、隸之間的古隸，摹寫此類文字，既不能全以《說文》的篆文系統去硬套，也不能只用隸變後的隸、楷書字形去摹取。還須對隸變過程中的形體演化規律，有些基本的認識與把握，方能物各付物，得其本真。以這樣深具代表性，編輯態度堪稱嚴謹的權威字書，其誤摹失真的情況竟然如此，著實令人驚詫。（註2）段玉裁在洪适《隸

註 2：至如李正光所編，湖南美術出版社印行的《馬王堆漢墓帛書竹簡》，雖是从原跡影印製版，而釋文錯誤滿紙，簡直不堪卒讀，誤人不淺，識者自能辨之。

續》書前所寫序文中，曾說：「凡言音義之書，有譌字，尚可據理正之。此書（案指《隸續》）專載字形，其譌者，則終古承譌而已矣。」（註 3）後來編纂的《漢語大字典》，書中有關秦、漢以下的字形示例，便全皆根據《秦漢魏晉篆隸字形表》書中的字形採錄而來。前引段氏的說法，值得三復。這類文物資料出土才不過二十餘年，經首度摹寫，編成字書，便已失真譌誤如此。倘不速加訂正，數十百年以後，輾轉以譌傳譌，或者原簡佚失，後人但知宗奉字書，以謂本當如此，又將憑誰辨白其真相呢？然而，倘若我們對於秦簡文字在《秦漢魏晉篆隸字形表》書中，被誤摹失真一事，有所了悟，則對於《說文》篆文譌形之存在，也就思過半矣。

即使跳開字書的範疇，有關傳抄致誤的事例，一般載籍也有不少記錄。如《孔子家語》載：「卜商嘗返衛，見讀史志者云：『晉師伐秦，三豕渡河。』子夏曰：『非也，己亥耳。』問諸晉使，果曰『己亥』。」這實由於「己」字古篆文作「」，與「三」字形近；「亥」字古篆文作「」，與「豕」字形近，遂生譌誤。（註 4）這則「三豕渡河」的故事，完全是由於文字因形近而導致傳寫譌誤，所鬧出來的笑話。

此外，書法界存在一個大家耳熟能詳的公案，那就是《唐書、李白傳》所載，張旭見「公主擔夫爭道」的故事，也跟古籍之傳抄致譌有關。在一般書法論著，此一典故時見稱引，卻罕有真識，且多穿鑿附會之詞。內心不免揣想：「公主」在何種情境下會與擔夫爭道？其爭道景況爲何？其事與書藝學習有何關聯？凡此種種，既難以想像，自不敢強作解人，闕疑已久。直到近年，方知這段文字在宋人朱長文《續書斷》「張長史」條下也有記載：「嘗見公出擔夫爭路而入，又聞鼓吹而得筆法之意，後觀倡公孫舞西河劍器而得其神，由是筆跡大進。」（註 5）乃恍然大悟，原來所謂「公主」之「主」，係

註 3：見洪适《隸釋・隸續》，頁 291。北京，中華書局。1985 年 11 月。

註 4：見《孔子家語》卷第九，〈七十二弟子解第三十八〉。台北，中華書局。1970 年 4 月。

此事亦見於《呂氏春秋》卷二十二〈察傳篇〉，所記內容相近，文字則多有異同。

註 5：見朱長文《墨池編》卷之三，頁 439。台北，國立中央圖書館。1978 年 2 月。

「出」字之譌。所謂魯魚亥豕，都是前人輾轉傳抄翻刻時不求甚解，以致讓後人對此滿頭霧水。實則，公出，猶如今言「出公差」；擔夫，即挑夫；爭路，指的是趕路。挑夫肩負重擔，步履自然沈著穩健。又因公務在身，為了爭取時效，行腳速度自較常時加快。而此種在沈穩中運動的態勢，正與書寫時筆鋒與紙面的抵拒狀態之「澀進」意趣極相類似。書法用筆，有所謂「疾」、「澀」兩個筆勢要訣（見傳蔡邕〈九勢〉）。「疾」是一種向前的力；「澀」則是一種向下的力。在這兩種力的交集與變換作用下，寫出來的字，必然是躍動而富有生命力的。「公出擔夫爭路」的意象，用來比況毛筆書寫時，筆鋒之運行態勢，實在是觸類旁通的一種妙悟。一字之差，而文義懸隔如此。（註 6）

事實上，發生傳抄致譌的情形，也不能全怪傳抄者，原來的書寫者也要負一些責任。但原來的書寫者，或者也是一個傳抄者，未必就是文章的始作者。再說，即便是文章的始作者，也跟後來的傳抄者一樣，仍須通過「書寫」而成。歸根結柢，始作者與傳抄者，同樣都是「書寫者」，故傳抄問題實際就是書寫行為的問題。

一般說「傳抄」，實際上也只是有特定內容的樣本可依仿之「書寫」而已。若進一步就書寫行為加以分析，即使是有樣本可供依仿的傳抄行為，也跟只憑印象的一般性書寫一樣，在實際落筆之前，都必然先在腦海中形成一個意象，然後才透過筆墨等媒介物，運用一定的技巧方法，將這個抽象的意象，轉化顯相成為可感可識的具體文字形象。字形經視網膜之識讀而生成意象，意象經書寫而成新的字形。就在這周而復始，循環不斷的書寫行為中，既使文字得以顯相存在，又使已經存在的文字不斷地傳衍下去。這個書寫直前在腦中所呈現的「意象」，既是抽象、飄忽而又不確定，有時甚至還是模糊的。特

註 6：北京文物出版社《歷代書法論文選》所錄此段文字，新加標點作「嘗見公出，擔夫爭路，而入又聞鼓吹，而得筆法之意，後觀倡公孫舞西河劍器而得其神，由是筆跡大進。」在「公出」及「爭路」下，予以點斷，並將「而入」兩字與下文連讀，則選文句逗者對於此段文意亦不甚了了可知。

別是在識讀條件或環境不甚良好的情況下，不管是原有字跡筆畫的漫漶不清，或是書寫者的粗心大意，都有可能引發對筆畫形體的誤解。甚至誤以想像之幻覺爲感官之知覺，而對字形產生錯誤的判斷（註 7）。故書寫與誤解，實爲漢字形體譌變的兩大主因。書寫爲譌形生成的必要條件，誤解乃其充分條件。兩者相因，共成譌果。

漢字的書寫活動，由於毛筆這種書寫工具的特殊性，一點一畫的形成，都跟書寫時手指的末梢神經具有錯綜複雜的微妙關係。所謂「一畫之間，變起伏於鋒杪；一點之內，殊衂挫於毫芒」（孫過庭《書譜》句），迴環轉折，指端在控縱提按之間，心念稍有轉動，所謂「意到筆隨」，字畫之間的體勢風神，便跟著迥然異趣。其間變化，原極精微。非經長期磨練體悟，難以憑空揣想。

在商、周時代，漢字的書寫、使用與傳承，都由近乎世襲的巫祝、史官等專職人員負責，字形儘管不免也有譌誤現象，但相對而言，形體發展較爲穩定。東周以後，由於王官失守，教育普及民間，文字的書寫者與使用者，由原本以專業人員爲主變成以非專業人員爲主，文化素養大幅降低，而文字形體的譌誤現象，乃如河堤潰決般的急劇增加，至戰國時代而達空前的混亂狀態。秦始皇統一六國後，雖曾厲行「書同文字」的文字統一政策，但基本上也只是罷黜了跟秦文字不合的六國古文，對於當時正處在劇烈隸變態勢中的秦國文字，還是依然如火如荼的繼續向前進展著。再說，秦、漢以前的文字書寫材料，泰半以竹木簡牘爲大宗。試想，在赴速苟簡的情況之下，要在這簡幅基本不到一公分（以 0.5~0.7 公分爲常見）的細小空間內，書寫筆畫多寡不一、結構繁複的篆、隸文字，其因筆畫觸連而模糊，以模糊而誤識，由誤識而誤書，因誤書而成譌形，乃是理勢之所難免。

如「面」字，《說文》釋云：「顏前也。从百，象人面形。」過去諸家論解多迂曲難通，今由甲、金文字例，知此字實从目，不从百。目外加框，正象面龐之形。「百」實由「目」譌變而來。至其譌變，主要是由於框內的「目」

註 7：參恩斯特、馬赫著《認識與謬誤》（李醒民譯），第七章「知識和錯誤」，頁 120--121。北京，華夏出版社，2000 年 1 月。

旁上部與框線緊鄰，只要書寫時下按的用力稍重，上下相鄰的兩個個別的筆畫，便很可能因形體之膨大而連結爲一氣。在觀讀者眼中看來，極有可能產生「目」上有一橫畫的錯誤意象。當他依樣傳抄或另外書寫此字時，除了外框照寫之外，把框內的「目」旁依其朦朧印象，寫成上面有一橫筆連帶而下的「百」形，那也是極自然的事（註8）。

又如「歲」字，甲、金文中，原本从步戉聲。由於「步」旁的兩個「止」形，分別寫在「戉」旁的上下，而下面的「止」旁與其上頭「戉」旁的橫畫鄰近，乍看像似「正」形。有此印象以後，再經書寫，便不自覺地寫成了从「正」的譌形。當从「正」的篆文譌形出現後，卻被文字學家在分析字形時，把新譌成「正」形的上頭一橫，劃歸「戉」旁，跟由「戉」旁譌變而來的「戊」，組合而爲「戌」旁，這就是今本《說文》釋「歲」爲「从步戌聲」的篆文形體之由來（註9）。揆其原由，多是出於意象上之誤解所引生的譌形。在古文字發展過程中，類似的例子也還不少，如「燕」字之从「口」、「孫」字右旁「系」上的一筆、「皇」字之从「自」等都是。

漢字在春秋、戰國，以迄兩漢之間，前後綿亙四、五百年以上的隸變過程中，所衍生的譌形，多半是在這樣的特殊情勢與歷史背景下發展形成的。因此，若對隸變之認識不夠深入，對漢字形體之譌變問題，便難有真正究明之可能。當然，倘若忽略了「書寫」的這一個關鍵因素，則對於漢字如何由「隨體詰詘」的古文篆字之線條形式，轉換爲純粹抽象符號的點畫形式，自然也就無由深中肯綮，探驪得珠了。

又如《說文》「友」字下收錄了兩個「古文」，其中第二形作「」，狀似「習」字而實非「習」字。下面的「」，是由金文从「口」加點，展轉演化而來。上面的形體，與「羽」字同形，實際上是篆文「」形的譌變。其演化過程如下：

(a)
(b)
(c)
(d)
(e)
(f)

註8：有關「面」字形體孳乳演化之討論，請參看本書第四章第六節，〈說面〉。

註9：關於「歲」字形體發展演化問題，請參看本書第四章第二節，〈說歲〉。

a 爲篆文形體，表示手指的三個筆畫，呈現指向左上方的斜邊；b，手指方向變爲指向左方的平勢；c　，象掌背的部分與小臂成整齊之一直線，形近「羽」字；d 則逕寫作「羽」形。筆順由先寫上下兩指的橫筆，再寫中指連小臂的一垂筆，改爲先寫上指連小臂之橫折垂筆，再另寫中、下兩橫筆；e，既已被寫作與「羽」字同形，即依「羽」字篆文，將下面兩橫筆寫作向左下斜出的斜勢；f 則因「羽」字篆文在唐、宋以後被誤增一橫筆，寫作象四指之形（註 10），故此字也被傳抄者跟著改寫作三筆斜出之形。致使此字筆畫，由原本之六畫變而爲八畫。我們透過這個《說文》「友」字古文形體的整個譌變歷程之推演，既可約略看出《說文》書中的「古文」、「籀文」與「篆文」，被輾轉傳抄、誤解，乃至寫譌的基本成因。同時，這也算是漢字由筆勢之小異，而筆畫，而部件，而偏旁，乃至整個字，漸進譌變演化發展的一個典型具體例證。

除了在字形點畫筆勢上，容易引生誤解而導致譌形以外，一個字形，其所蘊含的字義，有時會有多種不同的理解和詮釋。而不同的理解與詮釋，每易造成後人對原有字形的改寫。《說文》「欠」字的篆文，是一個很明顯的例子。「欠」字在甲骨、金文中，原本从「口」作「」，象人張口欠伸之形。許氏釋爲「張口氣悟」，原本亦當从「口」形。後來爲了規整化而寫作「」，「人」旁的左筆與「口」形的上下兩筆平行，形似「气」字。復因誤解許氏訓解中的「气悟」二字爲从「气」之意，後人以爲少寫了「人」旁的第一筆，乃於「人」旁左筆之下，再冗增一筆，遂成今日篆文譌形之「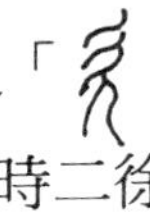」。其間雖經李陽冰之刊訂校改，以謂是「上象人開口」，卻仍抵不過當時二徐本以「欠」字篆文上部譌形的「」爲「气形」之堅持與傳揚，以致沿譌至今（註 11）。

註 10：自殷、周甲骨、金文以下，至漢代以前未見从四指形作「」的「羽」字字例，故知今本《說文》「羽」字篆文之譌形，當是後人傳抄之譌，絕非許氏原本之譌。然漢印繆篆「羽」字及从「羽」之字，爲了勻滿印面，往往因規整化而書寫作「」，已肇後來篆文譌形之端。

註 11：有關「欠」之形體演化，請參閱本書第四章第一節，〈說欠〉。

由此可見，不僅字形的譌誤會造成對字義的誤解，對於字義的錯誤理解，也會影響到傳抄字形的譌變。

又如「屍」字，原指人之髀股，今通作「臀」。甲文中的「」（𠂤）字，即其初文，金文作「」。後來「𠂤」字多被「師旅」之借義所專，西周金文乃增加形符「尸」而作「」。又以「臀」乃上體之下基，故增「丌」旁為形符，作「」。到了戰國晚期的〈睡虎地秦簡〉，「殿」字作「」，左旁譌為「从尸典聲」的「」形。這「尸」下的「典」旁，實由金文「」字「尸」下的「𠂤」與「」兩個部件相譌連而來，形體與「典」字相似，又因「典」、「殿」古音相近，遂被寫成「从尸典聲」的「㞟」旁譌形。這種譌化的產生，除了形體上的近似之誤解外，同時還兼帶有聲化的因素在內。他如「妬」字，本从「石」聲，以「石」之古音不明，各本譌為「从女戶聲」的「妒」字，也是由於「戶」、「石」形近，「戶」與「妬」的中古讀音又相近的聲化關係所導致的譌形（註 12）。

文字的基本功能，原只為記錄語言（音），傳達情思（意），所謂「立象以盡意」（《易經・繫辭》），文字的形體只是手段，音、義才是它的目的。因此，只要能夠傳達情意，又不跟其他字形混淆，在書寫時，形體上多一筆或少一筆，往往都會被包容接受。姚孝遂說：「一般在閱讀文字的時候，並不是經常分析其一點一畫，而只是看其整個輪廓，大家對於文字的形體，是作為一個整體去加以掌握的。」（註 13）漢字的這種以形表意的根本特徵，也跟漢民族一向注重神理韻味，而不重形跡之似的審美特質相契合。由於漢民族長期以來重音義而輕形體的內在心理傾向，再加上書寫工具材料方面，種種外在條件的特殊因緣，不僅導致了漢字書寫上諸多難以逃免的變異與譌化，更導致了漢字由商、周古文字演而為大小篆，由篆而隸，而草而行而楷，一系列無法不變易的字體轉換之宿命。

註 12：以上所述，請參閱本書第九章第三節〈說屍、尻〉及第三章第四節〈說妬〉。

註 13：見姚撰〈古漢字的形體結構及其發展階段〉一文，載《古文字研究》第四輯，頁 35～36。

直到隋、唐之際，漢字以形表意兼標音的表述功能，以及毛筆書寫之筆法運動形式，早已發展完備。儘管由文字之書寫所引生的字體之轉換已告終止，書寫的審美功能獲得空前的張揚，變成書家在書法體勢風格上的百花齊放。(註 14) 然而，在日常實用的書寫上，形體譌誤的現象，則依然存在。不僅此也，我們甚至還可以斬截地說，只要漢字繼續被書寫使用，形體譌誤的問題，便永遠如影隨形地會繼續存在下去。

註 14：邱振中教授說：「如果說筆法運動形式對字體發展具有制約作用的話，筆法運動形式的終結便意味著字體發展的終結。」其說甚的，可參閱。見邱撰〈關於筆法演變的若干問題〉一文，載《書法藝術與鑑賞》，頁 53。台北，亞太圖書出版社。1995 年 1 月。

第五節 《說文》篆文與出土簡牘帛書

二十世紀初葉，著名學者王國維說：「古來新學問起，大都由於新發現。有孔子壁中書出，而後有漢以來古文家之學；有趙宋古器出，而後有宋以來古器物、古文字之學；惟晉時汲冢竹簡出土後，即繼以永嘉之亂，故其結果不甚著。然同時杜元凱注《左傳》，稍後郭璞注《山海經》，已用其說，而紀年所記禹、益、伊尹事，至今成爲歷史上之問題。然則中國紙上之學問，賴於地下之學問者，固不自今日始矣！」（註 1）自清末以來，由於殷墟甲骨文字之發現，引發了「甲骨學」之興起；敦煌千佛洞經卷文書之發現，引發了「敦煌學」的研究熱；西域如居延、敦煌等處的漢、晉木簡之大量出土，也爲「簡牘學」之研究肇開了先聲。

近數十年來，拜現代科學考古之賜，地下第一手墨跡文字資料相繼出土。其所關涉的範疇，幾乎涵蓋歷史上的各個時代，各個地域，乃至各類材料。不管是范鑄的、刀刻的或筆寫的，一應具全。就數量上說，雖亦有部分屬於零星少量，但也有不少古文字材料之出土，動輒盈千累萬，且內容珍秘，令人目不暇給。其中不少都是失傳已久的古代典籍，這批古佚書的面世，勢將使中國古代學術文化史爲之改觀，其在學術研究上之價值是無法估量的。故「簡牘學」將繼「甲骨學」、「敦煌學」之後，成爲當代文化學術界之顯學，也是可以預見的。

尤其是處在漢字由以象形線條符號爲主的篆書，向以抽象點畫符號爲主的隸書過渡轉換的戰國、秦、西漢間的墨跡文字資料，出土數量龐大，且多爲科學性挖掘，有明確的考古上之斷代依據。不只提供了各時代不同地域的諸多橫向比對資料，也補足了不少過去一向欠缺的關鍵環節，可望作出較爲完整的縱向系聯。對於漢字形體，既可以討其根源，解決不少漢字的本形問

註 1：見王撰〈最近二三十年中中國新發現之學問〉一文，刊《王觀堂先生全集》初編第五，頁 1987-1988。台北，大通書局，1976 年 7 月。

題；又可以悉其枝派，爲漢字的歷史發展過程，理出一條概略的遞嬗演化脈絡來。據此，不但可以印證許氏之真識，又可以補苴許書之闕漏，更可以訂正許說之謬誤。有好些《說文》中的可疑古篆形體，過去依憑商、周甲骨、金文，只能大略知其然地判定其爲譌形。但取與這些簡牘帛書墨跡文字比照之下，對於該譌形生成的所以然，便常讓人有頓時間豁然開朗之感。故近數十年來簡牘帛書之大量出土，勢必使未來的古文字形體學研究別開新紀元。

許慎在《說文》書中，凡對於字形或字義不能確知的，均本其「知之爲知之，不知爲不知」，實事求是的學術精神，而著以「闕」字。如二部「旁」字，篆文作「」，由於許氏對於篆文中，「二」（古文「上」）與「方」旁之間的「」這個形體，不能明白其構形之意，故著以「闕」字。而今，根據殷商甲骨文，可知「旁」之本形爲「从凡从方」，作「」或「」。《說文》篆文及後世隸、楷書「旁」字，皆由後一繁形演化而來。而透過戰國、秦、西漢間的劇烈隸變期之古文字資料，可以推知，讓許氏著「闕」字的關鍵形體「」，是由「」旁左右兩筆及「方」字繁文「」的上部形體，錯綜分合譌變而成（註 2）。

又如四上「鼻」字，篆文作「」。許氏對於「自」旁下面「」之構形不明，也同樣著一「闕」字。今由甲骨文「」（〈後〉二、二二、一六）字之字例，可證「鼻」之初形爲「从自丙聲」。由西周〈盂鼎〉的「」字、〈散氏盤〉的「」字等字例，又可證知「鼻」字在金文中，在「从自丙聲」的初文構形上，或增聲符「方」而爲雙聲符，或即以「方」代換原來的聲符「丙」旁，並孳乳爲「𠐓」、「邊」字。至於讓許氏百思不得其解的「自」旁下面的篆文形體之「」部份，經由〈曾侯乙墓竹簡〉、〈睡虎地秦簡〉，及〈馬王堆帛書〉等字例之參稽，已不難推索出其形體譌變之來由（註 3）。

此外，《說文》書中，有一部分訓解文字與篆文形體並不相應。如爪部訓

註 2：其遞嬗之跡，請參考本書第九章第一節，〈說旁〉之推演圖。

註 3：至其形體演化之跡，請參閱本書第九章第二節，〈說鼻、邊〉之推演圖。

「爲」字爲「母猴也。其爲禽好爪，下腹爲母猴形。」所收古文「」，實由楚文字「爲」字古文簡體的「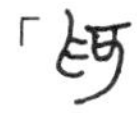」輾轉譌變而來，也被解爲「象兩母猴相對形」。後人對於許氏的這些說解，多半是一頭霧水，不知所云。當然也有跟著許慎的訓解，穿鑿附會，形同射覆的。直到清光緒末年，殷墟甲骨文字出土以後，大家才知道，原來「爲」字的本形是「从又从象」，表示用手牽象以助勞役之意（註 4）。金文或改从「又」爲从「爪」，遂爲小篆所本。《說文》篆文除了上部从「爪」與金文相同外，「爪」下的形體已有譌化現象，看不出是从「象」的意思。

然而，許慎究竟爲何會把「爲」字訓作「母猴」呢？〈睡虎地秦簡〉的出土，似乎爲我們提供了一些理解許說的線索。「爲」字在〈睡虎地秦簡〉中習見，其字形極爲奇特詭異。由於秦簡的簡幅甚小，筆畫又多，即使想就其形體筆畫加以分析，都不太容易。單從字形外觀上，乍看之下，真象渾身是毛的猴子靜靜蹲坐之狀（見表一）。許氏雖然採取當時篆文作爲說解依據，但其「母猴」之訓解，與篆文實不甚相應。大概當時他在蘭臺秘笈中，曾見到

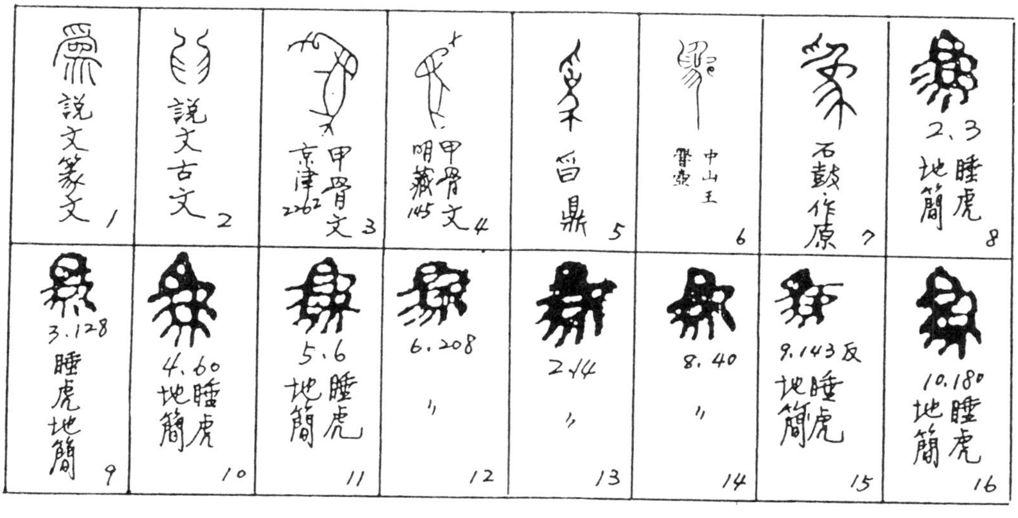
說文篆文 1
說文古文 2
甲骨文 京津2262 3
甲骨文 明藏145 4
曶鼎 5
中山王 6
石鼓作原 7
2.3 睡虎地簡 8
3.128 睡虎地簡 9
4.60 睡虎地簡 10
5.6 睡虎地簡 11
6.208 12
2.14 13
8.40 14
9.143反 睡虎地簡 15
10.180 睡虎地簡 16

（表一）〈睡虎地秦簡〉與其他先秦古文字「為」字形體比較

註 4：見羅振玉《殷墟文字考釋》（中），六十葉下。載于省吾主編《甲骨文字詁林》，頁 1607。北京，中華書局，1996 年 5 月。

類似秦簡的「爲」字字形資料（註 5），才會將「爲」字字形跟猴子聯想在一起。但又何以單說是「母猴」呢？或許因爲猴子原本多瘦，而秦簡「爲」字則形體開張，肥大渾圓，宛如有孕在身的猴子，故釋作「母猴」（註 6）。由於秦簡文字之啓示，我們對於許慎以「母猴」訓「爲」字的說法，才有了一種同情理解的可能，而不致永遠只是個謎團！

《說文》書中，雖以許氏選定的篆文作爲解釋形、義的根據，卻也同時收錄了一些形體與字頭正篆不同的「古文」、「籀文」及「或體」等作爲重文。書中的這些重文異體，大部分是由於形符或聲符的變換所造成的異體現象，屬於文字發展運用之理性演化。儘管許氏的訓解，或未盡諦當，但大部分字形是正確無誤的。這一部分，已陸續由甲骨、金文及戰國、秦、西漢間的簡牘帛書等古文字資料，獲得印證。然而，在這些篆文與重文異體字之間，也有一小部分，是因爲形體譌變所導致的異體現象，則屬於文字發展運用的非理性演化。這個由文字之非理性演化所形成的異體字，便是譌形。過去長期以來，由於文獻不足，對於因非理性演化所形成的異體字，往往難以明辨其孰爲譌形，孰爲正形。近數十年來，由於地下古文字資料的大量出土，已爲這類因形體譌變形成的異體現象之探討，提供了有利的條件。

註 5：許氏弱冠即詣京師，從古文學家賈逵受古學。逵早歲爲校書郎，後教授古文。和帝永元八年（96 A.D.）兼領秘書近署（案、指東觀蘭臺等署），奉詔修理蘭臺秘館舊文。許氏在賈逵指導下精勤研究十餘年，撰著《說文解字》一書，追陪之際，固當有接觸東觀秘館藏書之便利條件。參見張震澤《許慎年譜》，頁 43～67。遼寧大學出版社，1986 年 8 月。

註 6：「母猴」一詞，徐灝《說文段注箋》云：「母，古音讀若牧，母猴，猶言獼猴。」王筠亦以「沐猴」讀之（徐、王二氏之說，並見丁福保《說文詁林》，頁 1211。台北商務印書館版）。恐因推索許氏說解之意不得，而權作此讀。今以秦簡「爲」字形體觀之，並考慮到許氏訓解有「下腹爲母猴形」之句，似當讀如字。段玉裁讀「腹」爲「復」，不免牽強。王筠認爲「腹」當指「字之腹」，似較段說爲勝。

說文篆文 1
說文籀文 2
說文或體 3
師寰簋 4
詛楚文 5
泰山刻石 6
7.83 睡虎地簡 7
7.69 睡虎地簡 8
7.70 睡虎地簡 9
春秋事語八〇 10
老子甲一四四 11
老子乙前四上 12
孫臏四〇四 13
居延簡甲四九 14
三體石經 僖公、古文 15

（表二）「迹」字歷代形體演化一覽

如辵部的「迹」字，篆文作「」，許氏解爲「从辵亦聲」。字下又收了「或从足責」的或體「蹟」字，及「从朿」的籀文「速」字，作爲重文。在這一組三文的重文異體中，「蹟」字从足，从足與从辵，均與行動有關，算是形符之通轉。而其聲符「責」旁，篆文作「」，原本「从貝朿聲」，聲符之「朿」與「速」字之聲符相同。故「蹟」、「速」兩字，只是形符與聲符之變易，屬於文字發展的正常演化之異體字。許氏解之爲「或从足責」，誤以形聲爲會意，不確。朱駿聲《說文通訓定聲》改作「或从足責聲」，是也（註 7）。至於作爲正篆字頭的「迹」字，所从之聲符「亦」旁，屬鐸部喻母；而「速」、「蹟」兩字所从聲符之「朿」旁，屬錫部淸母。雖同爲入聲字，而聲母不同，韻部又相去甚遠，明顯不是同一個字。這屬於文字發展之異常演化，故其中必有一譌。然而，到底是「亦」旁譌而爲「朿」呢？還是「朿」旁譌而爲「亦」？經通覽出土簡牘帛書文字資料，凡从「亦」構形之字，並無訛爲从「朿」形之例。而从「朿」之「速」字，〈睡虎地秦簡〉已譌作「」（表二～7，8，9）。西漢帛書〈老子甲本〉一四四，則進一步譌作「」，所从「朿」旁已跟「亦」

註 7：見該書頁 546。台北，藝文印書館，1975 年 8 月。

旁無別（表二～11）。到了〈居延簡甲〉四九中（表二～14），則完全隸變成从辵从亦的今楷字形，爲許書所本。其他从「朿」諸字，所从之「朿」旁，在戰國、秦、西漢的簡帛文字中，則多譌作「」、「」或「」。如「棘」字隸變後或作「」、「」等形；「刺」字或作「」、「」等形；「朿」字或作「」、「」（註8）等形；「策」字或作「」、「」、「」等形。其作从「夾」者，與「亦」之古隸「」形甚爲接近。通過此一檢證，

通過此一檢證，可以作出如下之論定：《說文》書中作爲正篆字頭，「从辵亦聲」的「迹」字是訛形，此字所从聲符「亦」旁，實係由「朿」旁訛變而來。其下所附的「籀文」「速」字，才是「迹」字的本尊正形。凡此皆是漢字在漫長的隸變過程中，由於簡帛書體「」形符快寫法所導致的形體訛變。像這一類存在《說文》書中，重文異體之訛形的釐析與探討，若非廣泛參稽利用地下出土簡牘帛書文字資料，是不可能得到徹底解決的。

又，如《說文》土部訓爲「止也。从留省，从土」之「坐」字，篆文作「」。字下又收了一個古文「」爲重文。事實上，這個作爲字頭正篆的「」字，始見於〈睡虎地秦簡〉，凡數十見，並从土从卯，作「」，無一从「」作者，兩漢各類文字並同（見表三）。即使許書認爲是「从留省」，作爲「坐」字構形來源的「留」字，自西周金文「留鐘」以下，以迄兩漢，上部所从之「卯」旁，也一律左右分離，作「」或「」、「」、「」等形。正與甲文作「」，「象對剖之形」相符（註9），未見有从「」作者。可見今本《說文》之作「」形者，乃是後人傳抄時，將上部筆畫寫連以致無端冗增一橫筆，應非許書原本之訛。

至於許書中从兩人相對形的「坐」之古文「」，遍覽古今文字資料，與之相同的字形，在許書成書以前的先秦古文字資料中，均無所見。即便在

註 8：《說文》部訓作「背吕也」之「」字，乃據隸變後之譌形篆化而來，其本形當爲从肉朿聲，作「」或「」，今隸、楷書均寫作「脊」。此皆可由〈睡虎地秦簡〉、〈楚帛書〉、〈馬王堆帛書〉及〈漢印文字〉等資料，獲得印證。

註 9：見趙誠《甲骨文簡明詞典》，頁 239。北京，中華書局，1990 年 2 月。

《說文》成書後的漢、魏碑刻文字中，也一樣看不到。但與之相近似的形體，卻在西漢的〈馬王堆三號墓帛書〉及〈馬王堆一號墓竹簡〉中發現，前者作「坐」，後者作「坐」（見表三～11,12）。這兩個西漢早期的「坐」字，應該就是許書中从二人相對的「坐」字之近古前身（其遠古前身則是从卯的「𡋯」字）。故知《說文》「坐」字古文「坐」，所从的兩個相對人形，正是由「卯」形輾轉演變而來的譌形。馬王堆一號及三號漢墓，墓主都是漢文帝時人，下距許慎撰著《說文》的年代，有兩、三百年之久。許氏在文獻不足，看不到其它更古的「坐」字文字資料的情況下，將這個隸變後的譌形俗體，誤認作是比字頭篆文「𡋯」字更古的「古文」看待，也是可以理解的。而今，由於有了〈睡虎地秦簡〉及西漢簡牘帛書等文字資料之檢證，我們才有可能爲這一組重文異體之孰正孰譌，作出接近於歷史真實的裁斷。

說文篆文 1
說文古文 2
睡虎地簡 3.80 3
4.17 4
睡虎地簡 7.20 5
龍崗秦簡 6
五十二病方 二五三 7
老子甲 三八 8
坐
坐
導引圖 9
孫子 一八六 10
馬王堆帛書 11
一號墓竹簡 二八七 12
一號墓竹簡 二九〇 13
漢印文字徵 14
武威儀禮簡 15
王杖詔書 16
坐
坐
史晨前碑 17
熹平石經 18
黃庭經 19
曹望憘造像 20
智永千字文 21
老子甲 一〇〇 22
漢印徵 23
漢印徵 24
坐
坐
銼
痤
挫

（表三）「坐」字歷代形體演化及相關字形一覽

漢字的演化與譌變都是緩慢而漸進的，且多肇始於筆勢的改變，或當連而斷，或當斷而連；或當直而曲，或當曲而直；或本當相接而變爲相交，或由相交變而爲相接。原只是筆勢之間的幾微變異，傳習既久，遂由筆勢之微異，積漸而變成筆畫、構件偏旁，乃至整體結構之譌變。文字本形既生變異，當初創制此字時所賦予的本義，因而淹晦不顯，造成字原（本形）與詞原（本音、本義）關係之脫節。然而，即使是譌變，其譌化過程也應有形跡可尋，絕不會像吃錯化學藥品似的，一下子全皆譌化爲某些毫不相干的字形。重要的是，要全面掌握古文字資料，並從中梳理歸納出一些形體發展演化之規律。才能在進行形體研究時，減少錯誤的發生，並利用其演化規律與理則，觸類旁通地求得適切之解決。

蔣善國在討論漢字隸變問題時，曾經把「突變」列爲隸變轉化古篆文面貌的四種方式（譌變，突變，省變，簡變）之一。並且列舉「」（春）、「」（舜）兩字爲例，說「」字隸變作「春」，「」旁變成「」，「在形體方面是沒有絲毫根據的」；「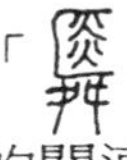」字隸變作「舜」，「」旁變成「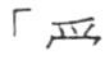」，「在形體上也看不出什麼密切的關連」（註 10）。事實上，「春」字由篆書的「」演變爲隸書的「春」，曾經過一個形體移位階段，在秦、漢簡牘文字中，原本寫在上面的「艸」旁，都移寫到聲符的「屯」旁下面來（如〈睡虎地秦簡日書乙種〉110、224、252 等是）。其後，「屯」旁的中間一長曲筆，漸次縮短而成短豎，橫畫之下，向上弓曲的一筆也漸被拉平。而由上頭下移的「艸」旁，左右兩個向上伸展的曲筆，隸化後也被拉平，當展平後的左右兩個橫筆接連成爲一個長橫時，整個隸變蟬蛻過程便大抵告成：

至於「舜」字，原本从「大」構形，這不僅有諸多早期的古隸文字爲證，即由「舜」字下部之从「舛」，亦可逆推得之。春秋、戰國以後，「大」形多

註 10：見蔣著《漢字形體學》，頁 194。北京，文字改革出版社，1959 年 9 月。

被寫作「」，再與旁點組合，便訛而爲《說文》篆文之从「炎」形。由《說文》篆文的「」演變爲隸書的「舜」，單就這隸變前後的兩個特定形體，自然找不到其間形體的直接對應關係。但是新出土的馬王堆帛書〈古地圖〉的「舜」字，卻爲我們提供了揭開謎底的鎖鑰。原來隸、楷書中的「舜」字，上部「爫」形體，竟是由省掉一個「」形的「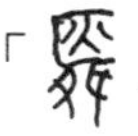」演化而來，看出此一關竅，其演化過程便可順利推導出來：

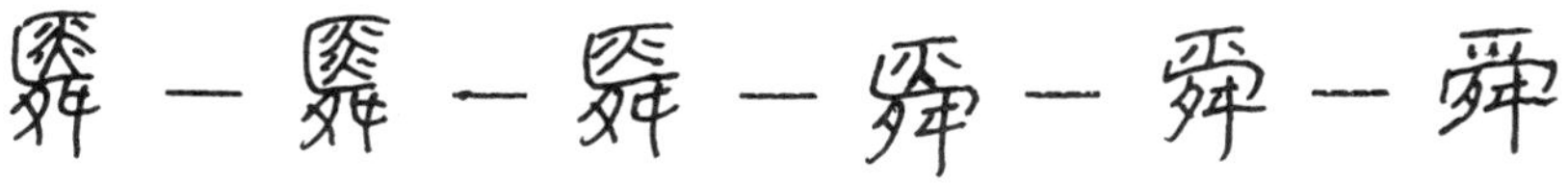

因而，蔣氏所云「找不出什麼規律」、「找不出什麼線索」、「沒有絲毫根據」、「看不出什麼密切的關連」等，諸多難解的疑點，由於地下簡帛文字的出土，頓時便都渙然冰釋了。不僅有其「根據」，有其「密切關連」，甚至也有其「線索」。而這個形體偏旁構件的移位與省略，不也正是整個漸進的隸變過程的「規律」之一嗎？故欲窮究篆、隸之變，不從簡牘帛書追溯，必難得正解。

通過本形以求本義，乃文字學研究的基礎課題，也是許慎撰著《說文》之宗旨所在。但時代愈早，文字的形體也愈簡單，字數也少。即使在商、周時代早已有此文字之創制，但也並非所有的商、周古文字都有出土面世的機會。故大部分篆文，未必都能在甲骨、金文中找到它的源頭資料。有些文字，不僅不見於商、周時代的甲、金文字，也未見於秦代以前的任何文字資料，卻在西漢簡牘帛書等古隸文字中出現。如「贊」字便是一例。

《說文》貝部釋「贊」爲：「見也，从貝从兟。」篆文作「」。此字始見於西漢馬王堆帛書〈縱橫家書〉「君悉燕兵而疾贊之」句中，「贊」字从貝从「㚘」，原本是表示以財物相助之意，不从「兟」（見表四），此處只當「相助」解。許氏「見也」之訓，乃其引申義，非其朔誼。所从之「㚘」，甲骨文作「」（〈明〉二一四九），从二夫相伴。亦見於《說文》十下，許氏釋之爲「並行也，从二夫。輦字从此。讀若伴侶之伴。」「贊」字所从之「㚘」，應與許書之「㚘」爲一字。同屬西漢早期而年代稍晚的〈銀雀山孫臏簡〉，也有「

贊」字，構形與帛書〈縱橫家書〉相同。乃至漢金文〈贊鼎〉、漢印，以及〈封龍山頌〉、〈張壽殘碑〉、〈楊統碑陰〉、〈馬江碑〉等後漢碑刻，亦全皆从「兟」。終漢之世，未見有一個从「兟」的「贊」字字例。不太可能有眾多民間書手都不寫訛，唯獨許慎這位大文字學家一人寫訛的道理。即便到了曹魏正始〈三體石經・春秋經〉，有从「木」的「櫕」字，其「古文」、「篆書」、「隸書」三體，也全皆 从兩夫並列的「兟」，不从「兟」。由以上這些例證，不僅說明了「从貝从兟」之「賛」，才是「贊」字之本形，今本《說文》「贊」字篆文所从之「兟」，乃「兟」之訛變。同時，也足以證明今本《說文》从「兟」的篆文訛形，絕非許書原本之訛，而是後人傳抄致訛。

根據筆者的初步考察，从「兟」之「贊」字訛形字例，首見於東魏時代的〈高盛碑〉，時當公元五三六年。而到了唐代張參主持編纂的《五經文字》，兼收「贊」、「賛」兩形，且於字下註明：「上說文，下經典相承隸省。」可見

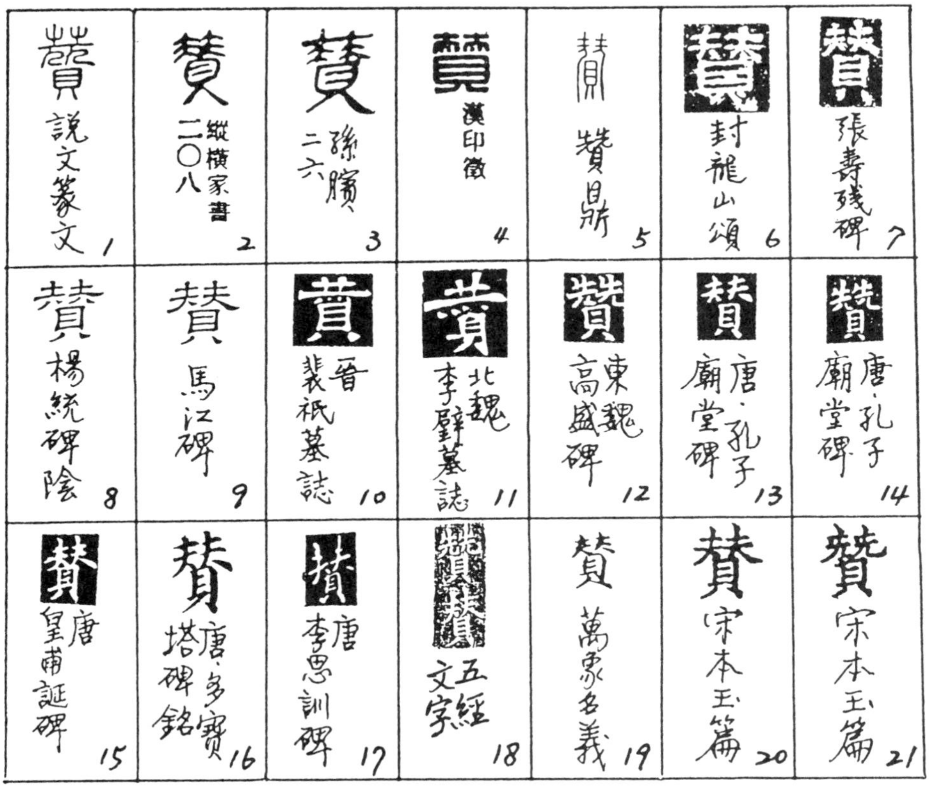
說文篆文 1
縱橫家書 二〇八 2
孫臏 二六 3
漢印徵 4
贊鼎 5
封龍山頌 6
張壽殘碑 7
楊統碑陰 8
馬江碑 9
晉 裴祇墓誌 10
北魏 李璧墓誌 11
東魏 高盛碑 12
唐 廟堂碑 孔子 13
唐 廟堂碑 孔子 14
唐 皇甫誕碑 15
唐 多寶塔碑銘 16
唐 李思訓碑 17
五經文字 18
萬象名義 19
宋本玉篇 20
宋本玉篇 21

（表四）「贊」字歷代形體演化一覽

至遲在唐代中葉，从「兟」的「贊」字訛形，已被寫入《說文》書中，在世間流傳了。正由於有了西漢帛書馬王堆〈縱橫家書〉及銀雀山〈孫臏竹簡〉的出土，不但讓我們真正認識到「贊」字的本來面目，同時配合其他漢、魏實物文字資料之佐證，讓歷史真貌還原，使得許書的種種冤屈，有平反澄清的機會。

與此類似的例子，還有不少，如「欠」字篆文本當作「」，而今本《說文》篆文則訛作「」;「非」字本當作「」，而譌作「」;「章」字本當作「」，而譌作「」;「受」字本當作「」，而譌作「」;「甲」字本當作「」，而譌作「」;「笑」字本當作「」，而譌作「」或「」等。這些字在今本《說文》篆文中雖屬訛形，但由於有許書成書前的大量簡牘帛書等文字資料之佐證，足以證明這些訛形，並非許慎《說文》原本之訛，而是出於後人輾轉傳抄所導致的訛誤。這對於《說文》原書真貌之探取而言，無疑是極關緊要的一環。事實上，本論文對於《說文》篆文形體之探討，除了早期的甲骨、金文以外，主要仍得力於戰國、秦、西漢間大量簡牘帛書古隸文字資料之佐助。

近年來有李學勤、裘錫圭、林澐等先進學者，都曾提出將秦、漢之際的古隸文字，也當劃歸在古文字的研究範圍之內，確具洞識。實則，清儒段玉裁大概也看到隸書中保存著漢字隸變前的某些形體線索，他在洪适《隸續》再版書前所作序文中，不僅早有類似的言論，甚至還提醒大家，從事小學之研究，對於漢代的隸書，也不可忽視。他說:「小學必兼考漢隸，以爲古文、籀篆之佐證。許氏之造《說文》也，主小篆，而參之以古文、大篆。其所爲解說，十三萬三千四百餘字，未嘗廢隸書也。」(註 11) 這些先達的卓見，對於我們今後有關漢字形體學的研究方向，極具啓發性。

註 11：見《隸續》，頁 291。北京，中華書局，1985 年 11 月。

第六節 《說文》篆文訛形之判定及其類型

一、《說文》篆文形訛之判定

所謂「譌形」，須有一「正」的形體作爲對照判斷之準據。這個「正」的形體，就是文字的「本形」。故欲判定《說文》某字之篆文爲譌形，其先決條件是，務必覓得該字之本形。

然而，探求文字之本形與本義，原是一件極其困難的事。過去長期以來，由於可供比照研究之參考資料太少，故凡討論文字之本形或本義，幾乎都以許氏《說文》篆文爲唯一的依據標準。凡不合許書者，多被貶斥爲俗字別體。事實上，這是不合乎歷史真實的。所幸這些不合科學的學術心態，已隨著地下新資料的不斷發現，而獲得相當程度的調整。同時，藉著這些隸變以前的新資料之參照佐助，對於許書中篆文形體之是否爲本形，抑或是譌形，也提供了一個澄清檢證的機會。今天欲求《說文》篆文之本形，基本上仍以西漢後期以前，尚未完全隸化完成的文字資料，具有較高的參證比對之價值。特別是商、周時代的甲骨文與金文，因其與文字創制初期的時代較爲接近，比較有可能透過這些古形，推求出該文字的造字本義。故這些早期文字本形之出現，對於《說文》篆文形體譌誤與否之判定，實具有關鍵性的證據功能。

許慎在《說文・敘》中說：「今敘篆文，合以古、籀。」「將以理群類，解謬誤，曉學者，達神恉。」明確表示他在書中列爲字頭，用來說解文字的正篆，是稽核參考了先秦的「古文」和「籀文」以後，所選定的「篆文」。其所謂「篆文」，亦即秦始皇時，由丞相李斯等人，根據史籀大篆，「或頗省改」而編成的《倉頡篇》、《爰歷篇》和《博學篇》中的秦代小篆，這正是許慎心目中認爲可以用來「解謬誤」、「達神恉」的文字之「本形」。然而，許慎所根據的這些秦代字書資料，不僅在漢初曾被整合改編爲《倉頡篇》，後來也都不斷被漢人用新興的隸書體改寫過，勢難保存秦篆原貌。關於這一點，從近年安徽阜陽出土，年代大約在西漢文帝時期或稍前的《倉頡篇》，簡文字體已非小篆，而是用當時通行的古隸寫成，可以獲得印證。在隸變過程中所產生的形體譌變，自然也不免會摻合反映到當時傳抄的字書上來。此外，在西北出土的敦煌漢簡，也發現有《倉頡篇》的零簡，其字體則更加接近後來的八分隸書，並且還帶有草書筆意，時代應當更晚。同是《倉頡篇》，由於抄寫的年代不同，其字體也隨之改易。若就文字原是爲記錄語言服務的實用立場上看，這種有承襲，也有變易，「因」中帶「革」的改變，本來是天經地義，合乎歷史進化之發展軌則的。惟就文字的本形與本義上說，卻因此造成後人追溯尋討時的重重迷障。《倉頡篇》的命運如此，其他的字書也很難例外。

再說，即使是秦代小篆，上距商、周古文字也已超過幾百千年，其形體多有譌變，也未可盡據以爲典要。就以秦代〈繹山刻石〉爲例，其中仍舊保存商、周古文字之本形者固多，惟如「數」字左半的「婁」旁，「女」符之上，原本「从臼从角」(〈中山王嚳鼎〉)，此刻石則譌作「  」，所从之「角」旁已被解構成「  」與「  」兩個部件；又如「具」字，原本从廾「鼎」會意，此刻已譌作从「目」；而「兵」字本「从廾从斤」會意，此刻則譌作「  」，於「斤」下冗增一橫（註 1），不合文字發展序列及構形原理。許氏似已覺察及此，故此字不以秦文字作爲字頭，而取六國古文（楚系文字）所保存之本形「  」作爲字頭的正篆。這些字形，在與更早期的商、周古文字對照之下，其爲譌形也是顯而易見的。因此，若完全以秦代小篆作爲「本形」之依據，以判定《說文》篆文之譌形，也是不盡妥當的。因此，對於《說文》篆文譌形之判定，最可靠的依據，仍不外是與文字創制時代較爲近密的商、周以來之古篆文字。于省吾說：「不以古文爲準，而依小篆爲解，則多凌空駕虛，不著邊際。」又說：「清儒之考文字、解訓詁者，以段玉裁、王念孫二氏爲上選。然限於時代，未能憑依商、周古文以究形義之歸。古文，篆之本也；小篆，篆之末也。治之者須本末兼晐。本固重矣，而其所以演變以至於末者，跡必相銜，方可徵信。」（註 2）老成持重，堪爲度人金鍼。

註 1：「兵」字於「斤」下譌冗一筆，此乃秦文字之特色，楚系文字則只作「  」。故知後世隸、楷書之「兵」字，實由「斤」下無一橫筆之楚系文字演化而來。

註 2：見于省吾《雙劍誃殷契駢枝三編》自序。刊在《殷契駢枝全編》，台北，商務印書館，1975 年 11 月。于氏此處所說「古文」，指的是商、周時代的真古文，與許書中以壁中書爲主的戰國時代六國文字之「古文」，雖同名爲「古文」，其內涵指涉則異。

然而，隨著人類社會的文明進展，各個時代都可能會有新文字的創造。如在某一時期所造的新字，得其資料，即得本形。再說，即使在殷商時代所創造的古文字，其出土與否，也顯晦不一。有些《說文》篆文的早期形體，未見於隸變前的殷、周甲骨、金文字中，卻在隸變劇烈期的戰國古文字，乃至隸變末期的西漢古隸中才出現。

漢字經過長時期的發展演化，其中有演變，也有譌變。前者如本義的分化字，異體字的分化等，都是漢字發展過程中的理性轉進，屬於自然演化現象，字形本身並無譌變現象，不在「譌形」之列。早期文字泰半屬於象形與指事，爲數不多，又因漢字多爲單音詞，同音字特別多，有些新詞，不另造字，即假借同音字來權充替代。故一個字常同時兼有好幾個詞義。後來由於用各有當，乃依字分形，另加偏旁符號，這種本義的分化字，既合乎造字原理，形體又無譌變，自然也不是「譌形」。又如古文字中，有相同的聲符或不同的形符之間，互相替代的現象，如从「大」與从「人」之字可以通作；从「言」與从「口」、从「欠」之字，也可通作，這種異體字的分化，唐蘭稱之爲字形的「通轉」(註 3)，這是漢字發展中的理性變通，也不算「譌形」。但也並非所有現存的異體分化字，都能有保證非爲「譌形」的豁免權。如上節已述及的《說文》「迹」字，篆文作「」。其下又收或體「」(蹟）與籀文「」兩個重文。實則，這個作爲字頭的篆文，乃是據隸變後的漢隸譌形篆化而來，其所从聲符「亦」旁，係由兩個重文所从之「朿」旁譌變而來。秦代〈繹山刻石〉作「」，「从辵朿聲」，這才是此字之「本形」，字頭的篆文卻是典型的「譌形」。

他如古文字中，凡从「丮」之字，「丮」旁之下旁常增形符「夊」旁，作爲繁文。所添加之「夊」旁，或譌作「女」旁，這是古文字發展中的偏旁異化現象。以其常見易曉，雖屬「譌形」，也不在本論文重點探討之列。必係出於非理性的誤解字形與字義之關係所產生的形體譌變（註 4），才是本論文視

註 3：見唐著《古文字學導論》，頁 247。台北，樂天出版社，1973 年

註 4：參見張桂光「古文字中的形體譌變」，載《古文字研究》第十五輯，頁 153。

作「譌形」的主要研究討論對象。

歸納起來，本論文對於《說文》篆文譌形之判定，其所根據之準則，大致如下：

（一）《說文》篆文與商、周以來一脈相承的古文字形體不合者。如「非」、「帚」、「乘」、「粦」、「孛」、「牢」、「奪」、「屎」等字。此類譌形，其本形均保留在商、周古篆文字中，其譌變現象則多發生在春秋、戰國以後的隸變過程中。由於有諸多商、周甲、金文字之本形作爲參照，可以明確判定其爲譌形。

（二）《說文》篆文雖與部分商、周古文字字形相合，卻與更早的商、周古文字形體不合者。如「奔」、「青」、「具」等字，此類譌形，都在漢字尚未隸變以前的古篆文字盛行時期，便已產生譌變，是謂「篆變」。《說文》篆文所收此類譌形，基本上只是承譌而已。

（三）《說文》篆文未見於商、周古文字，卻與春秋、戰國以迄西漢時代的古隸文字形體不合者。如「贊」字上部「从二夫」相並之本形，未見於甲骨、金文字，卻在西漢早期的簡帛文字中出現；「笑」字，原本「从艸从犬」之本形，也未見於甲骨、金文中，卻見於戰國時代的〈郭店楚簡〉與西漢的簡帛文字。此類譌形，雖在隸變以前的商、周古文字資料中，尚無字例可供比對，其本形或保存在自春秋以迄西漢時代，長達四百多年的隸變期之古隸文字中。透過這些形體正處於解構中，將變未變，將譌未譌的殘存古形或半譌形體之參照比勘，往往可以確認《說文》篆文之爲已譌形體。

（四）《說文》篆文既不合於商、周古文，也不合於自春秋以迄西漢時代的劇烈隸變期之古隸文字，卻合於東漢以後的隸、楷書文字。如「婁」、「與」、「公」、「弘」、「單」、「州」、「尞」、「鬼」、「悝」、「局」、「厄」、「稷」等字。此類文字，不僅可以判定其爲譌形，更可以明白其篆文形體來源，實即根據隸變後形體已譌之的漢隸，用篆書筆法及體勢改寫而成，不妨稱之爲「以隸作篆」。以上四類篆文譌形，基本上都應是許書原著所有。時代限之，文獻不足，非戰之罪。

（五）《說文》篆文既與商、周古文不合，又與隸變完成後的漢、魏、六朝的隸、楷書文字形體不合者。如「于」、「平」、「戎」、「早」、「卓」、「并」

等字，此類譌形在與自商、周以迄漢、魏時代，一脈相承的發展序列對照之下，往往顯得突兀不群，儼然自成一個封閉系統。揆其原由，當係《說文》成書後，經過後人長期輾轉傳抄，所積累造成之特殊譌形。雖非《說文》原書之誤，卻也同是「譌形」。

文字之創造，往往隨著社會文明之進展而不斷孳乳增長，故每個時代幾乎或多或少都會有一些新的文字形體產生。故其是否爲譌形，自當依其創制初始之本形與本義以爲裁斷。於今可供考據之古文字資料，雖較往昔的任何時代都還豐富，但也並非所有與漢字本形相關的資料全皆具足。源頭本形不明，其形體流變便難以順當清理，對於其是否爲譌形，自然也不易作出較爲客觀的判斷。

且文字一如有機的生命體，其形體自被創造出來以後，必得經長期以來廣土眾民之普遍認同，方得傳衍下來。其間經歷變動之滄桑與坎坷，每個字的際遇各不相同。其演化或譌變的發展過程也往往頭緒紛紜，錯綜萬端。因此，需要個別梳理，從各個漢字一貫的歷史發展脈絡中，窮源竟委，深入探究，方有可望能重建史實，悉其底蘊。以上所列舉的一些準則，只不過是大略的歸納而已，實難一概而論。

二、《說文》篆文訛形之分類

關於《說文》篆文之譌形，就其所呈現的靜態形體結構之譌誤現象，予以歸類，大致可區分爲：一、「離析之譌」；二、「連合之譌」；三、「增冗之譌」；四、「刪減之譌」；五、「穿突之譌」；六、「縮齊之譌」；七、「錯綜分合之譌」；八、「其他之譌」，總共爲八種類型。

本論文即通過以上八類，各爲一章，每一類型各舉數例。根據字表中所蒐集之字例資料，針對《說文》篆文譌形之相關問題，逐一展開討論。期能振葉尋根，討其本源；又能循流而下，悉其枝派。務使每一個篆文譌形之形體，不論其爲點畫筆勢之譌，抑或構件、偏旁，乃至整個形體之譌，對其譌變由來，皆能獲得較爲近理之分析、推導與闡釋，期能還原漢字形體發展演變的歷史真相。

第二章　離析之訛

凡商、周以來一脈相承的古篆文字，其形體或部件，本當連合爲一體的，在《說文》篆文中，則離析或斷裂爲二，因而導致字形與原義之乖離者，是爲「離析之譌」。

第一節　說「黑」

《說文解字》十上黑部釋「黑」云：「火所熏之色也。从炎上出囮。囮，古窻字。」（註1）篆文作「」。

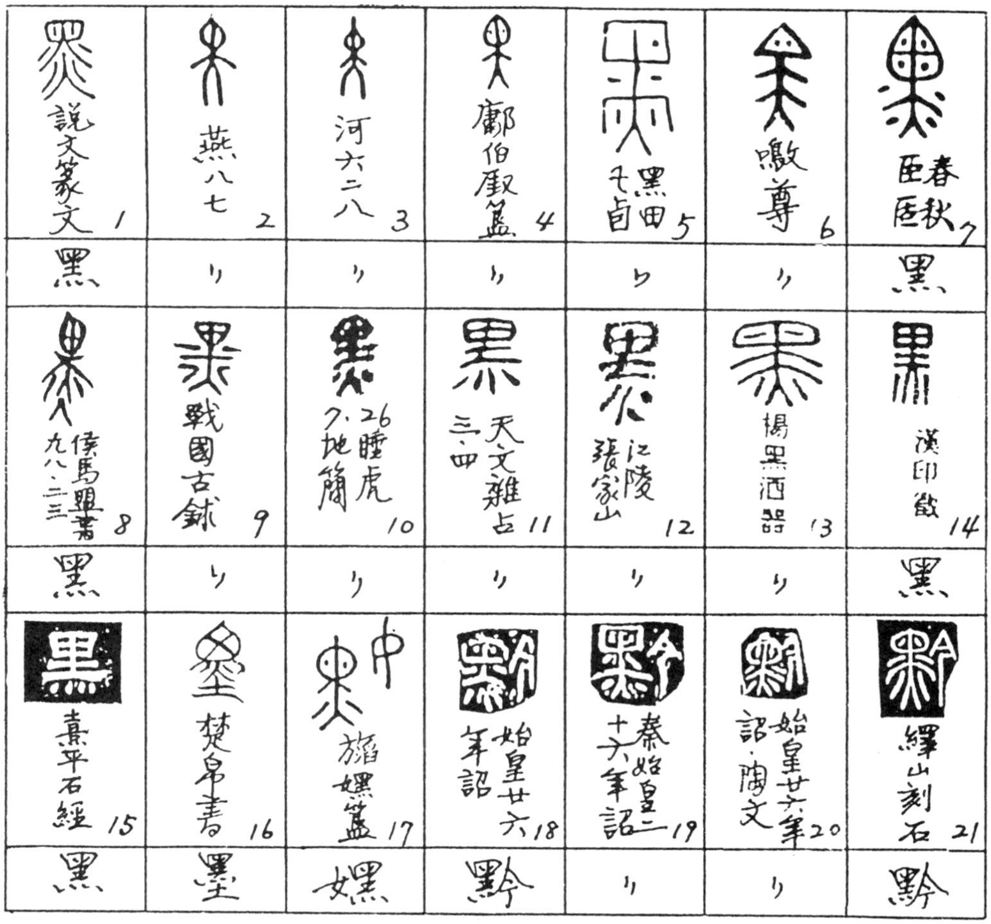
說文篆文 1
燕八七 2
河六二八 3
鄦伯馭簋 4
黑田卣 5
黑
侯馬盟書 九八·三三 8
戰國古鉩 9
睡虎地簡 7.26 10
天文雜占 三·四 11
江陵張家山 12
楊黑酒器 13
漢印徵 14
黑
熹平石經 15
楚帛書 16
始皇廿六年詔 18
秦始皇二十六年詔 19
始皇廿六年詔 陶文 20
嶧山刻石 21
黑
墨
黔
黔

（表一）　「黑」字歷代形體演化一覽

註1：此據《大徐本》，「囮，古窻字」四字，他本無。王筠以爲「窻」乃「窗」之譌。見《說文解字句讀》，頁387。北京，中華書局，1988年7月。

依甲骨文及金文，「黑」之初形，當是象顏面被墨刑之人的正面形（表一，註 2）。既不从「炎」，亦非如許氏所謂「古窻字」的从「罒」。甲骨文「黑」字，唯在顏部加一豎畫。西周金文如〈鄘伯馭簋〉、〈黑田乇卣〉，或於顏面及兩臂之上下加點（表一～4,5）。孫海波《甲骨文編》，將「」與「」兩字均釋作「莫」（註 3），而新近出版之《殷墟甲骨刻辭類纂》一書，則將从「口」的「」字釋作「莫」，而將一部分不从「口」的「」字，依卜辭的上下文意，釋作「黑」（註 4）。

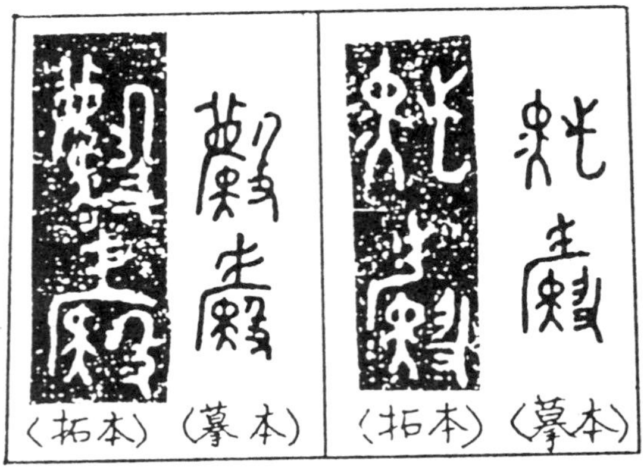
〈拓本〉
〈摹本〉
〈拓本〉
〈摹本〉

（圖一）

一九七五年二月在陝西省岐山縣董家村出土的〈㑇匜〉，銘文中出現了从「黑」構形的「𪐨」、「𪑕」、「黜」三個字（註 5）。其所从之「黑」旁，只作「」或「」（圖一）。此匜器、蓋連銘，乃記載周懿王時伯揚父審訊㑇（儹）和牧牛互爭財產的一件訟案。內有「弋（式）可（苛），我義（宜）便（鞭）女（汝）千、𪐨𪑕女（汝）。今我赦（赦）女（汝）；義（宜）便（鞭）女（汝）千，黜𪑕女（汝）。今大赦（赦）女（汝），便（鞭）女（汝）五百，

註 2：參唐蘭《西周青銅器銘文分代史徵》，頁 511，注釋第十四條。北京，中華書局，1986 年 12 月。

註 3：見《甲骨文編》改訂本，頁 520～521。京都，中文出版社，1982 年 9 月。

註 4：見該書上冊，頁 104～105。此書爲吉林大學古籍研究所叢刊之六，姚孝遂主編。北京，中華書局，1989 年 1 月。

註 5：銘文拓本見馬承源主編《商周青銅器銘文選》第一冊，頁 151～152。釋文見同書第三冊，頁 185～186。第一冊 1986 年 8 月，第三冊 1988 年 4 月出版，北京，文物出版社。又見唐蘭《西周青銅器銘文分代史徵》，頁 508～509。同註 2。

郢大府銅量 1
鑄客鼎 2
郢君啟節 3
睡虎地簡 4
秦瓦印文 5
江陵張家山簡 6
睡虎地簡 7
雲夢木牘 8
睡虎地簡 9
大
〃
〃
〃
〃
大
亦
夫
夫
阜陽漢簡 10
天文雜占 一·六 11
阜陽漢簡 12
酓忎鼎 13
秦公簋銘 14
漢印徵 15
秦瓦文 16
睡虎地簡 17
平都銅量 18
夫
赤
茵
盍
蓋
蓋
泰
葵
葵

（表二）　春秋戰國秦漢間「大」及从「大」諸字特殊形體一覽

罰女（汝）三百守（鋝）。」就銘文內容看，「黷黷」與「黜黷」，兩詞三字既皆从「黑」，顯然都是墨刑之屬。「黷」字从「茁」，當是从曹省聲。「黷」字左上部所从之聲符「声」，與「屋」之古文作「臺」者相同，當是「黲」字（註6）。《周禮・秋官司寇・司刑》已有「墨罪五百」之說，再結合〈倂匜〉銘文所載，足見秦王朝以百姓爲「黔首」，亦自有其深厚的歷史淵源。唐蘭說：「正因爲黑字原是受墨刑的人，所以屬於墨刑的字都从黑，此銘『黷』、『黲』、『黜』（詰案，此字依原器銘當作『黜』）三字，《說文》『黥』字以及《梁律》所謂『黵面之刑』都是。」（註7）由於這些古文字的出土，大致可以證知，表一～2,3的兩個甲骨文字例，釋作「黑」是正確的。此字構形側重的主要部位，在被墨刑之顏面，故於兩臂之上下加點，表示因墨刑所留下之記號。其加點與否，對於字義並無影響。後世的隸、楷書字形，即由在顏面及兩臂上下加點的形體發展演化而來。

進入春秋、戰國時代以後，所謂「諸侯力征，不統于王」，王官失守，教育普及民間，一般民眾使用文字的機會也急劇增加，爲了書寫上的迅捷與便

註6：以上釋文及說解，並見《商周青銅器銘文選》（三），頁184～185。同註5。

註7：同註2。

利，各式各樣簡率的寫法一一出籠。這種出於廣大群眾使用上共同需求的文字書寫活動，同時也爲漢字之從篆書演化成隸、楷等書體，漸次醞蓄而形成一股沛然莫之能禦的強大動力。

根據筆者初步的考察，在漢字長時期波瀾壯闊的隸變過程中，寫來便捷、左右揮灑的「人」字符之運用，實在扮演著極重要的角色功能。凡遇从「大」之字，及與「大」相關或類似的字形，往往寫作「夊」，由上下兩個「人」符甚相疊，至上下兩部分離析而作「仌」（見表二）。當「黑」字所从之「大」被分離爲上下兩截，又各與旁點重新組合，字的下部遂成「」（炎）形，表一～18 爲〈秦始皇二十六年詔版〉上文字，其左旁下部即已譌作此形。然後知《說文》之釋「黑」爲「从炎」，非無由來。如將所从「仌」之上截兩臂部分，筆勢向左右展平，其上面的兩筆（點），又向中間緊靠接連，便成〈睡虎地秦簡〉的「」形（表一～10）。於此可見，上舉〈始皇二十六年詔〉版上的字例，還是比〈睡虎地簡〉更爲古典的寫法。當下面「火」形居中的「人」符，左右離析後，再跟左右的兩點相組合，便成烈火點（灬），如馬王堆帛書〈天文雜占〉之所从（表一～11），而爲後來隸、楷書形體之所承。

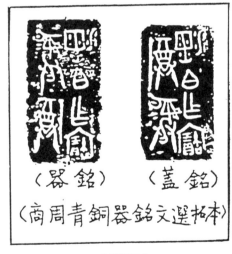

《金文詁林附錄》所收「馭尊」之「」字（表一～6），于省吾釋作「黑」，李孝定則篤守《說文》之訓解，以其字下爲「不从炎」，而否定于說（註8）。今依「黑」之早期形體演變情況看來，仍當以于說爲是。

《金文編》卷十一，收錄「渨伯卣」的兩個「」字，均被釋作「濕」

（器銘）　（蓋銘）

（商周青銅器銘文選拓本）

（圖二）

註 8：見周法高主編《金文詁林附錄》，第 2174 欄，編碼 3384。香港中文大學，1977 年 4 月。

（註 9）。實則，此兩字下部明是从「火」，並非从「大」，釋「漂」未確。其構形雖不明，仍當如《商周青銅器銘文選》，依原拓銘文隸寫作「浭」爲妥（圖二，註 10）。

註 9：見容庚編著、張振林及馬國權補摹之《金文編》增訂第四版，頁 741。北京，中華書局，1985 年 7 月。

註 10：見第三冊，頁 101。北京，文物出版社，1986 年。

第二節 說「幷」

《說文解字》八上从部釋「幷」云：「相从也。从从幵聲。一曰从持二爲幷。」（註 1）篆文作「」。

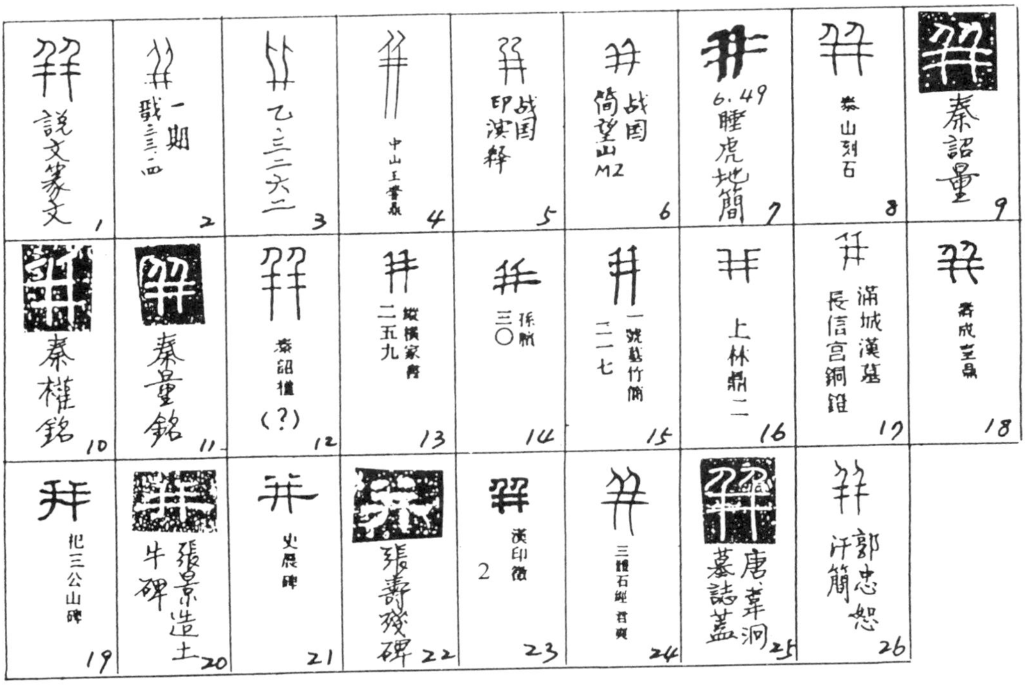
說文篆文
戰國
6.49 睡虎地簡
泰山刻石
秦詔量
秦權銘
秦量銘
秦詔權 (?)
縱橫家書
上林鼎二
滿城漢墓 長信宮銅鐙
張景造土牛碑
史晨碑
張壽殘碑
漢印徵
唐韋洞墓誌蓋
郭忠恕汗簡

（表一）「幷」字歷代形體演化一覽

「幷」字，甲骨文作「」或「」，〈中山王嚳鼎〉作「」，均象二人並肩而立之形。其構形，係借「从」字而在其下附加一或兩個橫畫，作爲二人相並連之指事符號（註 2）。今本《說文》「幷」字篆文，則左右離析爲

註 1：各本均作「一曰从持二爲幷」，段注本依《韻會》本，補作「一曰从持二干爲幷」，並以「干」爲「竹干」，而解之爲「二人持二竿」，未的。王筠《說文解字句讀》對此已有所指摘，詳見下文。

註 2：見于省吾《甲骨文字釋林》，附錄〈釋古文字中附畫因聲指事字的一例〉，頁 457。台北，大通書局，1981 年 10 月。

二，已失其造字之本義。許氏於此字，既云「从从幵聲」，或以「幵聲」於形聲不諧，故另出「一曰从持二爲并」，謂此字爲會意。依此則此字篆文，應與甲、金文同。而段玉裁乃據《韻會》所引，改爲「从持二干」，顯係受《說文》十四上「幵」字下，「象二干對構上平」釋形之影響。實則，釋「幵」爲象「二干」，清人王筠已疑其非：「篆作，隸作，以隸爲篆，豈有當乎？」謂以从貫乎二，其篆當作「」（註 3）。今以出土古文字證之，可以覘出王氏之卓識。

考察西漢以前的古文字資料，形體與《說文》篆文相同者，在《說文》之前唯有表一~12 的〈秦詔權〉的一個孤例（註 4）。今就近年科學挖掘所見之〈秦權量〉銘，如高明《古陶文彙編》所收有「并」字之〈秦始皇陶量銘〉六件；《中國古代度量衡圖集》所收十二件〈銅量〉、〈銅方升〉，及兩件〈陶量〉。其「并」字之足可辨識者，都作「」，或稍稍隸化而作「」之形。均象兩人相從並聯之形，無一作左右離析之形者（表一～9-11）。據此，吾人可以推斷《秦漢魏晉篆隸字形表》所收「秦詔權」之「并」字字例，或係根據贗器誤羼之著錄所摹錄，其器銘當是淺人根據《說文》篆文之誤形所仿刻者。故知〈秦權量銘〉的「并」字，凡从「从」下並聯作「」形者，其真僞尚需輔以它物以辨之。唯若作如「」形之左右離析者，其必爲僞物無疑（註 5）。

事實上，自商周甲金文，以迄兩漢文字資料，儘管隨著時代發展，由象形意味濃厚之篆書向純符號化之隸書轉化，而「并」字之作二人右左並聯爲

註 3：見王著《說文釋例》，頁 563。北京，中國書店，1983 年 7 月。

註 4：見《秦漢魏晉篆隸字形表》所收，頁 583。四川辭書出版社，1985 年。

註 5：關於秦代權量上所刻〈始皇二十六年詔〉及〈二世詔〉，傳世仿刻之僞品甚夥，如容庚《秦漢金文錄》，頁 77，所收「犛廿六年詔量」，原爲漢器，僅一「犛」字，「廿六年詔」四字乃後人僞刻。見該書「雜記」，頁 15。又，同書頁 16〈廿六年詔版二〉；頁 17〈廿六年詔版〉下，容氏並自注云「僞」。頁 17〈廿六年詔權三〉下注云：「疑僞」。此書爲台北洪氏出版社出版，1974 年 6 月。

一體的構形，基本未改。即時代晚於《說文》之〈三體石經〉(《書經・君奭》)有「屏」字，古文作「」，猶存古形之正（表一～24）。

至於《說文》成書以後，所見與《說文》「并」字篆文形體相同者，最早見於宋初郭忠恕《汗簡》。郭書所錄，多係輾轉傳抄之古文字，其保存古形固多，而其譌誤亦復不少。唯紀年爲唐中宗景龍二年（708A.D.）的〈唐韋泂墓誌〉蓋上篆額：「大唐贈并州大郡督淮陽王韋君墓誌銘」之「并」字，作「」，足見此字在初唐的民間，尙且未譌誤。則其離析譌化的大略時代，恐怕還要更加晚些。且如王氏之說，此字「一曰」「从持二爲并」，則其篆文當作「」，正與甲、金文以來之本形相合。若作「从从幵聲」，反而與「并」字本形不合。故知釋形之「从从幵聲」數字，極有可能便是唐、宋之間，「并」之形體已左右離析譌變後，爲淺人所竄改補入者。依當前所能目及之古文字資料，僅能作如此之推論，若欲作出更加確切之論斷，則有待更多的出土文物之證成。

第三節　說「稷」、「稷」

《說文解字》七上禾部釋「稷」：「布之八十縷爲稷，从禾㚇聲。，籀文稷省。」篆文作「」。

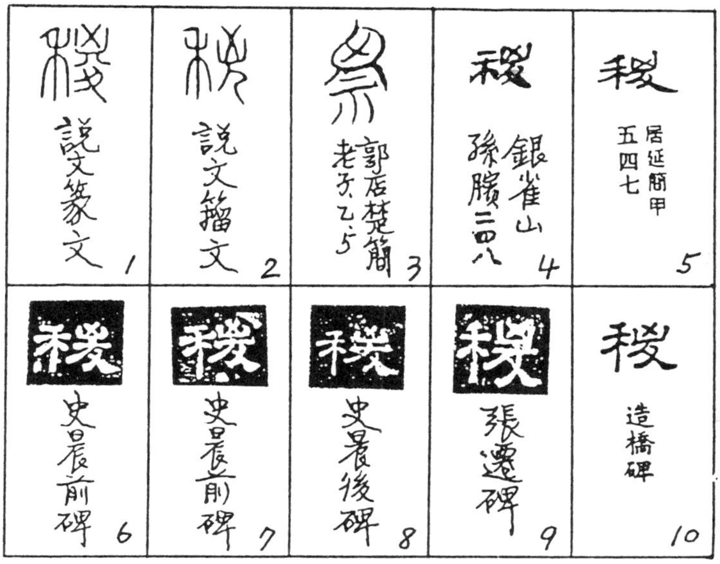
說文篆文 1
說文籀文 2
郭店楚簡 老子乙5 3
銀雀山 孫臏二四八 4
居延簡甲 五四七 5
史晨前碑 6
史晨前碑 7
史晨後碑 8
張遷碑 9
造橋碑 10

（表一）「稷」字歷代形體演化一覽

「稷」字未見於秦以前的古文字中。山東臨沂銀雀山〈孫臏兵法〉第二四八簡：「所以削地而危社稷也。」社稷之「稷」，作「」（註 1）。此爲从「凶」的「稷」字形體在古文資料中，最早出現的字例。其右半作爲聲符之「㚇」，本當作「㚇」，原係由「鬼」之繁文「」譌變而來。〈郭店楚簡・老子乙種〉第五簡，从示从兒，作「」，其所从聲符作「」（兒），則爲「鬼」之簡體。〈孫臏簡〉此處則省去「凶」下的兩筆，〈居延簡〉及〈造橋碑〉，「稷」字與此同形。其左旁原是从「示」，惟豎筆微突第二橫畫，與「禾」形近。〈居延簡〉及〈史晨前後碑〉、〈張遷碑〉、〈造橋碑〉等東漢碑刻，均一概从禾作「稷」。惟右半所从之「㚇」旁，「凶」形之下「夊」符之上，並已

註 1：見《銀雀山漢墓竹簡》，頁 26。北京，文物出版社，1985 年 9 月。

因隸變展平而作一橫畫。〈居延漢簡〉（五四七）簡文作「稯布十九匹」，字形雖與〈孫臏簡〉相同，用法卻不同。由此可見，西漢時人已有假借「社稷」之「稷」字譌形「稯」，爲布縷量詞之用。許書中「布之八十縷爲稯」之訓解，也是有根據的，這也反映了漢人當時用字情況之一斑。

此外，如〈史晨前碑〉的「立稯而祀」、〈張遷碑〉的「非社稯之重」、〈袁良碑〉的「朕追蘉社稯之重」等處之「稯」字，依碑銘文義，均作「社稷」解。而其文字形體，則从「㚇」作「稯」，〈袁良碑〉則从示，不从禾，可見「稷」、「稯」爲同字。許書分爲兩字，非是。然而「稷」、「稯」兩字，在形體上究竟具有何種關係，而得爲同字呢？這卻須從「稷」字之本形說起。

段玉裁《說文解字注》，在許訓「布之八十縷爲稯」下，注云：「按此當有奪文。」又根據《儀禮．聘禮》「禾四秉曰筥，十筥曰稯，十稯曰秅」之記載，與許書禾部「秭」、「秅」二字下，「五稯爲秭」與「二秭爲秅」之解說，而謂許氏原書說解此義，必爲「禾四十秉爲稯，从禾㚇聲。一曰布之八十縷爲稯。」（註2）蓋以輾轉傳寫而奪漏。然此皆就「稯」字之引申義說，並非說其朔誼。

段玉裁又於「籀文稷省」下，注云：「㚇，亦兇聲也。」（註3）案：兇，乃「畟」之譌形。與《說文》凶部訓「擾恐」之「兇」爲同形異字。段氏所云「亦兇聲也」，乃據隸變後譌誤之隸書形體附會爲說。

《說文》七上禾部釋「稷」：「齋也，五穀之長，从禾畟聲，，古文稷。」篆文作「」。

〈中山王讐大鼎〉銘文，凡四見：「使智（知）社稷之賃（任）」、「社稷其庶虖（乎）」、「身勤社稷」、「恐隕社稷之光」。「稷」字並皆从「示」从鬼，鬼亦聲，不从「禾」（註4）。與《說文》所收「鬼」字之古文同形。唯此「鬼」下所从之夂，譌爲从「女」，又與〈侯馬盟書〉「鬼」字同形。古文字中，凡

註2：見該書頁330～331。台北，黎明文化事業公司，1974年9月。

註3：同上書，頁331。

註4：見張守中《中山王譽器文字編》，頁103,104,108。北京，中華書局，1981年5月。

說文篆文 1
說文古文 2
說文鬼字古文 3
甲骨類纂 三二〇 4
5
陳肪簋 6
中山王鼎 7
詛楚文 8
戰國印文 9
縱橫家書 二三五 10
老子甲 九〇 11
老子乙前 九上 12
武氏祠題字 13
白石神君碑 14
封龍山頌 15
張表碑 16
靈臺碑 17
樊敏碑 18
元診墓誌 19
真草千字文（智永） 20
顏真卿自書告身 21

（表二）「稷」字歷代形體演化一覽

字下从「夊」之字，所从之「夊」旁，往往譌而爲「女」，但畢竟不从「女」，前輩古文字學家對此已屢有指陳。〈子禾子釜〉銘文中「稷月丙午」之「稷」字，亦「从示从鬼」構形，吳大澂謂「畟」爲「从田从人从夊」，誤將「鬼」之上部析爲「从田从人」，乃據後世已譌之隸、楷形體爲說（見《說文古籀補》）。〈詛楚文．湫淵〉：「剗伐我社稷」，亦从「示」从鬼構形，與〈中山王䰯鼎〉同。只是右旁所从之「鬼」，上部鬼頭人身，與下部之「夊」符，已離析爲二。《說文》「稷」字之古文作「䅊」，右旁所从之「鬼」（鬼），與篆文右旁所从之「畟」，實同爲一字，只是繁簡不同而已。

關於鬼字，甲文作「」、「」，或立或跪。金文獨承襲其立人之形，或於字下加「口」。東周以後，或於「人」下增「夊」爲形符。古文字凡从側

面站立人形之字，多增「夊」符，其从「夊」與否，字義無殊（註 5）。故知許氏釋爲「五穀之長」的「稷」或「稅」，右半所从，乃「鬼」之異體。

甲骨文有「䰡」字，如《殷墟甲骨刻辭類纂》三二一零「䰡」條所引：「未卜侑母……惟王䰡萑。」（註 6）依文義，似爲與祭祀有關之祭名。《說文》九上「鬼」下所收古文，从示之「」，疑即社「稷」字之本形。許書釋「稷」爲「五穀之長」，乃後起之義，非其初誼。

古來「社」、「稷」多並稱，皆爲古祭名，如〈史晨前碑〉所云：「封土爲社，立稷而祀。」故較早期文字資料，如〈中山王鼎〉、〈子禾子釜〉及〈詛楚文〉等，「社稷」之「稷」，並與「社」字皆从示旁會意。足證「稷」字之本形，當爲「从示从鬼，鬼亦聲」的形聲兼會意字。

除了上舉之實物文字例證外，《左傳・昭公二十九年》，蔡墨曰：「稷，田正也。有烈山氏之子曰柱，爲稷。自夏以上祀之。周棄亦爲稷，自商以來祀之。」可見「稷」乃三代以來，作爲祭祀對象的穀神之名。此可爲「稷」字古本从「示」之義，增一注腳。

許氏蓋以「稷」字爲禾穀黍稷之專名，故釋作「五穀之長」。若依古文字資料所顯示者看來，乃先有从「示」之「禝」，後有从「禾」之「稷」，其从「示」與从「禾」之殊，前述穀神與穀種之別，固是一個重點，後世則不論其爲社稷之「稷」，抑或黍稷之「稷」，完全由从禾之「稷」一肩承擔。之所以如此，主要在於左邊「示」旁與「禾」旁之形近互譌。又因「稷」爲禾穀之一，五穀之長，故雖譌爲从「禾」，大家亦能安然接受。其从「禾」之「稷」字字例，首見於戰國古印（周氏），當人名用。西漢〈馬王堆帛書・縱橫家書〉「齊保（抱）社稷事王」（二三五）及〈老子乙前〉「則社稷大匡」（九上），句中之「社稷」字，並从「示」作。而〈老子甲本〉「是謂社稷之主」，「稷」字則从「禾」作。到了後漢碑刻，則从「禾」从「示」，已多混用無別。

如前所述，「稷」、「稷」爲同字，原本从「示」爲祭名，不从「禾」。而

註 5：參見本書第九章第五節〈說鬼〉。

註 6：見該書頁 126。姚孝遂主編。北京，中華書局，1989 年 1 月。

「稷」字右旁所从之「畟」，乃「鬼」之異體，「䨺」旁則由「畟」旁離析譌變而來。古文字資料中，「鬼」字在商、周時期，有从「夂」與不从「夂」的繁簡兩種形體。戰國時代以後，从「夂」的繁形獨得傳衍。作爲獨體字的「鬼」，其下部所从的「夂」符，雖然譌化爲「ㄙ」，但上部的鬼頭，或帶方形或略帶三角形，基本上並無太大的改變。可是，作爲偏旁部首的「鬼」，下部所从的夂，雖然依舊保持原形，而上部的鬼頭部分，則有較爲繁複的發展與變化。「稷」字右旁所从，由「畟」譌而爲「䨺」，其間經過兩個較大的筆勢變動，一是鬼頭部份方框中之「＋」字符，先由左右上下的垂直相交，轉爲斜向相交方向之「Ｘ」形。此種寫法，楚系文字中最爲常見；二是鬼頭外框先由方正形體，變作近似尖頭之三角形。這個變成三角形的鬼頭，基本上由左右兩筆接合寫成，再由接合而離析，遂演化而成「䨺」形。其間錯綜之譌變過程，可作如下之推演：

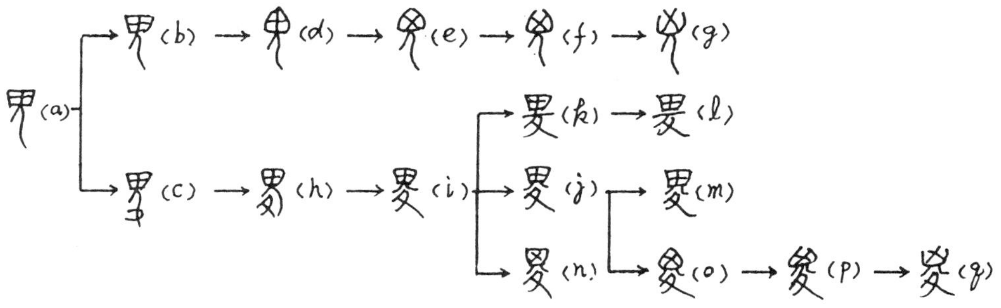
(a)
(b)
(d)
(e)
(f)
(g)
(k)
(l)
(c)
(h)
(i)
(j)
(m)
(n)
(o)
(p)
(q)

a 形，爲甲骨文中「鬼」字之寫法；b,c 兩形，爲兩周金文刻鑄寫法；由 e 形至 g 形，爲《說文》「稷」字籒文與「稷」字古文之形體來源，g 形則與「兇惡」之「兇」字形體無別。o 形爲〈郭店楚簡〉之字例，此簡簡文作「人之所䰟（畏），亦不可以不䰟（畏）」。兩「䰟」字，均假借爲「畏」（註 7）。此處雖非作爲「社稷」字用，惟其所从之「鬼」旁，上部由三筆變而爲兩筆

註 7：簡文作从示从鬼，鬼亦聲。郭店楚簡整理小組釋作「愄」，而讀作「畏」。與簡文形體不合，實未妥。（見《郭店楚墓竹簡》，頁 118。北京，文物出版社，1998 年 5 月。）若依簡文字形釋作「䰟」，並於字下加括弧，注明其以假借當讀爲「畏」，似更切當。另見本書第九章第五節〈說鬼〉之論證。

的特殊寫法，對於我們討論「稷」字之譌變成因，頗具啓發性。此爲率意之簡寫體，爲後世从「旻」的形體之張本；n 形，爲東漢〈靈臺碑〉上所見（表二～17）。此一字例之形體，在時代上雖稍晚，但依此字的構形演化情況看，其頭部呈四方形之狀，乃是沿承商、周甲、金文之形體傳統而來。發展到戰國時期，雖多作尖頭之三角形，後來卻又因漢隸之規整化而回復原本之正方形。由 n 形至 p 形，頭頂上左右兩筆，由原來之相接合，變而爲相離析。至於 q 形，則與《說文》篆文同形。原本「兕」下表示人體側面形的雙臂與軀體部份的兩筆，在後漢隸書中，或被譌變成點下一橫平伸，作「」（k 形），與「俊」字所从「夋」旁之演變情況相類；或省點而只寫一橫（l），如〈造橋碑〉（表一～8）、〈白石神君碑〉（表二～14）；或連橫畫也被略去不寫，如〈靈臺碑〉與〈樊敏碑〉，便是其例（表二～17,18）。類似的演化，在漢字隸變過程中，極爲常見。

至於《說文》五上夊部，被許慎釋爲「治稼畟畟進也」的「畟」字，與訓作「斂足也」的「旻」字，均未見於魏、晉以前之實物文字資料中。故疑此兩文，可能就是許慎爲了讓「稷」、「稯」兩字的譌形聲符有所依據，所特別擬列出來的。這又跟許書特別爲「奪」、「奮」兩個譌形篆文，擬列出从大从隹的「奞」字，以充當「奪」、「奮」二字部首的做法（註 8），如出一轍。

註 8：詳細請參閱本書第八章第一節，「說奪、奮」之析論。

第四節　說「粦」

《說文解字》十上炎部釋「粦」：「兵死、及牛馬之血爲粦。粦，鬼火也，从炎从舛。」（註 1）篆文作「」。

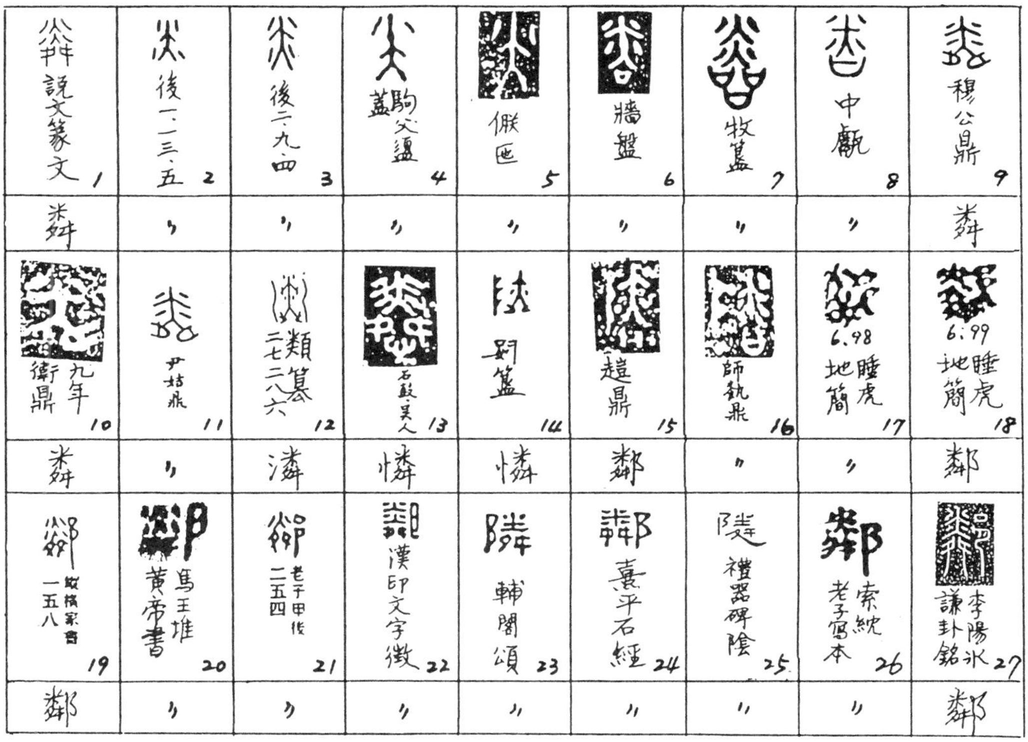
說文篆文
後一、一三、五
後二、九、四
牧簋
中甗
穆公鼎
九年衛鼎
尹姞鼎
類纂 二七二八六
石鼓吳人
趞鼎
睡虎地簡 6.98
睡虎地簡 6.99
縱橫家書 一五八
馬王堆黃帝書
老子甲後 二五四
漢印文字徵
郙閣頌
熹平石經
禮器碑陰
老子索統寫本
李陽冰謙卦銘

（表一）「粦」字歷代形體演化一覽

甲骨文中，有一从「大」（象正面人形，「鬼」字亦从人形），於兩臂之上下各加一小點之「」字數見（表一～2,3），當即爲「粦」之初文。其後，或於兩足處增「舛」爲意符；或於字下增「口」爲繁文。

「」字所从之「大」，其兩臂上下之點，究何所示？關於此點，白川靜認爲係「表示鮮血淋漓之象」（註 2），與許愼的說法比較起來，仍以《說

註 1：此從《大徐本》，《段注本》及朱駿聲《說文通訓定聲》並同。他本或作「从炎舛聲。」

誥案：舛非聲也。說詳下文。

註 2：見白川靜《字統》，頁 890。東京，平凡社，1986 年 5 月。

文》所訓「鬼火」較爲近理。

《淮南子・氾論》有「久血爲燐」之說（註3）。張華《博物志》亦云：「戰鬥死亡之處，其人馬血，積年化爲粦，粦著地及草木，皆如霜露不可見。有觸者，著人體便有光。拂拭便散無數，又有吒聲如熠（註 4）豆。舛者，人足也，言光行著人。」（註5）因燐血隨風飄動，猶人之有足，能行動也，故字下或从「舛」。

卜辭中，也有一从水之「潾」字，其作爲聲符的「粦」旁，在下方兩足處，已增「舛」爲繁文（表一～12，註6）。故知在殷商時代，「」與「」兩種形體，早已並行於世。依漢字發展演變之規律看來，从舛之「」應是「」之後起字，因形聲字必以聲符爲初文。

古文字中，凡是从人或與人有關偏旁之字，往往在人形之足部增加「夊」符，既不影響字義，而其表意效果則更加顯豁。如爲側面人形，則只加一「夊」符（以只見一足故）；若爲正面人形（如「」），則於兩足處各加一「夊」符而爲「舛」，這幾乎已成古文字發展之通例（見表二，註7）。吾人由「」之增「舛」爲形符，更可以反過來證明「粦」之本形爲「从大」，而非如《說文》所釋之「从炎」。

羅振玉在《殷墟書契考釋》中，釋「」爲「炎」（註8）。後出的孫海

註3：見《淮南鴻烈解》卷十三。載《百子全書》第十一冊，頁6598。台北，古今文化出版社，1963年9月。

註4：案，即今「炒」字。《宋本玉篇》作「𤆎」，列在火部「炒」字上，於「炒」字下注云：「同上」。（見該書頁392。北京，中國書店，1983年9月）。

註5：見徐鍇《說文解字繫傳》注所引，頁202。北京，中華書局，1987年10月。

註6：見《殷墟甲骨刻辭類纂》上冊，頁498。此書爲吉林大學古籍研究所叢刊之六，姚孝遂氏主編，北京，中華書局，1989年1月。

註7：表六之「允」、「執」、「埶」（藝之古文）、「揚」等字，字下或似从「女」，實爲从「夊」之譌。

註8：見該書卷中，頁51。台北，藝文印書館，1969年12月。

寒
到(致)
長
舞(無)
允
畯
執
埶
揚
翼

（表二）　从象人形之「人」、「丮」、「大」諸字增夊或舛為繁文例

波《甲骨文編》、金祥恒《續甲骨文編》、高明《古文字類編》等，與甲骨文有關的字書，幾乎都從羅說，將「」字與「」字同釋作「炎」。實則，甲骨文「火」字，唯「」(與「山」同形)、「」、「」(「閔」字所从)等幾種形體，這個「」字明顯與「火」字無涉。

李孝定在《甲骨文字集釋》書中，雖也曾對此字之形義起疑，然因不明其即爲「粦」之初文，卒仍從羅氏之誤說，將兩個「」字收列在「炎」字條下（註 9）。

如前所述，「」字兩臂上下所从之點既爲鬼火，从兩點與从四點，理當無別。金文〈倗匜〉與〈駒父盨〉之蓋銘中，另有「粦」字作「」(表一～4,5)。過去，此字常被認爲是「小大」二字之合文，恐非是。金文如〈趞鼎〉及〈毛公鼎〉，別有〉「小大合文」之「」字，上下字間分離，未有接合。其構形與「」字相近而實不同，明顯不是同一個字（註 10）。

註 9：見該書第十，頁 3189。台北，中央研究院歷史語言研究所，1974 年 10 月。

註 10：見容庚《金文編》增訂第四版（張振林、馬國權補摹），頁 43。北京，中華書局，1985 年 7 月。

兩周金文或於「粦」之左旁增加形符「阜」，作「隣」字，與《說文》「鄰」字从「邑」之篆文不同。實則，从邑之「鄰」字，早在許書成書前三百餘年之〈睡虎地秦簡〉中便已出現（表一～17,18），知許說亦有所本。至於後漢碑刻文字，从「邑」之「鄰」與从「阜」之「隣」已混用無別。顏元孫《干祿字書》並錄「隣」、「鄰」兩字，以从阜者爲正，以从邑者爲俗。徐鍇批評道：「鄰，正體也，而謂之譌；隣，俗謬也，反謂之正，蓋爲病矣。」（註11）若以金文爲據，則从「阜」之隣爲正；若以秦簡爲據，則从「邑」之鄰亦正。古文字中从阜之字與从土之字多通用，如「址」或作「阯」，「坡」或作「陂」。从土之字又與从邑之字通用，如「邦」字，金文原本从土，作「」。故从阜之「隣」與从邑之「鄰」，若在「土地區域」的意用上，兩形可當異體字看待，正不必以時代之先後出現而論其孰正孰譌。

《金文詁林附錄》收有〈趞鼎〉之「」字（表一～15，註 12），郭沫若釋作「隣」（白川靜《金文通釋》第二冊所釋同）。李孝定謂此字「不从粦」，否定郭說而隸定作「陪」（註 13）。事實上，原器銘文雖因鏽蝕而稍欠明晰，然諦審拓本，其右旁上方，「」之兩臂之上各有一點，仍隱約可見。作「」，不作「」。與〈牆盤〉及〈中甗〉等字例（表一～6,8）同形。就文例講，〈趞鼎〉之「大小右隣」，也跟〈牧簋〉之「右粦毋敢不明、不中、不井（刑）」的用法相同。又，从口从舛，均爲「」之繁文。故仍以郭氏與白川氏之釋「隣」爲確。增訂四版之《金文編》卷十四，亦收錄此字（容庚《金文編》原本無此字），與《金文詁林附錄》，同據誤摹之字形而隸定作「陪」，並非。又，《金文編》將〈牆盤〉之「」字，置於口部釋作「啖」（註 14），亦非。至於劉宗漢將〈中甗〉銘中「厥貯」之「」字，讀爲「琰圭」

註 11：見《說文解字繫傳.袪妄第三十六》，頁 323。北京，中華書局，1987 年 10 月。

註 12：〈趞鼎〉，《金文詁林附錄》與《金文編》均誤植作「趞簋」。實則，商周青銅器中，並無〈趞簋〉其物。

註 13：見《金文詁林附錄》，第二四二七欄，編碼三五零二。

註 14：見該書頁 72。同註 10。

的「琰」字，其同受許氏誤說之影響，顯而易見（註 15）。

此外，《金文詁林附錄》尚收錄〈⿰⿱曰女寸簋〉之「」字（表一～14）。丁佛言釋作「鄰」，李孝定仍以此字「非从炎」，而隸定為「隣」。實則，若忠於原銘，仍以从阜釋作「隣」為確。

〈石鼓文・吳人鼓〉有一从粦之「憥」（憐）字，原石拓本此字上部從「大」之形體，清晰可辨（表一～13）。《漢語古文字字形表》收錄此字時，則誤摹作从炎（註 16）。同樣的例子，又見薛向功《歷代鐘鼎彝器款識》，所收錄懿王時代之〈牧簋〉銘文中，兩處「右  」之「  」（粦）的上部，亦被摹寫作从「炎」（註 17，表一～7）。凡此皆受《說文解字》篆文譌形之影響而然，其字下所从之「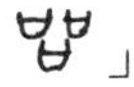」，上面兩個「口」形，亦疑其為从「舛」形之誤摹。

馬王堆帛書〈春秋事語・吳伐越章〉，有「刑不  」之句，「  」字右半雖有稍缺損，唯仍可清楚識別。帛書整理小組或因不明从「大」之字，在隸變過程中，自戰國以來多寫作夂，上下離析而譌作仌，與冰之古文同形，故仍依仿字形釋作「沓」。唯於釋中則云：「沓，疑與粦（粦）字同讀為慎。說文慎，古文作『  』。刑不慎是用刑不當。」（註 18）諳案，就字形言，「  」當直釋為「粦」。从口，乃「粦」之繁文，已如前述，當讀如「憐」。刑不粦，即施以刑罰而不加憐愛之意。以「慎」讀字，不免迂曲。再就上下文意看，「吳伐越，復其民，弗復□□，刑之，使守布周。紀譚曰：『刑不粦，使守布周，游（留）其禍也。』」所缺之字，依《左傳・襄公二十九年》「吳人伐越，獲俘焉以為閽，使守舟」，所缺二字，或當為「其俘」。吳軍對於越

註 15：見劉撰〈釋貯辨疑二則〉一文，載《古文字研究》第十二輯，頁 188。

註 16：見該書頁 417。徐中舒主編，漢語古文字字形表編寫組編。四川辭書出版社，1987 年 7 月。

註 17：見《商周青銅器銘文選》（三），頁 187 所引錄。又見唐蘭《西周青銅器銘文分代史徵》附件一，頁 46。惟其作器時代，唐氏認為是在共王時。

註 18：見《馬王堆漢墓帛書》【參】，〈春秋事語〉釋文註釋，頁 18。北京，文物出版社，1983 年 10 月。

國之俘虜，不但不加憐愛，免其稅負，又從而「刑之」，罰他們來替吳軍作安全守衛（註 19），這些俘虜恐不免會心生怨恨，所以紀譖慮其生禍。故此字當釋「粦」，而讀作「憐」，則文意朗暢，通讀無礙。

實則，「粦」之上部，早在戰國晚期的〈睡虎地秦簡〉中，如「粼」、「鄰」等字，已譌爲从炎。其譌變之由來，則與前述之「黑」字略同。漢代帛書與璽印文字，寫法大致同於秦簡。或如〈帛書老子甲本〉作「」，只从一「」爲簡體（表一～21，「鄰」字所从）。漢代碑刻文字，則多譌作「」，上部或譌爲从「米」，作「粦」，其从「米」之形體，則爲後來之楷書所承用，迄於今日。

然而，在篆隸書均已步下實用之文字舞台的唐代，李陽冰〈謙卦銘〉的「鄰」字左旁寫法，其形體結構猶存古形之真貌（表一～27）。更奇特的是，時當隸、楷遞嬗之際的西晉〈索紞老子寫本〉，「鄰」字左旁仍存从「大」之古形（表一～26）。當非一時偶合，想必別有所據。

註 19：馬王堆帛書整理小組讀「周」爲「舟」，亦未甚洽。同上註。

第五節　說「孛」

《說文解字》六下米部釋「孛」云：「㶾也。从米。人色也，从子。《論語》：『色孛如也。』」篆文作「」（表一～1）。

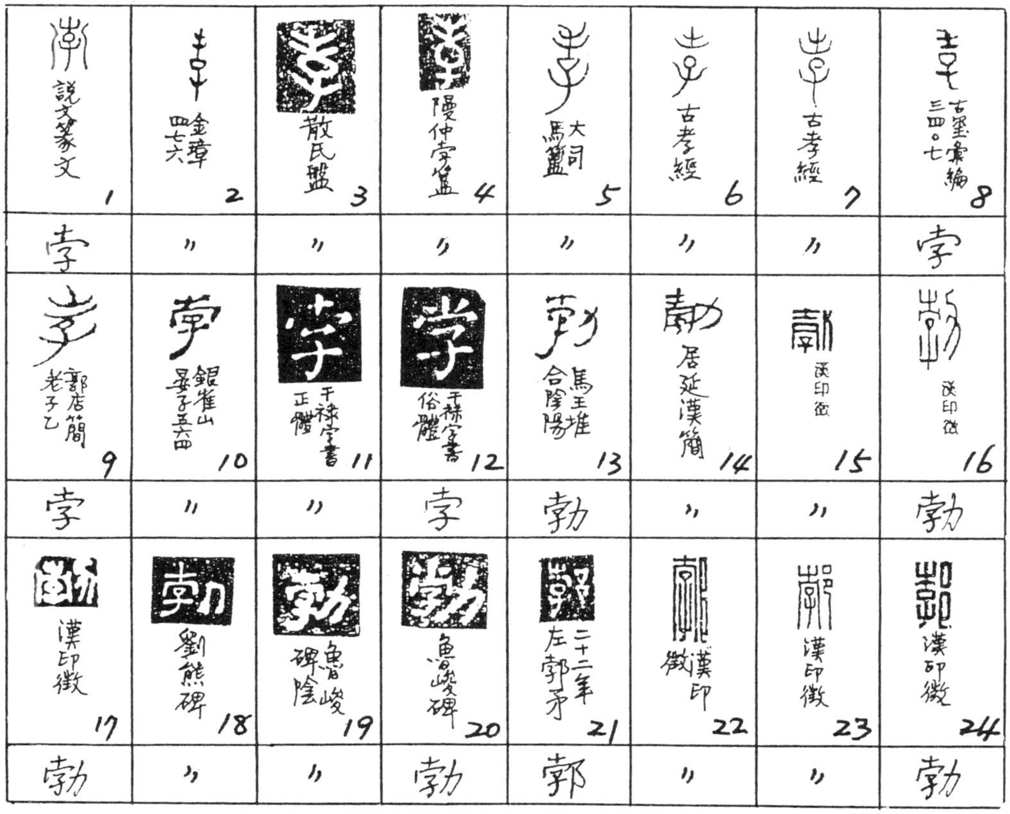
說文篆文 1
金璋四七六 2
散氏盤 3
陽仲孛簋 4
大司馬簠 5
古孝經 6
古孝經 7
古璽彙編三四〇七 8
孛
孛
郭店簡老子乙 9
銀雀山晏子五六四 10
干祿字書正體 11
干祿字書俗體 12
馬王堆合陰陽 13
居延漢簡 14
漢印徵 15
漢印徵 16
孛
孛
勃
勃
漢印徵 17
劉熊碑 18
魯峻碑陰 19
魯峻碑 20
二十二年左郭矛 21
漢印徵 22
漢印徵 23
漢印徵 24
勃
勃
郣
勃

（表一）「孛」字歷代形體演化一覽

「孛」字在甲骨文中，目前只發現〈金璋〉四七六當地名用的一個字例，作「」（表一～2）。此字孫海波《甲骨文編》誤認爲是「孝」字，而收在卷八的「孝」字條下（註 1）。目前一般甲骨文字書，此字皆失收。在兩周金文中也有〈散氏盤〉、〈陽仲孝（詰案，當作「孛」）簋〉及〈大司馬簠〉等三個字例（見表一～3.4.5），文字構形與甲文略同。也跟〈金璋〉四七六的甲文字例同樣命運，被容庚收錄在《金文編》的「孝」字條下，當作「孝」字看

註 1：見該書頁 357。京都，中文出版社，1982 年 9 月。

待（註 2）。後出的相關字書，如《漢語古文字字形表》（徐中舒主編）、《古文字類編》（高明主編）、《金文詁林》（周法高主編）等，大抵也都承襲前誤，未能有所是正。由於當前古文字學界對「孛」字本形，普遍缺乏真切認識，且多與「孝」字相淆亂，以致在近世出版與甲骨、金文有關的字書中，幾乎都查不到商、周時代的「孛」字。

丰 丰 丰 〃 〃 〃 〃 丰 封
封 〃 封 封 奉 奉 夆 〃 夆
逢 邦 邦 邦 〃 〃 〃 〃 邦

（表二）「丰」字與从「丰」構形諸字形體演化一覽

從偏旁構形上看，「孛」字从子从丰。上部所从之「丰」或線條化，甲骨文作「丰」（〈佚〉四二六），或作「丰」（〈類纂〉三二二八七）、「丰」（〈明藏〉六三三）（表二～2,3,4），並象草木種芽初生，莖葉茂盛之形。即《說文》六下釋「艸盛丰丰也」之「丰」字初文，爲「奉」、「夆」、「邦」、「封」諸字之所从。大抵从丰得聲之字，均有「茂盛」之意。金文〈康侯丰鼎〉之「丰」字，下部作肥筆（表二～5），與甲骨文〈明藏〉六三三之作框廓者，構形之

註 2：見該書頁 601。北京，中華書局，1985 年 7 月。

意相同，均象根荄肥大之形（註 3）。前人或釋作「手」，或釋「毛」，或釋「屯」，並非。許氏釋形謂「从生，上下達也」，乃望文生義，實不可信。李孝定《甲骨文字集釋》及于省吾《甲骨文字釋林》，均將此字收在「封」字條下（註 4）。非其初誼，恐未妥。〈毛公鼎〉及〈中山王鼎〉的「邦」字，左旁寫法，多於豎畫下部加一圓點（表二～23,24），戰國文字則延點爲短橫。再展延之，又將豎畫上第二個歧出的左右兩筆筆勢展平，則與〈戰國古印〉（表二～7）「丰」字，及〈楚帛書〉「邦」字之所从形近，而爲《說文》从丰諸字篆文之所據。至於被認爲目前所見最古醫方的馬王堆帛書〈五十二病方〉，有「旦取丰（蜂）卵一，漬美醯一桮（杯）以飲之」，專治癩疝的方子。句中的「丰」字作「丰」（表二～8），則已跟後世的隸、楷書字形無別。

前引這些被誤認作「孝」字的「孛」字字例，下部从子，與「孝」字同。上部所从之「丫」，則與「孝」字上部之多一「人」形作「㇒」者迥異，顯然不是同一個字（見表三）。《金文編》把這三個字例，集中收錄在「孝」字

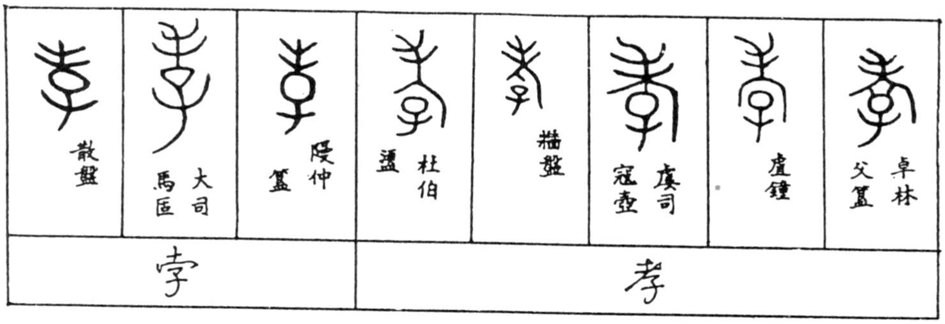
散盤
大司馬匜
杜伯盨
虞司寇壺
卓林父簋
孛
孝

（表三）　「孛」字與「孝」字形體比較

註 3：參高田忠周《古籀篇》八十一，頁 1。載《金文詁林》（上），頁 1067。香港，中文出版社，1980 年。甲、金文中「丰」字下面的肥大部分，諸家多當「土」形看待，而逕釋作「封」。今就「丰」字形體本身之歷史發展觀之，似非从土。甲文辭例雖多假「丰」爲封，在訓讀上可作「封」解。但在字形之隸定上，仍以釋「丰」爲是。

註 4：見李書頁 399 及于編頁 1327。卜辭中有「一丰」、「二丰」、「三丰」之詞，與〈散氏盤〉「一封」、「二封」、「三封」之文意類似。古人封定田界，多植木爲之，故「封」字从丰。以封釋丰，已非其朔誼。「封」字與「奉」字同源於「𡭴」，後乃譌爲从土。所从之「奴」，則省爲从「又」。後又增點而演化爲「寸」，遂成今形的「封」字。

的最後面，想必容氏當時也嘗對這些字例的文字構形起疑，或因不明其所以，故權且作如此之處理。

首先認出這個「」是「孛」字的，是近人張亞初。張氏因爲看到夏竦《古文四聲韻》四・一六收錄有〈古孝經〉的「悖」字作「」（表一～6），而聯想到甲骨、金文中的「」、「」等字，跟〈古孝經〉「悖」字的古文字形完全一致。並通過簡要論證，確認其爲「孛」之本字。他說：「孛字从丰从子，丰爲聲符，子爲意符。幼兒生長發育日新月異，故寓有蓬勃興盛之意。」精思卓識，確爲不刊之論（註 5）。

事實上，《古文四聲韻》書中，所引〈古孝經〉的「悖」字，凡兩見，除了張氏指出的第四卷去聲第十六欄，「隊第十八」下所收的一個字例外，在第五卷入聲第十欄，「沒第十二」下，尚收有一個字例（表一～7），文字組織構形略同，而上半所从之「丰」，已譌爲「土」形。而下半「子」旁的寫法，體態也微有變化（註 6）。「子」旁頭部，前一個字例作正圓，無缺口。後一個字例則由右向左上，作迴旋狀，有缺口。之所以會有一字兩見的情形，主要是因爲今本《孝經・聖治章》作「不愛其親而愛他人者，謂之悖德；不敬其親而敬他人者，謂之悖禮。」原文就有兩個「悖」字，〈古孝經〉均只作「孛」。或因原本兩個「孛」字形體稍有不同，夏氏欲並存其體勢之真，故兩皆加以摹錄。

他如今本《晏子・內篇問上》（陽湖孫氏校本）有「今君政反乎民，而行悖乎神」之句（註 7），在近年出土的山東臨沂〈銀雀山漢墓竹簡・晏子〉第五六四簡，則作「今君正反乎民，行孛乎神」，「政」只作「正」，「悖」只作「孛」（表一～10，註 8）。今傳世通行本，均以後世之分別字「政」與「悖」

註 5：見張撰〈甲骨文金文零釋・釋孛〉，刊在《古文字研究》第六輯，頁 165～166。

註 6：前一字例見於夏竦《古文四聲韻》，頁 57；後一字例見於同書頁 75。《汗簡・古文四聲韻》合刊。北京，中華書局，1983 年 12 月。

註 7：《晏子春秋》卷三〈內篇問上〉，見《二十二子》，頁 567。上海古籍出版社，1991 年 10 月。

註 8：見《銀雀山漢墓竹簡》【壹】，〈釋文・註釋〉，頁 93。北京文物出版社，1985 年 9 月。

改寫之。又如《說文》「孛」字下引《論語・鄉黨篇》「色孛如也」之句，敦煌唐寫本《論語鄭氏注》，則作「色勃如也」（伯希和二五一零號寫本，註 9），改「孛」爲「勃」。今本《論語》此句全皆作「勃」，與敦煌唐寫本相同（註 10）。大抵上古人事簡樸，創制文字少，故一個字往往同時兼含多層意義。後來人事漸繁，乃在兼差的原字上，分別增添不同的形符偏旁，使之分別承擔各別的字義，此種分化後的文字，清儒王筠名之爲「分別字」或「分別文」（註 11）。後世訓詁學家爲確切了解文意，往往用後起的分別字，去改讀原字。經此改讀，文字形體符號與具體文例中之詞義，便可以更加適切地對應起來。由上舉幾個古文字用例資料，可知悖逆之「悖」與蓬勃之「勃」，均由「孛」字分化而來，原本只寫作「孛」。「孛」爲本字，「勃」與「悖」則爲後起的分別字。

〈郭店楚簡・老子乙種〉第十簡：「明道女（如）孛」，「孛」字作「」（表一～9，註 12）。馬王堆「帛書老子乙本」作「費」，其義當與《禮記・中庸》第十二章，「君子之道費而隱」之「費」字相近。帛書整理小組以爲疑當讀作《說文》釋「目不明也」的「費」字（註 13），依今本下句「夷道若類，進道若退」之文例推之，以「費」讀之，可從。从「弗」之字，古音讀

註 9：見王素《唐寫本論語鄭氏注及其研究》，頁 119。北京，文物出版社，1991 年 11 月。

註 10：許慎於《說文》九上色部「艴」字下，引《論語》作「色艴如也」，與六下朩部「孛」字下所引《論語》作「色孛如也」者不同。段玉裁說：「必有魯、齊之別在其間。」（見「艴」字下注），應係古版本不同之故。

註 11：見王筠《說文釋例》卷八，頁 173。北京，中華書局，1987 年 12 月。又見王輝《古文字通假釋例》書前〈研究古文字通假的必要性與應遵循的原則〉（代序），關於「分別字」之解說，頁 14。台北，藝文印書館，1993 年 4 月。此種原字與分別字之間，形、音、義關係密切，跟一般假借字與本字之間，只有聲音關係的通假字不同。王氏此書將大量分別字，也列在「通假」釋例中，並不妥當。

註 12：見《郭店楚墓竹簡》，頁 119，註釋第十一條。北京，文物出版社，1998 年 5 月。

註 13：見《馬王堆漢墓帛書》〈壹〉，頁 93，註釋第七條。北京，文物出版社，1980 年 3 月。

爲並紐，故同爲並紐的「孛」字，在馬王堆帛書中寫作「費」，自有其聲韻上的理致可尋。《原本玉篇殘卷》糸部，於「紼」字下收列从孛聲之「綍」字，作爲重文異體，注云「字書亦紼字也。」（註 14）這也可以作爲「孛」、「弗」古本同音，可相通假的一個旁證。

根據錢大昕的研究，上古並無輕唇音，他說：「凡輕唇之音，古讀皆爲重唇。」（註 15）「孛」字今讀爲重唇音 bó，上古聲母屬並紐；「孛」字所从之丰（丯），今讀爲輕唇音 fēng，上古聲母屬滂紐。从丰之字，今音或讀爲重唇音，如「蓬」、「蚌」等字；或讀爲輕唇音，如「逢」、「奉」等字，而同爲並紐（註 16）。今證得「孛」字之从丰得聲，可爲錢氏在古聲紐上之論斷增一佐證。

「孛」字之本形，既已確證爲从子丰聲，然而許慎《說文》則釋爲「从米」，所从之「米」，實從「丯」旁譌變而來。在甲骨文中，丰字豎上多作兩歧，或作一歧。但在兩周金文中，未見作一歧者，或以其與屮形易於相混，故幾乎全皆統一作兩歧的寫法。作爲獨體的「丰」字，其下面表示根荄的部分，雖多作肥筆，或作雙鉤框廓。但後來肥筆消失，中豎純粹線條化而作「丯」形。金文如〈散氏盤〉的「孛」字與「封」字（註 17）、〈盂鼎〉的「邦」字

註 14：見該書頁 381。北京，中華書局，1985 年 9 月。

註 15：錢氏有關「古無輕唇音」之說，見陳師新雄《重校增訂音略證補》，頁 244，〈古聲紐的研究〉文中所引。台北，文史哲出版社，1991 年 10 月。

註 16：以上係根據陳復華、何九盈合著《古韻通曉》，頁 266，東部之「古韻歸字表」。北京，中國社會科學出版社，1987 年 10 月。

註 17：〈散氏盤〉「」字多見，舊或釋「表」，「表」字从衣从毛，與此形迥異。釋「表」，非是。容庚《金文編》依《汗簡》釋「奉」，云「省手，猶承之省手作也。」（見容書頁 158。）黃葆戉依盤銘乃記分田定界之事，釋爲「封」土之「封」（見黃撰「散盤今釋」，刊在《東方雜誌》第二十七卷第二號，頁 52）。古文从寸與从又多互作，从又與从奴意同通用。字从奴丰聲，應是「奉」、「封」兩字之本字，其後語義微有變異，用各有當，乃形隨義轉，分化而成兩字。根據銘文所記，乃當日分田定界之內容，故以釋「封」爲是。

之所从，則與「手」同形。文字的創制與運用，既要求其便捷，更須能避免混淆。戰國時代之「丯」字，其所以多於中豎下加點，並延點爲橫，遂成豎上三筆之形。揆其因由，固與古人每在長筆空處加點作飾筆繁文之習慣有關。但就「丯」字而言，此點或即爲字下表示荄根部分之孑遺，但也未必全無爲了跟「手」字形體區隔開來的意用在。至於《古璽彙編》三四九九「夆庮」之「夆」字（表二～18，註 18）所从之丯作「」，於加點之外，又在豎畫的最底下加一橫畫，則與「封」字左旁形體譌變演化之情形近同。但二者際遇不同，「封」旁依譌形由丯演變爲「」，而此「古璽印」字例之形體，卻未爲後人接受，仍被改寫作「丯」。

「封」字左旁所从的「丫」，在金文裡頭，下邊或譌爲从土（如〈琱生簋〉）；或改土旁爲田旁（如〈中山王嚳壺〉）。其前一形體爲今本《說文》篆文之所據。許氏釋「封」字爲「从㞢，从土，从寸」，所云「从㞢」，乃从丫譌來。而篆文譌作「」，與「往」字右旁所从同形，則顯然是誤以已譌之「㞢」，爲从止从一的「」（之）。實則，「往」字甲骨文只作「」，爲从止王聲。金文乃增彳旁，而作爲聲符的「王」旁，則譌爲从土。其右旁與「封」字左旁形體來源，所从迥異，而《說文》篆文則混同爲一。

儘管在早期商、周時代，「丯」字作爲偏旁，已有豎上兩歧作「丫」，與豎上三歧作「丯」的不同寫法。但後來發展的結果，豎上三歧的形體普獲青睞，如「邦」、「逢」、「奉」等字，所从之丯，都被寫作豎上三歧的「丯」。而「孛」字則基本承襲其豎上兩歧的寫法（註 19）。其間又經多重之離析譌變，致其本形長期以來淹晦難明。

註 18：此印原書缺釋。何琳儀《戰國古文字典・東部・滂紐丯聲》釋作「夆唇」，見該書 433 頁。詒案，上字釋「夆」，甚確。下字從字形偏旁看，上面从广，广下从丩从口作「句」，故此字應是从广句聲的「庮」字。「庮」字未見於《說文》，其構形本義雖未詳，然釋作「唇」，則顯然不確。

註 19：表一～16,17 的〈居延簡〉與《漢印文字徵》的兩個「勃」字，左旁上部複雜的形體，顯係由豎上三歧的丯形譌化而來，是爲特例。

考察相關的古文字用例，「孛」字從甲骨、金文中从子丰聲的構形，譌變爲今本《說文》篆文从米从子的形體，以至後世之隸、楷書字形。其間的演化過程，大致可作如下之推演：

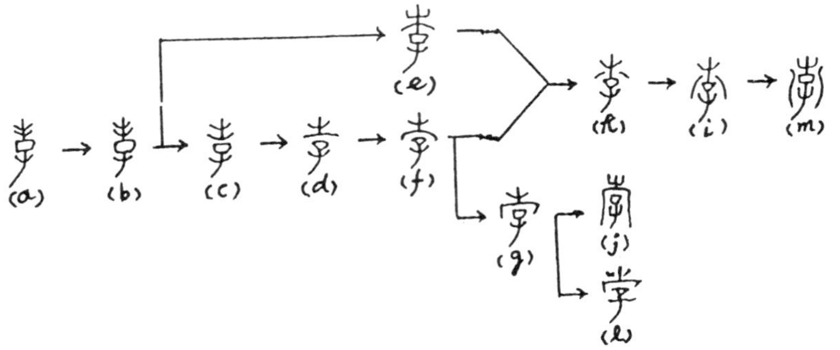
(a)
(b)
(c)
(d)
(e)
(f)
(g)
(h)
(i)
(j)
(l)
(m)

a、b 兩形爲甲骨、金文「孛」字，所从之丰，作豎上左右各兩筆向上斜出之形。c 形爲《古文四聲韻》所錄〈古孝經〉字形，所从之丰作「㞢」。中豎上縮，只與第二曲筆相接，未穿突第二筆，形體與秦、漢簡帛文字之「出」字相同，已失其从丰之意。至於表一～9 所收「郭店楚簡老子乙種」簡文「孛」字，中豎又向上縮短，只與上一曲筆相接，筆勢不盡相同。郭店楚墓竹簡整理小組謂「孛」字形體與〈古孝經〉的「悖」字古文「同形」（註 20），此所謂「同形」者，或係指其不从心旁作悖逆之「悖」的後世分別文，而皆作初文的「孛」字形體。但這顯然是忽略了兩者之間，因筆勢微殊所造成的形體差異。d 形乃承 c 形而來，丰旁的第二筆，則由仰勢的微曲變爲平直。其形體正與《說文》「邦」字古文（表二～20）與「封」字古文（表二～13）上部之所从者相同。

表一～8 爲《古璽彙編》三四零七之字例（註 21），除中豎上端向左微曲外，其餘筆勢形體，亦與此表之 d 形略同。e 形乃承 b 形而來，只是第二曲筆由原本之仰勢變作俯勢。f 形則變 d 形的下筆之左右平直而爲向下微曲之俯勢，其與 e 形之差別，只在中豎與第二筆之穿突與不穿突而已。在 h 形

註 20：見《郭店楚墓竹簡》頁 29，注釋第十一條。同註 13。

註 21：原書此字缺釋，何琳儀《戰國古文字典・脂韻並紐》，釋爲「孛」。就文字偏旁構形上看，何釋確不可易。

的左右兩筆，係由 e 形與 f 形中略帶俯勢的第二曲筆，左右離析，分作兩筆寫成。古文字中凡从「宀」之字，常被析寫作左右不相銜接的「八」形，如〈郭店楚簡〉的「定」字。將左右兩筆下垂而略加引長則成 l 形，微變其勢則成 m 形，便與《說文》篆文無二無別。根據筆者考察所得，大凡古文字在規整的刻鑄文字中，作向上或向下微曲之仰勢（+）或俯勢（个）者，其在簡牘帛書的率意書寫體上，往往分成左右兩筆而寫作「⺌」或「⺌」。反之，其爲左右兩筆分寫者，則又往往連合而爲一筆。如「省」字，乃从目生聲，所从之「生」旁，甲骨文作㞢，从屮从一，象艸木自地上生出之形。金文或於長豎中間加點，又延點爲橫，乃成「眚」字。「省」字上部係承無點之「生」（㞢）形演化而來，所从之「㞢」，在秦、漢簡帛文字裡頭，上面的曲筆多分兩筆書寫作「丷」，下橫微向左下作斜勢，則成「少」形，與多少之「少」的隸字異源同形（註 22）。如上所述，今本《說文》篆文「孛」字形體，固係由「丯」的豎上第二筆離析作兩筆書寫所譌成。至於表一～12 例，乃唐代顏元孫《干祿字書》去聲所收「孛」字的一個「俗」體，其上部作「⺍」，又顯係由「丯」形的上筆離析而下筆作俯勢，所遺留下來的形體（註 23）。

g 形是由 f 形中微帶俯勢的第二歧筆，聳其兩肩而成。戰國時代〈二十二年左郛矛〉之「郛」字（註 24）、西漢初期的馬王堆〈合陰陽簡〉「勃」字（表一～13）及〈銀雀山晏子簡〉「孛」字（表一～10），形體與此相近。將兩旁垂筆更加引長，則爲 j 形，而爲多數漢印文字之所常見。由 g 形上部作仰勢之曲筆，拉直而成平勢的橫畫，則爲漢代以後行用至今日的隸、楷書之

註 22：「省」、「眚」原爲一字之異體，許書既于眉部出訓「視也」之「省」字，又於目部出訓「目病生翳也」之「眚」字。誤析爲二，顯然不對。實則，「目病生翳」乃「省」（眚）之引申義，訓「視也」方爲其本義。故「眚」、「省」二字，當互爲重文異體，均當置於目部。許氏以「省」爲「从眉省」，而係屬在「眉」部之下，非是。

註 23：見施安昌編《顏真卿書干祿字書》，頁 50。北京，紫禁城出版社，1992 年 7 月。

註 24：何琳儀謂「疑屬《漢書・地理志》勃海郡境。郡治浮陽，在今河北滄州東南。」見何著《戰國古文字典》，頁 1301，「郛」字條下。

形體。

令人納悶的是，今日可以考見的兩漢鉢印文字，無「孛」字，而有不少从孛之「勃」與「郣」字。而這些从「孛」諸字的篆文形體，又多與後世之隸楷字體相應，甚至完全相同，獨未見一個與今本《說文》篆文形體相近者。足見此字之篆文譌形，必係經後人竄改過，應非許書原本所有。由 h 形至 m 形的演化，則是筆者根據「孛」字的形體發展規律，及簡帛文字的書寫慣例，所作出的一些形體演變之推演。

至於〈楚帛書〉與〈戰國古印〉中，寫作「」的兩個字例，舊釋爲「孛」。近年出土的戰國〈曾侯乙墓竹簡〉，此字及从此構形之字屢見，釋「孛」於詞例顯然不合，其非「孛」字甚明。或釋爲「李」（註 25），未審是否？

總而言之，「孛」字原本从子丰聲，篆文當如甲骨、金文作「」。《說文》篆文从宋从子，寫作「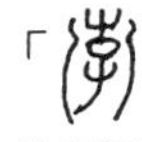」，實係上部「」旁的第二個向上歧出之筆畫離析後，因輾轉傳抄以致譌誤的形體。

註 25：見劉信芳教授〈从之字匯釋〉，載在《容庚先生百年誕辰紀念文集》，頁 612～615。廣東人民出版社，1998 年 4 月。

第三章　連合之訛

凡商、周以來一脈相傳的古篆文字，其筆畫與筆畫，或筆畫與部件，或部件與部件之間，本當分離，而在《說文》篆文中，卻接連或結合為一，遂致其造字本義因而晦昧不彰者，是為「連合之譌」。

第一節　說「折」、「制」

《說文解字》一下艸部釋「折」：「斷也。从斤斷艸。譚長說。，籀文折，从艸在仌中，仌寒故折。，篆文折从手。」字頭正篆作「」。

說文正篆 1
說文篆文 2
說文籀文 3
一期 前四八六 4
京津二七三七 5
小盂鼎 6
周中 虢季子白盤 7
師同鼎 8
折觥 9
毛公鼎 10
齊侯壺 11
中山王鼎 12
郭店楚簡 成之聞之 13
楚帛書 14
15
6 75 睡虎地簡 16
10.112 睡虎地簡 17
相馬經 五一下 18
銀雀山 孫臏 19
折風闕 當瓦 20
新莽官印 21
武威醫簡 八六乙 22
鮮于璜碑 23
張壽殘碑 24

（表一）「折」字歷代形體演化一覽

「折」字甲骨文作「」，象「从斤斷艸」之形，與說文正篆合。金文字形大致皆與甲文同。惟西周晚期〈師同鼎銘〉之「折」字，上下兩個「屮」符，已誤連為一，形近於「手」（表一～8），與說文篆文同。〈毛公鼎〉則省「」為「」（表一～10），〈番生簋〉的「誓」字，所从「折」之左旁，與此同（表一～3）。〈折觥〉更簡化為「」（表一～9），與〈散氏盤〉「誓」

字折旁从單「屮」者同意。〈齊侯壺〉的「折」字，於兩個斷開的「屮」符之間，加上「=」符以爲識別（表一～11），與許書「籀文」同。

對於許氏「从艸在仌中，仌寒故折」，以仌爲冰的說法，王筠在《說文釋例》書中，有一段精闢的辯駁，他說：「『𣂚』之重文『𣂚』，說解以爲从『仌』，似非。若从『斤』、『仌』二字爲義，則艸之折也，『斤』斷之邪？『仌』摧之邪？義無統屬，是謂雜亂。且論其部位，是『仌』在『艸』中，而云『艸』在『仌』中，亦非以字形見字義之法。案當爲以會意兼指事字，『=』非『仌』字，但以之界『𠂹』之間，以見其爲已斷。恐其傳寫既久，連『𠂹』爲『𠂹』，不可解耳。如『梁』之古文『㳨』，从兩木者，橋非一木所成，故木與木相續也。中加一者，亦界畫也，特彼从一，此从二耳。」又說：「又一重文『折』，豈以手持斤而折之邪？意頗迂遠。似是『  』字誤連爲『  』，左旁有近『  』字，不知者增爲重文，以致今人皆作『折』，不復用『𣂚』矣。故說文無一从『𣂚』之字。」（註 1）王氏生當嘉慶、道光之際，彼時甲骨文字尚未出土，其所論斷，竟與甲骨文暗合，足徵卓識。故知許氏釋「=」爲冰，應是附會之辭。〈中山王鼎〉的「折」字，誤「𠂹」爲「木」，並移「=」符於木上，已失其本旨。

自春秋、戰國時代以後，「折」字兩「屮」之間，借以指示斷處所加之「=」符，大抵行用於東土系之齊魯（如〈齊侯壺〉，表一～11）、南土系之楚（如長沙〈楚帛書〉及〈郭店楚簡〉，表一～13,14）、中土系之三晉及中山諸國（如〈中山王鼎〉，表一～12）。於西土系之秦器及簡牘（如〈睡虎地秦簡〉，表一～16,17）中，未見有加「=」符之例。此春秋、戰國以來別加的「=」符之消失，乃成爲「折」字左旁譌連爲从『手』的催化因素。

王國維在〈史籀篇疏證序〉中，曾提出「戰國時秦用籀文，六國用古文」之說（註 2）。「籀文」爲西周晚期貴族子弟識字教科書，乃是殷、周古文字規整化的字體（註 3）。許氏既以所錄「  」字爲「籀文」，復云「篆文折从

註 1：見《說文釋例》卷十五，頁 362。北京，中華書局，1998 年 11 月。

註 2：見《觀堂集林》卷七，頁 305～307。台北，河洛圖書公司，1975 年 3 月。

註 3：《漢書・藝文志》：「史籀篇者，周時史官教學童書也。」

手」，則知此字字頭之正篆爲「古文」。今以地下出土古文字，加「＝」符之「折」字用例驗之，則此加「＝」符之「籀文」，不僅不同於西土秦系文字，反而與六國文字相合，故知王氏所謂「籀文」爲西土文字之說，尚待商榷（註4）。

姑不論西土系的秦文字「折」字，左旁究係始終不曾加「＝」符，抑或原本也有，只是後來由於「＝」之識別符號消失，乃導致「折」字左旁兩「屮」之間的加速譌連。許氏以从「手」之「」爲「篆文」，實際上所反映的，正是許慎因未能明確判定「折」字之本義，故以譌變後的隸書，用篆書的筆法體勢改寫，以作爲「篆文」。

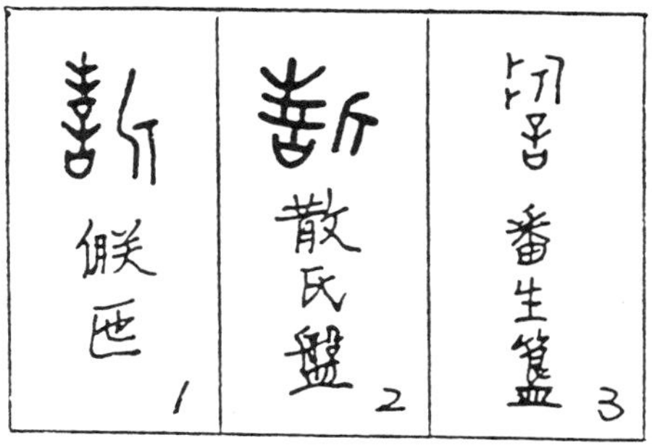
散氏盤
番生簋
1
2
3

（表二）

其他从「折」構形，如「誓」字所从之「折」，左旁或省爲單「屮」，如〈散氏盤〉「誓」字（表二～2）；或兩「屮」相連合，致與「手」字同形，如〈𠑹匜〉「誓」字（表二～1）；或如前述〈毛公鼎〉「折」字之省「屮」爲「」，如〈番生簋〉「誓」字（表二～3）。這些形體儘管多樣，其譌變過程，似乎都有一個脈絡可尋，基本多由於書寫者對於此字的構形認識不清使然。

《說文》四下刀部有「制」字，原本也是从「折」，其譌變過程經過一番波折，較爲複雜。許慎釋「制」爲：「裁也。从刀未。古文作『』。」（註5）篆文作「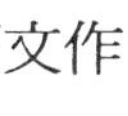」。此字在〈睡虎地秦簡・爲吏之道〉及〈日書乙種〉（表三～5-8）中均曾出現，均爲从衣从折，作「」。〈爲吏之道〉第十六簡，談

註4：何琳儀曾列舉包括「折」字在內，許書所錄三十個「籀文」與六國文字（包括偏旁）完全吻合的字例，以證明「籀文」是戰國時代西土秦文字與東土六國文字的共同鼻祖。它既非秦國的專用文字，且與六國「古文」並非平行的地域關係，而應是「豎線時代關係和交叉地域關係的混合。」其說甚的，宜可信從。見何著《戰國文字通論》，頁38～40。北京，中華書局，1989年4月。

註5：此據《大徐本》，《小徐本》作「」，右半譌誤滋甚（表三～3）。

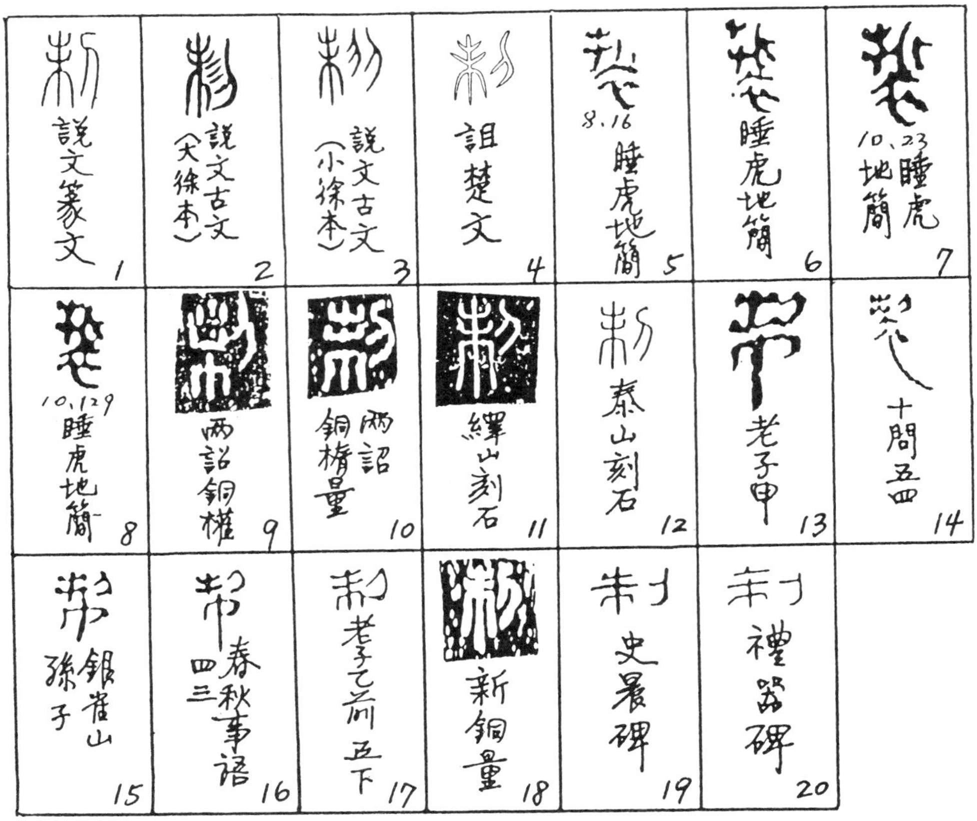
說文篆文 1
說文古文(大徐本) 2
說文古文(小徐本) 3
詛楚文 4
8.16 睡虎地簡 5
睡虎地簡 6
10.23 睡虎地簡 7
10.129 睡虎地簡 8
兩詔銅權 9
兩詔銅橢量 10
繹山刻石 11
泰山刻石 12
老子甲 13
十問 五四 14
銀雀山孫子 15
春秋事語 四三 16
老子乙前 五下 17
新銅量 18
史晨碑 19
禮器碑 20

（表三）「制」字歷代形體演化一覽

到「吏有五失」，其中的第三失爲「擅裚割」（表三～5），睡虎地秦墓竹簡整理小組注云：「裚字實際上就是製字。裚割，裁斷，決定。」其釋「裚割」爲「裁斷，決定」（註 6），甚確，用的是「裚」的引申義。至其謂「裚字實際上就是製字」，從字義上說，自無不妥；惟若就字形上說，「就是」兩個字未免下得太快了，這其中還少了一個轉折。事實上，「裚」字上面从「折」，下面从「衣」，原本是「制」字的「正身」，與「制」字互爲異體字。至於「製」字，則是原本从「巾」的「制」字，在「巾」旁與其左上方的「」旁訛連爲「」後，从巾之義已不可見，乃再增「衣」旁爲形符的後起形聲字。這

註 6：見睡虎地秦墓竹簡整理小組編《睡虎地秦墓竹簡》，頁 284。北京，文物出版社，1978 年 11 月。

可以從〈秦權量〉上所刻的〈秦二世元年詔書〉，「元年制詔」之「制」構形，與年代稍早的〈睡虎地秦簡〉「𧝈」字字形之對照比較中獲得啓示。〈二世詔〉中，「制」字上部所从之「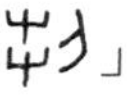」，實即秦簡「𧝈」字中的「折」字。蓋从刀與从斤，皆表示裁斷，義近可以通作。如馬王堆〈帛書老子〉「剖斗折衡」之「剖」字作「䜣」，即其例證。又如「斷」字，其初文原只作「」，會从刀斷絲之意，其後，上下形體離析而作「」，其从刀之意遂不可見，乃別增「斤」符，以復其「㔁斷」之初誼。此亦从斤與从刀義近可通之例。「制」字下半所从之「巾」旁，與「衣」旁往往互作，此乃古文字發展之通例。如〈日書乙種〉習見「利以𧝈衣常」之「衣常」，今多作「衣裳」，可爲「衣」、「巾」互通之例證，此處之「𧝈」(制) 字，乃用其本義。

案「𧝈」字在近代簡牘帛書未出土之前，僅見於《集韻》，似乎未見於其他字書。《集韻》卷七，「𧝈」字下注云：「斷也。管子：𧝈領刎頸。」(註 7) 又同卷「十三祭」有「㓠」字，前後出現兩次。前者注云「㓞也」；後者注云「裂也」(註 8)，似誤分「㓞」、「裂」爲兩字。正因「制」字原係从折演變而來，故凡从制構形之字，其或體多从「折」。如作爲江名之「浙」字，古文獻或作「淛」；釋「明」之「晣」，或从制作「晢」；釋「聞」之「聇」，或从折作「聉」。又《說文》訓爲「狂犬」之「狾」，或从制作「猘」(註 9)。由此可知，秦簡「𧝈」字，乃後世普遍行用的「制」字之早期形體。其後，作爲聲符的「折」旁，既改「斤」之形符爲「刀」符，復改形符之「衣」爲「巾」旁，乃成「」字。易斤爲刀，易衣爲巾，都不外是基於文字實用之由繁趨省的簡化原則。

作爲「制」字形符之「巾」旁，原先只是取代「衣」旁，故大致仍只寫在整個字之正下方，即原先「衣」旁所在之位置上。如馬王堆帛書〈老子甲本〉、〈春秋事語〉及銀雀山〈孫子簡〉中之字例，大致都還保存「制」字的

註 7：見該書「去聲上，十二霽」，頁 502。上海古籍出版社，1985 年 5 月。

註 8：同前書，見 512 及 515。

註 9：以上所舉，見《集韻》「去聲上，十三祭」下，頁 510～511。又見《說文通訓定聲》泰部「折」字條下，頁 696。台北，藝文印書館，1975 年 8 月。

早期形貌（表三～13,15,16）。後來，作爲形符的「巾」旁，復被規整化而移置在左邊「𠂹」旁的正下方。在馬王堆帛書〈老子乙前〉佚書中的「制」字，則不僅左半上方的兩個「屮」符，如同其他簡帛文字之連合爲一，甚至又跟下面的新形符「巾」連成一氣，成爲「」形（表三～17），致與「未」字的篆文同形。到了新莽時期，「制」字的譌形已定（表三～18），本形遂爾湮廢，許氏至以「物成有滋味」，以說从「未」之義，實因根據譌誤的形體，附會爲說。「制」字既已譌爲从「未」，字形上已不易看出其爲「裁衣」之本義，又有其他假借、引申之義，遂乃另增形符「衣」旁而造「製」字，以存其初誼本義。故「製」字乃「制」之後起重形俗體字，本係古今字。

經過以上的爬梳，而「制」字形體演化發展遞嬗之過程，可得如下之演示：

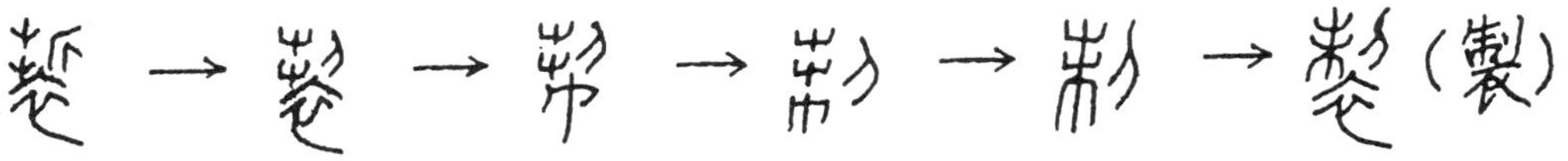

成書於新莽之後大約一百年的《說文解字》，既將譌變後之「制」字釋爲「从未」，又誤分「制」、「製」爲兩字，分列在四下刀部（制）及八上衣部（製），兩處均訓爲「裁也」。王筠說：「字有不須偏旁而義已足者，則其偏旁爲後人遞加也。其加偏旁而義遂異者，是爲分別文。」又說：「其加偏旁而義仍不異者，是謂累增字。」（註 10）。故當移八上衣部「製」字於四下刀部「制」字下，作爲「或體」重文。一如收「箕」字於「其」下作重文，方合許書體例之正。

就現有古文字資料審視，抄寫年代在秦始皇統一六國前後的「秦簡」時代有「裚」無「制」，而在〈兩詔權量〉刻銘中，則又全皆變成从刀从巾的「制」字。以此推之，由秦簡之「裚」字，改易成「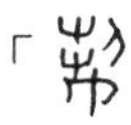」字之新構形，大致應在秦始皇統一六國前後。唯在馬王堆〈十問簡〉中，卻發現有一個从刀从衣之「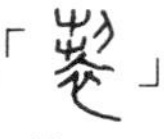」字，只將秦簡「裚」部所从斤旁改易爲刀，這是目前所見介於「裚」與「制」兩個形體之間的過渡形體之唯一字例。

註 10：見《說文釋例》卷八，頁 173。北京，中華書局，1998 年 11 月。

至於《秦漢魏晉篆隸字形表》卷八衣部之末，除收錄〈睡虎地秦簡·爲吏之道〉的一個「𧙱」字外，尚有註明爲「孫臏三五二」的「𧙱」字字例（註11），以未見於《說文》，兩字字頭依簡文字形隸定爲「𧙱」，既不列在「制」字下，也不列在「製」字下，顯示字書編者並未深切瞭解此字與「制」、「製」之間的關係。經仔細檢核，不僅銀雀山〈孫臏兵法〉第三五二簡裡沒有「𧙱」字，即遍檢〈孫臏兵法〉所有簡文，也只見有从刀从巾的新體「制」字，未見有从斤从衣的「𧙱」字之古形，疑是摹寫者從別處羼入。

「制」字从刀从巾之構形，既由秦簡「𧙱」字改易而來，其誤連爲从「未」，而爲許書據以說解之譌形，固然在西漢帛書中已經出現，但作爲篆文形態實物資料之確然可信者，則始見於前後漢之交的〈新莽權量銘〉，近代經科學發掘之秦代〈兩詔權量銘〉的「制」字，未見有从「未」構形者。故凡篆文形體之同於今本《說文》，而其年代又早於新莽時代之文字資料，其資料本身的真贋，都有可疑。以下且就近今一般古文字書書中，幾個有關「制」字的問題字，分別加以討論。

一九七八年在河南淅川出土的〈楚王子午鼎〉，銘文中有「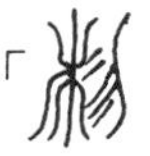」字。此器爲鳥蟲書，左半从禾，最上一筆被移寫到左側中部來，形體與先秦古文字「制」字迥異，更與《說文》所釋「从未」之「未」不同。右半从「」，乃象犁形，似刀而非刀，與大徐本《說文》「古文」右半所从形體近似。疑許書或即誤收此類「利」字古文，以作爲「制」之古文。「利」字右旁，甲、金文均作「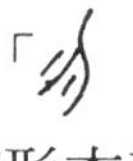」，不从刀。隸變後乃譌爲从刀，已不合「利」字之初形本義。此字右旁作「」，左上方多出兩斜筆，實由「」旁之點增冗演化而來。邱德修教授依徐中舒、伍仕謙二氏之說，以爲當釋作「利」（註12），其說是也。新版《金文

（圖一）

註 11：見該書頁 604。成都，四川辭書出版社，1985 年 8 月。

註 12：見邱著《楚王子午鼎與王孫誥鐘銘新擇》，頁 175～177。台北，五南圖書出版公司，1992 年 2 月。

編》將此字也收錄在「制」條下（註 13）。實則，此字在鼎銘之末，原句爲「子孫是利」（圖一），以「利」讀之，文從字順。若依《金文編》之說，讀爲「子孫是制」，便覺彆扭，不成文義矣。

商承祚《石刻篆文編》收有〈詛楚文〉「變輸盟制」之「制」字作「」（表三～4，註 14），與《說文》篆文形體相同。徐中舒《漢語古文字字形表》亦收此字（註 15），就形體看，當爲同一資料來源。秦代〈權量二世詔銘〉，此字既尚未譌變，〈詛楚文〉出現此一譌形，不能無疑。及見元《至正中吳刊本》，方知〈詛楚文〉內並無「制」字，上引「變輸盟制」之「制」字，《中吳刊本》作「㪻」，从朿勺聲，郭沫若以爲「當是古約字」（註 16）。左旁所从之「朿」，與「制」字篆文左半之「」形近；右旁之聲符「勺」，與「制」字从刀旁，其篆文形體相近。故知商、徐二氏所據資料，應係經後人誤依今本《說文》所摹刻者，未足信據。

〈詛楚文〉相傳北宋時出土，宋以前未見著錄，所載乃秦人詛楚王之詞。根據歐陽修、郭沫若等學者考證，當是戰國中晚期之物。原石及拓本均已亡佚，今傳世有《絳帖本》、《汝帖本》及元《至正中吳本》等拓本，皆經宋、元人摹寫翻刻者。唯因此刻文字書體與先秦古文字不甚相類，文詞內容也與史實不盡符合，元人吾丘衍已疑其僞。其後，明人都穆亦曾疑之（註 17）。近人歐陽輔《集古求真續編》云：「雖複刻本，亦平正遒媚，似非宋人所能到此境界。豈唐人高手所戲墨，宋人得其紙本而刻之石。因其篆筆之創見，遂無能輕議其真僞。」（註 18）不止疑其非真，甚且直指爲唐人僞作而宋人

註 13：見該書頁 290，張振林、馬國權補摹。北京，中華書局，1985 年 7 月增訂第四版。

註 14：見商書卷四，頁 18。中華書局香港分局，1976 年 1 月港版。

註 15：見該書頁 164。四川辭書出版社，1987 年 7 月。

註 16：見郭著《石鼓文研究•詛楚文考釋》，頁 305。北京，中國社會科學院考古研究所，1982 年 10 月。

註 17：參陳煒湛〈詛楚文獻疑〉一文，刊載在《古文字研究》十四輯，197 頁。北京，中華書局，1986 年 6 月。

註 18：見該書卷八〈篆書〉，6～7 頁。京都，中文出版社。1971 年 1 月。

據以複刻者。今人陳煒湛在〈詛楚文獻疑〉一文中，則分從「文字」、「史實」、「情理」與「詞語」四個方面，論證今所見諸本乃「僞托之作」，甚至懷疑「可能秦、楚間本無互詛之事，純粹出自唐、宋間好事之徒所僞作。」（註 19）實則，〈詛楚文〉儘管形體詭正相兼，但其中有不少文字形體，如「壹」字之作「」；「巫」之作「」；「甲」之作「」等，既合於殷、周古文，更與戰國時代中晚期秦地陶瓦、簡牘文字相應，恐非唐、宋書手所能僞仿得了。此刻字形多合於秦、漢古文字，形體多有所依據，但因輾轉傳抄複刻，其中或不免夾雜有唐、宋以下學人，據已訛之篆文形體而改寫者，對於〈詛楚文〉中的字形，皆當各別爬梳，實事求是，不能一概而論。

至於秦代〈繹山〉及〈泰山〉兩刻石，原石早毀，兩刻都經唐、宋以後人輾轉摹寫翻刻，多有失真。且〈兩詔權量〉字多率意，〈繹山〉及〈泰山〉兩刻，係秦皇親命所爲，字多莊重典正，兩者時代相近，不應率意之作猶且存其初誼本義，而莊重典正之作，乃反譌誤若此。故知今傳〈繹山刻石〉及〈泰山刻石〉，寫作从「未」的「制」字（表三～9,10），亦必是因受《說文》篆文譌形之影響而依仿改寫者，並非真秦篆。這只要諦審近代科學發掘出土之秦〈始皇廿六年詔書〉中的「制」字寫法，孰是孰非，便自了然。

註 19：同註 17，199～204 頁。

第二節　說「與」、「与」

《說文解字》三上舁部釋「與」云：「黨與也。从舁从与。」篆文作「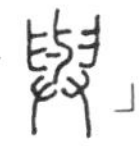」。又，十四上勺部釋「与」云：「賜予也。一勺爲与。」篆文作「」。

說文篆文 1
說文古文 2
喬君鉦 3
齊鎛 4
中山王鼎 5
中山王玉片 6
侯馬盟書 7
望山楚簡 8
長台關 五·四四 9
長台關 五·二九 10
郭店楚簡 老子乙種四 11
郭店楚簡 老子甲種五 12
8.5 睡虎地簡 13
6.204 〃 14
4.19 〃睡虎地簡 15
3.175 睡虎地簡
6.180 睡虎地簡 17
老子甲一六 18
五星占 19
與天無極鏡 20
武威漢簡 21
安國侯虎符 22
漢印文 23
樊敏碑 24
耿勳碑 25
禮器碑 26
曹全碑 27
三體石經 28
李陽冰城隍廟碑 29
石鼓文鯾字 30

（表一）　「與」字歷代形體演化一覽

「與」字未見於甲骨文及西周金文。今日所可考見出現「與」字的金文，以春秋時代的〈喬君鉦〉（表一～3）與〈齊鎛〉（表一～4）兩器爲最早，二器銘文中之「與」字，都从舁从「牙」，並即以牙爲聲符（註 1），不从「与」。

註 1：清儒段玉裁說：「臼、与皆亦聲。」王筠也說：「舁、与皆聲。」兩人雖不知「与」、「牙」爲一字，卻已深悉其爲「與」之聲符，不以會意說之。段說見《說文解字注》，頁 106。台北，黎明文化事業公司，1974 年 9 月。王說見《說文解字句讀》，頁 92。北京，中華書局，1988 年 7 月。

所从之「牙」，〈喬君鉦〉作「」，〈齊鎛〉作「」，並象兩齒「上下相錯之形」（註 2）。《說文》「从与」之說不可據。而書寫年代屬於春秋晚期的墨書文字資料〈侯馬盟書〉（表一～7），「牙」旁寫作「」，省略了下齒的一個短橫，形體已有譌變。

戰國文字的「與」字構形，大致承襲春秋時代金文。惟〈中山王𰯼鼎〉與〈中山王𰯼壺〉刻銘，字體工穩勁利，「與」字所从「牙」旁，左右兩齒形體已并合在一起（表一～5）。惟〈中山王西庫玉片〉上墨書「與」字，字跡較爲簡率，所从之「牙」，已譌省爲「」形（表一～6），右下垂筆特別引長，已跟「丩」之篆文同形。〈望山楚簡〉（表一～8）及〈郭店楚簡・老子乙種〉（表一～11）的「與」字寫法跟〈中山王玉片〉上墨書文字略同。〈長台關楚簡〉第二十九簡「舁」旁省寫作「奴」。所从之「牙」，上橫筆游離，書寫在右上方；下橫筆則向右穿突，兩端並向左右延伸爲一長橫，形體寫法奇特。第四十四簡「與」字，「牙」旁寫作「」，字下且增「口」符爲繁飾（表一～9）。从口與不从口，文義往往無別。〈郭店楚簡・老子甲種〉寫作「」（表一～12），在先秦古文字資料中，這應是最爲簡省的一種寫法。

至於西土系的〈石鼓文〉「鱮」字，右旁所从之「牙」作「」，與金文「牙」字同（表一～30）。〈睡虎地秦簡〉中，由於原簡簡幅太小（0.5～0.7 公分），筆畫墨暈太甚，已糊成一團，不易辨識。根據筆者所編《睡虎地秦簡文字編》收得「與」字四十三例，其字跡之清楚，足以辨識者有十來個，除了表一～14 一個字例，上齒的下沿與下齒的上沿，兩筆疊連爲一，近似「与」形外，其他各例，全皆从「牙」構形。

〈馬王堆帛書・春秋事語〉及〈銀雀山孫子簡〉，均假「牙」爲「與」，作「」（表二～7,8），都保存「牙」之初文構形。〈縱橫家書〉作「」（表二～7），下一短橫展長，並向右穿突而出，形體微有譌變，與〈郭店楚簡・老子甲種〉「與」字的簡體寫法略同。至於具有漢篆代表風格的漢代璽印文字「與」字，大致都還保持从「牙」之古形（表一～23）。其與今本《說文》篆

註 2：見《說文解字注》二下釋「牙」，頁 81。同註 1。

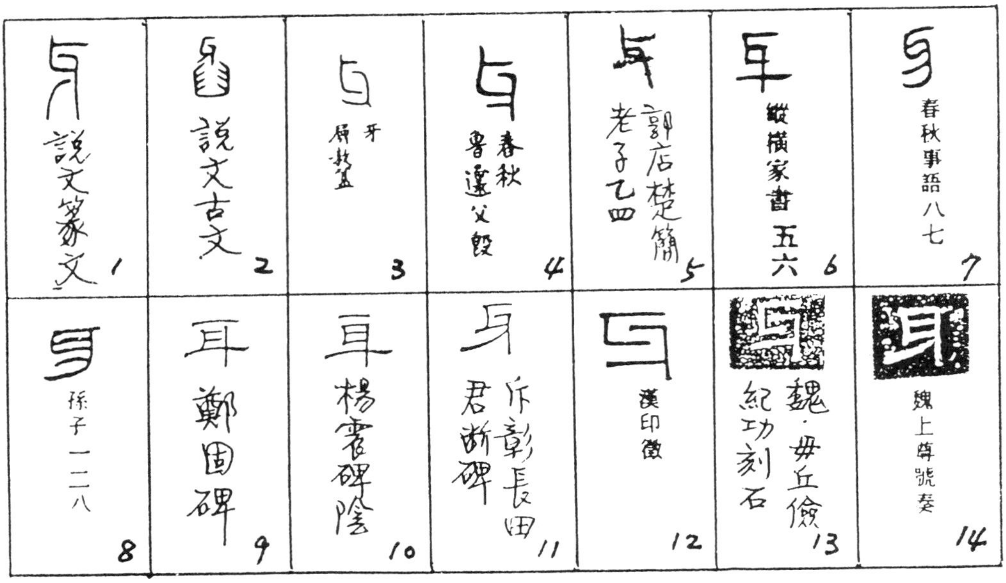
說文篆文 1
說文古文 2
牙 屙敖簋 3
春秋 魯邍父毀 4
郭店楚簡 老子乙四 5
縱橫家書 五六 6
春秋事語 八七 7
孫子 一二八 8
鄭固碑 9
楊震碑陰 10
作彰長田君斷碑 11
漢印徵 12
魏·毋丘儉紀功刻石 13
魏上尊號奏 14

（表二）「牙」字歷代形體演化一覽

文同形者，最早的字例，見於漢代〈安國侯虎符〉（表一～22）。而時代較《說文》爲晚的〈曹全碑〉、〈桐柏廟碑〉及〈禮器碑〉等漢代隸書碑文，字形皆與《說文》篆文同。所从之「牙」，多譌成「与」。至如〈耿勳碑〉與〈樊敏碑〉，並皆假借隸變後之「牙」字譌形「与」（表一～24,25），作爲「與」字之專用簡體字。而作爲「爪牙」之牙，則多作「　」或「　」（表二～7-14），與耳形近，與「與」字譌形聲符「与」，判然有別。

值得注意的是，〈郭店楚簡．老子乙種〉第四簡：「隹（唯）與可（呵），相去幾可（何）？岦（美）牙（與）亞（惡），相去可（何）若？」（註 3）簡文中兩個「與」字，繁、簡二體並出，前者作「　」（表一～11），後者作「　」（表二～5）。又，〈郭店老子甲種〉第 5 簡：「故天下莫能與之靜（爭）」（註 4），句中之「與」字，作「　」（表一～12）。〈郭店楚簡．老子〉甲、乙、丙三種，不論就簡文之用筆技巧、結體特色，或文字風格上看，都很一致，應是同一書手所寫。同一個「與」字，而出現「　」、「　」、

註 3：見《郭店楚墓竹簡》圖版，頁 7。北京，文物出版社，1998 年 5 月。

註 4：同註 3，頁 3。

「」三種繁簡不一的寫法，這說明「相與」之「與」字，原先是由假借音同義近的「牙」字爲之，以「牙」爲其初文，後來才增加「舁」旁，成爲「相與」之專用字。許氏因不明「與」字原本从「牙」，故誤析「与」、「牙」爲兩字。而其訓「与」爲「一勺爲与」，顯係根據已譌之形體，臆解爲說，全不可據。

就聲韻上看，「牙」字屬疑紐假攝，「與」字屬喻紐遇攝，古音相近。故知「與」字，當是从舁从牙的會意兼形聲字。且「与」與「與」，不僅中古音之反切相同，即古音之聲紐、韻攝也都全同，其同爲一字明矣。

由此可知，今本《說文》「与」、「與」兩字的篆文（古文「」同），都是根據已譌之漢隸篆化而成，不合先秦古文之真，其所从之「与」，都是從「牙」譌變而來。惟時代後於《說文》百餘年的魏〈三體石經〉「與」字古文，聲符「牙」旁作「」，猶且不譌，今本《說文》之譌作今形，或不無被後人竄改之可能，此則尚待進一步之考證。

「牙」旁之譌變爲「与」，就相關文字資料考察，其形體遞嬗之過程，可作如下之推索：

甲式：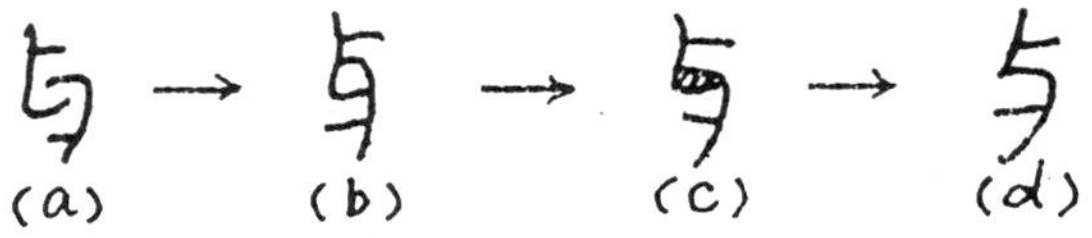

乙式：

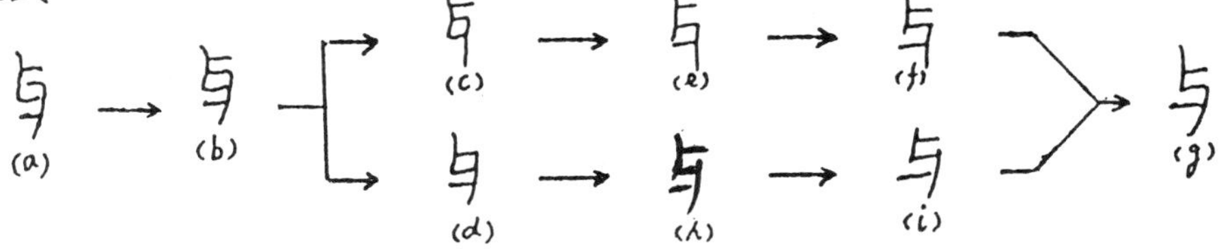

甲式第 c 形，上齒下沿與下齒上沿，兩筆連合爲一，是其譌誤的主要關鍵。乙式則由省略掉一筆的形體演化，又分兩路發展，c 形是省略下齒下的一短橫；d 形則略去上齒上沿的一筆。當上齒下沿一筆與齒根的豎筆離析後，齒根的豎筆下沿，再與下齒之上沿整合，則成 g 形，是爲上式。下式則是下齒上沿，先與齒根的豎筆離析（h），這齒根的豎筆，再與上齒之下沿一筆整合（i），亦成 g 形。這 g 形的「与」，便與今日行用之隸、楷書形體完全同形。

第三節 說「尞」、「寮」

《說文解字》十上火部，釋「尞」：「柴祭天也。从火眘。眘，古文慎字，祭天所吕慎也。」篆文作「」。

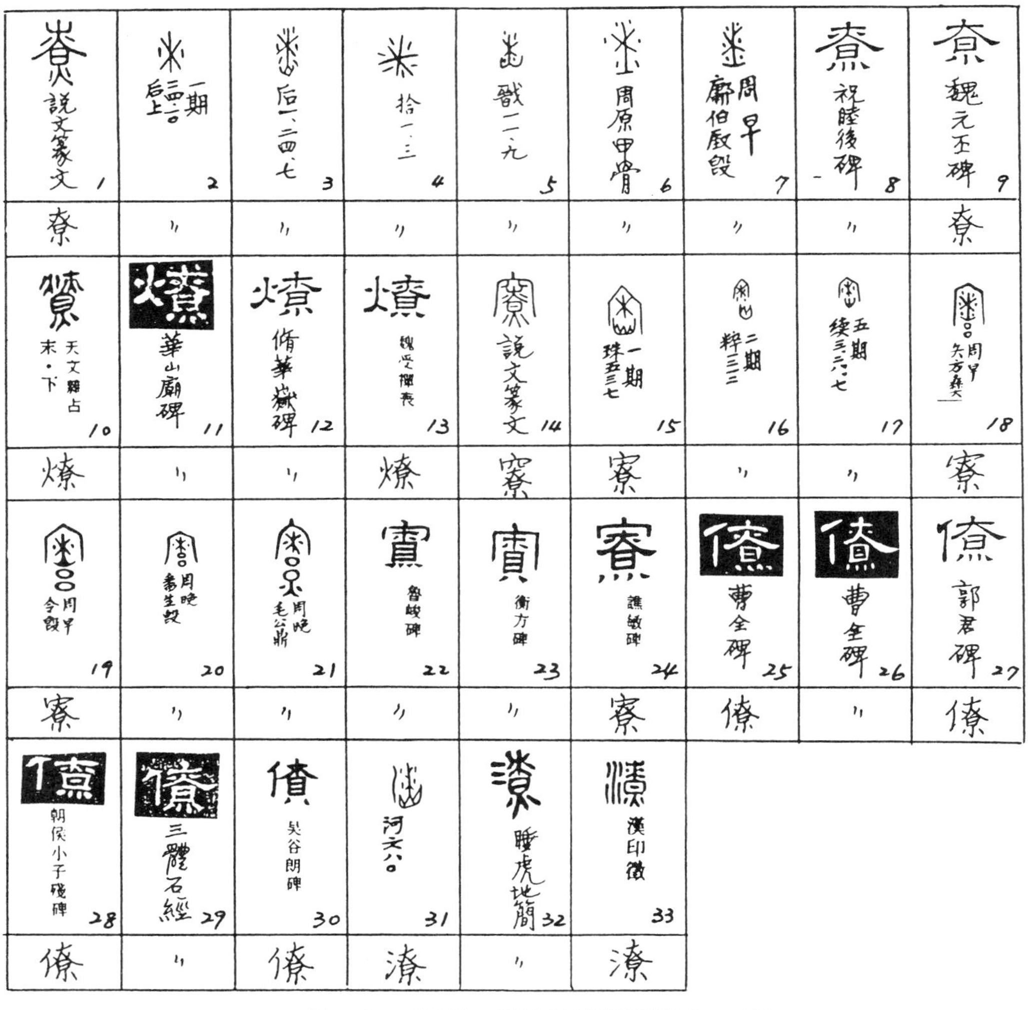
說文篆文 1
一期 2
后二四七 3
拾一三 4
戩一一九 5
周原甲骨 6
周早 廟伯殷段 7
後碑 8
魏元丕碑 9
尞
尞
天文雜占 末·下 10
華山廟碑 11
脩華嶽碑 12
魏受禪表 13
說文篆文 14
一期 15
二期 16
五期 17
周早 矢方彝 18
燎
燎
寮
寮
寮
周早 令殷 19
周晚 番生殷 20
周晚 毛公鼎 21
魯峻碑 22
衡方碑 23
譙敏碑 24
曹全碑 25
曹全碑 26
郭君碑 27
寮
寮
僚
僚
朝侯小子殘碑 28
三體石經 29
吳谷朗碑 30
31
睡虎地簡 32
漢印徵 33
僚
僚
潦
潦

（表一）「尞」字歷代形體演化一覽

甲骨文中，「尞」字屢見，作「」、「」、「」、「」等形（見表一～2,3,4,5），从木在火上，象燃燒積木之形，殷人多用爲祭天之禮儀。或省火而作从木旁加點之形，其點即「象火焰上騰之狀」（註 1）。卜辭「尞」

註 1：見羅振玉《殷墟書契考釋》中，十六葉上。台北，藝文印書館，1969 年。

字多用作祭名，亦爲用牲之法。後世經傳多作「燎」，《說文》火部也有「燎」字，釋爲「放火」。「尞」字本已从「火」，隸變後，所从之火或譌變爲「小」。其从「火」之意已不可見，乃又增「火」旁，以復其本誼。此一形體，始見於西漢馬王堆帛書〈天文雜占〉，當是秦、漢之際才出現的重形俗體。「尞」、「燎」原係古今字，許氏誤分爲二，非是。

卜辭又有从「宀」之「寮」字，根據《殷墟甲骨刻辭類纂》所收从「宀」之「寮」字十三例中，以「師寮」詞組出現的有十例，似指貞卜的地點，未見作動詞用者，與「尞」字的各種用法稍稍不同。古人多於屋室內燃火以烤食或取暖，故名其飲食起居之所爲「寮」。（註 2）卜辭「師寮」之「寮」，當指治事之所在地（註 3），乃用其本義。今日猶稱僧眾所居房室爲「僧寮」，仍存古義之真。

《說文》無从「宀」之「寮」字，而有从「穴」之「竂」字，釋爲「穿」。惟此从「穴」之「竂」字，經傳典籍未見有用爲「穿」義者，於字義方面無所徵驗。且在歷代古文字資料中，亦未見有从「穴」構形的「竂」字用例。諸家注解，多以从「宀」之「寮」字爲隸變後之省體。今據甲骨、金文字資料看來，實大謬不然。故許書「竂」字篆文所从「穴」旁，其爲「宀」旁之誤，已甚昭著。漢碑「从宀」與「从穴」之字互相混淆的情況屢見，如「窮」、「竅」等字，原本从「穴」，而「北海相景君銘」「窮」字及帛書〈縱橫家書〉「竅」字，均誤作从「宀」。又如「寥」字本从「宀」，〈周憬功勳銘〉則誤作从「穴」；「堂宇」之「宇」，〈孔耽神祠碑〉亦誤作从「穴」。許氏釋「穿」，顯係依「穴」旁作解，非其朔誼。今諸家並將从宀之「寮」字，列置穴部「竂」字下進行釋解。

西周金文中「寮」字多用爲官寮或寮友之「寮」，如「大史寮」、「卿事寮」、「寮人」、「敵寮」、「百寮」等是。白川靜《文字新義》說：「周初之小『盂

註 2：見徐中舒主編《甲骨文字典》，頁 835。四川辭書出版社，1988 年。

註 3：見王襄《古文流變臆說》，載《甲骨文詁林》，頁 1466。北京，中華書局，1996 年 5 月。

鼎』，乃記廷禮極詳者，述先入門而尞之禮。《逸書・武成》有『粵六日庚戌，武王燎于周廟。翌日辛亥，祀于天室。』《逸周書・世俘解》亦有『越六日庚戌，武王朝至，燎于周廟。』記述克捷獻馘等禮，燎于廟之事。卿事寮、大史寮者，恐起於稱參加該種儀禮者也。其後，成為僚友之意。」（註 4）後世經典多作「僚」。《國語・魯語》注云：「同官曰寮。」《儀禮・士冠禮》注，則以同官為「僚」，故知「尞」、「僚」二字古本通用（註 5），惟就古文字之用例看，从人旁之「僚」字，在東漢碑刻文字中才大量出現，如「同僚」(〈曹全碑〉、〈冀州從事郭君碑〉)、「群僚」(〈曹全碑〉) 等是。唯漢、魏碑刻中稱同官之「寮」，除了上舉的「僚」字外，尚有「尞」(如〈祝睦後碑〉之「尞屬」、魏〈元丕碑〉之「群尞」)、「寮」(如〈劉寬碑〉之「百寮」、〈魯峻碑〉之「群寮」)、「遼」(如〈高彪碑〉之「遼黨」、〈石門頌〉之「百遼」、〈李翊碑〉」之「遼疇」) 等字，除了「寮」字為引申義外，其它「尞」、「遼」兩字，都可以看作是假借字。至於从人旁的「僚」字，則是後漢時代為「百寮」與「寮友」之義，所新造的專用字，其為後世經傳用字所獨鍾，並非偶然。

西周金文如〈夨方彝〉、〈令毀〉、〈番生毀〉(表一～18.19.20)，或於字下增「呂」為聲符（「呂」字屬魚部來母，「寮」字屬宵部來母。呂、寮雙聲，韻部「魚」、「宵」旁轉相通)。西周晚期的〈毛公鼎〉，則將「呂」旁移置於「火」旁之上（表一～21)。後世隸、楷書的「寮」字，即據此从「呂」旁居字中的形體一路演化而來。

「寮」字原有「宀」、「米」、「火」三個部件偏旁，形體已屬修長。既增「呂」旁後，上下兩個「口」形因過度擠壓而誤相連合，譌成為「日」形或「目」形。這兩種形體在隸變尚未完成以前的古隸文字中早已出現，如戰國末期的〈睡虎地秦簡〉「潦」字，右旁已譌作从「日」；西漢帛書〈天文雜占〉的「燎」字右旁譌作从「目」。到了隸變大抵完成後的後漢及三國時代碑刻文字中，「尞」字及从「尞」諸字，依然是从目與从日兩形互見，形體並未完全

註 4：見周法高《金文詁林》所引，頁 2521～2522。香港中文大學，1974 年。

註 5：同註 1。

固定下來。許書「尞」字及从「尞」諸字的篆文作「」，顯然是根據形體已經譌變的漢隸篆化改寫而來。其所云从「古文慎」的「昚」之形體，上部的「大」，兩點之間的「大」形，乃由「米」形的「木」旁，中豎向上縮齊而譌（漢碑如〈衡方碑〉、〈魯峻碑〉「寮」字，猶存「木」形，未譌）；下部的「日」形，則如前述，乃「呂」旁之譌變。

根據以上的析論，則「尞」字與「寮」字之演化過程，可作如下之推索：

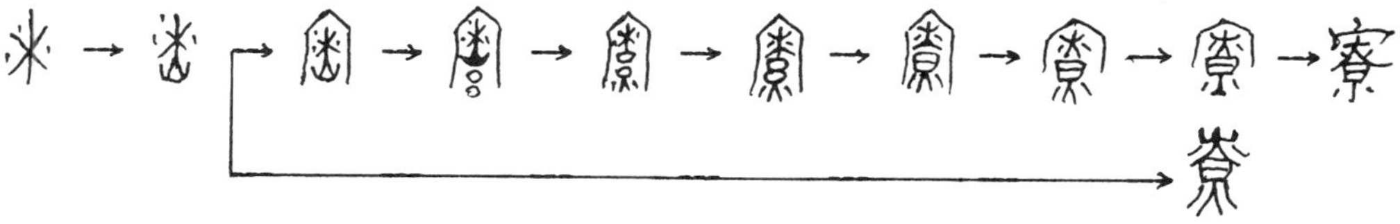

本來的「米」譌爲「大」，「呂」旁則譌連爲「日」，「火」旁則譌變爲「小」。值得一提的是，今日隸、楷書中从「日」的「寮」字形體，是由西周增加了聲符「呂」以後的字形演化而來的。至於不从「宀」構形的「」（尞）字，西周早期還偶爾出現，西周中期以後，似已銷聲匿跡。不管是用在燎祭，或用在官僚、僚友上，幾乎全由从「宀」的「寮」字一體承擔下來。直到後漢及三國時代，「尞」字才又在碑刻文字中現身（表一～8,9）。然而，此際出現的「尞」字，不僅字義已非燔燒柴木之本義，連字形也非自家的本形，而是就隸變完成後的「寮」字，自其「宀」旁下部的形體借用而來。換句話說，由甲、金文中的「」字，跟後世隸、楷書中的「尞」字，是無法產生直接對應的，其中缺少從「呂」變「日」的一個關鍵環節。而這個關鍵環節，卻是在西周以後从「宀」的「寮」字之形體發展上完成的。因此，就形義上說，甲骨文中的「」字，可以說是「寮」字的初文，而漢、魏碑刻中的「尞」字，則是「寮」字的簡體。

古文字凡上部从「木」之字，往往譌爲「大」，除了「尞」字外，如「柰」字，《說文》木部釋爲果名，經傳多假借爲「柰何」字，此字在西漢帛書中幾乎都已譌爲从「大」，漢碑中則「从木」與「从大」兩形並見。其譌誤由來與「尞」字大致相同。

古文字中，原本兩個鄰近而各別的部件或偏旁，在隸變過程中，由於筆勢的連帶或過度壓縮，導致形體譌連的現象，「尞」、「寮」等字並非僅見。如

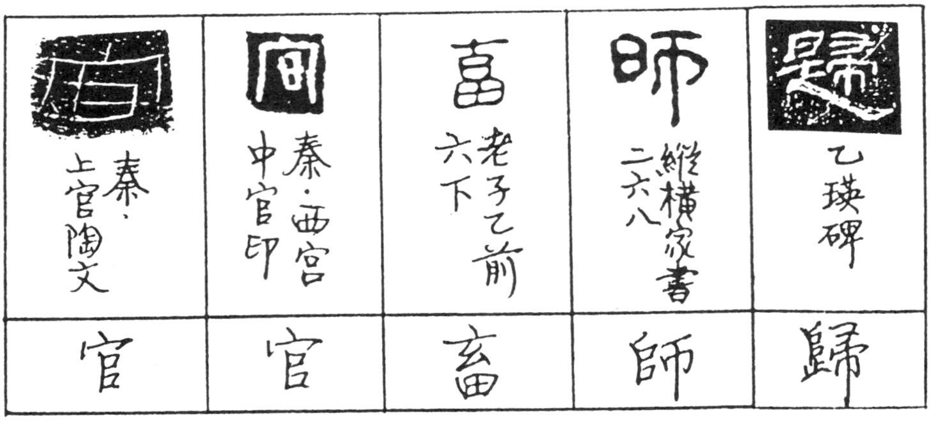
秦·上官陶文
秦·西宮中官印
老子乙前六下
縱橫家書二六八
乙瑛碑
官
官
畜
師
歸

（表二）

〈秦代陶文〉「上官」及「西宮中官」之「官」字；馬王堆〈縱橫家書〉的「師」字，〈乙瑛碑〉「爲宗所歸」的「歸」字，字中所从「𠂤」旁，上下兩個似「口」的形體，也常譌連爲「日」形。又如帛書〈老子乙前古佚書〉的「畜」字，字中所从的「幺」旁，由緊鄰而被壓縮，看來也像是「日」形。一般傳抄者未必都能精通六書構成原理，在傳寫時寫成从「日」，也就不足爲奇了。

隸、楷書中的「尞」字，所从之「日」旁，係由「吕」形譌變而來，已如前述。至於在西周金文中才開始出現的這個「吕」旁，在「尞」、「寮」等字的構形中，究竟何所取義呢？關於這一點，目前有兩種說法：一、徐中舒認爲「吕」就是火塘，「先民每于屋中掘地爲火塘，燒火其中，多人圍坐取食，夜則用以取暖。」（註 6）；二、王襄則將「吕」旁與原來的「宀」旁合看，認爲是宮室之意。（註 7），後來，吳其昌、白川靜、李孝定等，並同其說。吳其昌說：「其后不知何因，乃舉行於屋下，於是此『』又增『』作『』……其后又舉行於宮中，於是『』字又从宮作『』」（註 8）。白川靜在解釋「寮」字時也說：「金文的字形，乃从宮尞，本爲庭燎从

註 6：見〈殷人火祭說〉一文所引，載《古文字研究論文集》，《四川大學學報叢刊第十輯》，頁 263。1982 年 5 月。

註 7：其說見《甲骨文字詁林》所引，頁 1466。同註 3。

註 8：見《殷虛書契解詁》，頁 34～35。載《甲骨文字詁林》，頁 1467。

祭儀之用字。」（註 9）殷虛卜辭「尞」與「寮」字之區別，主要在一「宀」旁之有無。「尞」字在卜辭中雖多作爲祭典用字，就文字構形上看，仍當以燃燒木柴爲其本義。焚燒木柴，固可祭天，亦可取暖，祭天多在室外郊野，而取暖則大抵都在室內。

卜辭中所見殷人之「尞」祭，不僅以「尞」（燃木）祭天，還兼祭其先公先王與舊臣等。祭天必在室外或郊野，其事似與火塘無涉。若謂火塘與宮室跟「尞」字有關，那便是甲骨文中从「宀」的「寮」字。我們從卜辭「尞」字之从「宀」作「寮」，也可反證未加「宀」旁以前之「尞」，字義中已兼含有在室內與室外燃木之義，再增「宀」旁，便已限定其必爲室內之義。前舉的兩種說法，不管是火塘或宮室，都屬室內，且都只是燃燒木頭的場所之一。如謂西周時新增的「吕」旁表示的是火塘或宮室，又何異於表示室內的「宀」部之外，再增一表示室內之形符，豈非疊床架屋？非無可能，但這個可能性實在不大。

事實上，第二種說法本身就有問題，即如吳氏所云「於是此  字又从宮作  」，「寮」字之所以會被看成「从宮」，是單就新增「吕」旁後的金文字形，作靜態分析的結果，完全昧於先有从「宀」的「  」字，後有增从「吕」旁的「  」字之商、周古文字動態發展史實。

經此討論，不僅益發突顯出「以火燃木」才是「尞」、「寮」字的本義。《說文》所釋「柴祭天」，只能是「尞」字的偏義，而非其全義。同時，對於在西周時代才新增的「吕」旁之構形，其更大的可能，應是作爲標音作用的聲符角色而出現，這樣理解，也跟漢字由純粹以形表意，向表意兼標音的歷史階段之發展相符合。

此外，在爬梳「尞」文字資料過程中，也發現某些字書上存在一些與「尞」字形體相關的問題，藉此併爲拈出。

其一是，《漢語古文字字形表》既將甲、金文中的三個从火的「尞」字列在「尞」字下，又將部分同是从火的「尞」字與不从火的「尞」字列在卷四

註 9：見《字統》，頁 886。東京，平凡社，1986 年 5 月。

白部的「者」字條上，充當金文从「口」或从「曰」的「者」字之商代文字代表（初文），並加注云「金文『者』从口或曰，乃火形之譌。」（註 10）「尞」字之本形及其形體演化已如前述，至於「者」字甲文未見，金文中則習見，作「」或「」，上部从枝枒歧出之形，或逕作从「木」旁加小點。其从「木」者，雖與「尞」字有近似處，然其下部从「口」，或於「口」中增點作「」形，則與「尞」字下部之从「火」作「」或「」者，形體懸隔，明係兩字。所云「者」字所从之「口」或「曰」「乃火形之譌」，完全無據。此書既析「尞」字爲二，又混「尞」、「者」爲一字，純粹是對於「尞」、「者」二字形體的歷史發展缺乏全面之探索與觀照所造成的淆亂。

其二是，《漢語古文字字形表》在「尞」字條下收了〈麥（方）鼎〉的一個「」字，此字上部與「者」字上部所从者同，下部从「土」，疑是「堵」字之初文（註 11），當釋爲「堵」而讀爲「諸」。今此書將此字列在「尞」字條下當作「尞」字，則顯然是一種誤解。

其三是，《秦漢魏晉篆隸字形表》火部「燎」字下所收〈華山廟碑〉的一個字例，摹寫作「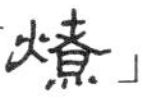」，其錯誤是顯而易見的（註 12）。本文所附表一～11，乃採自原刻拓本之字樣，可以覆按。

註 10：見該書頁 136～137。四川辭書出版社，1987 年。

註 11：參《商周青銅器銘文選》（三），頁 48，〈麥方鼎〉條下註三。北京，文物出版社，1986～1990 年。

註 12：見該書頁 711。同註 10。

第四節　說「妬」

《說文解字》十二下女部釋「妬」：「婦妒夫也。从女戶聲。」篆文作「」。

說文篆文 1
說文篆文 段注本 2
合集二八二 3
馭方鼎 4
老子乙前 一五〇下 5
縱橫家書 一七一 6
司馬景和妻墓誌 7
馮迎男墓誌 8
馮令華墓誌 9
萬象名義 10
干祿字書 11
五經文字 12
妬神頌 13

（表一）「妬」字歷代形體演化一覽

《說文》「妬」字，在《大徐本》與《小徐本》中，右旁均从「戶」作「」。今所見桂馥《說文解字義證》、王筠《說文解字句讀》、朱駿聲《說文通訓定聲》，諸本均依二徐本作从「戶聲」之「妒」。唯段注本獨排眾議，以爲「戶非聲」，而改从「石聲」作「妬」。究竟誰是誰非，以孰爲正？也唯有依賴地下出土的古文字資料，方能作出適切的評斷。

甲骨文「妬」字作「」（《甲骨文合集》282，表一～3），从女从「石」，不从「戶」。所从之「石」旁作「」，乃甲骨文之通用寫法。字下或增从「口」爲繁文。甲文中此字繁簡兩體並見，於義無別。西周金文只見〈馭方鼎〉的一個字例，字形則承襲甲文中从口的繁文。此外，在西漢馬王堆帛書〈縱橫家書〉，也發現有兩個「妬」字的用例，一個是〈縱橫家書〉「秦不妬得」的

「妬」字；另外一個是〈老子乙前古佚書〈稱〉〉「隱忌、妬妹（註 1）、賊妾，如此者，下其等而遠其身」的「妬」字。兩例均从女石聲，構形與甲、金文同。後漢碑刻中未見有「妬」字，故馬王堆帛書中的兩個字例，算是自春秋以迄兩漢，近千年間僅見的兩個「妬」字用例。以上所舉从女从石的四個字例，年代都在《說文》成書前的兩三百年以上，有此四例，已足以確證从女「从石」作「妬」爲其本形。今本《說文》「妬」字篆文「从戶」作「妒」。所从之「戶」，乃「石」之譌。

朱駿聲在《說文通訓定聲》書中，雖將「妬」字系屬在戶部之聲首下，沿承了二徐本「从戶」的篆文譌形。但他在「妒」字條下說：「字亦作妬，从石聲。」可見他對於這個「从戶」的「妬」字篆文，也曾經懷疑過，只是一時未能定其真罷了。錢大昕在〈舌音類隔之說不可信〉一文中，指出「古無舌頭、舌上之分。知、徹、澄三母，以今音讀之，與照、穿、床無別也。求之古音，則與端、透、定無異。」（註 2）「妬」字所从之「石」，中古音雖讀爲禪紐，其上古音卻有「端」、「透」、「定」三讀。朱氏在《說文通訓定聲》豫部第九，所錄衍「石」聲者，有「石」、「祏」、「碩」、「柘」、「鼫」（以上五字，讀爲禪紐）、「斫」、「柘」、「磔」、「跖」（以上四字，讀爲章紐）、「橐」、「袥」、「拓」、「橐」（以上四字，讀爲透紐）、「蠹」（讀爲端紐）（註 3），共十四字。卻把「妬」（端紐）字遺漏了，當爲增補。

此外，如「庶」、「度」、「席」三個字，由於形體譌變之故，以致在隸、楷書中的字形上，看不出其爲「从石」之意，而實際上則是「从石」構形之字。除了前述的十五字外，「庶」、「度」、「席」三字，也當在衍「石聲」之列

註 1：馬王堆漢墓帛書整理小組依《荀子・大略篇》，讀「妹」爲「昧」，亦猶今言「妬媢」。見該書【壹】，頁 84，第 21 條注釋。

註 2：見《十駕齋養新錄》卷五，頁 137，收在《嘉定錢大昕全集》第七冊內。江蘇古籍出版社，1997 年 12 月。

註 3：以上有關聲紐，參考陳復華、何九盈《古韻通曉》。北京，中國社會社學出版社，1987 年 10 月。

（註 4）。

朱駿聲既已針對《說文》衍石聲諸字，進行全面的爬梳，明知衍石聲之字，古亦有「端」、「透」二讀，卻又不敢認這個「从石」得聲的「妬」字，不免失之交臂。段玉裁卻以「柘、橐、蠹等字，皆以石爲聲」，兔起鶻落，一眼看準「戶非聲」，將各本譌作「从戶」聲的「妬」字篆文，改而爲「从石」的正形。在自唐、宋以來，舉世都認爲「妬」字應是从「戶聲」，幾乎呈一面倒的情勢之下，他卻能以其卓識，獨排眾議，實在令人讚嘆。

對於「妬」字「从石」之義，明人張自烈說：「方俗謂婦不孕爲石婦，猶言石無土，不生物也。」今俗亦有「石女」之稱，大凡女人之不孕者，尤易於對他女之生子者起妬忌之心。故張書以「女無子爲妬」（註 5），應即「妬」字之本義。至於對容貌與才德之妬忌，則爲「妬」之引申義。許氏「婦妬夫」之訓，正是「妬」之引申義，非其朔誼。

然而，這個妬忌之性，似乎是人類與生俱來的大病痛，故常與「嫉」字連言（《尚書秦誓》只作「疾」）。佛家唯識百法則以「嫉」字名之。乃指對他人德行之善與才色之美，所生起的一種不悅之精神作用（註 6）。又有所謂《嫉妬新婦經》，簡稱《妬婦經》。實則，嫉妬的問題，不僅女人有之，男人也有。按照許說，婦人之妬爲「妬」，男人之妬爲「媢」（《說文》訓「媢」爲「夫妬婦」），這種說法是毫無根據的。「媢」、「妬」二字，古義之訓解多相通，並無男女的性別差異。如《大學》：「媢疾以惡之」，鄭玄注：「媢，妬也。」以妬」釋「媢」，足證妬、媢同義。申鑑《潛夫論・賢難篇》：「夫國不乏於妬男，猶家不乏於妬女也。」男、女之妬，同用「妬」字，亦可證「妬」字原無男、女之別。王充《論衡・論死》有「妬夫媢妻，同室而處。淫亂失行，

註 4：請參閱本書第六章第五節，「說庶、度、席」。

註 5：見張自烈編，廖文英補《正字通》丿部「妬」字條下注，頁 307。北京，國際文化出版公司。1996 年 1 月。

註 6：參《佛光大辭典》，頁 5441。高雄，佛光出版社，1989 年 6 月。

忿怒鬥訟」的一段話（註 7）。這「妬夫」，究竟是指嫉妬性重的「夫」呢，還是指「妬夫」的「妻」？這「媢妻」，究係指嫉妬性重的「妻」呢，抑或指「媢妻」的「夫」？依鄙見，妬、媢二字於此是互文見意，若視爲同義形容詞，作「嫉妬性重」解，則文從字順，語意朗豁，故知「媢」乃「妬」之別稱。若拘牽許訓，以「妬」、「媢」當動詞解，視「妬夫」爲婦人之行爲，而「媢妻」爲丈夫之行爲表現，便嫌迂曲而不可通。

實則，「媢」字原只作「冒」。《尚書‧秦誓》：「人之有技，冒疾以惡之。」「冒疾」字並不从女，可見「媢」、「嫉」二字之所以从女，都是後起的分別字，與「妬」字之自創制伊始即从女構形者迥別。或者「冒」字从冃，原本只是取其「覆蓋」之意，因與「妬」字連言，而作「妬冒」。《荀子‧大略篇》說：「蔽公者謂之昧，隱良者謂之妬。奉妬昧者，謂之交譎。交譎之人，妬昧之臣，國之薉孽也。」大抵凡有妬心者，不論其所妬對象爲男爲女，爲德藝或姿容，往往會昧著自己的良心，連帶引生掩藏覆蓋，「違之俾不通」之念，故妬者必冒，而冒者必妬。此處之「妬昧」，實即王充《論衡》「妬夫媢妻」的「妬媢」二字的一音之轉。「妬媢」之「媢」，原本只作「冒」，其後因受「妬」字所从女旁類化之故，乃另增女旁而孳乳爲「媢」。許氏強分「妬」字爲「婦妬夫」；「媢」爲「夫妬婦」。猶如其釋「隹」爲「鳥之短尾總名」，釋「鳥」爲「長尾禽總名」，都不免刻舟求劍，穿鑿太過，此亦漢人訓詁之通病。若必欲收此後起的別加意符之形聲分別字，依許書通例，當以「妬」、「媢」二字互訓爲宜。

至於作爲聲符的「石」旁，又何以會譌作从「戶」呢？此中既有形體上的譌化問題，也跟聲符「石」旁的音讀有關。在北魏馮迎男墓誌銘中，「妬」字右旁所从之「石」，「口」上已多出一筆，上筆作撇勢，形同「妬」字。六朝時人不僅「作妬字誤而爲妬」，甚至當時學者如裴駰、徐野民、鄒誕生等人，還曾有「以妬音妬」的錯誤說法（註 8）。「石」字在「口」上或增筆爲飾，

註 7：此段文字，顏之推《顏氏家訓‧書證篇》引作「妬夫媢婦生，則忿怒鬥訟。」見王利器《顏氏家訓集解》，頁 414。台北，明文書局，1984 年 1 月。

註 8：並見顏之推《顏氏家訓‧書證》，頁 301，及清人趙曦明註。台北，漢京文化事業公司，1981 年 4 月。

乃春秋、戰國古文字中習見的現象。如〈包山楚簡〉的「乇」字，所从「石」旁，「口」上即增一橫筆，作「𠂆」；或增兩短橫，作「𠂉」。曹魏正始〈三體石經〉「石」字作「后」，跟北魏碑刻文字「石」旁的寫法相似，都是傳承自東周以來楚系文字增冗的古老寫法。而在年代稍早的〈司馬昞妻孟敬訓墓誌銘〉中，「性寡妬媳」的「妬」字，「石」旁的「口」形左邊，省寫了一個短豎，即借用左側之長撇以為共筆。一旦把「口」上冗增的一橫刪去，便與「戶」形無別。又因原本作為「妬」字聲符的「石」旁，在六朝時期，其讀音已有轉變。換句話說，由「石」（shí）的讀音，已看不出它跟「妬」（dù）的讀音，會有什麼聲韻上的關係。且新譌成的「戶」旁屬魚部陰聲；「妬」字屬鐸部入聲，「魚」、「鐸」同屬段玉裁第五部，且陰、入對轉，古音相近。由於聲化的關係，遂被後人誤以為此字就是「从戶」得聲，而心安理得地廣泛承用下來。

「妬」字由从「石」譌化為从「戶」之過程，依漢字形體演變規律，大致可得如下之推索：

b 形，石之「口」旁向左邊長撇靠近；c 形，「口」旁左豎與長撇碰觸而連合；d 形，「口」旁省去左豎，即借長撇倚為共筆之勢，便成「戶」形。在南北朝的碑刻文字中，雖未發現有「从戶」的「妬」字字例，但像〈司馬昞妻墓誌〉的「妬」字寫法，實已開後來「妬」字譌為「从戶」之先聲。

漢字在漫長的隸變演化過程中，不只从「石」之字譌為从「戶」，从「戶」的字也常譌為从「石」。如肩髆之「肩」字，原本从肉，象肩膀之形。〈石鼓文・車工鼓〉「射其豜蜀」之「豜」字，从豕从肩，作「」，應即《說文》豕部訓為「三歲豕」之「豣」字（註 9）。所从「肩」旁，上部筆畫微有勒蝕。就形

註 9：今經典引《詩經邠風》「並驅從兩豣兮」，「豣」多作「肩」。見段玉裁《說文解字注》，頁 459，「豣」字下註。台北，黎明文化事業公司，1974 年 9 月。

體看來，似不从「戶」，隸變後則多寫作「从戶」（註 10）。〈居延漢簡〉「肩」字，則更譌爲从「石」，寫作「」（註 11），是爲「戶」、「石」以形近互譌之另一例證。此外，在被規整化的章草書中，「戶」、「石」兩字的寫法接近。如松江本《急就篇》第二「石敢當」之「石」，以及第十五「鐘磬」之「磬」字，所从之「石」，並寫作「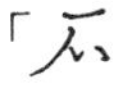」（表二～1,2）；而在第十四「承塵戶簾」（表二～3）與第十九「門戶井竈」（表二～4），兩處的「戶」字，均寫作「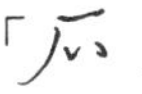」，除了第二筆的起筆處略微向左靠以外，整個字的寫法，與「石」幾乎同形；第十五「肩臂」之「肩」字，漢、魏以後多寫作从「戶」。所从「戶」旁寫法，並與上舉者同（表一～5）。這「戶」、「石」兩字草法的形似，也不免會助長从其構形的文字形體的淆亂現象。

就今日可以考見的文字資料中，从「戶」的「妬」字，始見於唐人的韻書與字書中。故知「妬」字之譌爲从「戶」，大致也當在南北朝至隋、唐之際。在唐代早、中期，「从石」的「妬」字與「从戶」的「妒」字，已處在兩形共存的情勢中。學者之間對於這兩個字形的孰正孰譌，也是各說各話，缺乏共識。其以「从石」爲正形的，有《干祿字書》與《五經文字》二書；以「从戶」爲正形的，則有《刊謬補缺切韻》一書。成書年代約在唐玄宗即位後不

註 10：許書四下肉部，以「肩」爲肩髆（今作膀）字，篆文作「」。釋形爲「从肉，象形」。又在「肩」字下，出一从戶的俗體重文「」。實則，正篆所从之「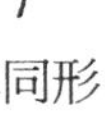」，乃是西漢以前「戶」旁的慣常寫法。與許書所錄「俗」體所从之「」，原本同形。都由「」之形體，小變其筆勢演化而成。左豎上端筆勢右曲，便成正篆所从之形；右豎筆上端下縮，使上橫與第二個橫筆之間，上下離析，便成重文俗體所从之形。漢印文字中，已兩形互見。《說文》所錄俗體，乃以隸變後的隸、楷書字形篆化而成。疑此重文是後人妄增，當刪。於此可見正篆所从，作爲整體之「」形，雖與〈石鼓文〉「𤝎」字所从不同，應是許書原本「戶」旁篆文寫法。今各本凡从「戶」之字，最上面的兩個橫畫都相離析，多譌作「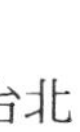」或「」，應是經唐、宋以後熟習楷法之學人改寫使然。

註 11：見王夢鷗《漢簡文字類編》，頁 23。台北，藝文印書館，1974 年 10 月。

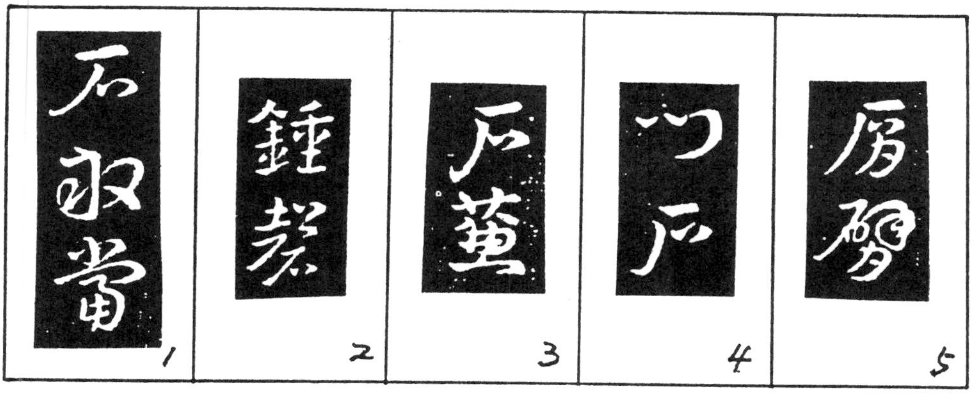

（表二）「戶」與「石」之章草形體比較

久的顏元孫《干祿字書》（去聲），「妒、妬」兩形並收，其下注云：「上通下正」。而代宗大曆十一年（776A.D.），由官方主導，張參負責編成的《五經文字》，在「妬」字條下注語中，更明確地指出：「作妒者，非。」這就比《干祿字書》以「妬」爲「正」，以「妒」爲「通」的鄉愿手法，要高明許多。成書年代（807A.D.）比《五經文字》稍晚的慧琳《一切經音義・大寶積經》，「妬心」條下引《說文》云：「从女戶聲也，經從石作妬，誤也。」（註 12）在王氏《刊謬補缺切韻》書中，所引《說文》對於「妬」字釋形，只作「从女戶」，似當會意字看待。但到了慧琳書中所引《說文》，則於「戶」下又增一「聲」字，顯然是誤以「戶」爲聲符。二書同引《說文》，而說解不同（前者爲會意，後者爲形聲），唯其篆文之同爲「从戶」之譌形則同。

至於成書年代早在唐中宗即位（684A.D.）前後的王仁昫《刊謬補缺切韻》，則於「妒」字下注：「當故反，嫉也。按《說文》『婦妒夫，從女戶。』俗从石，通。」（註 13）值得注意的是，王氏書中所引《說文》，「妬」字已作「从女戶」，如王書所言無誤，則說明了「从戶」的「妬」字譌形，不僅在唐初已經存在，並且早已被文字學家改寫入《說文》書裡。如此說來，成書於五代、宋初之際的二徐本，對於《說文》「妬」字篆文之譌作「妒」形，也是其來有自了。

註 12：見該書卷十三，頁 7。上海，古籍出版社，1988 年 1 月。

註 13：見《十韻彙編》十一暮下，頁 588。台北，學生書局，1984 年 3 月。

經過以上的梳理探討，能夠明確判定的是，在許書成書前的大約三百年之〈馬王堆帛書〉用例中，「姤」字仍存「从石」之古形。而在許書完成的五百年後之初唐學人所引《說文》書中，「姤」字篆文則已成爲「从戶」之譌形。在許慎生存的後漢時期之各類文字資料中，尙未發現任何「姤」字之用例。因此，自唐、宋以來的《說文》傳本中，「从戶」的「姤」字篆文譌形，到底是許書原本之誤，抑係後人傳寫之譌？對於此一問題，似乎不易作出直接的回答。不過，我們透過相關實物資料之考察，从戶的「妒」字譌形，唐代初葉方纔出現。在北朝的墓誌銘以及相關載籍中，也都只有从「后」（「石」旁之譌）的譌形，从「戶」的譌形則尙未出現。疑「姤」字之譌爲从戶，應當就在南北朝以後，以迄隋、唐之際的百餘年間，而不太可能早於南北朝以前。

此外，《篆隸萬象名義》書中，「姤」字仍作从石的古形（表一～10）。《篆隸萬象名義》，乃日本學僧釋空海（774～835）根據唐時所傳《玉篇》隸書本（註 14）所抄錄，字上冠以古篆而成。其分部隸字，全依《玉篇》原本，頗能保存殘缺不全的原本《玉篇》之真貌（註 15）。而顧野王《玉篇》之編撰，雖一改《說文》之篆文字頭而爲楷真書，部首數目也由許書的五百四十部增爲五百四十二部。然其文字形體結構，則皆依《說文》，無所改易。今傳世《大廣益會玉篇》上，女部第三十五，「妒」、「姤」兩形並收，且以从戶的「妒」字居上，从石的「姤」字列下，注云「同上」。顯然是經唐、宋時代孫強、陳彭年等人，根據當時《說文》傳本从戶的「姤」字譌形增補改寫而然。今由弘法大師《篆隸萬象名義》「姤」字之仍存古形，既可看出《玉篇》被改易的情形，也可作爲原本《說文》「姤」字篆文應作从石的正形之間接證明。

值得一述的是，同屬唐代前期的《五經文字》與《刊謬補缺切韻》，二書

註 14：唐時稱漢隸爲八分，而稱楷真書爲隸。見拙撰〈從睡虎地秦簡看八分〉，「伍、八分與隸書之糾葛」一節。載中華書道學會《出土文物與書法學術研討會論文集》，陸-16～陸-21。1998 年 12 月。

註 15：見楊守敬《古逸叢書》所收原本《玉篇》書後跋語。載《篆隸萬象名義》書前「出版說明」所引。台北，台聯國風出版社，1975 年 5 月。

對於「姤」、「妒」的這一組異體字的處理態度，何以竟會如此的截然對立呢？這主要是各書編者（群）的編撰動機不同所致。如張參在《五經文字》書前的〈序例〉中說：「今則采《說文》、《字林》諸部，以類相從，務於易了，不必舊次。自非經典文義之所在，雖切於時，略不集錄，以明爲經不爲字也。」（註 16）這「爲經不爲字」一句，既明確表示了該書的編纂目的所在，也爲我們點出唐代早期的學術界，已存在「爲經」與「爲字」的兩種不同方向的文字學研究態度。故由張參主導編撰的《五經文字》，其書雖然主要仍以《說文》爲據，惟若遇有「古體難明，眾情驚懵」處，也會根據《字林》及《石經》遺文，由張參與國子監內二三儒者商量而「共決之」，也未必全遵許書（註 17）。對於「姤、妒」兩個異體字的處理，便是一個顯例。

註 16：此處所據，乃《五經文字》拓本之影印本，未著出版社單位及出版年月。

註 17：見《五經文字・序例》，同註 16。

第四章　增冗之訛

凡商、周以來一脈相傳的古篆文字，原本無此筆畫或部件，在隸變的過程中，由於傳寫者誤解字形與原意之關係，於《說文》篆文中，無端增冗某些本不該有之筆畫、部件或偏旁者，名爲「增冗之譌」。

第一節　說「欠」

《說文解字》八下欠部釋「欠」云：「張口氣悟也。象氣从人上出之形。」篆文作「」。

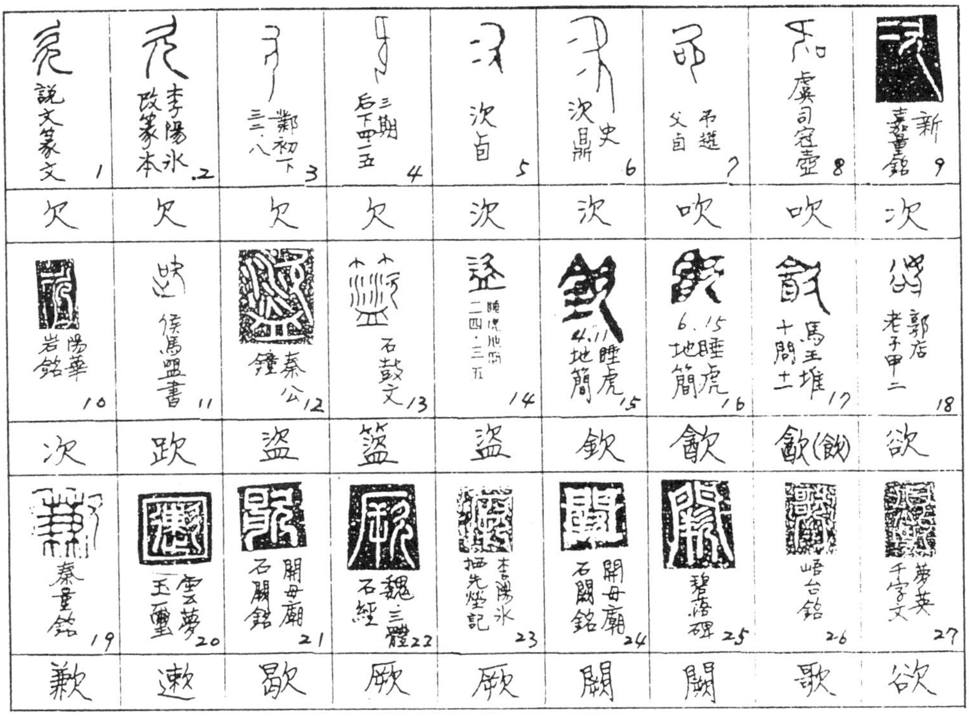

（表一）「欠」字歷代形體演化一覽

「欠」字甲骨文作「」（表一～3）、「」（表一～4），象人張口欠伸之形。「人」形或跪或立，「口」部或有一豎筆中穿，或無一豎筆；缺口或向左，或向右，於字義無別。兩周金文有从「欠」之字，字形與甲骨文同。如〈秦公鐘〉之「盜」字（表一～12），所从之「欠」，作「」，口部無一豎筆。〈虞司寇壺〉之「吹」字，「欠」旁作「」，口部有一豎筆。商器〈次

卣〉與周器〈史汏鼎〉，兩銘文中之「　」字，舊釋爲「次」，于省吾〈釋汏、盜〉一文，以爲字象口液外流之形，當改釋爲「汏」(註 1)。古文字凡从「欠」之字，多與食氣有關。金文中「欠」字「口」形左方的兩個短斜筆，正象口中出氣之形。且金文中並無「次」字，師次之「次」，甲、金文皆作「師」。以「次」字作爲軍隊駐紮之意，或作爲次序之用，應是秦、漢以後才有的假借字（註 2)。故釋「　」爲「次」，是肯定不對的。根據戰國、秦、漢間古文字資料，凡从「欠」之字，多增兩橫畫作「 ＝ 」爲繁文。如郭店楚簡〈老子甲種〉與〈老子丙種〉的「欲」字；〈尊德義簡〉的「欽」字；其右旁所从之「欠」，作「　」。於「欠」旁左下方有「＝」形，狀似重文或合文符號，又明顯不當重文或合文符號使用。此外，如原本與「欠」字同字的「旡」字，在楚系文字如〈包山楚簡〉及郭店〈老子甲種〉、〈老子丙種〉、〈緇衣〉、〈五行〉、〈六德〉、〈語叢四〉等簡文裡，作爲「既」字右邊偏旁，作「　」，或作「　」，與上舉「欲」字右旁之「欠」完全同形。「既」字右旁的這種繁文寫法，在西漢馬王堆帛書〈老子甲本〉與〈老子乙本〉中，仍有所傳承（表二)。可見這種从欠形加兩橫筆的「欠」旁寫法，並非偶然的特例，而是沿承兩周金文中「　」字之統緒。若然，則前舉兩器的「　」字，疑當釋作「欠」。其釋爲「次」或「汏」，恐怕尚須重新檢證，方能定案。今姑從于釋。

春秋晚期的〈侯馬盟書〉，作爲人名用的「歍」字（表一～11)，右旁之「欠」人部左筆不僅突入口部，且更上穿至於口外，與《說文》「旡」字下「古

郭店 老子甲五	郭店 老子丙一三	包山 一八六	郭店 尊德義二	郭店 老子丙一	郭店 五行一〇	包山 二三九	老子乙前 八九上	老子甲 一六六
欲	欲	欲	欽	既	既	既	既	既

（表二）　戰國秦漢間从「欠」與从「次」同字示例

註 1：于說見《甲骨文字釋林》，頁 382～387。台北，大通書局，1981 年 10 月。

註 2：見于省吾《甲骨文字釋林》，頁 417～418。同註 1。

文」同形，只是正反不同而已。許氏乃分上部口形之缺口朝左者爲「欠」，缺口朝右者爲「旡」。於「旡」下釋云：「㱃食氣逆，不得息，曰旡。从反欠。」實則，甲骨、金文中，从「欠」之字，形體正反每相通作，於字義無別。今許書以「欠」、「旡」爲兩而分別立部，實未允當。許師錟輝已論證其非，以爲「當合二字爲一，以及其古文，移廁欠部以爲欠之重文。」（註 3）許師之說，有前舉从「旡」的「既」字與从「欠」諸字等戰國、秦、漢間之實物資料爲證（表二），足見「欠」、「旡」二文，直到戰國中晚期，不僅互用無別，且其从「口」構形也甚爲明確。

根據古文字實際使用情況看，早期「欠」字之形體雖有多種變化，但大約到了秦、漢之際，其口中無一豎筆，且缺口朝左的立人形「」字，取得獨領風騷的地位而傳衍下來。篆、隸、楷書，一脈相承。據此而「欠」字篆、隸形體的遞邅演變之跡，可得而推：

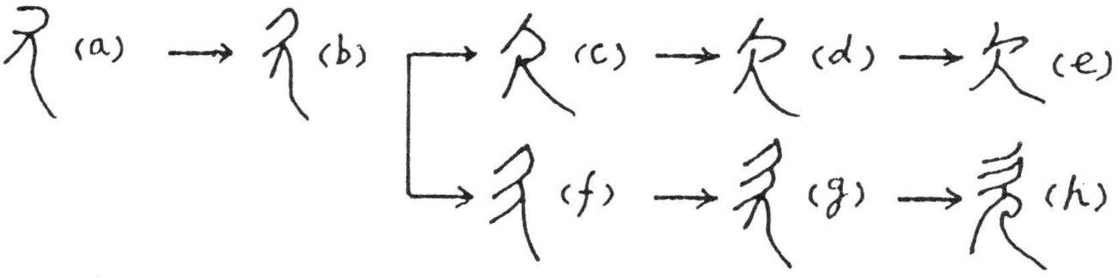
(a)
(b)
(c)
(d)
(e)
(f)
(g)
(h)

a 形爲甲骨、金文中的「欠」字形體，在取得獨傳地位後，自 b 形至 e 形，爲由篆文隸、楷書過渡的隸變過程之自然演化。至於 f 形至 h 形，則爲《說文》篆文譌形之形成過程。「欠」字所从人上之口形，由缺口朝左的水平體勢，漸被寫成略向左下方傾斜的斜勢。下方原本已微帶斜勢的人旁左短斜筆，既與斜勢的口形之上下兩筆相協而呈三筆平行狀態，下半部的人旁，便似只剩單腿的金雞獨立形（f）。此種寫法在秦、漢以後的文字資料中習見。如〈睡虎地簡〉「盜」、「㱃」、「欽」等右旁之「欠」；西漢馬王堆〈十問簡〉的「飲」字及「雲夢玉璽」文「遬」（速）字，所从「欠」旁的寫法皆是。當這種寫法被某些傳寫者一時不察，誤以爲字下所从的「人」旁的左上短筆不見了，於

註 3：見許師著《說文重文形體考》頁 593。台北，文津書局，1973 年 3 月。

是自作聰明而不經心地再為補上一筆（g）。此筆既經引長，便與今本《說文》篆文完全同形（h）。至於被許氏解作「从反欠」的「旡」部篆與「欠」同字，其形體之譌變，則係隨著「欠」字篆文形體之譌而譌，只是方向一左一右不同而已。

然而，今各本《說文》「欠」字，篆文均作「」，「人」上作三斜曲筆。惟唐人李陽冰曾改《說文》篆文作「」（表一～2），云是「从開口形」。並見《大徐本》與《小徐本》〈袪妄篇〉。唯皆遭到二徐兄弟的嚴厲駁斥。

徐鉉在《說文解字》書末附錄，「篆文筆跡相承小異」十三文，「欠」字下說：「《說文》作，亦李斯小變其勢。李陽冰乃云从開口形，亦為臆說。」（註 4）徐鍇《說文解字繫傳・袪妄篇》則說：「陽冰云：『上象人開口，下象氣咋，從『人』，所謂欠去。許氏擅改作  ，無所據也。』臣鍇以為陽冰作  ，蓋按李斯等象（諧案，「象」當為「篆」字之譌），古文多互體，雖有從『口』者，其下亦是『人』字。且人之欠去，氣竝上出，不下流，安得氣在  下。陽冰在許慎之後，所見雖博，猶應不及於慎。今之所說，無乃偏執之論乎！」（註 5）

由以上二徐兄弟對李陽冰尖銳的批駁，表面上看來似乎是針對「欠」字篆文構形原理的論戰，實際上，他們所爭的也只是「欠」字篆文的形體，究竟是如李陽冰所說「上象人開口」的「」，抑或如各本《說文》所寫的「」，差別只在一筆而已。由知李陽冰對於「欠」字構形原理之說解，容有未的，然其所據「欠」字之篆文「」，从人上開口形，獨與商、周以迄秦、漢的古文字資料相合，《大徐本》、《小徐本》及其他諸本所傳寫的「」之篆文，「口」形上方增冗一筆，都不合古文之真。徐鍇以「人」上之「」為「气形」（註 6），乃據已訛之形體附會為說，實不可信。懸案千年之是非，可為

註 4：見《大徐本》《說文解字》頁 322。北京，中華書局，1985 年 5 月。

註 5、見該書頁 321。北京，中華書局，1987 年 11 月。

註 6：《小徐本》於「欠」下注云：「人欠故也。悟，解也。气壅滯，久故而解也。，气形。」見徐著《說文解字繫傳》通釋第十六，頁 176。同註 4。

定讞。

值得注意的是，徐氏《說文解字繫傳》裡頭，欠部及从「欠」的六十五個篆文及四個重文所从的「欠」旁，篆形上部雖皆作「」。但在欠部以外的諸多部首中，也發現有不少「欠」旁篆形上部作「」的字。从「欠」的「欮」字，所从之「欠」，篆文作「」。在十四個从「厥」得聲的字例中，便有「⿺走厥」（卷三走部）、「蹷」（卷四走部）、「鷢」（卷七鳥部）、「⿰骨厥」（卷八骨部）、「⿱厥角」（卷八角部）、「橜」（卷十一木部）等六個字，所从之「欠」的篆文作「」（表三），正跟徐鍇自己在「祛妄篇」裡所錄，並予嚴詞批斥的李陽冰篡改的篆文同形，另外八個（「蕨」、「瘚」、「欮」、「厥」、「闕」、「鱖」、「蟨」、「撅」、「」），則合於《小徐本》人上象「气形」之說解，作「」。

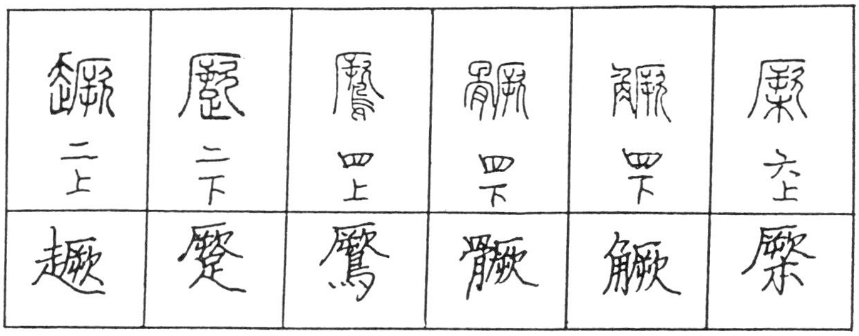
二上
二下
四上
四下
四下
六上
⿺走厥
蹷
鷢
⿰骨厥
⿱厥角
橜

（表三）《小徐本》衍「欮」聲十四字中「欠」旁改之未盡者

除此之外，他如土部的「歖」、口部的「吹」、「歗」（「嘯」之「籀文」）、龠部的「龡」、木部的「楁」、貝部的「資」、禾部的「穦」、辵部的「遂」、「䜭」（「速」之「古文」）、「遬」（「速」之「籀文」）等字所从之「欠」，篆形均作「」，也都跟徐鍇在書中的說解不合。

針對小徐書中這個自相矛盾的現象，裘錫圭先生曾作出解釋，他說：「宋人刊刻的《說文》，其篆形似乎是出自李氏改本，而又經過回改的，但往往改之未盡。」（註 7）在徐鍇後來奉其兄鉉之命所編《說文解字篆韻譜》中，這六個衍「欮」聲的李氏改篆本中，原本不譌的篆文，已全被改爲从「」之

註 7：見裘著《文字學概要》，頁 63。北京，商務印書館，1988 年 8 月。

譌形。以此看來，裘先生這種「改之未盡」的解釋，應是合乎實情的。於此不僅得窺當時《小徐本》校對之疏，亦足以覘知《說文》歷經傳抄校改，以致譌誤的情況之一斑。

然而，今本《說文》「欠」字的篆文譌形，究竟是許氏原本已譌，抑或後人傳抄致譌呢？徐鉉認爲，《說文》「欠」字作「」，乃「李斯小變其勢」，而《小徐本》「袪妄篇」引李陽冰之說，則謂：「許氏擅改作，無所據也。」（同註 8），不論是批許的李陽冰，或護許的二徐兄弟，三人皆一口咬定「欠」字篆文作「人」上「」的「」形，乃許書原有，這在當時想必各有所據。然而，《說文》釋「欠」爲「張口氣悟也」，依此說解，則許書「欠」字篆文，原本當係从「張口」之形，作「」。且年代在《說文》成書之前的〈新莽嘉量銘〉，「次」字「欠」旁寫法未譌。即刻立年代與《說文》大略同時而稍後的河南嵩山〈開母廟石闕銘〉（延光二年，123 A.D.），其中「闕」字與「歇」字以及年代相若的〈少室石闕銘〉額〈少室神道〉之「闕」字，諸字所从之「欠」，亦存古形之正。再次，且就兩漢篆文淵藪的鉨印文字來進行考察。羅福頤《漢印文字徵》所收「欠」部十三個字頭，47 個字例及《漢印文字徵補遺》七個字頭，九個字例，共五十六個字例，「欠」旁的寫法，也都一律作「从人上開口」形，無一作「」之譌形者。換句話說，在許氏存活的兩漢時代，「欠」字篆形未譌，根本沒有「」之譌形存在。甚至，到了曹魏正始年間的〈三體石經〉，「厥」字所从「欠」旁的寫法，仍然保存正形。故我們幾乎可以肯定地說，許書原本「欠」字篆文必不譌誤，這個「欠」的篆文，由「人」上「」到「人」上「」，這多出一筆的譌形，很顯然是出於後人對字形之誤解，於傳寫校改時所冗增出來的。由這些例證看來，李陽冰和二徐兄弟，在「欠」字的篆文形體上，似乎對許氏都有所誣枉。

就實物文字資料考察，今本《說文》「欠」字篆文之譌形，始見於初唐的〈碧落碑〉中，「闕」字所从之「欠」旁（見表一～25）。此碑碑文稱：「有唐五十三祀，龍集敦牂」，時當唐高宗咸亨元年（607 A.D.，註 9）。「欠」字

註 8：見該書頁 321。北京，中華書局，1987 年 11 月。

篆文譌形雖首見於唐初，而活動年代大約晚於〈碧落碑〉八十年後的李陽冰，已有校改《說文》「欠」字譌形之著作傳世，可見在唐代以前的《說文》傳寫本中，「欠」字不只早已譌誤，並已有人據此譌形改寫過《說文》篆文，著入載籍。則其致譌的年代，當在更早的六朝或隋、唐之間。其後，雖經二徐兄弟予以「回改」，但從目前可以考見的唐、宋篆書文字資料看來，大抵仍多依仿李氏「从人上開口」之形體，足見李陽冰之字學與篆法，對後世之影響不可小覷。

註 9、見鄭著《汗簡箋注・汗簡書目箋正》合刊，頁 29～32。台北，廣文書局，1991 年。

第二節　說「歲」

《說文解字》二上步部釋「歲」：「木星也。越歷二十八宿，宣徧陰陽，十二月一次。从步戌聲。」篆文作「」。

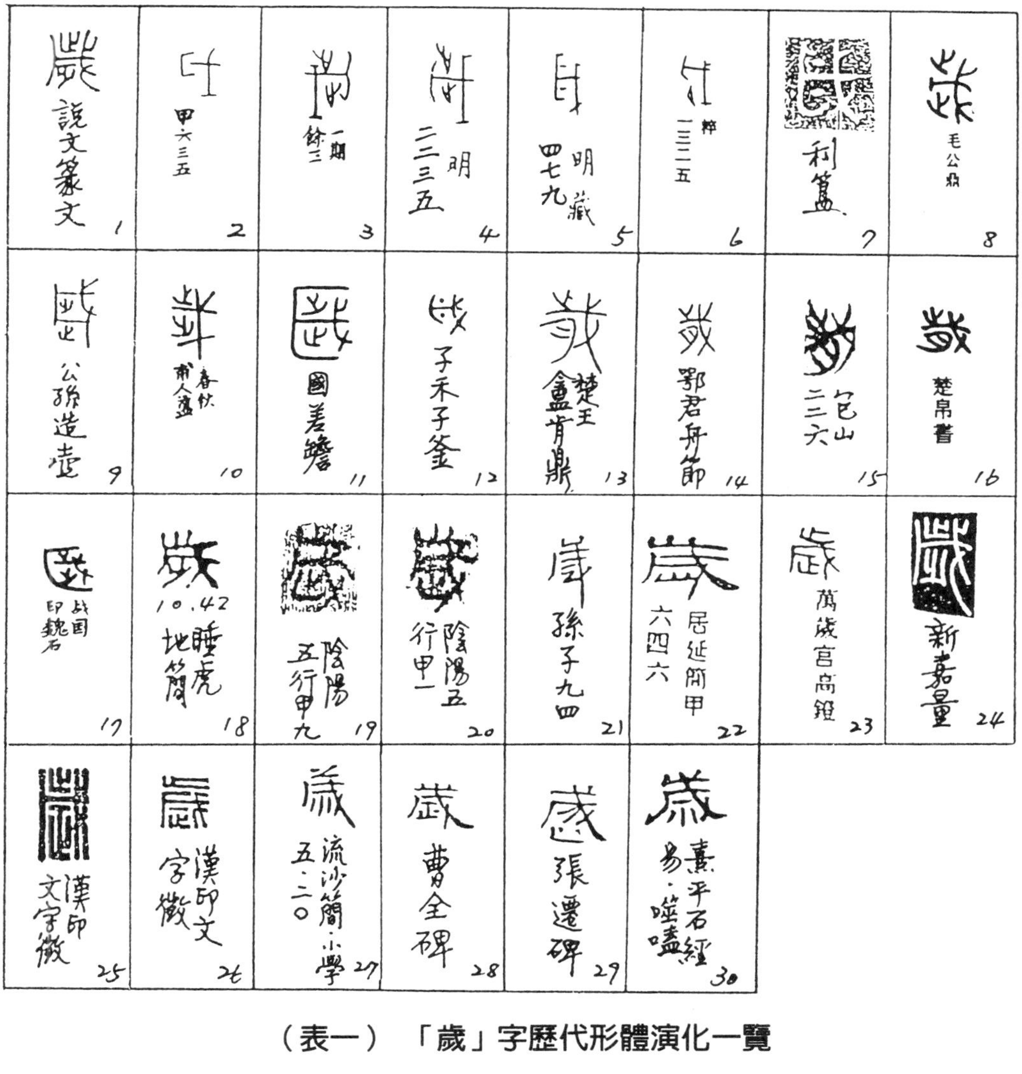

（表一）「歲」字歷代形體演化一覽

「歲」字，在甲骨文中異構頗多，大抵皆象斧鉞有刃之形，作「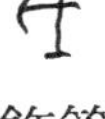」（〈甲〉二九六一）或「」（表一～2）；或在斧鉞形體上增加兩點爲飾筆，作「」（表一～5）；或增兩止形，作「」（表一～4）或「」（表

一～3，註 1），後世隸、楷書中行用的「歲」字，即由此一形體演化而來；或在斧鉞形體基礎上增一月形，作「」（表一～6）或「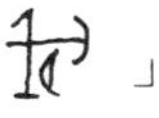」（〈前〉五、一一、六）。「歲」字均从「戉」構形，不从「戌」（註 2）。

在卜辭中，「歲」字常用爲祭名。用例最多的則是用牲之法，如「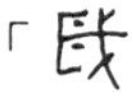牡」（〈後〉一、二五、一四），意指刑一公牛。又如「戉羊卅，卯十牛」，「卯」義爲殺，「戉羊」與「卯牛」對舉，當讀作劌割之「劌」，義爲「刑牲」，此則用其引申義。吳其昌云：「刀刑爲卯，戉刑爲。」（註 3）

至於作「今歲」、「來歲」的「歲年」用例，係其假借義。其形體多作簡體之「」、「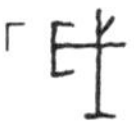」，或从兩點之「」。儘管从步之「歲」，在最早的第一期已有發現，但其用例極少，文辭也多殘泐，用義難明。惟根據卜辭之用例，大致可以推知，「歲」字本象斧戉形，與「戉」字應是同源字。其後因用各有當，乃致分化（註 4）。

《爾雅・釋天》：「載，歲也。夏曰歲，商曰祀，周曰年，唐虞曰載。」注云：「歲，取歲星行一次。」蓋以地球繞太陽一周之時間爲歲，此正與許氏釋「歲」爲「木星也。越歷二十八宿，宣徧陰陽，十二月一次」之意同，所說都是「歲」字之假借義，非其朔誼。

在甲骨文中，「歲」字的簡體雖象斧鉞之形，但跟作爲方國名稱的「戉」字之作「」（〈後〉一、三一、七）或「」（〈京津〉一三零一）者，形體上顯然有所區別。到了周代金文，簡體的「歲」字已消失不見，都被其他繁體所取代了。如周初的〈利簋〉與戰國時代的〈子禾子釜〉，便是沿襲斧

註 1：此字《漢語古文字字形表》誤摹爲「」，遺漏「戉」旁右邊表示刃部的筆畫，不知者或將誤以爲甲文中已有从戈之「歲」字，當爲改正。見該書頁 55。四穿辭書出版社，1987 年 7 月。

註 2：今人何琳儀《戰國古文字典》，將「歲」字附於「戉」字聲首之下，甚是。見該書下冊頁 896。

註 3：吳說見于編《甲骨文字詁林》，頁 2398。

註 4：參見于省吾主編《甲骨文字詁林》，頁 2406，「歲」字條案語。

鉞形上另加兩點的形體。其从兩「止」形者最爲習見，如〈毛公鼎〉、〈曶鼎〉、〈國差罎〉（表一～11）、〈甫人盨〉、〈公孫造壺〉等均是，而爲秦、漢以後所用，亦爲《說文》篆文之所本。

若〈楚王酓肯鼎〉、〈鄂君啓節〉、〈包山楚簡〉（表一～15）等，「歲」字作「」，其形體一方面承襲自商、周以來从兩止的「歲」字，並將下面的一「止」旁省去，改爲从「月」。「歲」字从「月」，早在殷商時代的甲骨文中已有其例（表一～6），只是幾百年發展下來，其他各地幾乎都已失傳，唯有楚地存此古形。同時，所从之「戉」也譌變爲从「戈」，成爲錯綜演化的新體，而爲戰國時代南方楚系文字之所專用，地域色彩濃厚（註 5）。

至於譌「戉」爲「戈」，則爲戰國燕、楚、晉系古文字中所習見。實則，早在春秋時代的〈甫人盨〉銘文中之「歲」字，已肇其端。揆其致誤之由，恐與春秋、戰國以來，「歲」字多作「」，所从之「戉」的左邊刃部，多跟鉞身及柄分離有關。先有此離析之形體，其後爲了便捷，刪去鉞刃的外框，又正好沒有其他形近之字與之混淆，因此而廣泛襲用。惟自秦始皇統一天下後，這些六國的詭異字形，也跟著被相對規整典正的秦系文字所取代了。

「歲」字所从之戉，左邊代表刃部的一筆，在甲金文中，多作向內屈曲的弧形筆畫。但春秋時代的〈公孫造壺〉銘文中作「」，則易圓曲爲方直，且分作相接的兩筆。到了〈睡虎地秦簡〉，則已變爲向外屈曲之弧形筆畫，與戌形混同，而爲秦、漢以後文字之所承用（表一～18）。至其進一步冗增一筆，譌爲从戌，當在西漢以後。

就古文字資料看，馬王堆帛書〈陰陽五行〉裡頭，已有从戌的「歲」字形體出現（表一～20）。根據同時出土的有紀年木牘，可以確定馬王堆三號墓

註 5：近年出版滕壬生《楚系簡帛文字編》，「歲」字條下所收楚系文字七十七個字例，其中包括〈包山楚簡〉、〈信陽楚簡〉、〈常德山夕陽坡簡〉、〈江陵秦家嘴簡〉、〈江陵天星觀簡〉、〈江陵望山簡〉、長沙〈楚帛書〉等簡帛文字，均从止从戈从月，作「」，無一例外，只不過上面所从的「止」旁，形體微有變化而已。與其他各系戰國古文字絕不相類，足見此字地域風格之強烈。

的年代爲漢文帝前元十二年（168 B.C.）。故所出帛書的抄寫年代，當早於墓葬年代，據估計是在漢高祖在位時或更早的時間內寫成（註 6）。故「歲」字之冗增一筆而譌爲从戌，其年代也應與此相去不遠。此外，年代稍晚的〈銀雀山孫子簡〉，以及同是西漢時代的〈武威簡〉（少牢一）、〈居延簡〉（甲六四六）及〈萬歲宮高鐙〉等，「歲」字中部也都冗增一筆（表一～22,23）。新莽時代的〈嘉量銘〉，「歲在大梁」及「歲次實沈」，前後出現的兩個「歲」字，則仍是从戉，不譌（表一～24）。〈嘉量銘〉乃新莽刻意依仿秦代權量上鐫刻〈秦始皇二十六年詔〉及〈秦二世元年詔〉的做法所制作，其爲嚴謹的官方文書，其規整與考究，自與一般簡帛之率意書寫者旨趣不同。到了東漢時代，不論用筆簡率的〈武威醫簡〉（二一、二五、九二甲）、〈流沙簡〉（表一～27）等簡牘，以及規整工穩的〈熹平石經〉（易•噬嗑）、〈張遷碑〉、〈張景碑〉、〈曹全碑〉（表一～28,29,30）等刻石中，「歲」字已全皆譌爲从戌。儘管所从的上下兩個「止」旁，在筆勢體態上各有變化，但形體結構上則基本相同。

隸書文字如此，作爲漢篆代表的漢印文字又如何呢？且看羅福頤所編《漢印文字編》一書，所收七個漢印「歲」字字例，也清一色从戌（表一～25,26），幾乎看不到一個足以作爲反證的字例（註 7）。許氏生當此際，其釋「歲」之構形爲「从步戌聲」，也就不難理解。

「歲」字由甲骨、金文中的从「戉」譌爲从「戊」，差別只在左旁表示斧鉞刃部的筆畫體勢之屈曲方向，前者弧背向外，後者弧背向內。至於由从「戊」再譌爲从「戌」，則是後者較前者冗增了一筆。然而，這輾轉譌化而冗增的一筆，究竟是如何譌來的呢？根據初步推索，其譌化的原因，主要應係由於跟鄰近筆畫相組構所形成的錯覺而增冗出來的。「歲」字在秦漢以後，既已譌爲从戊，下面所从的「止」旁，因爲跟它上面「戊」旁的橫畫相鄰近。乍看在視覺上容易讓人誤以爲是从「正」而非从「止」。事實上，文字原本是一抽象的存在，當一個人在其下意識中有了如上的誤解（即誤以从「止」爲从「正」），

註 6：見《馬王堆漢墓帛書》出版簡介，頁 5。北京，文物出版社，1980 年 3 月。

註 7：見該書卷二，頁 10。北京，文物出版社，1987 年 1 月。

往後使用此字時，自然會以其潛意識中所認定「从正」的形體而書寫之，無端多出一個橫畫來而不自覺。起初可能只是某些個別事例，但或許不少人也有這種類似的感覺經驗，大家也就見怪不怪。再說，文字的使用者，大抵都不是文字的創制者。文字既是語言的書面形式，書寫使用時，但求便捷達意，往往不暇也毋須去探究文字中一點一畫的構形原理。久而久之，約定俗成，積非成是，遂致以譌傳譌。待本形淹晦既久，文獻不足，就連深通六書原理的文字學家，也難以曉解其所以然了。

與「歲」字這種冗增之譌化情況相類似的，也還有不少。如「堯」字，本从儿垚聲，只因「垚」旁的下邊兩個土旁下橫，連結爲一長橫，「儿」旁與此一長橫鄰近，看起來會感覺「儿」上似乎有一橫的錯解。原本从「儿」的，因而譌化爲从「兀」，無端又增冗出一筆來。這些都是由於視覺誤差，輾轉傳抄譌誤而來。既經約定成俗，遂爾襲用至今。

第三節　說「州」

《說文解字》十一下州部釋「州」：「水中可凥者曰州。以匌繞其旁，从重川。，古文州。」篆文作「」。

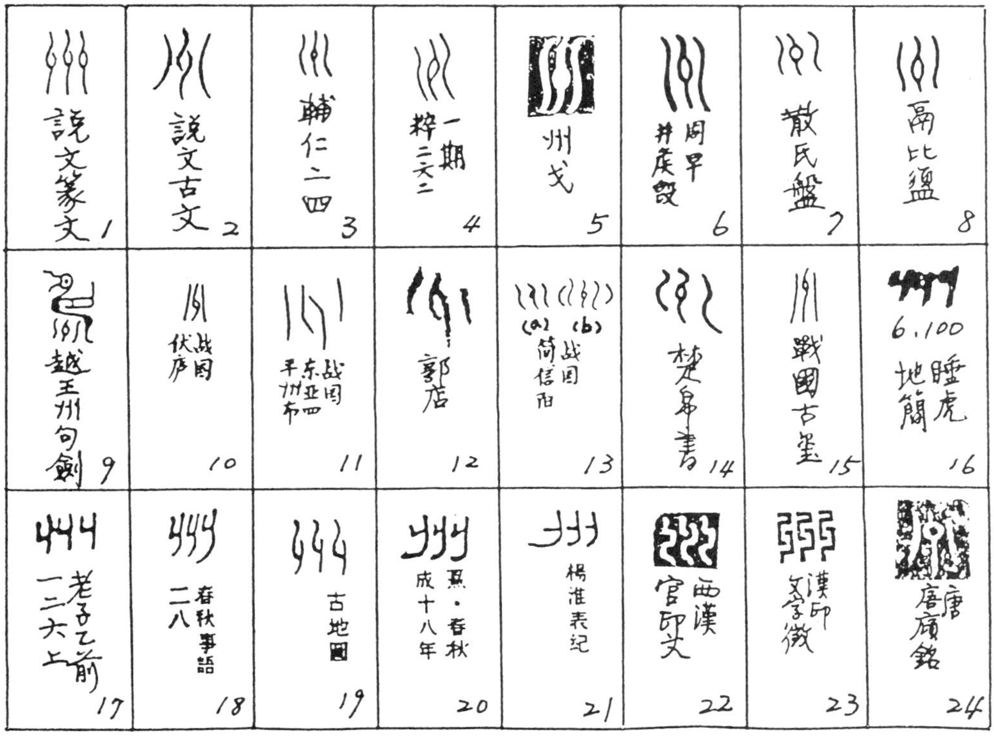
說文篆文 1
說文古文 2
3
一期 粹二六二 4
州戈 5
周早 井侯毁 6
散氏盤 7
8
越王州句劍 9
戰国 伏庐 10
戰国 平州布 11
郭店 12
(a) (b) 戰国 信阳 13
楚帛書 14
戰國古璽 15
6.100 睡虎地簡 16
老子乙前 一二六上 17
春秋事語 二八 18
古地圖 19
成十八年 20
21
西漢官印文 22
漢印文字徵 23
24

（表一）「州」字歷代形體演化一覽

「州」字於甲骨文作「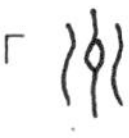」或「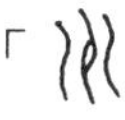」（表一～3,4），並皆从川，中有陸地，象水中有地可凥之形，爲从川之合體象形（註 1）。與《說文》所錄「古文」同，而與《說文》篆文之作「重川」者異。商器〈州戈〉之「州」字，於「川」中表示高起陸地之部分，變甲骨文之框廓而作填實肥筆（表一～5），象形意味濃厚。此種肥筆的寫法，在戰國時代的簡牘中，也有所傳承。如〈信

註 1：見先師魯實先《說文正補》，「州」字條下。刊在台北黎明文化事業公司出版，段玉裁《說文解字注》書後附錄，頁 72～73。1974 年 9 月。

陽長臺關一號楚簡〉第一組第三十五簡「㕧爲州」的「州」字，則作肥筆（表一～13a）。唯各家對於此字的摹寫不同，除了高明《古文字類編》將此字摹作肥筆外（註2），其他像徐中舒主編《漢語古文字字形表》（表一～13b，註3），及商承祚《戰國楚竹簡匯編》（註4）兩書，則皆摹作框廓形。同一個字，而所摹字形不同。這主要因爲「州」字所从之「」形，用硬筆書寫，線條意味強，易成框廓形。若用柔軟的毛筆書寫，寫時只要下按的力量多些，上下兩筆所鉤抱形成的中間空隙一消失，便似肥筆。作肥筆，或作框廓，原不影響字義。只因原簡底色太過灰暗，致有此摹本不同的現象產生。西周金文如〈井侯段〉、〈散氏盤〉、〈鬲比盨〉等，「州」字形體（表一～6,7,8）略同於殷商甲骨文。春秋、戰國時代的簡牘、帛書、泉布、璽印等文字資料，其「州」字形體結構，大致跟商、周古文字一脈相傳，無大變易（表一～9-15）。

在先秦古文字資料中，與今本《說文》篆文結構相同者尚未發現，但形體與之近似者，則出現在〈睡虎地秦簡・法律答問〉的第100簡簡文上。其中「州告」一詞凡兩見，假借爲周，意爲「循環重複」（註 5），已非用其本義。唯此字實已隸化，並譌爲从三「ㄐ」並列作「𠁥」（表一～16）。其爲水中高地之本形，已不可見。西漢〈馬王堆帛書古地圖〉（表一～19）與《漢印文字徵》的「州」字字例（表一～23），與《說文》篆文尤近。表一～24 的「西漢官印」，「州」字筆畫雖多綢繆，結構則猶存殷、周古形之正。隸楷之「ㄐ」，古篆寫作「」，象兩物屈曲相糾繚之形，正與「州」字甲、金文，象水中陸地之形符（）同形。且「ㄐ」於古音屬宵部見紐，「州」於古音屬幽部章紐，「宵」、「幽」古韻部相近，同屬陰聲三等開口呼流攝。故秦簡「州」字之譌作从三「ㄐ」作「𠁥」，不只有形體上的類化因素，同時還有聲音相近的關係。有趣的是，這個「州」字，從戰國末期的秦地因隸變而譌誤後，西

註2：見該書頁480。東京，東方書店，1987年6月。

註3：見該書頁437。四川辭書出版社，1987年7月。

註4：見該書書後所附字表，頁52。濟南，齊魯書社，1995年11月。

註5：見《睡虎地秦墓竹簡》，頁194，「州」字條注。北京，文物出版社，1978年11月。

漢以後，所有一切器物上之「州」字，並群從秦文字之「从三ㄐ」構形，一路譌化到底，無一例外，形同一刀切，涇渭分明。

許慎《說文解字敘》云：「秦始皇帝初兼天下，丞相李斯乃奏同之，罷其不與秦文合者」。今就秦、漢之際，「州」字的實際用例考察起來，許書〈敘〉中所述，不僅實有其事，且其政令確有立竿見影之效。

徐鍇《說文解字繫傳・祛妄篇》曾引李陽冰爲闢許氏「重川爲州」之解說，釋「州」云：「三ㄐ爲州。」小徐又從而闢之，說：「若云ㄐ與州爲聲，何必三乎？」（註 6）真是針鋒相對，直截有力。吾人據此可知，李氏原本不但以「三ㄐ爲州」，並且以「ㄐ」爲聲符，想其時或亦別有所據。只是將「州」字因聲近而譌作从三ㄐ的譌化原因，誤作爲「州」之本字構形，故亦難得其正解。

「川」字，甲文作「」、「」，象兩岸間水流之形，左右兩筆正表山陸，「州」字从川，於水中高渚處，作「」或「」以象之。其後受「」形之類化，誤解增繁而成「」形，其並非「从重川」甚明。許氏釋「州」爲「从重川」，乃據隸化後譌變增冗之隸書譌形所作之說解。

先師魯實先先生嘗引薛尚功《歷代鐘鼎彝器款識法帖》，書中所摹錄〈師訇段〉之「州」字作「」，說：「川中著三・者，乃以州渚非一，故以象其多。」又說：「其作  或  者，則爲  、 之婿體。猶星爲曐之婿體，晨爲曟之婿體也。許氏未知「州」爲从川之合體象形，而以重川釋之，則其形義相悖矣。」（註 7）今該器已不知所在，考《殷周金文集成》所收薛

註 6：見該書頁 903。北京，中華書局，1987 年 10 月。

註 7：同註 1。薛氏原書，「訇」隸定作「訄」，不確。馬承源主編《商周青銅器銘文選》（三），收有恭王時器〈詢簋〉（見該書頁 151。北京，文物出版社，1988 年 4 月）。「詢」字从言从「」（案即勻字，卜辭多用作「旬」），構形與〈師訇段〉全同，只是各家隸定不同而已。故〈詢簋〉中的「詢」字，與〈師訇段〉中的「訇」字，應指同一人。而〈詢簋〉當是「詢」受命爲「師」職以前所鑄之器。

書摹錄之〈師訇毀〉銘文，唯見「用乍（作）川宮」之「川」字（註 8），與廣文書局版薛書之作「州」字者異（註 9），恐是薛書摹寫之譌。魯先生謂許氏以「重川」釋「州」爲「形義相悖」，所言甚是。而謂「」或「」爲「」、「」之「省體」，則明顯是誤據傳摹失真的版本，所作出倒果爲因之論斷。

總而言之，「州」字象水中有高地之形，其本形當如甲骨、金文之作「」。許書所收「古文」，與殷、周古文正合。篆文之「从重川」作「」者，乃據戰國晚期以來隸變增冗後的隸書字形，用篆書筆法改寫而成的譌形。

註 8：見該書第八冊，頁 306，編號四三四二號。中國社會科學院考古研究所編，上海中華書局印行，1987 年 4 月。

註 9：見薛書卷十四，頁 274。台北，廣文書局，1972 年 4 月。

第四節 說「燕」

《說文解字》十一下燕部釋「燕」云：「玄鳥也。籋口，布翅，枝尾。象形。」篆文作「」。

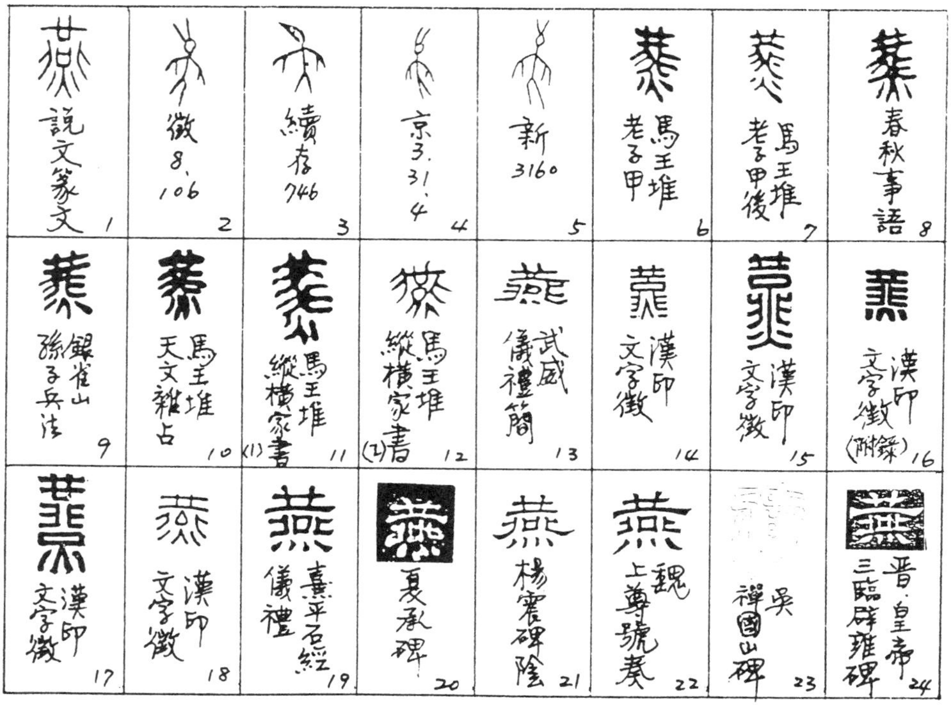

說文篆文 1
徵 8、106 2
續存 746 3
京 3.31.4 4
新 3160 5
馬王堆老子甲 6
馬王堆老子甲後 7
春秋事語 8
銀雀山孫子兵法 9
馬王堆天文雜占 10
馬王堆縱橫家書 (1) 11
馬王堆縱橫家書 (2) 12
武威儀禮簡 13
漢印文字徵 14
漢印文字徵 15
漢印文字徵（附錄）16
漢印文字徵 17
漢印文字徵 18
熹平石經儀禮 19
夏承碑 20
楊震碑陰 21
魏上尊號奏 22
吳禪國山碑 23
晉皇帝三臨辟雍碑 24

（表一） 「燕」字歷代形體演化一覽

燕鳥色黑，故許氏訓爲「玄鳥」。「籋口，布翅，枝尾」，乃釋其所象之形。《小徐本》注：「籋，音聶，小鉗也。」桂馥《說文解字義證》云：「籋，箝也。」（註 1）籋口，謂其頭部之口形似鉗也。《甲骨文編》正文無「燕」字；《甲骨文續編》有之。此處所採錄的四個字例，其口形或張或翕，正象鉗形之口有開有合（表一～2,3,4,5）。惟後世「燕」字的形體，實自張口之字形演化而來。「布翅」，指左右布展之「」形；「枝尾」，指燕尾象「」形之分歧。獨於篆文中兩翅間之「口」形缺釋。卜辭除以「燕」爲方名之外，已

註 1：見該書頁 1027。北京，中華書局，1987 年 7 月。

假「燕」爲「燕饗」字。

兩周金文未見「燕」字。後世經典如《毛詩》、《周禮》、《禮記》等，凡燕饗之字，亦多假燕爲之。先師魯實先先生說：「凡（西周）諸器所云宴、匽，皆燕之後起字。……以宴爲燕饗，非西周以前之古名。說者乃曰『宴引伸爲宴饗；經典多假燕爲之』（說文宴字下段注），是亦昧其本柢矣。以燕借爲燕饗，故孳乳爲䴊（見《玉篇・燕部》），乃以別於假借之轉注字。自燕而孳乳爲醼（見玉篇酉部），則爲承燕饗之義而孳乳之假借構字。」（註 2）

在西漢早期的〈馬王堆帛書・老子甲本〉、〈甲後佚書〉、〈春秋事語〉、〈天文雜占〉、〈縱橫家書〉及〈銀雀山竹簡・孫子兵法〉等，都有「燕」字出現，字本作「」，兩翅作「」，與「非」字之古篆同形。兩翅之間原本無「口」，正與甲文構形相合。惟《說文》篆文、漢印文字，以及後來的隸、楷書中，均有此「口」。究竟从「口」之「燕」字始見於何時，以及此「口」如何增冗得來，均不無疑義。

前已述及，〈馬王堆帛書〉「燕」字屢見，原以爲各本均無从「口」之例，待檢閱《秦漢魏晉篆隸字形表》「燕」字條，發現書中摹錄〈戰國縱橫家書〉的一個字例，竟然从「口」，與筆者原先展讀此本所得之印象不同。及待翻查〈馬王堆漢墓帛書〉的影寫原版核對，果然在此卷第 251 行前後，就找到幾個兩翅間有「口」形的「燕」字，在自訝讀書不夠細心之餘，爲進一步確認此事，乃將此卷再度通讀一遍，結果不僅解開原來心中疑惑，也在無意間發現了兩千年前的一件小秘辛。

原來此卷帛書總共抄寫了二十七章，多係跟戰國時代蘇秦等縱橫家有關的言論，各章接連抄寫，只在章與章之間用小圓點加以區隔，並不提行另起。計有三百二十五行，每行三、四十字不等，全卷首尾完整（註 3）。從卷首第一章「蘇秦自趙獻書燕王章」起，至第二十一「蘇秦獻書趙王章」爲止，書體前後一致，應都是同一書手所寫。但卻只抄寫到第二百三十五行的上半，

註 2：見魯先生著《文字析義》，頁 226～227。台北，魯實先全集編輯委員會，1993 年 6 月。

註 3：參見《馬王堆漢墓帛書》【參】書〈出版說明〉。北京，文物出版社，1983 年 10 月。

至「天下必以王爲義矣」便戛然停筆。緊接著改由另一書手繼續往下抄寫，直至卷尾第二十七章爲止。這原可從前後兩種書體風格的截然不同而偵察出來，但由於更換書手的這一部分，因爲水氣浸漬的關係，下面原本相疊在一起的文字墨痕印漬到絹背來，以致多少淆亂了讀者的視覺而不易察知此中之變易。只要翻看前後較無水漬的文字部分，便會發現這前後兩個書手書寫風格的明顯差異。前者用筆沈厚勁折，結體端嚴；後者用筆較爲圓轉靈動，結體也較爲秀朗。由於不少帛書文字內容都與燕國有關，故「燕」字出現頻率特別高。對於「燕」字的構形，前後兩個書手的認識也不盡相同。如表二的a,b,c,d 四例，是前一書手所寫，對於「燕」字上半象頭口部分，一如馬王堆它卷帛書，只寫作「廿」或「廿」；e,f,g 三例是後一書手所寫，「燕」字上半則寫作「甘」，在原本象頭口之形的「廿」之外，又冗出一個「口」形來。馬王堆帛書是「燕」字在甲骨文中出現後，一千年以來所能見到的最早字例。而此卷〈戰國縱橫家書〉後面一個書手所寫的幾個「燕」字，則是漢字史上迄今所見「燕」字兩翅之間，由無「口」形到有「口」形的首例。

然而，令人納悶的是，帛書改換書手之處，並非該章文字之終結處，其下尚餘「齊抱社稷事王，天下必重王。然則齊義，王以天下就之；齊逆，王以天下□之。是一世之命制於王也。臣願王與下吏詳計某言而篤慮之也」一段五十餘字，乃竟其章。依常理推斷，必當於此章寫畢，乃得易人抄寫。今僅餘十餘字，竟未能將「蘇秦獻書趙王章」寫完，便急於換手。想必當時或有事出猝然之故，以致如此。至於究竟是何事故，而今已成千古難曉之秘辛。

由前述可知，「燕」字左右兩翅之間本不从「口」，此一「口」形乃係先民在輾轉傳寫中，因誤解筆勢無中生有而冗出者。「燕」字之冗增「口」形，當始於西漢早期或秦、漢之交。表一～16 的字例，被《漢印文字徵》收在書後附錄，當作不識字看待，實即「燕」字未譌增「口」旁以前之本形，當是西漢前期之印。大家看慣了譌誤的

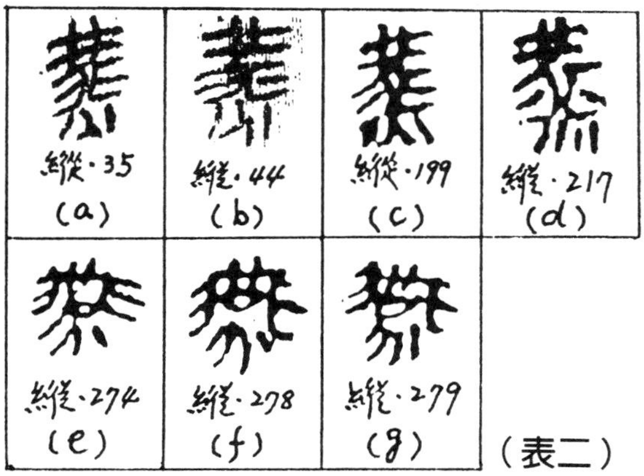
縱·35
(a)
縱·44
(b)
縱·199
(c)
縱·217
(d)
縱·274
(e)
縱·278
(f)
縱·279
(g)
（表二）

形體，待其本形出現時，反而對此本形起疑。然而，此「口」形究竟因何而得冗出？茲根據所見古文字資料，推索其孳乳遞嬗之故，此「口」形之冗出，大致有下列兩種可能：

甲式：

乙式：

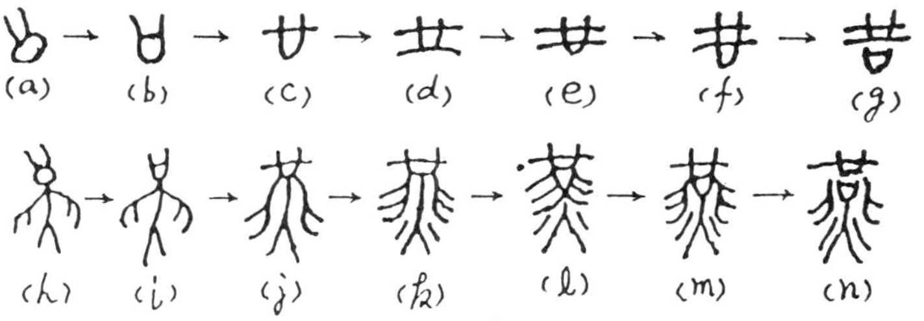
(a)
(b)
(c)
(d)
(e)
(f)
(g)
(h)
(i)
(j)
(k)
(l)
(m)
(n)

甲式係由上部象「燕」頭口之形的「」演化而來，c 形之兩個豎畫下端，只與下橫接齊；d 形之兩豎下端交合點已稍爲突出下橫；e 形之兩豎交合點突出下橫部份已多，隱約似一「口」形；至 f、g 兩形，則傳寫者或因誤解筆勢而將此似「口」形部分，與原本象頭口部分割離，逕自寫成「口」形。此其一。馬王堆帛書〈春秋事語〉、〈老子甲本〉、〈老子甲後〉、〈縱橫家書〉近之。

乙式之 l 形，則由互相碰接的左右兩翅（），與上面頭口部分緊相接合，也同樣可有一隱約形似「口」形之出現。此一形似之「口」形既被誤解作「口」，則由 m 形而 n 形，實亦理勢之自然，無足爲奇。此其二。〈馬王堆帛書縱橫家書〉(2)近之。

此中有兩點須附加說明者，其一是，「燕」字上部象頭口形之「甘」，或作「廿」，或作「廾」，三者往往互作，形體雖有譌變，於字義別無別。此古文字發展之所常見，如「庶」字金文作「」，原本「从火石聲」。其後，所从之「石」旁，或譌作「庐」，或作「庄」，遂被許慎誤將此字拆解爲「从戈从炗」，因而作出穿鑿附會的說解（註 4）。其二是，古文字中，象禽鳥張翅形之「」（今「非」字），或省變作「」（與象兩人相背之「北」字同形而不同源）。如「冀」字，古文字原本从「」，後乃省變爲从「北」。今此「燕」字之兩翅部分，由殷商甲骨文之作「」，既變而爲西漢簡帛之「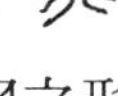」，又變而爲隸、楷書之「」。筆畫之繁簡與向背雖殊，要皆爲象兩翅之形。

註 4：詳見本書第六章第四節，〈說庶、度、席〉。

第五節　說「皇」

《說文解字》一上王部釋「皇」云：「大也。从自王。自，始也。始王者，三皇大君也。自，讀若鼻，今俗以作始生子爲鼻子是。」篆文作「」。

說文篆文 1
金六七三 2
後二六·二 3
⿰火舍鼎 4
作冊大鼎 5
彔伯簋 6
召卣 7
杜伯盨 8
王孫鐘 9
秦公簋 10
侯馬盟書一八·五 11
欒書缶 12
戰國陳侯午敦 13
忠信之道三 14
詛楚文 15
陽陵虎符 16
嶧山刻石 17
兩詔橢量 18
始皇詔書 19
老子乙前八六上 20
武威王杖詔書令 21
武威特牲 22
開母廟石闕銘 23
漢印徵 24
漢印徵 25
熹平石經 26
靈臺碑陰 27
三體石經君奭 28
正始石經 29
夢英千字文 30

（表一）　「皇」字歷代形體演化一覽

殷墟卜辭有「」字（〈金〉六七三），商周早期金文作「」（〈農簋〉、〈⿰火舍鼎〉），象「火把植立，上作燭光射出火焰」之形，近人王獻唐以爲此即「皇」字初文，其本義爲「煌」（註 1）。西周以後的金文「皇」字，則都改易下部表示把手之豎畫爲「王」旁，以當聲符，作「」（〈作冊大鼎〉）、「」（〈彔伯簋〉）、「」（〈王孫鐘〉）等形。直到戰國時代以前，未見有如許書所云「从自」的「皇」字寫法，其爲譌形至爲明顯。西周早期〈⿰火舍鼎〉（《三代吉金文存》2・49）置於銘文之末的「」字，應與商器同作人名或族徽

註 1：說見王著《古文字中所見之火燭》一書，頁 107～110。山東齊魯出版社，1979 年 7 月。

之用（註 2），這是迄今所見唯一未增「王」旁為聲符的周初金文用例。

季旭昇教授受到顧頡剛一段文字的啓發，雖肯定王氏對於早期甲骨、金文中的「」字，爲「煌」字初文的形義之說解，卻認爲被收錄在孫海波《甲骨文編》附錄中，从皇从戉的「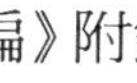」字，才是兩周時代演化爲从「王」的「皇」之本字。他並根據卜辭詞例，及《詩經・豳風・破斧》「四國是皇」之文義，論定甲骨文中「皇」字所从之「戉」爲義符，其本義爲殺伐，引申有征討、匡正之義。由於聲化之故，金文變爲从「王聲」，義假爲「煌」（註 3）。季氏此說，爲兩周金文「皇」字从「王」（本象戉形，與戉爲一字之演化）作爲聲符的字形演化，找到一個合理的根源性說明，可補眾說之不足。至於說〈豳風・破斧〉中用爲「殺伐、征討」的「皇」字，是否便是「皇」字本義，似乎尚有商榷餘地。

兩周金文中，「皇」字下面或似从「土」形，實乃初形本象斧鉞的「王」字，由原始象形向線條符號轉換的結果。就形體上看，仍是从「王」，並非从「土」。這由周初的〈作冊大鼎〉與〈召卣〉兩器的「皇」字下面所从，均作肥筆，與甲文「王」字出以框廓作「」或「」同意，猶存古形之遺，便是最好的證明。若依朱芳圃之說，以「皇」字下部所从之「」爲鐙形（註 4），則對於早期金文中這些作肥筆，狀似斧戉的形體，便很難作出圓滿的解釋。

在先秦古文字中，往往於直畫上增點爲飾，或衍化爲「十」形。如數目的「十」字，在甲骨文中原本只作一豎畫，周代金文多於豎畫上加點作肥筆（如〈散氏盤〉）。春秋、戰國以後，象形意味由濃趨淡，文字逐漸向著純符號線條的途徑推進，肥筆的粗點乃演而爲橫畫，遂成「十」字形（如〈秦公簋〉）。「皇」字上方象燭火光焰的部分，从點作「」（〈召卣〉）。其由短豎作「」（〈作冊大鼎〉、〈善夫克鼎〉）；進而作肥筆「」（如〈齊陳曼簠〉、〈侯

註 2：同註 1。

註 3：說見季著《詩經古義新證》，頁 75～89。台北，文史哲出版社，1995 年 3 月增訂版。

註 4：朱說見陳初生編《金文常用字典》卷一所引，頁 37。

馬盟書〉)；進而作「」字形（如〈王孫鐘〉、〈欒書缶〉)。其演化發展過程，正與數目字「十」字的形體演化相類。可見古文字之形體發展儘管錯綜萬端，而在紛繁各別之中，又似有一隱然存在之演化規律可尋。不同的是，「皇」字上部在春秋戰國時代所演化成的「十」字形裝飾性筆畫，最後還是敵不過原始素樸的三豎筆而告消失，與作爲數目的「十」字發展命運不同。

象形文字之創造，所謂「近取諸身，遠取諸物」，儘管是取象於現實事物，也只是抽取物象之整體或局部特徵。多半經過概括簡化，但求「立象以盡意」，期能與其他文字相區別，達到準確傳達情思知識的實用目的而止，畢竟跟以審美爲目的的繪畫有別。故文字書寫自創制伊始，便與繪畫異源（註 5)。燭焰雖屬實存的事物，其相狀卻是虛幻飄忽的，並無固定的形體，故不僅在取象上可以用點、線或十字交叉線等形體符號來表示，其作爲表意的點線符號之數量也繁簡不一，但求意足而已。作爲表示燭火本體部分的圓形或半圓形，於形內或加點或不加點，於義無別。後來，表示火燭光焰部分，基本演化爲三短竪筆，再跟下面有點之「⊡」形相結合，便成了「」形，而爲秦漢以後書家所承用。至於像欒書缶的「皇」字，雖省略了表示燭火的本體部分，惟根據歷代「皇」字的形體發展，及「以祭我皇祖」之器銘詞義，其爲「皇」字絕無可疑。這是「皇」字形體的進一步簡化，也足以說明六書中的象形文字，對於現實客觀物象的抽象意味之一斑。

此外，〈郭店楚簡・忠信之道〉：「君子女（如）此，古（故）不𡉏生，不伓死也。」(第三簡）句中「不𡉏生」之「𡉏」字（表一～14)，整理小組依簡文形體，釋作从古从王，裘錫圭先生云：「疑是『皇』之別體，讀爲誑。」(註 6）今就兩周金文「皇」字的各式形體加以考察，此字構形與戰國〈陳侯午錞〉「皇妣」字完全相同，上半所从之「古」，實由「十」與「⊔」兩個部件元素組合而成。「十」符的構形與〈侯馬盟書〉及〈中山王壺〉爲一類，

註 5：參叢文俊〈論古文字書體演進的字形基礎〉一文，收在《叢文俊書法研究文集》，頁 3。北京，中國文聯出版社，1999 年 10 月。

註 6：見《郭店楚墓竹簡》〈忠信之道釋文注釋〉，注釋第五條，頁 163。

亦可看作是〈王孫鐘〉「皇」字上部象燭光形之簡化（表一～8），其形體由來已如前述；「ㄖ」符則與〈杜伯盨〉（表一～6）之光體部分同形。至於下半所从之「王」旁，則爲春秋、戰國時代「皇」字的普遍寫法。

再就文義上看，「不堇生」與下文「不伓死」對舉，「堇」既已確釋爲「皇」，於此當讀爲「枉」。張光裕主編《郭店楚簡研究・文字編》，釋「皇」讀「枉」，甚確（註 7）。先秦儒家每將「枉」與「直」對舉爲言（註 8），「不皇（枉）生」，意謂不以枉道求容而苟活。至於句中「不伓死也」之「伓」字，實即「倍」字之初文。西漢簡帛文字「倍」字多如此寫，後乃增「口」符爲繁文，故應直接釋作「倍」，而訓讀作「背」（註 9）。「不倍（背）死」，意謂不以違義背信而辱死。〈郭店・忠信之道〉簡文中，「忠人亡譌，信人不倍」；「至忠亡譌，至信不倍」；「大忠不兌（悅，註 10），大信不异（期）」，恆將「忠」、「信」對言。忠信之爲德，統而言之，固兼內外而爲說；析而言之，則前句「不皇（枉）生」，乃指不昧於己靈，屬「忠」之事；後句「不倍（背）死」，乃指不失誠信於他人，屬「信」之事。正合簡文以「忠」、「信」兩大主題爲結穴

註 7：釋文見該書 686 頁。惜未能見其就字形與文義上方面作進一步的說解。又，該書既已將「堇」確釋爲「皇」，卻在該書〈文字編〉頁 93，將此字依原簡形體，編列在與「南」、「索」相同的「十」部下，既未在白部或王部之下重出「皇」字，在「十」部的「堇」字下，也未加注「同皇字」等字樣，未嘗不是一種疏失。台北，藝文印書館，1999 年 1 月。

註 8：如《論語》一書中，便有三處將「枉」與「直」對舉爲言：一、「舉直措諸枉，則民服；舉枉措諸直，則民不服。」（爲政第二）；二、「舉直錯諸枉，能使枉者直。」（顏淵第六）；三、「直道而事人，焉往而不三黜？枉道而事人，何必去父母之邦。」（微子第十八）

註 9：整理小組逕於「伓」字下括弧內加注爲「背」字，乃捨形體之「釋」而就字義之「讀」，有違一般釋文之體例。此簡「伓」字共出現三次，釋文同有此失，於此並爲拈出。

註 10：語案，「兌」當讀爲「悅」，意謂一味取悅於人者，非真忠於對方也。整理小組以「奪」讀之，不確。裘先生案語之疑，是也。

之意旨。

以上就「𡈼」之形體與詞義分別論證，可以確知此字當釋爲「皇」。裘先生之疑是也。至其疑讀爲「誑」，「誑」有欺瞞他人，不守誠信之意。若依其讀，則上下兩句均屬「信」邊事，便與簡文中「忠」、「信」對舉爲言之旨趣不合，恐非是。

兩周時代的「皇」字形體，並無从「自」構形之字例。許氏由於誤釋「皇」字爲从自王會意，又訓「自」爲「始」，故有其下以「始王」傅會爲秦始皇的一段迂曲穿鑿之說解。在秦代，字體較爲工整的官方製作之器物資料，如〈陽陵虎符〉、〈繹山刻石〉中「皇」字，篆文都作「」，其上半部與周代早期的〈作冊大鼎〉全同，仍存古形之真。在文字形體較爲草率方折的〈始皇詔書陶量〉的刻銘中，偶然發現了一個如許書所說「从自王」的「皇」字用例（表一～19）。這個〈陶量〉爲一九六三年在內蒙古昭烏達盟赤峰蜘蛛山出土，出土時已殘破，詔文亦不全，乃漢代以前僅見从自的「皇」字最早譌形（註11）。

在西漢早、中期的簡牘帛書中，「皇」字屢見，並無「从自」作者。可見前引始皇詔書中偶見「从自」的錯誤寫法，並沒有被漢初的人們承認或襲用。倒是在武威磨嘴子漢墓出土的典型官方文書——〈王杖詔書令〉的二十六簡中，曾兩度提到「皇帝陛下」，一次提到「高皇帝」，三個「皇」字並皆「从自」構形。其第六簡及第十九簡簡文，分別有「建始元年九月甲辰下」及「元延三年正月壬申下」字樣。根據這些有紀年簡文，可以確知這批簡文應爲漢成帝在位時物，其書寫下限爲公元前十年，屬西漢晚期，下距許書成書年代也不過才一百餘年。

同在武威磨嘴子另一座漢墓出土的〈王杖十簡〉中，也有兩處的「皇」字用例，並同「从自」。第十簡有「孝平皇帝元始五年幼伯生，永平十五年受王杖」之紀事，「永平」爲東漢明帝年號，時當公元七十二年，與許氏撰著《說文解字》一書的時間相近。根據這兩批與廷賜王杖有關的典型官方文書資料，

註11：見《中國古代度量衡圖集》，頁72。北京，文物出版社，1984年12月。

可以考知至少在西漢晚期的成帝在位時，以迄東漢明、章之際的大約一百年前後，「皇」字寫作「从自从王」的譌體，必爲當時官方的部定標準寫法。

此外，在羅福頤《漢印文字徵》所收「皇」字七個用例，其中「从自」構形的譌體便有四例，想必跟當時主政者的文字政策不脫干係。因此，許書收錄从自的「皇」字篆文譌形，並以「从自王」加以訓解，雖不免穿鑿附會，也是前有所承，並非杜撰妄作。徐鍇儘管已經確見秦代〈繹山刻石〉並非从「自」，卻還寧願信從許說，而謂：「《說文》皇字上直作自，小篆以篆文自省作白，故皇字上亦作，書傳多有鼻子之言。」（註 12）尊崇許說，幾乎已到「好而不知其惡」的迷信地步，其謬已不待更辨。

關於後漢時代「皇」字「从自」的譌形之由來，我們從〈武威特牲簡〉的字例（表一～22），可以得到一些啓示。此一形體既被文字學家賦予特定之詮釋，如釋「自」爲「鼻」，釋「鼻王」爲「始王」，由「始王爲皇」，便與秦始皇拉上關係。從此大家想當然耳，不疑有他。因而約定俗成，上下通行。其譌形的大量出現，便無足爲奇了。故這些西漢晚期才開始大量出現的「皇」字譌形，跟比它們大約早兩百年的秦代詔銘「皇」字譌形之間，未必具有前後相承襲的特定因果關係，或恐只是歷史發展之偶合罷了。

至於在秦代〈始皇詔書〉的草率刻銘中，已經出現的「从自」之「皇」字譌形，何以在沈寂了兩百多年後，才又在前、後漢之交再度大量出現呢？這恐怕跟漢字由篆向隸過渡的隸變現象密切相關。秦代的文字雖已有相當程度的隸化現象，但從整個隸變進程上說，也只能算是處于隸變的中期階段，文字象形意味仍然濃厚，由从「」譌爲从「」，在形體上很容易辨別其爲正爲誤，故不易被普遍接受承用。但到了西漢中期以後，文字的隸變大致已經完成，「皇」字上部所从，已由古文的「」變而爲今文隸書的「」，形近「白」字。其書寫筆順也已經改變，作爲「白」旁第三筆的橫折畫之豎筆下端，一旦稍稍長出下橫，跟下面「王」旁之上橫相觸接，在視覺上便隱約產生似是「从自」的意象，對於後來的傳抄者，其書寫成「从自王」，也是極其自然之事。

註 12：見《說文解字繫傳》，頁 5。北京，中華書局，1987 年 10 月。

第六節　說「面」

《說文解字》九上面部釋「面」：「顏前也。从百，象人面形。」篆文作「」。

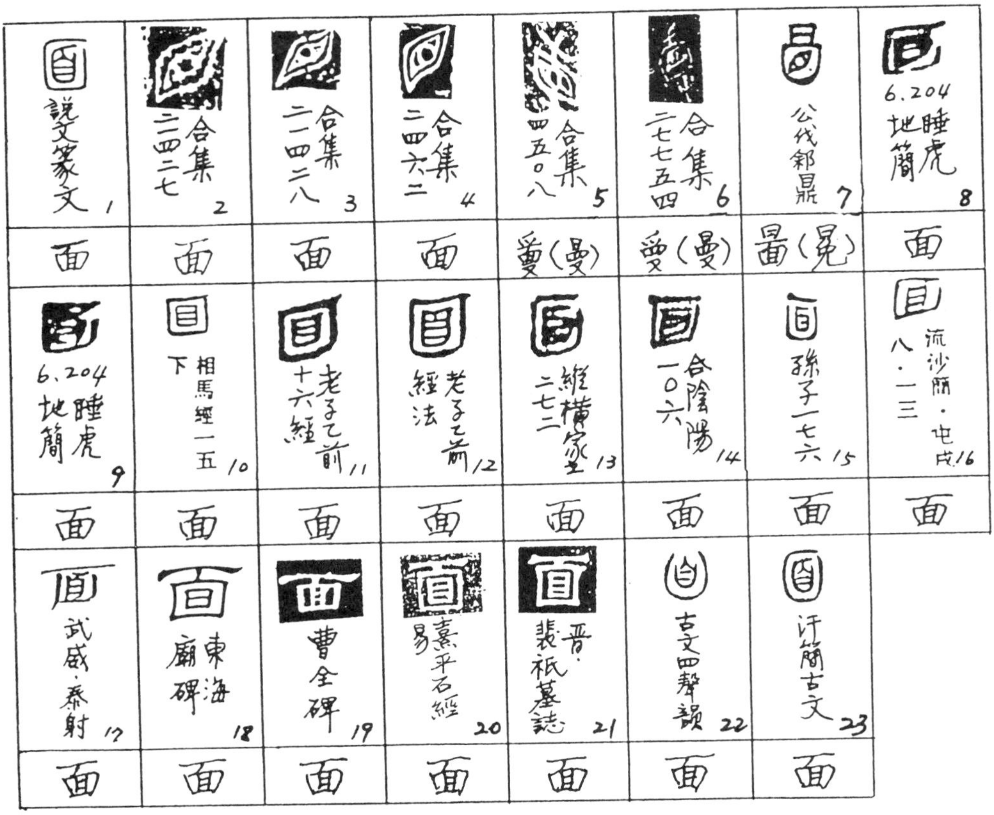
說文篆文 1
合集 二四二七 2
合集 二四二八 3
合集 二四六二 4
合集 四五〇八 5
合集 二七七五四 6
公伐郐鼎 7
6.204 睡虎地簡 8
面
面
面
面
𡖀(曼)
𡖀(曼)
(冕)
面
6.204 睡虎地簡 9
相馬經一五下 10
老子乙前十六 11
老子乙前經法 12
縱橫家書二七二 13
合陰陽一〇六 14
孫子一七六 15
流沙隊簡·屯戍 八·一三 16
面
面
面
面
面
面
面
面
武威·泰射 17
東海廟碑 18
曹全碑 19
熹平石經 20
晉·裴祇墓誌 21
古文四聲韻 22
汗簡古文 23
面
面
面
面
面
面
面

（表一）「面」字歷代形體演化一覽

甲骨文「面」字作「」（表一～2,3,4），目外加框，正象面龐之形，於六書為合體象形，不从「百」。李孝定說：「蓋面部五官最足引人注意者，莫過於目，故面字从之也。篆文从百，則从囗無義可說。」（註 1）其說是也。表一～4 為《甲骨文字合集》2462 所收，《小屯南地甲骨》缺釋（註 2），從偏旁看來，實為「面」字。

註 1：見《甲骨文字集釋》，頁 2851。台北，中央研究院歷史語言研究所，1974 年。

註 2：見該書頁 1188。北京，中華書局，1983 年 10 月。

甲骨文另有「」字，从受从「目」，象兩手張目之形。在卜辭中多作人名或地名用，乃「曼」字之初文（註 3）。西周金文別加「冃」形作爲聲符，其簡體或省略「受」旁的上面一隻手形，作「」，爲《說文》篆文之所本。其別構之「目」旁或从「面」作「」（表一～5,6，註 4），所从之「面」，並兼聲符。其字形與獨體之「面」字大體相同，惟《甲骨文合集》編號 27754 的一個字例，所从「面」旁的目外之框廓部分較爲方正，似不若其餘諸字例隨目形邊緣之作長菱形，更加富有象面龐形之意味。可見卜辭中的「面」字，作爲偏旁，與「目」通用。

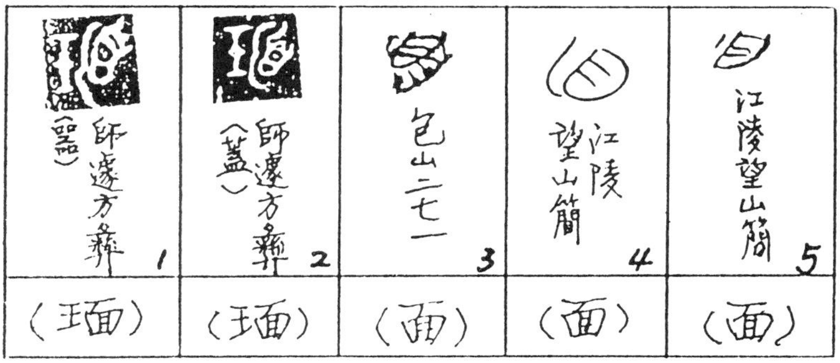
師遽方彝（器）
1
（珥）
師遽方彝（蓋）
2
（珥）
包山二七一
3
（面）
江陵望山簡
4
（面）
江陵望山簡
5
（面）

（表二）

西周金文〈公伐郐鼎〉「袞」之「」字，从冃从面，容庚以爲「殆是冕字」。經典常「袞冕」連言，其說可從（註 5）。此外，〈師遽方彝〉器與蓋上銘文，均有「」字（表二～1,2），白川靜釋作「珥」，顯然是以「」爲「面」。何琳儀《戰國古文字典》一書從其說（註 6）。白川氏首先對此字

註 3：見《甲骨文字詁林》，頁 948 所錄郭沫若說。李孝定既贊同郭釋，而看到金文省又旁的簡體，遂疑聲符「冃」乃「又」之形譌（李說見《甲骨文字詁林》，頁 949 所引錄）。若依李見，對於〈鄣父盨〉的「曼」字，上既从「冃」，下又从「受」不省的現象，將無法作出圓滿解釋。

註 4：見季旭昇先生《甲骨文字根研究》，頁 145。1995 年 7 月，自印修訂本。

註 5：見強運開《說文古籀三補》第七，頁 11～12。北京，中華書局，1986 年。

註 6：見該書頁 1074。北京，中華書局，1998 年。北京，中華書局，1998 年。

形體有所闡釋，認爲這個「面」字，乃是以物覆頭前之形，是在祭神的禮儀或歌舞時，所使用的覆面之具（註 7），可備一說。這個「䩌」字右旁所从之「」，不僅从「百」不从「目」，左旁也只沿著「百」之左緣，畫一象徵性的曲形線，跟甲骨、金文「面」字作四面合圍的完整框廓形寫法不同。就字形結構上看，這個「䩌」字偏旁，顯然與目外加框廓的「面」字並非同一個字。惟〈江陵望山簡〉及〈包山楚簡〉等楚系文字，則似在「目」旁加一曲筆，甚至更加簡化爲一短筆。這顯然是承襲自〈師遽方彝〉「䩌」字所从「面」旁的寫法，跟〈睡虎地秦簡〉的秦系文字（表一～8,9）从「目」外加框廓的寫法迥別。特別像〈包山楚簡〉「面」字（表二～3），下面還增一似「臼」之形體，狀甚奇詭，這恐怕已非單純從秦、楚兩系文字異形之理由所能解釋得了。故此字是否應當釋作「䩌」字，尚有諸多疑義無法解決，今姑從白川氏之釋。

《說文》「面」字篆文从「百」，乃从「目」之譌，凡涉獵甲骨文及秦、漢古隸文字者，大抵皆能知之。但對於如何由从「目」譌爲从「百」的演變發展過程，諸家所見多有偏差。偶有論證，亦乏理據，難以取信於人。

就〈睡虎地秦簡〉同出於一簡的兩個「面」字字例看來，表一～8 的一個字例，其框內从「目」的形體清晰可辨，而表一～9 的框內所从「目」形與上面的框線，由於筆畫糊連漫漶而變得象似「百」形，傳抄者若未加諦審，很容易誤以爲是从「百」。西漢馬王堆帛書的〈老子乙前古佚書〉與〈武威泰射簡〉的「面」字，就已明顯譌成从「百」（表一～12,17）。高鴻縉謂「秦人變目爲百」（註 8），就〈睡虎地秦簡〉看來，似乎不然，真正「變目爲百」的，應是西漢人。

西漢古隸雖偶見有寫成从百的譌形，但大部分文字資料，仍然保存从目而於四面加框廓的古形。其外框右上角或如〈睡虎地秦簡〉之開口，如〈縱橫家書〉、〈合陰陽〉、〈孫子兵法〉、〈流沙簡〉等；或如甲骨文字之四面封合，

註 7：見白川靜《字統》，頁 821。東京，平凡社，1986 年 5 月。

註 8：見高著《中國字例》，頁 266。台北，三民書局，1976 年 1 月。

如〈相馬經〉、〈十六經〉、〈經法〉等。由於不同書手對於「面」字形體的不同理解，故有種種不同的寫法。《說文》「面」字的篆文寫法，既採取从百的譌形，又採取外框右上角有缺口的寫法，而跟《說文》篆文形體完全一樣的字例，目前在兩漢文字資料中，尙未發現。

余永梁在〈新獲卜辭寫本跋〉文中，說：「按此字殆是面字。《隸釋》錄〈石經・尙書〉，『面』字从目作『面』，與此同。漢碑面字作『面』，則『面』之譌。……篆文从百，殆目之譌。」（註 9）他說「篆文从百，殆目之譌」，這個結論是對的。但他引《隸釋》錄〈石經・尙書〉，說「面字从目作『面』，與此（詰案，指甲文『』字）同。」則顯然是只見字例之局部，未見全體。他只看到〈石經・尙書〉「面」字形體中含有从「目」的元素，無視於从「目」以外的形體之遞嬗演化之跡。才會以〈石經〉的字例爲正，而指漢碑「面」字作「面」，爲「面」之譌，顯然是不對的。

實則，在後漢碑刻隸書中，大致有 a.「面」（表一～19）、b.「面」（表一～18）、c.「面」（表一～20）三種形體。三種字形的外觀形狀並無差別，均已由秦、漢簡帛古隸文字所从之囗形，譌變爲「百」，差別只在方框內部的形體部件之小異。a 形如〈曹全碑〉、〈西狹頌〉、〈池陽令張君殘碑〉等，跟今日行用的楷書完全相同；b 形，如〈東海廟碑〉，框內从「日」，比楷書「面」字多出一橫筆；c 形如〈熹平石經・易〉，框內从「目」，宛似一個「百」字被方形框廓隔絕成兩半。以上三種隸書字形，在隸變後，都曾經過一番連、斷、離、合，乃至增、減的解構與重構歷程。惟就「面」字从目从囗的古形筆畫進行分析，「目」旁有四橫畫，「囗」旁有兩橫畫，總共有六個橫畫。依此而論，反而是 b 形的「面」字，跟「面」字自甲骨文、秦簡、西漢簡帛等一脈相承的形體發展最爲接近。其在橫畫數上並無增減，整個形體只冗出連接上部橫畫與方框之間的一個短撇，而這個短撇卻是 a，b，c 三形所共有的。至於 a 形，則少了一橫；c 形則又多了一橫。其他則爲筆畫的體勢長短與組合關係之變易不同。就文字組成結構而言，隸變完成後的各種隸書字形，如

註 9：見《甲骨文字詁林》，頁 565。北京，中華書局，1996 年 5 月。

前舉三式，全都跟「从目外加框」的「面」字本形（⿴）不合，全皆是譌形。因此，說「面」是「面」之譌，這樣的命題是不能成立的。

《甲骨文字典》的編主說：「疑《說文》譌目為百，而隸從目，乃存古體。」（註 10）其失誤與余氏的說法略同。「面」字在隸書的構件中，雖似从「目」，惟就整個形體而言，仍是从百之演化。經過解構再重構的演化結果，形體上似乎由框廓的上橫為界，將「百」旁分割為「丆」與「目」兩個部分，「丆」落框外，「目」留框內。乍看似為「从目」，諦審分析之，乃悟其原亦从百，並非从目。局部的忠實，不得稱為真忠實。故隸書雖似从「目」，奈何歷經滄桑，早非古體原本之「目」了。

至於後漢隸書三種形體的交集部分之「丆」形，框形上頭的一個長橫與一個短撇，其形體來源主要是由於「面」字外框上邊的一個橫筆，跟下面的框形筆畫離析後所演化的結果。在〈武威儀禮簡〉（表一～17）中，橫畫向兩端作出近乎誇張的伸展，使整個橫畫的寬度幾乎是下部框形寬度的兩倍長，便已明確宣示了當時寫手對於「面」字上部一個橫畫的獨立地位之認定。至於長橫下面那個短撇，其形體來源，則主要是獨立後的長橫與目旁的上橫，由於緊鄰之故，書寫時下按力量稍重，兩筆相觸連，在視覺上便像似有一筆連帶的感覺，傳寫時極易增冗出一短撇來。此與前述「秦簡」字例易於引生从「百」之誤解，有類似處。

至於像〈合陰陽〉、〈縱橫家書〉、〈孫子簡〉等字例，不僅「目」旁外的框廓右上方缺口離析，就連「目」旁本身的右上方也受類化影響，使得「目」旁的上邊橫畫也呈離析狀態，原本的「目」形，便似被析解為「一」和「日」兩個形體。當此一橫筆再向左右兩端伸展，而與外圍的框廓連接時，便形成近似前舉漢碑之 b 形形體（表一～18）。若〈武威泰射簡〉，長橫下之短橫一旦寫得長些，而與外面的兩個邊框上端接合，便形成漢碑的 c 形形體（表一～20,21）。又如表一～16 的〈流沙簡〉字形，可以看作是內部「目」旁之下橫與外框下邊橫筆相合為一的「共筆」。當「目」旁的上橫也被另一個書手寫

註 10：見該書頁 993。四川辭書出版社，1988 年 11 月。

成向左右伸展而與框廓兩邊相接時，便有可能形成漢隸三式中的 a 形形體（表一～19）。於此不僅說明後漢碑刻中，「面」字的三種隸書形體，都可以在稍早的秦及西漢等古隸文字中尋找到它的形體來源。也更加印證了漢字的任何形體，大抵都有其一脈相承的發展過程，即便是譌形，也必有其所以致譌的形跡可尋。

此外，《汗簡》與《古文四聲韻》中，也有「面」字的字例。兩個字形不僅外框形體不同，內部所从，一個似从「自」，一個似从「百」，也絕不相同。就形體筆畫之演化上看，從《汗簡》轉錄而來的《古文四聲韻》之「面」字，「自」旁可能從「目」譌來，反而比較接近古形。而《汗簡》的字例，則顯然是被後人據《說文》篆文改寫過的。然而，有趣的是，《古文四聲韻》去聲的字例（表一～22），於字下注明其資料來源是「汗簡」（註 11）。但在《汗簡》中，卻只收錄一個字例（表一～23）。夏竦的《古文四聲韻》，原本是在郭忠恕《汗簡》一書的基礎上，擴充改編而成，故這兩個形體極有可能就是同一個字。

註 11：見《古文四聲韻》，頁 61。《汗簡・古文四聲韻》合刊，北京，中華書局，1983 年 2 月。

第七節　說「長」、「髟」

《說文解字》九下長部釋「長」：「久遠也。从兀从匕，亡聲。兀者，高遠意也。久則變匕（化）。𠫓者，倒亡也。凡長之屬皆从長。，古文長。亦古文長。」篆文作「」。

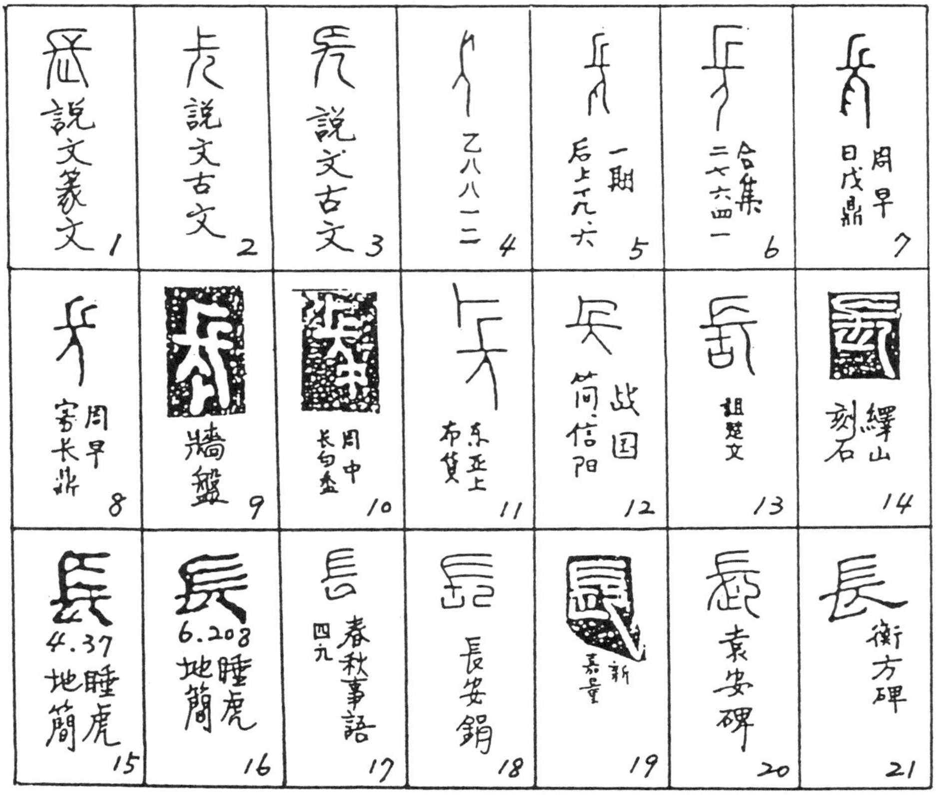
說文篆文
1
說文古文
2
說文古文
3
乙八八一二
4
一期
后上十九六
5
合集
二七六四一
6
周早
日戊鼎
7
周早
8
牆盤
9
周中
10
11
戰國
信陽
12
楚文
13
繹山
刻石
14
4.37
睡虎
地簡
15
6.208
睡虎
地簡
16
春秋事語
四九
17
長安鋗
18
新
嘉量
19
袁安碑
20
衡方碑
21

（表一）　「長」字歷代形體演化一覽

甲骨文中，「長」字作「」、「」、「」等形，象人長髮下垂之形，並不从「匕」（表一～4,5,6）。許氏所謂「倒亡」之形，實爲長髮部分的象形。故知許氏釋「長」之構形，乃是根據後世早已譌誤之形體，曲爲附會之說。至於訓「長」爲「久遠」，乃是「長」之引申義，亦非其初誼。

金文的「長」字，形體大致與甲骨文相近。至於〈牆盤〉銘文的「長」字，下部又增加一個「卜」形（表一～9）。到了秦代，如〈睡虎地秦簡〉及〈繹山刻石〉中的「長」字（表一～14-16），下面的「匕」形，就是從〈史牆盤〉銘中的「卜」形，微變其筆勢，逐漸演化而來。而漢、魏以後，至於今日所行用的隸、楷書體「長」字，大抵也是承襲此一字形而來。至於許氏訓作「倒亡」的「𠑹」形，實爲髮形之譌變，先師魯先生早已有所指摘（註1）。

又，《說文解字》九上髟部有「从長从彡」的「髟」字，義訓爲「長髮猋猋也」，篆文作「𩫏」。

說文篆文
睡虎地簡
馬王堆五十二病方
李翊夫人碑
衡方碑
貴州清鎮漢墓漆器
居延簡甲一九A
武威醫簡
白石神君碑
鄭固碑
校官碑
漢印文字徵
祝睦後碑

（表二）从「髟」（長）諸字歷代形體演化一覽

「髟」字或从「髟」之字，未見於甲骨文與金文。就目前可以考見的古文字資料，《說文》所載从「髟」之字形，最早見於〈睡虎地秦簡〉，有「髮」、

註1：見魯師《文字析義》，頁387。台北，魯實先全集編輯委員會，1993年6月。

「鬐」、「髡」、「鬸」、「鬃」等五個字。就筆者所編《雲夢睡虎地秦簡文字編》所收錄，其中「髮」字凡六見（表二～4,5）；「髡」字兩見（表二～17）；「鬃」字六見（表二～11,12）；「鬸」、「鬐」（表二～10）各一見。五個字頭，總共十六個字例，均从「長」作，不从「髟」（表二～11,13,16）。書寫年代屬於西漢早期的馬王堆帛書〈老子乙本〉及〈五十二病方〉，也有「髮」字，並皆从「長」，不从「髟」（表二～6,7），與〈睡虎地秦簡〉相同。

其他同屬於西漢的文字資料，如〈元始四年漆盤〉、〈貴州清鎮平壩漢墓漆器〉、〈居延簡〉等之「𨲠」字（表二～13,16）；〈西陲簡〉（三九、一）有「髺」字（表二～22）；《漢印文字徵》有「髳」字（表二～23，註 2）。所从之「髟」，亦皆作「長」，可見「髟」與「長」原係同字。《說文》所收从「髟」諸字，原本都只是从「長」，从「髟」乃是後來譌變的結果。許氏書中將「長」、「髟」分別爲兩個部首，非是。

《說文》六下桼部釋「鬃」：「桼也，从桼髟聲。」桼，本象木汁自樹上滴下之形，乃名其木爲桼，其汁可以做塗料。後乃假水名之「漆」字爲之。漢人多假借「桼」字爲「七」，漆行而桼字遂廢（註 3）。以漆漆物，則謂之「鬃」。唐孫愐《唐韻》音切爲「許由切」，讀如「休」。古書或寫作「髤」，或改从休聲，而寫作「髹」。〈馬王堆一號簡〉「鬃」字屢見，均从長作「𨲠」，乃从長从桼，桼亦聲的會意兼形聲字，意指髮色其黑如漆，不讀爲休。

唐蘭說：「其實从『髟』的字，都是和長髮有關的。『長』字本身就像長髮的人，後來才加『彡』旁，所以从『長』和从『髟』是一樣的。」（註 4）

註 2：羅福頤《秦漢南北朝官印徵存》收有「髳長」一印，髳作「㒹」，从長。「髳」爲《說文》「鬏」字之或體。羅氏以爲「髳乃字鬏之省文」。案，「㒹」乃「髳」之本字，「髳」乃「㒹」字之譌形或體。見該書頁 84。北京，文物出版社，1987 年 10 月。又見《漢印文字徵》第九，頁 4。

註 3：見段玉裁《說文解字注》，頁 278，「桼」字條下注釋。台北，黎明文化事業公司，1974 年 9 月。

註 4：唐說見〈長沙馬王堆軑侯妻辛追墓出土隨葬遣策考釋〉，載在《文史》第十輯，頁 31。

所云「髟」是在「長」的形體上別加「彡」旁而成，是合乎文字發展事實的。至於為何要加這「彡」旁，唐氏並未有所申說。

从「髟」之字例，未見於西漢時期的簡牘帛書文字，卻大量見於東漢晚期的碑刻文字中。然而，同是「髮」字，〈衡方碑〉及〈婁壽碑〉从「髟」，作「髮」;〈李翊夫人碑〉則从「長」，作「𨱔」(表二～8)。同是「髦」字，〈校官碑〉及〈白石神君碑〉作「髦」，从「髟」(表二～19,21)；〈鄭固碑〉則作「𨱍」，从「長」(〈武威漢簡〉同，表二～18,20)。這種同一個字，而从「髟」與从「長」互見並出的現象，正可作為筆者前述「髟與長原係同字」論斷之有力佐證。此外，《說文》長部从「長」構形的有「镻」、「肆」、「镾」三個字。其中「肆」(今作肆)字，或體作「𩬸」，从「髟」。由《說文》本身所收的這些重文或體，更足以證明「髟」、「長」原本就是一個字。又《說文》長部有「镾」字，髟部也有「𩯁」字，兩字明是一字。若就形體學之角度看，「髟」既為由「長」譌變而來之俗體，當刪除「髟」部，將系屬該部諸字，改為从「長」。或移列「長」部之「長」字下，作為重文或體。

林澐教授在所撰〈說飄風〉一文中，曾將甲骨、金文中「」、「」等髮形有折角者釋為「長」；而依許慎訓「髟」為「長髮猋猋」之意，將甲骨文中作為南方風名的「」、「」兩形釋作「髟」，並以同音假借而讀為「飄風」之「飄」(註 5)。林氏將甲、金文中的「」、「」等字釋作「長」，自是不成問題。但他把「」、「」兩形釋作「髟」，卻不無疑義。從其所舉證的字例看來，將秦、漢文字資料中的「髟」(長)字，直接拿來跟他釋作「髟」的甲骨、金文並置對應，在形體發展演化上似乎顯得過於突兀，實在缺乏前後足以相銜的中間環節。其中能夠確證是後世「髟」字的，唯有秦簡及漢、晉的一些石刻文字，而時代較早的〈睡虎地秦簡〉「髡」字，字形明顯還只是从「長」構形，並不从「髟」，其所以後來演化為从「彡」的「髟」旁，一如筆者前面所舉證與論述者，完全是由於兩漢之際傳寫之譌所

註 5：見《林澐學術文集》，頁 30～34。京，中國大百科全書出版社，1998 年 12 月。又，該文圖一與圖二，兩圖所附字例與附註出處之說明文字兩相錯置，並不相應，當予訂正。

致。林氏所說「到了漢代隸書的髟旁才變得混同于長，方有加彡以別于長之舉」（註 6），這顯然是跟戰國、秦、漢間的文字發展史實不相符合。再說，如果「髟」字是早在商、周甲、金文中已跟「長」字是各自存在的話，又何以作為獨體的「髟」字在戰國、秦、西漢的大量古文字資料中從未發現，卻要等到兩漢時代才因「混同于長」，而別加「彡」旁，作為偏旁而大量出現呢？至於說「《說文》髟之篆體作，實乃漢代人由隸變後的字體『復原』出來的」，尤為牽強。要說「復原」，須是原本有此「彡」旁之形體，其後丟失而今再補出，此說乃得成立。然而，我們在所有先秦古文字資料中，卻迄未發現有任何从「彡」旁構形的「髟」字之蹤影。其「復原」之說，實難成立。故林氏將學界普遍傾向於釋作「完」字的「」、「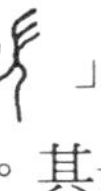」兩形釋作「髟」字，無論就形體學上的舉證或論述上說，都嫌薄弱了些。其是否有當，恐怕仍待商榷。

然而，原本从「長」之字，又如何會演化為从「髟」呢？其所冗增的三個斜筆，又是如何冗出的呢？透過早期的〈睡虎地秦簡〉文字資料，可以獲得一些啓示。由於「長」字本身的構形，在戰國晚期的西秦，都被寫成「」。後來，其象長髮形的「」部分，先是左右離析為二，作「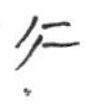」。依此形體推索，「髟」字既由「長」譌化而來，其譌變過程中，理當還有一個右旁从兩筆的過渡階段之形體。如〈白石神君碑〉「髦」字，所从「髟」旁，右邊正是只作兩筆。後來，這已經離析的兩筆，因與其上之橫畫緊鄰之故，乍看像似三筆。故必在腦海中先有此印象，最後才被正式寫成三筆。

此外，在〈睡虎地秦簡〉中，「長」字作為獨體存在的，多寫成「」或「」（表一～15,16）。當其作為合體字的形符偏旁時，大致都被寫作「」，下鄰部的筆畫，幾乎被縮寫到左下方。而跟它構形的合體字之聲符部分，如「犮」、「元」、「甾」等，幾乎都被安置在該字的右下方，整個字組成一個極為巧妙的結合體。有了這種特殊的形體結構作基礎，故當「長」旁右上方的三筆與其本體離析後，整個字的方塊形體完足無缺，也就順理成章

註 6：見《林澐學術文集》，頁 32。同註 5。

地廣被承用發展下來。

透過以上諸多古文字資料之顯示，由「長」字譌化爲「髟」，其遞嬗過程，可得如下之推索：

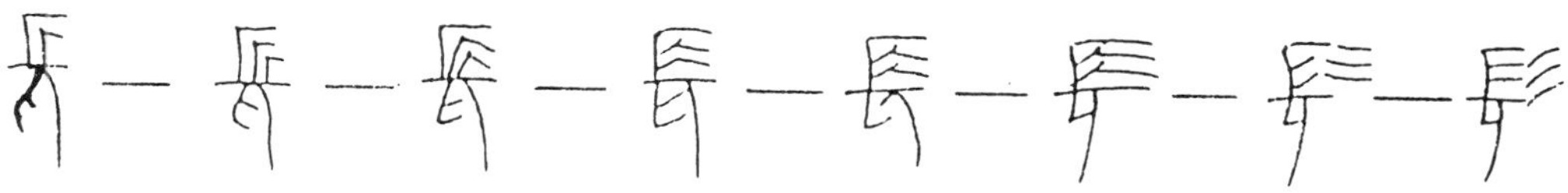

總而言之，「髟」字右旁所从之「彡」，係由戰國、秦、漢間，簡牘帛書中的「長」字特殊寫法，因離析譌變而冗增出來的，與「長」原是一字之異體。許氏不明此「彡」符之形體來源，以致在《說文》書中誤分爲「髟」、「長」兩部。

第五章　刪減之訛

凡商、周以來一脈相承的古篆文字，其形體構成中，原有的某些筆畫或部件，在《說文》篆文中，這些筆畫或部件因故被刪削減除，以致影響本義之探求者，是爲「刪減之譌」。

第一節　說「到」、「致」

《說文解字》在十二上至部釋「到」:「至也，从到刀聲。」篆文作「」。又，五下夊部釋「致」爲「送詣也，从夊从至。」篆文作「」。分「到」、「致」爲二字。

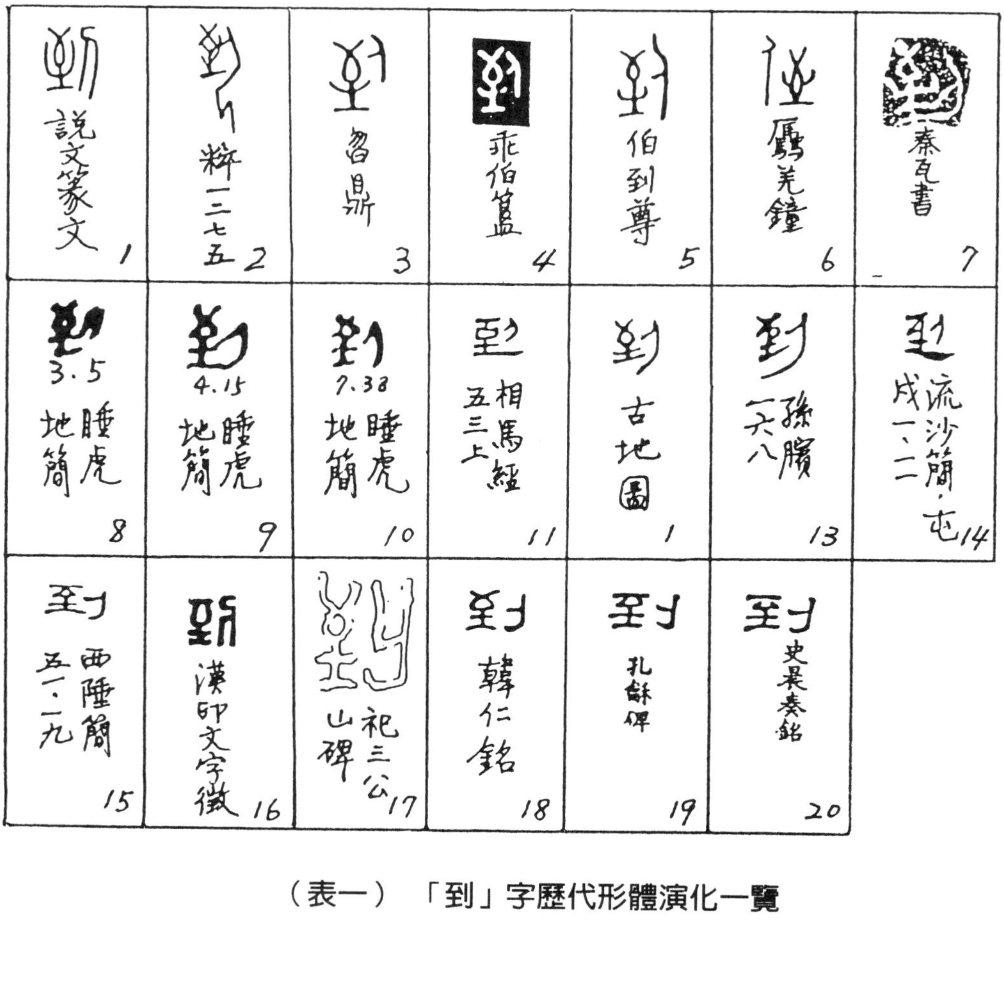
說文篆文 1
粹一二七五 2
曶鼎 3
乖伯簋 4
伯到尊 5
屭羌鐘 6
秦瓦書 7
3.5 睡虎地簡 8
4.15 睡虎地簡 9
7.38 睡虎地簡 10
相馬經 五三上 11
古地圖 1
孫臏 一六八 13
流沙簡 戍一、二 屯 14
西陲簡 五一、一九 15
漢印文字徵 16
祀三公山碑 17
韓仁銘 18
孔龢碑 19
史晨奏銘 20

（表一）　「到」字歷代形體演化一覽

甲骨文中未見从「人」旁的「到」字，卻有一個从丮的「」字，作「」（表一～2）。依古文字从人與从丮意近可通之例，此字亦當釋「𠨐」。若依此字在卜辭中，「叀小臣妥𦤶不？」的用法，有「送詣」之義，若依《說文》，似當釋「致」，趙誠以爲當爲「致」字之異體（註 1）。惟「致」、「到」原本一字，故釋「致」或釋「到」，皆可。

「到」字金文中多見，如〈伯到簋〉、〈㫚鼎〉（表一～3）、〈乖伯簋〉（表一～4）、〈驫羌鐘〉（表一～6）等，作「」或「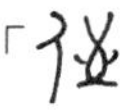」，並皆从人至會意（註 2），所从的人旁，或居左，或在右，均象人形，非如許書所說从「刀聲」。其所以譌爲「刀聲」，主要是因爲此字之人旁，大多被寫在右邊，像〈驫羌鐘〉之置於左邊者較爲少見。到了戰國晚期的〈秦瓦書〉及〈睡虎地秦簡〉簡文中，這個寫在右邊的人旁，多譌變成與「刀」同形。且因「到」字的古音與「刀」相近，由於聲化之故，遂被居之不疑地當作是从刀得聲，這完全是一種誤解。

在兩周金文中，「到」字所从「人」旁，其下或增加形符「夊」作爲繁文，如〈伯到𣪘〉「白（伯）到乍（作）㝨𣪘」的「到」字，右邊「人」下从「夊」（表二～3），應與人旁不加「夊」符的「到」字爲同字。古文字凡从側面人形（如「人」、「儿」、「丮」），字下或於足部增一「夊」符爲繁文（以只見一足故）；而凡从正面人形（如「大」字），字下或增「舛」爲形符（以兩足並見故）。此亦古文字發展之常例（註 3）。容庚在《金文編》裡，將〈伯到𣪘〉銘與〈伯到尊〉銘不从「夊」的兩個「到」之字例，列在一個字頭下，同釋爲「到」，是極正確的。〈乖伯簋〉「王命中（仲）歸乖白（伯）𧳠（貔）袤（裘）。」句中从人从至的「到」字（表二～3），《商周青銅器銘文選》一

註 1：見趙誠《甲骨文簡明詞典》，頁 318。北京，中華書局，1990 年 2 月。

註 2：見容庚《金文編》，頁 765。北京，中華書局，1985 年 7 月，張振林、馬國權補摹，第四版。

註 3：參見本書第二章第四節，〈說粦〉之表二。

書，依字形隸定作「𠊱」，而讀爲「致」字（註4）。案，此處義爲「送詣」，故依許書而讀爲「致」，是可以的。但由該書之隸定作「𠊱」，而不直接隸定作「到」，可以看出編著者顯然認爲此器从人从至的「𠊱」字，跟《說文》釋爲「从至刀聲」的「到」字，並非同一個字。

此外，在〈倗（𩞣）匜〉的「則  乃便（鞭）千」蓋銘中，也把从人旁加「夂」符的「到」字（表二～2），隸定作「𠊱」，於字下括弧內著「致」字，跟前述對〈乖伯簋〉單从人旁而不加「夂」符的「到」字之處理手法全同。其在此器的第十六條注釋中，說：「字从人从至，舊釋爲到，非是。『伯𠊱簋』之𠊱作 ，左（案當作右）旁爲一完整的人形。《說文》致从夂，爲人足之止，正是從  演化而來，所以𠊱即致。」（註5）論主由金文辭例，知「𠊱」當讀爲「致」。又據金文形體，認爲从人旁的「𠊱」字，跟从人旁加「夂」符的「致」字爲同一個字，這是對的。但金文中這個不加「夂」符的「𠊱」字，所从的「人」旁，在秦、漢以後，在隸變過程中，早已譌化爲「刀」形。實際上，它就是秦、漢以後被許慎釋作「从至刀聲」的「到」字。論主不明於此，因而否定舊說釋「到」之非。實則，這個从「人」旁加「夂」符的「  」字，釋「致」固是，釋「到」亦未爲「非是」。

此處作出「𠊱」、「到」同字的論斷，不僅有兩周金文及秦、漢簡帛，在形體發展上一脈演化的大量文字資料爲證（見表一），並且也有古音學上的根據。錢大昕在〈古無舌音類隔說〉一文中，認爲古代沒有舌上音，也沒有舌頭音和舌上音之區別。他說：「凡舌上音均讀如舌頭音，如知、徹、娘，均讀如端、透、泥。」（註6）「到」字古音屬宵部端紐，「致」字古音屬質部端紐，「宵」、「質」旁轉，聲紐又相同，可證「到」、「致」古本一字。中古以後

註4：見該書第三卷〈商周青銅器銘文釋文及注釋〉，頁140。北京，文物出版社。1988年4月。

註5：見該書頁185～186，同註3。

註6：錢說見陳師新雄《重校增訂音略正補》，頁244〈古聲紐的研究〉所引。台北，文史哲出版社，1987年10月。

「致」字才轉為知紐，而讀為如今之「zhì」音。由此亦可反過頭來，由聲韻學以證在許書中「从至刀聲」的「到」字，就是兩周金文中「从人从至」的「到」字。

事實上，說「到即致」，也不免說得太快了些。从「夂」固然與人體有關，惟在古文字發展規律中，从「人」與从「夂」並無直接互相代換通轉之實例。到、致既為同字，那原本从「人」的「到」（到）字，又如何會變作从「夂」的「致」字呢？這中間存在一個形符因譌變而轉換的問題，我們只要針對从「夂」的「到」（致）字之形體發展進行考察，便可了然。原來這個从人旁加「夂」符的「到」字形體，在周代金文中，是以立人旁為主，其下所加的「夂」符為賓。但到了秦始皇統一六國前後的〈睡虎地簡〉的古隸文字中，則寫作「致」（表二～4,5）。立人旁因隸變而作「人」，置於「夂」符之上，在整個形體上看，便有由主位落居客位的感覺。在西漢馬王堆帛書〈老子甲本〉，「天下之至柔，馳騁天下之致（至）堅」，句中的「致」字（表二～9），書寫者或因不明這個「夂」符上方的「人」旁，在「致」字構形裡所本具的功能

說文篆文 1
2
伯到簋 3
3.46 睡虎地簡 4
5.35 睡虎地簡 5
秦陶文 6
老子乙前 一〇〇下 7
天文雜占 三·六 8
老子甲一五 9
居延漢簡 10
熹平石經 11
郭有道碑 12
西狹頌 13
孔宙碑 14
曹全碑 15
尹宙碑 16
費鳳碑 17
蘭亭序（神龍本） 18
元智墓誌 19
真草千字文 20
九成宮 21
萬象名義 22
五經文字 23
龍龕手鑑 24

（表二）「致（到）」字歷代形體演化一覽

意義，只見其小可欺，又嫌其繁可棄，故乾脆將它甩掉，逕寫作「致」，變成一個簡俗化的異體字。沒想到這個或係偶然譌化的簡俗字（在漢、魏以前的所有可以考見的古文字資料中，从夊的簡體「致」字之字例，僅此一見），到了後漢中葉，竟被許慎誤以爲是訓「送詣」之「致」字，收來充當篆文字頭，與「到」字別出。「致」字發展演化到後漢時代，其右旁的形體，已經變得錯謬紛紜，其原本从人旁加夊符的形體構成之本真已難分曉。故許氏之誤，非無來由。

且以漢碑爲例，便可略知梗概。如〈曹全碑〉「致」字右旁作「」，上面的「人」形變作「亠」（表二～15），此乃隸變之常例；〈熹平石經〉「夊」符的左撇上端，跟「亠」的上點接連爲一，便似「友」形（表二～11,12）；〈孔宙碑〉則於橫畫右端增加一點而似「犮」形；〈郭有道碑〉右旁似「攴」；〈尹宙碑〉似「支」（表二～16）；〈郙閣頌〉及〈費鳳碑〉作「㚇」，形體奇異；至於〈靈臺碑〉及〈西狹頌〉之作「夋」（表二～13），則與漢碑「峻」字右旁寫法全同，顯然是誤以爲「致」字右旁與「夋」旁無別，受到「夋」旁寫法之類化影響所致，而此種譌形，在西漢的〈居延簡〉中，早已經出現過了。單是一個从人下加夊符的形旁，經眾手寫過，已是如此的紛繁錯謬，簡直是「一人一個號，各吹各的調」。若非有周代金文及秦簡漢帛等早期字形作爲參考依據，我們今日只怕也難確知「致」字之真面目。更別說去論證「致」與「到」字原本是一字之異體了。至於魏、晉、六朝以迄唐、宋時代「致」字右旁的各種寫法，幾乎都是前有所承，可以在漢代碑刻各式各樣形體中找到依據。

然而，這個在馬王堆帛書中，像曇花般偶然出現過的从「夊」簡俗體之「致」形，雖被許慎收到《說文》書中，但在其化歷代大量的各種實用文字資料中，卻仍舊依照从「人」旁加「夊」符的古形，在民間傳承習用。儘管形體或有舛譌失真，而其一脈相承之跡，則甚爲昭著。特別是在《說文》成書以後，直到唐代中葉的《五經文字》，國子儒官爲了勘校經典文字，根據許氏《說文》而明定爲从「夊」之「致」字，才變成宋、明以迄今日行用的固定形體。在一般文字之使用，總以簡便爲主要歸趨。依常理，這個書寫便易的簡體「致」字，沒有理由不被廣土群眾所接受，竟然要等到半個多世紀後的張參等人之表彰敲定，才被大家歡喜接受，且在之後的十年間，又能薪傳而不替。

透過以上的事例，表明了這個从「夂」的「致」字簡體，在兩漢時代雖曾出現過，但並未廣泛流播。同時，也顯示出一個事實，即在魏、晉、六朝以迄隋、唐之際，許氏《說文》的這一套古文字學，根本不受重視。故雖有其書，多被束諸高閣不加讀覽，以致此一簡體因而中斷了統緒。五代的徐鍇在《說文解字繫傳・袪妄篇》中曾說：「自《切韻》、《玉篇》之興，《說文》之學湮廢泯沒，能省讀者不能二三，棄本逐末，乃至於此。沮誦逾遠，許慎不作。世之知者，有以振之可也。」（註7）自魏、晉、六朝以來，隸、楷書盛行，去古逾遠，文字譌變日滋。文字學家如呂忱之撰著《字林》，所集雖意在補苴許書之所漏略，但其文字則已一改許書之以古篆文爲主，變而爲以隸、楷書爲主。其後的顧野王《玉篇》及陸法言《切韻》等字書，也莫不如此。這固然是時勢所趨，爲了實用，不得不然，但在如此的氛圍下，像《說文》這種以本形本義之探求爲宗旨的古文字學，由於深奧難解，被大多數學者所不解，而漸被打入冷宮，也是理勢之固然。此一發展態勢，直到唐代中葉自「國子博士」以至「書學博士」，以《說文》、《字林》課諸生，並明令著爲典要（註8），《說文》之學乃告振興。特別是原本从「人」旁加「夂」符的「致」字之繁形，在兩漢以後，又經數百年後之發展。到了唐代，其右旁形體，或寫作「支」，或寫作「友」，或於右上方增點而寫作「犮」，到底从何構形，已無從確定。在此情況之下，這個簡俗的「致」字，書寫既簡便，又有權威的《說文》作後台，便逐漸將那形體既繁，構形又難明的「致」字古形（見表二）取而代之。從此，「定則定矣」，雖有大力，也難以違抗。透過這個簡體

註7：見該書卷第三十六，頁319。北京，中華書局，1987年10月。

註8：《唐六典・國子監》卷第二十一，於「國子博士」條下云：「其習經有暇者，命習隸書，并《國語》、《說文》、《字林》、《三蒼》、《爾雅》。」頁559。又，於「書學博士」條下云：「以《石經》、《說文》、《字林》爲專業，餘書亦兼習之。」頁562。北京，中華書局，1992年1月。

「致」字個別的奇異際遇，似乎可爲許氏《說文》學，在歷代學術生命的昇沈景況，作一鮮活的見證。

「到」字的意符兼聲符的「至」旁，在甲骨文中作「」，原本从「矢」，乃象矢自空中墜落於地之形，以示「到」、「達」之意。許慎訓爲「鳥飛從高下至地也」，顯然是誤以矢形爲鳥形。在卜辭中，「至」字多用作動詞的「來到」或「去到」之意。其後，由弓矢之到，引申而爲人物之到，故孳乳爲从人至會意的「到」（致）字。又或用作介詞的「至於」之意用，則爲其引申義。其作動詞用的，除了「來到」、「去到」的不及物動詞，其義同於「到達」之「到」外，還用爲及物動詞的「引致」、「送詣」之意，其義則同於今日的「致」（註 9）。

如前所述，在周代金文中，「到」、「致」爲音義皆同的一字之異體，並不以作爲形符的「人」旁下之是否加「夂」符而有詞義的分別。如〈乖伯簋〉、〈儼匜〉及〈曶鼎〉，都以从「人」之「到」而讀爲送詣之「致」；又同名爲「伯到」，在〈伯到尊〉銘文中，只从「人」旁，但在〈伯到簋〉銘中，則从人旁下加「夂」符。可見「致」、「到」在周代確爲同字。但到了戰國晚期的〈睡虎地秦簡〉中，「到」、「致」二字已有明顯的詞性之區分。〈睡虎地秦簡〉「到」字約六十例，大抵都作「到達」或「迄至」之意解；「致」字約三十見，則多作「送發」、「領取」、「抵償」或「密緻」等意解。二者形義互不相混。故「致」、「到」二字形隨義轉，至遲在戰國中、晚期，已經開始分化了。

此種由同一個字的繁體與簡體，分別承擔一字多義的部分義項的分化現象，在漢字發展史上頗爲常見，如「無」、「舞」原是一字的簡體與繁體，甲、金文中，原象正人形，雙手持飾物舞動之形，字下增舛與否，音義原無分別，亦假借爲有無之意。其後乃以簡體之無，以承擔有無之無的假借義；而以繁體之舞，以承擔舞動之舞的造字本義。這些都是先民在文字運用中，化腐朽爲神奇的異體字利用法。

「到」字从「至」得聲，凡形聲字之聲符，除狀聲之詞、方國之名及識

註 9：見趙誠《甲骨文簡明詞典》，頁 304、310 及 348。同註 1。

音之字等，作爲借音字外，其聲必兼義。「至」字本象矢自上墜落至地之形，引申而有顛倒之意。故在孳乳爲「到」字後，亦承聲符（至）之引申義，或作「顛倒」意解。古文獻如《莊子・外物》：「艸木之到植者。」句中的「到植」，即「倒植」，顛倒之倒，以「到」字爲之。出土實物資料如西漢馬王堆帛書〈五十二病方〉的「到縣其人」（二六三行），句中的「到縣」即「倒懸」，也是以「到」爲倒。直到東漢中期的《說文》書中，訓「県」爲「到首」，段玉裁注：「到者，今之倒字。」倒懸之「倒」字，仍只作「到」。但到了後漢〈北海相景君碑〉的「顛倒剝摧」，則爲目前所見「倒」字之首度出現。原本从人構形的「到」字，由於人旁長期居置右邊，隸變後譌爲从刀，既已看不出其爲从人之意，乃另增人旁作爲形符，遂成疊床架屋的重形俗體字。

由於「致」與「到」分途發展演變的結果，原本作爲形符主要部分的「人」形，終告消失只剩所从的「夊」符，藉以表示行動之意。根據古文字資料，「到」、「致」兩字的分化遞嬗過程，大致如下：

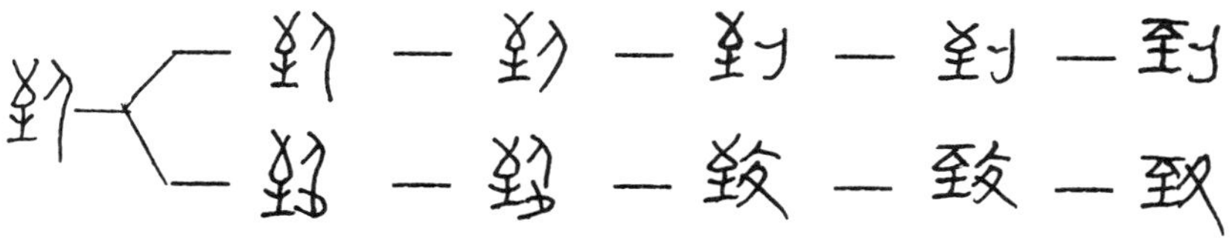

唐蘭說：「凡形可加足形而作，所以从和从通用。後來變，所以《說文》把許多人形的字，截歸夊部，這是錯誤的。」又說：「凡人形下的足形，是不得分裂的。」（註 10）然而，這個「致」字演變到後來，不祗是足形與人形分裂，甚而喧賓奪主，捨棄人形而獨存足形。站在文字爲求簡便的實用立場看，這應該說是一種進步現象。惟就探求文字本形本義的立場上看，這卻是一種譌形，無法據此以求得文字之本義。類似的情形，如「夏」字，金文作「」，原本从頁从夊，也是从「人」形又加「夊」符。在隸、楷書中，不僅略去「𦥑」旁，更略去「人」形，唯存表示頭部的「百」與足形的「夊」。但在《說文》篆文中，卻保存了「夏」字古形

註 10：見唐著《古文字學導論》，頁 245～247。台北，樂天出版社，1973 年 7 月。

之正，並未依隸、楷書之簡譌形體而作篆，故不影響其對於「夏」字本義之探求。至於這「致」、「到」二字，不僅「致」字捨棄人旁而存夊符，已是譌形；「到」字所从「人」旁，也已譌爲「刀聲」，也同樣是譌形。由於形體偏旁之譌變，使後人對於這兩個異體字之原有的近密關係，無法獲得正確之認識。從而，也導致了後人對於从這兩個形體構字的「菿」與「蓻」之糾葛與聚訟。

《說文》一下艸部釋「蓻」：「艸大也，从艸致聲。」又於同（艸）部之末，有訓爲「艸木倒，从艸到聲」之「菿」字。《大徐本》與《小徐本》同。惟《玉篇》與《廣韻》，均只有「菿」字而無「蓻」字。《廣韻・四覺》：「菿，竹角切」；《玉篇》：「菿，都角切。」又，《經典釋文》引韓詩「菿彼甫田」，作「菿」。根據這些文獻資料，清代小學家段玉裁、桂馥、王筠、朱駿聲等，幾乎異口同聲地作出大略相同的論斷：「蓻」爲「菿」之譌誤，檢「菿」不得，乃於艸部之末，妄增「菿」字，而訓爲「艸木倒」（註 11）。段注本甚至以「蓻」字乃傳寫之譌，逕將「蓻」字篆文刪去，改作「菿」。又將部末之妄增部分也一併刪除。

由於諸家不明「致」、「到」二字原本是一字分化的淵源關係，故所註均未甚的。就嚴格意義上講，「菿」與「蓻」雖屬同字，但兩字都非本形，很難說哪一個才是正確的。《說文》分「蓻」、「菿」爲兩字，固然不妥，段氏之刪「蓻」而存「菿」，也未必妥當。若將「蓻」移列在「菿」字下，或將「菿」字移列在「蓻」下，作爲重文，一如將「致」字移置「到」下，或將「到」字移置「致」下，作爲重文或體，方爲妥當。

註 11：段註見《說文解字注》，頁 42 及 48，台北黎明文化公司。桂註見《說文解字義證》，頁 94 及 108；王說見《說文解字句讀》，頁 32 及 37。以上二書並爲北京中華書局版。朱註見《說文通訓定聲》小部第七，頁 336。台北，藝文印書館。

第二節　說「受」

《說文解字》四下𠬪部釋「受」云：「相付也。从𠬪舟省聲。」篆文作「□」。

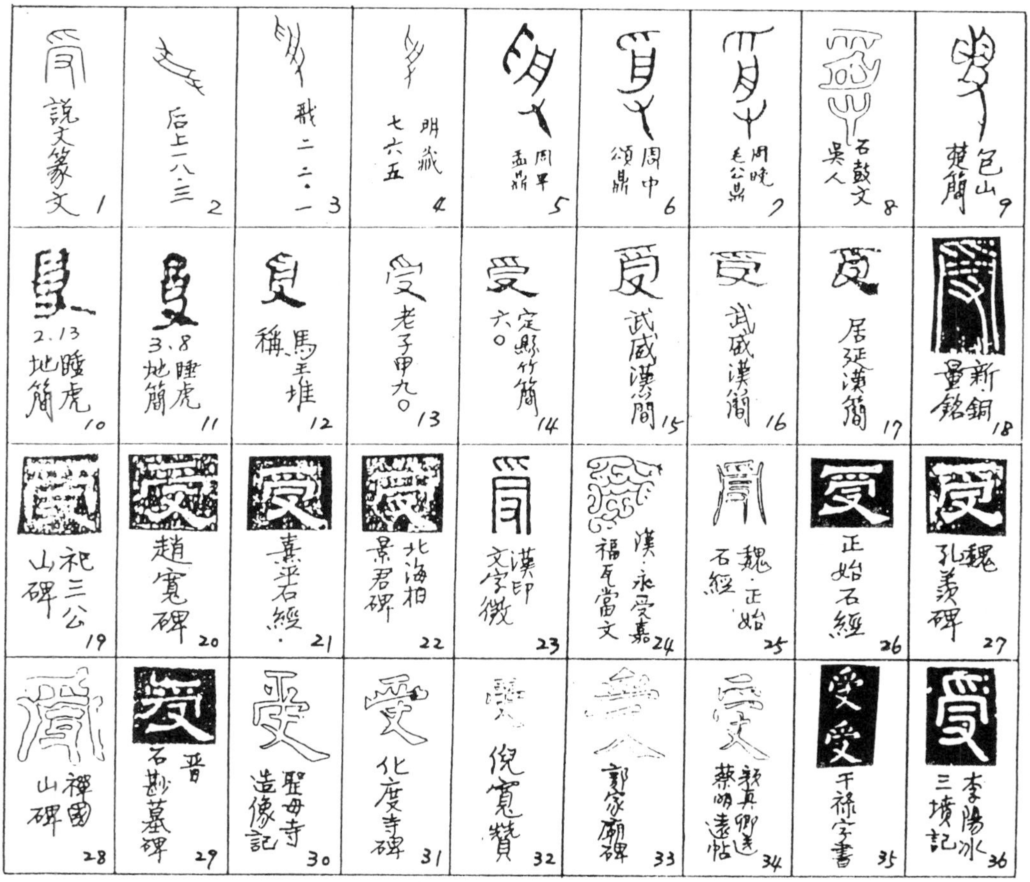
說文篆文 1
后上一八・三 2
戩二二・一 3
明藏七六五 4
周早盂鼎 5
周中頌鼎 6
周晚毛公鼎 7
石鼓文吳人 8
包山楚簡 9
睡虎地簡 2.13 10
睡虎地簡 3.8 11
馬王堆稱 12
老子甲九〇 13
定縣竹簡六〇 14
武威漢簡 15
武威漢簡 16
居延漢簡 17
新量銘銅 18
祀三公山碑 19
趙寬碑 20
熹平石經 21
北海相景君碑 22
漢印文字徵 23
漢永受嘉福瓦當文 24
魏正始石經 25
正始石經 26
魏孔羨碑 27
禪國山碑 28
晉石尠墓碑 29
聖母寺造像記 30
化度寺碑 31
倪寬贊 32
郭家廟碑 33
魏真卿蔡明遠帖 34
干祿字書 35
李陽冰三墳記 36

（表一）「受」字歷代形體演化一覽

「受」字甲骨文多作「□」、「□」或「□」等形，从𠬪从舟（即盤）（表一～2,3,4），表示以手奉盤相授受之意（註 1），並即以「舟」爲聲符，

註 1：此依李孝定及徐中舒二氏之說。李說見於李著《甲骨文字集釋》，載在于省吾主編《甲骨文字詁林》，頁 3165。北京，中華書局。徐說見於徐氏主編《甲骨文字典》，頁 456。成都，四川辭書出版社，1988 年 11 月。

係形聲兼會意字。上方之手形，作「」或作「」，或作「」。下方之手形，則均作「」。此處所从之「舟」，乃指承尊之「舟」(盤)，而非舟船之「舟」(註 2)。古者承尊之盤與舟車之「舟」形體相類，故古文字中作爲偏旁，「舟」旁或譌寫作「凡」，「凡」旁亦或譌寫作「舟」，从「凡」與从「舟」之字常相淆混。兩周金文「受」字，則全皆寫作从「舟」，構形大體與甲骨文相同。惟上方的手形，多作覆手之「爪」形，下面的手則作「又」形，形體漸趨穩定。

戰國時期的墨書文字資料，造型比較特殊，如〈包山楚簡〉(表一～9)，「受」字所从的「舟」旁寫作「」。原本在金文中置於「」旁上方的「爪」旁，則移至「舟」的左方，與「舟」旁並列。至如〈睡虎地秦簡〉「受」字（表一～10,11），上方象覆手形的「爪」，寫作「」，與「日」形近，此應是受到「爭」字寫法的類化之影響而然。兩周金文中未見「爭」字，卻屢見从「爭」之「靜」字，其所从之「爭」旁，从受从，與《說文》之釋形相合（註 3）。後來，上方的「爪」形與上下兩手所爭引之「」形上部相連合而成「」，擺正後便與「日」同形。故同爲从「爪」之「爭」字，漢代碑刻如〈禮器碑〉、〈丁魴碑〉，或寫作「㝵」。《秦漢魏晉篆隸字形表》誤將「受」字摹作「」，蓋因不明〈睡虎地秦簡〉中，凡从「爪」之字，所从之「爪」，多有寫作「」的特殊寫法之故（註 4）。

到了西漢時代，「受」字所从「舟」旁，多只寫作「」，與「凡」旁同形。而與一般「舟」字篆文寫作「」形者相較，則明顯省略了一個橫筆，

註 2：吳大澂《說文古籀補》以「舟」爲「承尊之器」。見于省吾主編《甲骨文字詁林》，頁 3166 所引。北京，中華書局，1996 年 5 月。

註 3：「爭」字甲骨文作「」，胡光煒首先釋出。金文多寫作「」、「」或「」。于省吾以「爭」爲「綷」之初文，而以「縈繩」爲其本義。未審是否。見于著《甲骨文字釋林》，頁 90～91，〈釋爭〉。台北，大通書局，1981 年 10 月。

註 4：見該書卷四・一七，頁 257。四川辭書出版社，1986 年。

此即許氏「从舟省聲」的說解之所本。其左右兩豎筆原本突出於上橫兩端之上，新莽時代的〈嘉量銘〉「據土德，受正號」的「受」字（表一～19）篆書寫法猶存古形之正。後來，左右兩豎筆漸有向下移動，而與上面橫畫的兩端接齊的寫法出現，如《漢印文字徵》中的字例（表一～25）。更後來，下面原本與左右兩豎筆相接觸的一個橫畫，則縮寫成一短橫，並與左右兩豎筆相離析。這種形體的寫法，從西漢初年的馬王堆帛書（如〈老子甲本〉九零）開始，一直保留到東漢後期的大量碑刻之中。甚至還持續到曹魏時代的〈受禪表〉、〈孔羨碑〉及具有正字功能的正始〈三體石經〉中。事實上，今日行用的楷書「受」字，正是漢代隸書「受」字所从「冃」旁下面短橫消失的結果。而今本《說文》的「受」字篆文之譌爲从「冂」，則顯然是受到晉、唐楷變後譌形之影響，被後人竄改而然。

然而，「受」字所从「冃」旁的下面一個短橫，又是如何消失的呢？關於這個問題，我們從漢、魏時期的文字資料，可以探得其中消息。首先我們看到東漢碑刻中，「受」字下面所从的「又」，由於第一筆橫折撇從左向右的短橫，跟它上面「冃」旁下縮短的橫畫有雷同重疊之感，書家爲了增進形體美觀，避免重複。或者微變其筆勢，「又」旁第一筆從由左而右，改爲由右而左，寫作「乂」，如〈朝侯小子殘碑〉、〈石門頌〉、〈夏承碑〉等石刻，都是如此寫法。或者將「又」旁第一筆中的短橫再予縮小，但存筆勢，其形體在若有若無之間。如〈熹平石經〉、〈史晨前碑〉、〈校官碑〉等是。或者乾脆連筆勢也不要了。如〈趙寬碑〉（表一～21），「又」旁橫畫的筆勢，已消失淨盡，則與「乂」同形。看來像似與其上的「冃」旁共用一個短橫。

在晉、唐以後的楷體中，這個譌變了的「又」之形體——「乂」，一旦與上面「冃」旁下面的短橫相接合，則變成「丈」（如北魏〈聖母寺造像記〉、唐歐陽詢〈化度寺碑〉、褚遂良〈倪寬贊〉、顏真卿〈送蔡明遠帖〉）、「大」（如〈李靖碑〉及《原本玉篇殘卷》「綬」字所从）、「又」（如顏真卿〈郭家廟碑〉）、「又」（如徐浩〈不空和尚碑〉）等形，最後則由「又」形獨得承傳。原本「又」旁上方由「冃」旁的下橫縮變而來的一個短橫，就如此這般地消逝了。而此字中間所从的「冃」旁，便譌變而爲「⊢⊣」或「冂」。由此可知，今日所普遍行用的楷體「受」字，其形體到了唐代中期，還是處在一種變動不居，搖擺不定的狀態下。其定型爲从𠬪从冂作「受」的時間，當在稍後的晚唐、五代至宋初之間。

有趣的是，在秦、漢之際，原本就从「凡」構形的「同」字，也經歷了「冃」旁左右兩豎筆上端，與上一橫畫左右接齊，而下一橫畫縮短的同樣際遇。然而發展的結果，到了楷書時代，「受」字中的短橫消失了，而「同」字中的短橫卻被保存下來。這固然也可說每一個文字就像一個生命個體，各個命運不同。但更加實際的理由應是，「受」字少掉「又」上的一筆，沒有其他形近的字會跟它相淆混，而「同」字若少去「口」上的那一筆，便跟《說文》訓「林外」的「冋」字同形相亂了。這基本上還是跟漢字既要求簡便，又要能避免混淆的實用發展法則相符合的。

經過此一推檢爬梳，而「受」字譌變演化之過程，可得如下之推索：

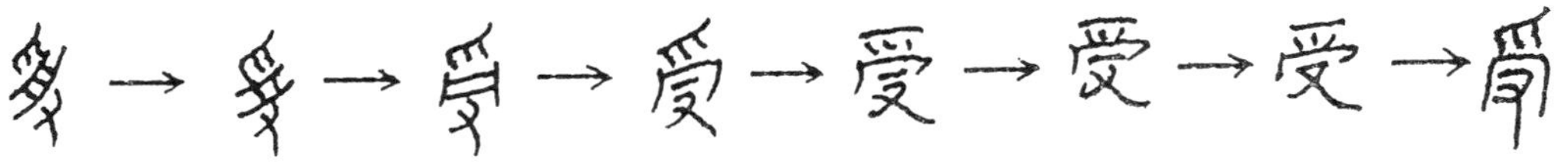

在漢代率意的簡牘文字中，雖然已有譌爲與今本《說文》篆文同樣的形體出現，甚至在後漢隸書碑刻中，也偶有近似的譌體。然而，縱觀兩漢時代的篆書文字資料，除了前已述及稍早的新莽時代〈嘉量銘〉外，他如刻立年代與許氏著作《說文》年代（和帝永元十二年，100A..D.）相近的〈祀三公山碑〉（漢安帝元初四年，117A..D.）的「受」，及〈袁安碑〉（和帝永元四年，92 A.D.）中「授」字右半「受」旁，也都被寫作从「冃」，不从「冂」。又，《漢印文字徵》所收「受」字六例，亦無一不从「冃」作（註 5）。甚至，曹魏〈正始石經〉篆文「受」字（表一～27），與「辤」字（表二～2）所从之

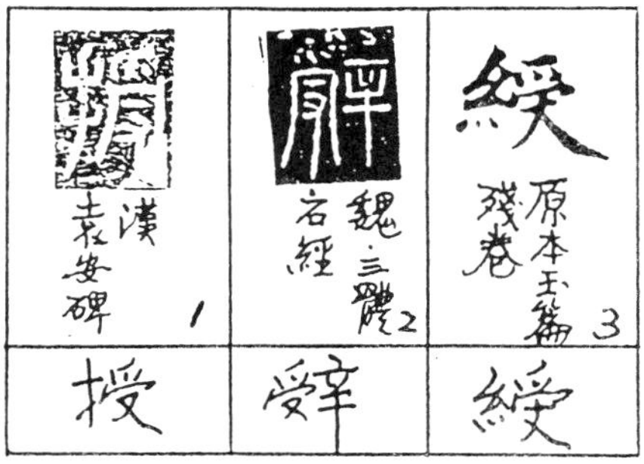
漢 袁安碑 1
魏 三體 石經 2
原本玉篇 殘卷 3
授
辤
綬

（表二）

註 5：見該書卷第四，頁 11。北京，文物出版社，1978 年。

「受」旁、吳〈禪國山碑〉「受」字（表一～30），都仍存古形之正。事實上，許氏「从舟省聲」之說解文字本身，似乎也透露出一絲訊息。即許氏原本《說文》的「受」字篆文，必如本論文蒐集之所有漢代篆文字例，从受从冃作「」；或如李陽冰〈三墳記〉之作「」，而非如今本《說文》篆文之从受从冂作「」。今再參合許氏關於此字構形之說解，可以證知今本《說文》此字篆文形體，實爲後人傳抄致譌，並非許書原本之譌。而其傳抄致譌之年代，必在李陽冰刊定《說文》以後，至二徐本成書以前，大約應在晚唐與宋初之際。至於是否就從《小徐本》開始譌誤，則尚待進一步之檢證。

第三節　說「則」、「具」、「員」

《說文解字》四下刀部釋「則」：「等畫物也。从刀貝。貝，古之物貨也。古文作  ，亦作  ；籀文作  。」篆文作「  」。

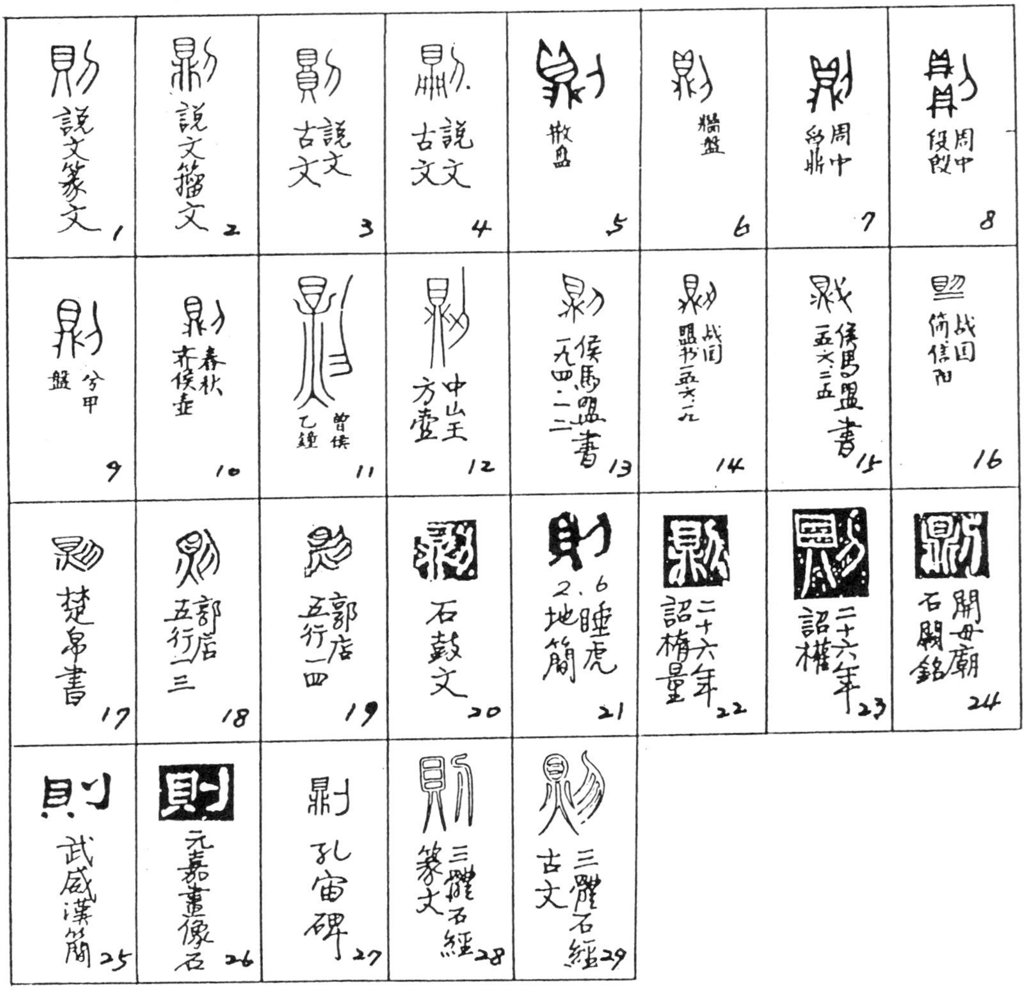
說文篆文 1
說文籀文 2
說文古文 3
說文古文 4
散盤 5
牆盤 6
周中 舀鼎 7
周中 段毀 8
分甲盤 9
春秋 齊侯壺 10
曾侯乙鐘 11
中山王方壺 12
侯馬盟書 13
戰國 盟書 14
侯馬盟書 15
戰國 16
楚帛書 17
郭店 五行一三 18
郭店 五行一四 19
石鼓文 20
睡虎地簡 2.6 21
二十六年詔權量 22
二十六年詔權 23
開毋廟石闕銘 24
武威漢簡 25
元嘉畫像石 26
孔宙碑 27
三體石經 篆文 28
三體石經 古文 29

（表一）「則」字歷代形體演化一覽

「則」字未見於甲骨文，西周金文中「則」字屢見。如〈舀鼎〉、〈段毀〉、〈牆盤〉、〈散氏盤〉（表一～5,6,7,8），均「从刀从鼎」，會以「刀」在「鼎」上刻畫之意。不从「貝」，與《說文》「籀文」同形。〈段毀〉从二「鼎」相疊，與《說文》古文（表一～3）从二「貝」相疊者構形相類。所从之「貝」，應是自「鼎」譌來。「則」字既「从刀从鼎」構形，而許氏在《說文》書中，雖然也收錄了从「鼎」的「籀文」，但他以从「貝」之篆文譌形作爲字頭，並據以說解字義。其「等畫物」，或係前有所承的「則」字古義，但形、義並不相應。朱駿聲或已看出「以刀畫貝」，不成文義。他說：「按貞字籀亦从鼎。貝者，鼎省；刀者，刻畫鼎文也。」（註 1）其說與甲骨、金文字形有相契處。今人孫常敘受到〈段毁〉「則」字右旁从「刀」，左旁从兩「貝」相疊的字例之啓示，配合古文獻，對此作了深入的探討。他說：「兩周金文『則』字从兩鼎一刀，化一般爲具體，以鼎代器。上一鼎是所比照的器樣，下一鼎是比照器樣倣製出來的模型母胎。从刀，表示對它照器樣進行整形雕飾。」（註 2）以「則」字爲標準器樣，引申而有「標準」或「準則」之意。孫氏此說，對於「則」字「从刀从鼎」的構形提出較爲合理的詮釋，既會通許氏訓解的古義，也讓我們對商周青銅器的製作工序有了進一步的理解。

〈驫羌鐘〉銘文有「用明則之於銘」，句中的「則」，當「刻」解，即用其本義。至於〈秦始皇二十六年詔〉「灋（法）度量則」，句中之「則」字，並非假借爲連詞，應是指灋（衡石）、度（尺寸）、量（斗斛、角量）之「標準」或「標準器」而言，是用「則」字之引申義（註 3）。

「則」字的形體，在春秋、戰國以後的古文字中，大抵仍承襲西周金文，而所从刀旁，寫法稍有不同，如〈曾侯乙鐘〉、〈信陽楚簡〉、〈楚帛書〉、〈郭店楚簡〉等，「刀」旁或譌冗一飾筆作「」，或冗增兩飾筆作「」。〈中山王方壺〉及〈侯馬盟書〉，「刀」旁或作从「刃」，古文字「刀」、「刃」往往互作。〈侯馬盟書〉或作从「戈」。至於「鼎」旁的鼎足部分，楚系文字多由金文之「」形，演化爲「」（如〈曾侯乙鐘〉、〈楚帛書〉、〈郭店五行簡〉），似爲「火」上加一橫筆，此一橫畫，係由鼎足兩側的上面飾筆向內寫連而成。若表示鼎足的兩豎筆上端會合爲一，兩側的下一飾筆與鼎足的兩豎斷開，便

註 1：見《說文通訓定聲・頤部第五》，頁 264。台北，藝文印書館，1975 年。

註 2：見孫常敘〈則、灋度量則、則誓三事試解〉一文，載《古文字研究》第七輯，頁 12～14。北京，中華書局，1982 年 6 月。

註 3：同註 2，頁 15～20。

成此形。其中間有一過渡環節，如〈侯馬盟書〉一九四、一二（表一～13），見此字例，可悟楚系文字从「火」上加一橫筆的形體由來。若省略「火」上之橫筆，便成表一～18 的〈郭店五行簡〉形體。魏〈正始三體石經〉古文同此。至於〈信陽楚簡〉之「鼎」旁，略去鼎足部分，只以兩短橫的「＝」符表示，在實用書寫上更加便捷。古文字遇有重文或合文時，往往用「＝」符以為標誌，此處則作為省略符號用，與〈楚帛書〉「為」字之作「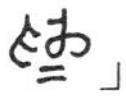」者同例。

先秦古文字中，从「貝」之「則」字，始見於西土系的〈睡虎地秦簡〉（表一～21）。在戰國時代的〈石鼓文〉中，「則」字仍从「鼎」構形。若作為偏旁，早在西周時代〈散氏盤〉銘的「賊」字（表二～1）及〈般殷鼎〉的「測」字，其「則」旁所从之「鼎」便已訛為从「貝」。至於秦始皇統一天下以後，為了強化治權，劃一六國的紊亂度量衡制度，曾通令全國，將所頒布的〈二十六年詔書〉，刻鑄在法定的度量衡器上。其中「法度量則，不壹歉疑者，皆明壹之」（註 4）的「則」字，左旁泰半从古形的「鼎」，也偶見有从

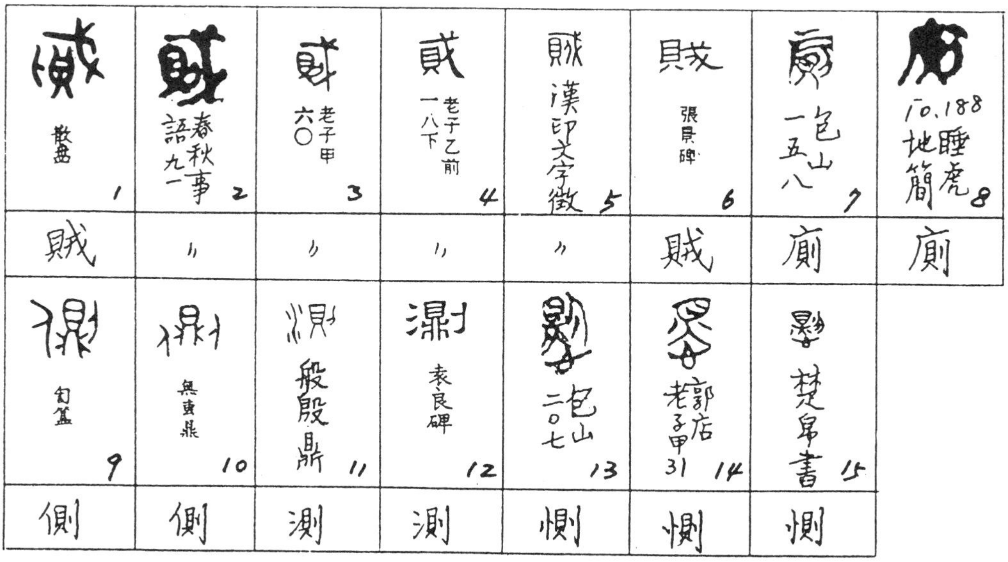
散盤 1
春秋事語 九一 2
老子甲 六〇 3
老子乙前 一八下 4
漢印文字徵 5
張景碑 6
包山 一五八 7
睡虎地簡 10.188 8
賊
賊
廁
廁
9
10
般殷鼎 11
12
包山 二〇七 13
郭店老子甲 31 14
楚帛書 15
側
側
測
測
惻
惻
惻

（表二）从「則」構形諸字形體演化一覽

註 4：此段文字，由於諸家對「則」字理解不同，故句讀亦紛歧不一。此處標點依駢宇騫之說斷句。駢說見於〈始皇廿六年詔書『則』字解〉一文，載《文史》第五輯，頁 6。

「貝」的字例。司馬遷《史記・秦始皇本紀》，有「一法度衡石丈尺，車同軌，書同文字」的記載。在〈李斯列傳〉也有「明法度，定律令，皆以始皇起，同文書」的一段類似文字。對於秦始皇是否曾推動「書同文字」一事，近來也曾引起過一些討論，各家看法並不一致。總之，秦代「書同文字」之說，決非就秦文字形體本身所作出的正字運動，充其量也只是罷廢六國文字之異形，而以秦國文字統一通行於天下罷了。否則，在以法爲治的秦國，似〈始皇二十六年詔〉這樣重要的官方文件資料，不應有這種新舊異體並出的現象。

今本《說文・大徐本》與《小徐本》，均收有「則」字左旁鼎足作「」形之古文（表一～4），此字《汗簡》引以爲「說文續添」，當爲後人增補，非許書本有（註 5）。段注本則逕予刪去，此一字形雖爲後人續增，其所从「冊」形，實亦由「鼎」足輾轉譌變而來。原本只是四個豎筆並列，以筆畫相觸連，形似有編線之「冊」字，經後人以《說文》「冊」字作五豎筆的篆文改寫過，遂成今形。

从「則」構形的，有「賊」、「廁」、「測」、「惻」等字，隸變後均譌爲从「貝」。在《說文》篆文中，並皆與「則」字篆文同樣以从「貝」的譌形出現。在秦、漢之際的簡牘帛書中，作爲「賊」字聲符「則」的形符「刀」旁，往往極度壓縮，被夾寫在「貝」、「戈」之間的「貝」旁的右下方。由於「刀」旁形體實在小得不成比例，故在馬王堆帛書〈老子乙前古佚書〉的「賊」字，乾脆連「刀」旁都省略掉，變作「从戈从貝」的簡體字。跟其他有「刀」旁的簡帛「賊」字並置，似乎也不甚覺得缺少了什麼。這個形體過度矮化的「刀」旁，經與右邊緊鄰「戈」旁的長捺筆碰連後，形體與「十」字近似，遂與「戈」旁重新結合而成「戎」形，再度譌變爲「从貝从戎」的楷書字形。

同是由「鼎」譌省的篆文字形，還有《說文》三上𠬞部的「具」字。許氏釋云：「具，共置也。从廾貝省。古㠯貝爲貨。」篆文作「」。

註 5：見王筠《說文解字句讀》，頁 151。北京，中華書局，1988 年 7 月。

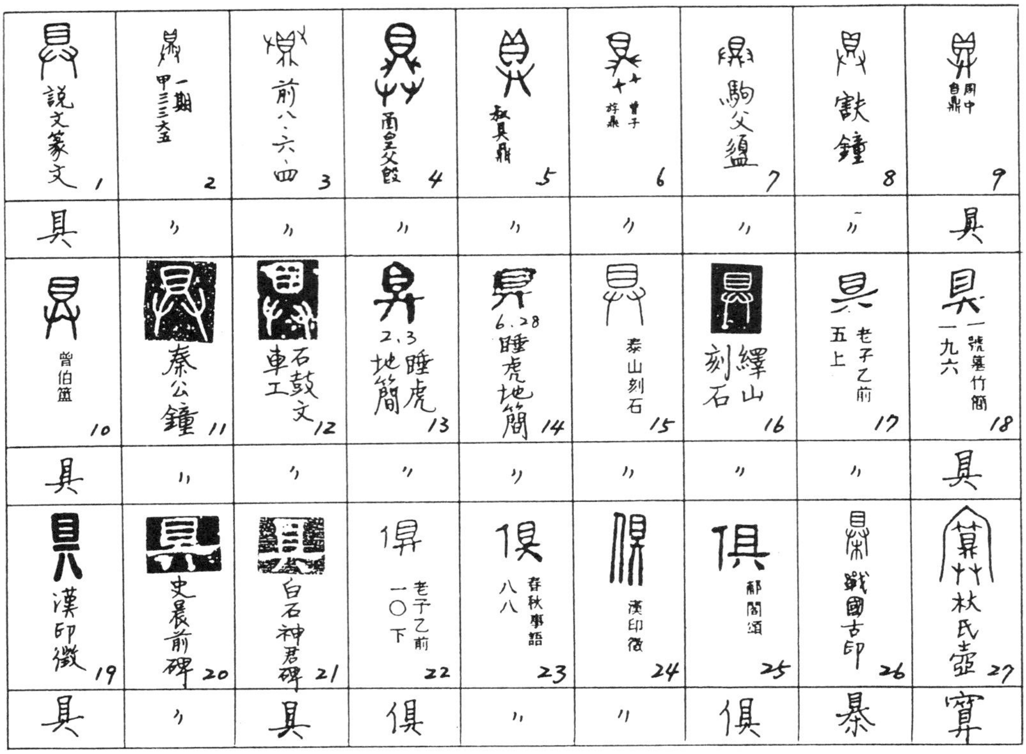

說文篆文 1
一期 甲三三六五 2
前八、六、四 3
函皇父簋 4
叔具鼎 5
曾子斿鼎 6
駒父盨 7
㝬鐘 8
周中 自鼎 9
具 〃 〃 〃 〃 〃 〃 〃 具
曾伯簠 10
秦公鐘 11
石鼓文 車工 12
2.3 睡虎地簡 13
6.28 睡虎地簡 14
泰山刻石 15
繹山刻石 16
老子乙前 五上 17
一號墓竹簡 一九六 18
具 〃 〃 〃 〃 〃 〃 〃 具
漢印徵 19
史晨前碑 20
白石神君碑 21
老子乙前 一〇下 22
春秋事語 八八 23
漢印徵 24
郙閣頌 25
戰國古印 26
杕氏壺 27
具 〃 具 俱 〃 〃 俱 暴 寘

（表三）「具」字及从「具」構形諸字形體演化一覽

「具」字甲骨文作「」(〈甲〉三三六五)、「」(〈前〉八、六、四)，从廾从鼎。西周金文如〈函皇父簋〉、〈駒父盨〉、〈曾子斿鼎〉等銘文中的「具」字，亦从廾从鼎會意，與甲骨文同，不从「貝」。古者以鼎爲盛食之器，「具」字从雙手奉鼎，以會具饌之意。戴侗對此有一段精要的論述，他說：「具，張中医文作  ，膳餐之饌具也。从鼎省，从廾。凡饗食之禮，饔定則實諸鼎，乃告具。故凡饌具皆曰具。《周禮》云：『祭祀共其具脩。』又云：『比官府之具。』傳云：『具五獻之籩豆于幕下。』皆謂共具也。引而申之，凡莆具者皆曰具。」(註 6) 至於許氏所釋「共置」之「共」，段注云：「當从人部作供。」《周禮》凡供給字，皆作共。《廣韻》：「置，設也。」共置，即指供給設膳以進，正與「具」字从雙手奉鼎所會之意合。如《禮記．內則》：「問何食飲矣。若已食，則退；若未食，則佐長者視具。」鄭玄注：「具，

註 6：見徐灝《說文段注箋》所引。載《說文詁林》，頁 1136。

饌也。」此處「具」字作「備辦酒食」講，正是用其本義。西周金文，多以「具」爲「俱」，如〈㝬鐘〉「南尸（夷）東尸（夷）具見，廿又六邦」，句中之「具見」，即俱見之意。張亞初說：「鼎是今天的鍋和鑊子的前身。它具有煮肉、做湯、煮飯、燒水等多種功能和效用。《儀禮》等古代典籍所述鼎的用途，只限於煮肉、升牲和做羹湯庶羞，是就特定條件，即作爲禮器使用時來說的，它並不能代表鼎的全部功用。」（註7）王筠以爲，共置之物，必非一品，故引申即得「皆」義，因而另加形符人旁，孳乳爲「俱」爲具備之意。許氏釋「俱」爲「皆」，乃「具」之引申義。「具」、「俱」爲古今分別文，許書誤分爲二（註8）。今考察古文字資料，从「人」之「俱」字，始見於西漢以後，可證王氏之說，確不可移。

甲骨文中原本从「鼎」的「具」字，到了西周時期的〈鬲攸比鼎〉、〈㝬鐘〉、〈九年衛鼎〉等，「鼎」旁並已譌省爲从「貝」。到了春秋時代的〈孫引師父壺〉、〈秦公鎛〉等，更譌「貝」爲「目」。其後，如戰國時代的〈石鼓文〉、〈睡虎地秦簡〉，以及秦始皇〈繹山刻石〉，以迄西漢的簡牘帛書文字，並皆承襲春秋以來从「目」的譌形，爲《說文》篆文之所本。許書篆文从「目」，又因从「目」無所取義，故於說解則云「从貝省」。實則，从「目」與从「貝」，所據均爲譌形。

古文字凡从「鼎」之字，多譌變爲从「貝」，「具」字並非孤例。除了前已述及的「則」字外，其他如「敗」、「貞」、「員」等字，所从之「貝」旁，在商、周甲骨、金文中，原本也都从「鼎」。其譌變情況類似，大抵均係減省了鼎足上的飾筆而來。唯此「具」字，則不僅譌「鼎」爲「貝」，且進一步譌「貝」爲「目」。由於「具」字所从「廾」旁，左右兩個手形的中間一筆向左下和右下方長垂的曲筆上端，正好個別跟上部由「鼎」旁譌來的「貝」下兩垂筆接合爲一，上部所从之「貝」，看來便宛似从「目」了。如〈曾伯簠〉、〈秦公簋〉的兩個「具」字（表二～10,11），便是最好的例證。由於「貝」旁與

註7：見〈殷周青銅鼎器名、用途研究〉一文後記。載於《古文字研究》第十八輯。頁296。

註8：見王著《說文釋例》卷八，頁184。北京，中華書局，1987年12月。

「奴」旁，上下緊密結合為一，「貝」旁下垂的兩筆變成了共筆，上看似「貝」，下看似「奴」，兩無欠缺。這個與「貝」下兩筆接合後的「奴」旁，一旦游離原來的一體狀態而分別書寫，上面的「貝」旁因其下的兩垂筆早已融入「奴」旁，在奴旁離析後，便只剩下「目」形了。經過這麼一合一離，便形成〈石鼓文・車工鼓〉的「具」字字形，與《說文》篆文無二無別。

「具」字由从「鼎」譌為从「貝」，又由「貝」而譌為从「目」，這些譌變現象，都在篆書盛行，隸書未起的兩周時期內發生，相對於由篆向隸過渡的「隸變」而言，這似可稱之為「篆變」。同樣是由从「鼎」譌為从「貝」，「則」、「貞」、「員」、「敗」等字，都只到从「貝」而終，唯獨這個「具」字命運特別坎坷，還繼續由从「貝」譌為从「目」，這應與「具」字从「奴」構形的先天宿命有關。又，在戰國時期的三晉文字中，从「貝」之字往往譌為从「目」，

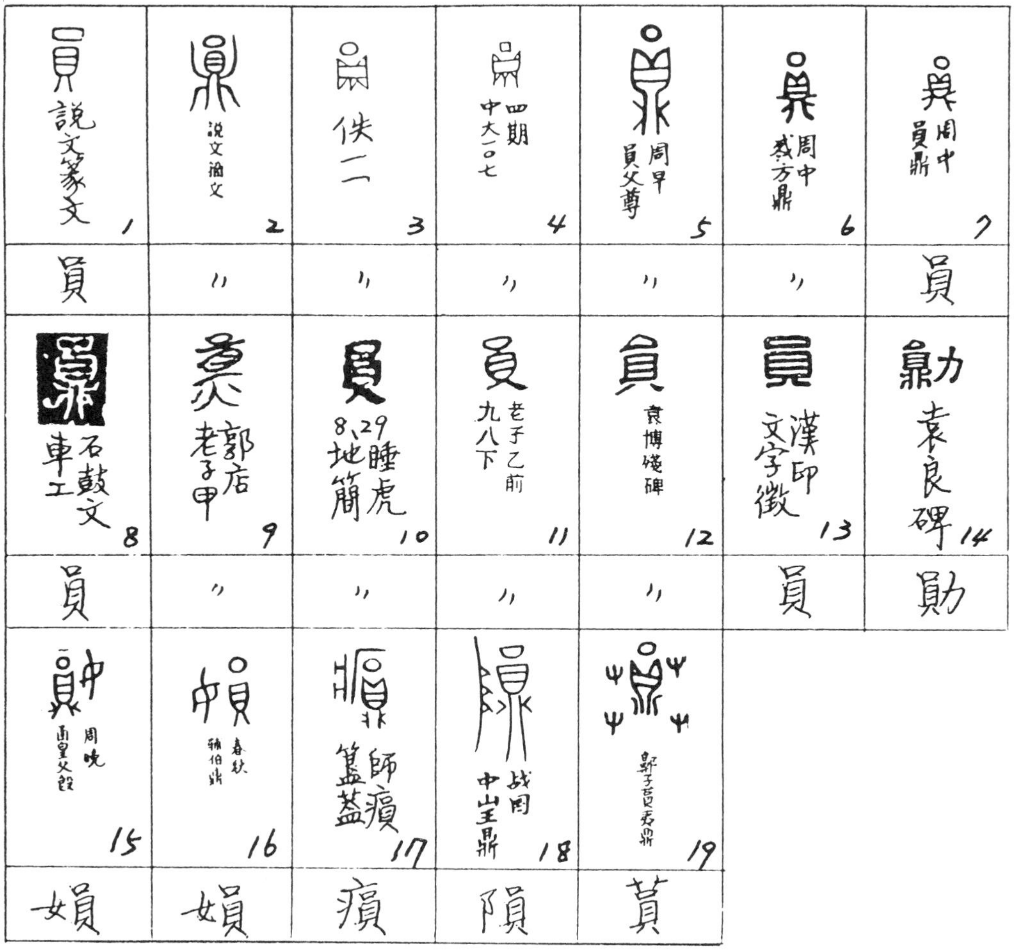
說文篆文 1
說文籀文 2
佚二 3
四期 中大一〇七 4
周早 員父尊 5
周中 6
周中 員鼎 7
員
員
石鼓文 車工 8
郭店 老子甲 9
8.29 睡虎地簡 10
老子乙前 九八下 11
12
漢印文字徵 13
袁良碑 14
員
員
勛
周晚 15
春秋 16
17
戰國 中山王鼎 18
19
娟
娟
殞
隕
萯

（表四）「員」字及从「員」構形諸字形體演化一覽

如〈中山王壺〉的「賢」、「貨」等字，所从之「貝」均从「目」，但這些寫法都沒有被後世的文字學家所接受。

此外，由「鼎」譌爲从「貝」的，還有一個「員」字。《說文》六下員部釋云：「物數也，从貝聲。 籀文从鼎。」篆文作「」。

許氏在《說文》書中的處理方式，與「則」字大致相同，都是將隸變後的譌形隸書，用篆書筆法寫作篆文，據以說解字義，再將从「鼎」的「員」字古形列爲重文異體。

「員」字在甲骨、金文中並皆从○从鼎，與許書所錄「籀文」同。先師魯實先先生說：「○爲圜之初文。字从○鼎者，示其如天體及鼎之圜，而以物圜爲本義。《商君書・農戰篇》云『雖有詩書鄉一束，家一員』，是借員爲物數。以員借爲物數，故孳乳爲圓，乃以別於借義之轉注字。」(註9) 許氏以「物數」釋「員」，是誤以假借爲本義，又誤以「鼎」爲「貝」。

《說文》於「鼎」字下云：「古文以貞爲鼎，籀文以鼎爲貞。」《段注本》則改二「貞」字爲「貝」。王筠以《韻會》引此文，在「古文」之上有「鍇曰」二字，考知此二句，實出自小徐注文，非許書所有。徐氏或以許氏說「鼎」爲「从貞省聲」，乃就「貞」與「鼎」的聲音關係而有此說。段氏改「貞」爲「貝」，恐是爲牽合許書「則」、「員」等字，「篆文」與「籀文」「鼎」、「貝」互見之形體關係而改字。

註9：見《文字析義》，頁617。台北，魯實先全集編輯委員會，1993年6月。

第四節　說「乘」

《說文解字》五下桀部釋「乘」：「覆也。从入桀。桀，黠也。軍法：『入桀曰乘。』，古文乘，从几。」篆文作「」。

說文篆文 1
說文古文 2
粹一一〇九 3
4
克鐘 5
格伯簋 6
虢季子白盤 7
春秋 匽公匜 8
公乘 壺 9
鄂君啟車節 10
望山二号 三·一三 11
周 40·8 12
3.11 睡虎地簡 13
5.27 睡虎地簡 14
6.175 睡虎地簡 15
春秋事語 四二 16
老子乙 二〇五上 17
老子甲 六四 18
孫臏一五四 19
漢印徵 20
漢印徵 21
漢印徵 22
熹平石經 23
趙寬碑 24
魏三體石經 25
魏三體石經 26

（表一）「乘」字歷代形體演化一覽之一

甲骨文「乘」字，作「」或「」（表一～3,4）。「从大从」，象人張開兩足立於木上歧枝之形。許氏訓「覆」，乃其引申義。所从之歧枝，均作「」或「」形，上部叉開，以便乘騎。凡人爬到樹上，必據其叉開之枝幹

間，以爲乘立支撐之地，正合「乘」字構形初恉。若主幹上穿作「木」形，便難騎乘。人乘其上，必觸礙下檔，不合情理。陳邦懷說：「从𣎳，象木無頭形，蓋伐木餘也。古者伐木，人乘木上，爲乘之初誼。」（註 1）「伐木餘」之說，乃依許氏「巘」（櫱）字古文「𣎳」的訓解。實則，除了伐木之外，不管是少年耍玩，或上樹採摘果實，都有可能產生，人乘木上之景象，不一定非「伐木」不可。再說，若強指「乘」字所从之「𣎳」爲「伐木餘」，則上樹伐木之後，固是「乘」字，難道上樹之後，伐木之前的狀態，便非「乘」字？且果如「伐木餘」之「𣎳」（櫱），主幹既被斬絕，旁無歧枝可攀倚，恐亦無人敢於「乘」騎，此事非來自鄉間者恐不易曉。故「乘」字所从之「𣎳」，雖與「巘」字古文同形，其制字取義並未盡同。如陳氏把「乘」字所从之「𣎳」，牽合《說文》「巘」字古文，一概釋爲「伐木餘」，終嫌迂曲不可通。

（圖一）

至於徐中舒主編《甲骨文字典》，謂「𣎳爲木之譌」（註 2），所言並無根據。今案姚孝遂主編《殷墟甲骨刻辭類纂》「乘」字條下，所錄的一百三十八條詞例，「乘」字从「木」作者，唯見六例。其餘一百三十二例，均作上部叉開的「𣎳」或「𣎳」形。這摹作从木的六個字例，經檢視原拓，《甲骨文合集》一一四二三正的兩例，字畫都有漫漶壞損，其中「… 𠱫 王勿望乘比」一條的「乘」字。由於「木」旁中部斷裂，上部叉開的兩筆之間的一筆，到底是筆畫還是骨花，亦甚可疑；另一條「… 𠱫 …望乘」之「乘」字，所从之「𣎳」，上部作無頭之叉開狀，仍可清楚辨析（註 3），其非从

註 1：見于省吾主編《甲骨文字詁林》，頁 298，「乘」字條下所引。北京，中華書局，1996 年 5 月。

註 2：見該書頁 634。四川辭書出版社，1988 年。

註 3：見該書第四冊，頁 1637。郭沫若主編，北京，中華書局，1982 年。

「木」甚明。另四條被摹寫作从「木」形的字例（註 4），都是從《小屯南地甲骨》摹來。其中前三條都在「〈屯〉一三五」的一骨版上（圖一），第一條作「乂」形，另兩條均作「木」形，真不知摹寫者是在怎樣的情況下摹寫這幾條的？不僅「木」形跟《殷墟甲骨刻辭類纂》所摹迥異，而且後兩條（「于祖乙告望乘」與「于大甲告望乘」）「乘」字上部的「大」形，都只作「人」，與篆文「入」字同形。但從大量卜辭字例，可以確定這個似「入」的形體決不會是「入」，應是要寫「大」旁而漏刻了表示雙手的左右兩筆（註 5）。

（圖二）

最後一條爲「〈屯〉二二三四」的殘片（註 6，圖二），句中當作人名用的「望乘」之「乘」字，「大」旁僅存上部的體幹與象兩手部分，連象兩足的筆畫都看不見，更別說是「大」下所从的「木」形是作何模樣！然而摹寫者既未曾對「乘」字的甲骨文形體作深入的考察，又依其主觀意識，而無中生有地自我作古一番。摹本之不可盡信，於此可見一斑。

經此爬梳，甲骨文中「乘」字一百三十八個字例，幾乎找不到一個可以明白確定爲从「木」的字例。這不僅證明了《甲骨文字典》「乘」字條下「乂爲木之譌」的說法，與甲骨文字的實際情況並不相符。也更加肯定「乘」字之本形，爲从大从「乂」（或「㐅」），而非从大从「木」。同時，還可以反證寫作从「木」，實乃从「乂」之譌。儘管从「乂」與从「木」，意雖相近而仍有差別，至少在甲骨文「乘」字構形中，是分別甚嚴的。

金文「乘」字的形體，大抵承襲甲骨文，或於雙足處各增「夂」符爲繁文，此亦古文字發展之常例。如〈格伯簋〉的「乘」字，「大」旁雙足處所从的「ↄ c」形，實即「舛」形之譌變（表一～6）。如〈克鐘〉、〈格伯簋〉、〈匽公匜〉諸銘的「乘」字，所从之「乂」形，均已譌爲从「木」（表一～5,6,8）。

註 4：見該書上冊，頁 108。吉林大學古籍研究所叢刊之六，中華書局，1989 年 1 月。

註 5：見該書上冊，第一分冊，頁 22。北京，中華書局，1980 年 10 月。

註 6：見該書上冊，第一分冊，頁 362。同註 5。

惟〈多友鼎〉、〈虢季子白盤〉（表一～7）、〈公貿鼎〉等，則仍存从「」之古形（表一～7）。戰國以後，凡从「大」之字，多寫作「」或「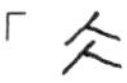」形。〈中山王墓刻石〉作「」，既省去所騎立之「木」形，兩足部的「夂」符也貫穿上面的手部，此乃三晉系與楚系文字的特別寫法，秦系文字無此形體。〈公乘壺〉的「乘」字（表一～9），不僅省略「」形，且把原本安置在足部的兩個「夂」符，移寫到上面的手部來，跟表示手部的左右兩筆形成「共筆」狀態。〈江陵望山二號簡〉易「木」形為「車」形（表一～11）。蓋字義已轉換為「車乘」之「乘」，故形體也隨字義而轉變。

至於〈鄂君啓車節〉「乘」字作「」（表一～10），與許書所錄「乘」字「古文」作「」（表一～2）者形近。就形體演化上看，「」下所从的「」，實即由「」旁中豎由長而短，由短而刪去，漸次發展演變而來。原本表示叉開的木上兩個斜出短筆，已連合為一短橫，並與下部離析為二。到了魏〈三體石經〉中的古文，則並此短橫而刪削之（表一～25）。如此一來，其原本从騎木形之意已不可復見。許書所云「从几」，乃據已譌之形體立說，不可信從。王筠就曾懷疑「从几二字，蓋後人加之」（註 7），足見卓識。段氏以為許慎以「覆」釋乘，乃「加其上」之意，故云：「凭几者，亦覆其上，故从几。」（註 8）以「几」為几案之「几」，不免強為牽合。王筠已評其為「不可通」（註 9）。桂馥則說：「几當為冂，莫狄切。」以「几」為許書訓「覆也」之「冂」。文獻不足，諸家又急於求解，而不知其竟為譌形，即使博通如段、桂諸家，也不免要陷於穿鑿射覆，遑論其他。王筠曾說：「古文多不可解。」（註 10）面對這個詭異的形體，對於段、桂兩家的說法不表贊同，自己又實在提不出什麼更好的解釋，最後也只好用「闕疑」了結此案。在無可奈何之下，這算是相對較為理性的做法。

註 7：見《說文解字句讀》，頁 195，「乘」字「古文」下注。北京，中華書局，1988 年。

註 8：見段玉裁《說文解字注》，頁 240。台北，黎明文化事業公司，1974 年。

註 9：同註 7。

註 10：同註 7。

在〈睡虎地秦簡〉簡文中，「乘」字屢見，上部所从之「大」，已將「夂」之形體減半，省作「」形，形近篆文「入」字（表一～13-15），而實乃「大」字之半體，許慎卻誤以爲「从入」。「乘」字所从之「舛」旁，乃因字中原本有从象正面人形的「大」旁而增加之繁文形符，今「大」旁譌省爲「人」符，而被誤認作「入」。其下的「舛」旁既已無所依附，乃轉而跟其下的「木」形結合，而另成一新形體「桀」字，爲《說文》篆文之所本。故知被許氏引爲部首的「桀」字，應自「乘」字分化而來。

至於像表一～14,15 兩個「秦簡」文字，「」形下的左右兩個「夂」旁互相觸連，中間一筆共用，已爲漢、魏隸、楷書「乘」之字形開了濫觴。惟其下部所从之「」，則仍存甲骨文字古形之真，此一古形在漢印文字中也有所沿承。西漢時期的簡帛文字，雖承秦簡文字形體增損變化而來，卻是「乘」字形體發展最爲混亂的階段（表一～16-19）。直到後漢碑刻中，字下的「木」旁中豎，與其上部由左右觸連共用的一筆相接合，再跟最上面「」形中部的上突部分，上下串連爲一體，原本由左右兩個夊旁碰連後，演化成「」形，上與由「夂」旁省變而來的「亠」形中間的上突部分接合，下與「木」形之中豎貫串爲一，而形成〈熹平石經〉的「」之形體（表一～23）。「人」形隸變後或演化爲「」，上面一點若向左下方映帶而稍稍引長之，再省去上部的一個橫畫，便近於〈趙寬碑〉「」的字形（表一～24）。

值得注意的是，這個〈趙寬碑〉中「乘」的隸書字形，自漢代歷經魏、晉、六朝，以至唐、宋、元、明的楷書時代，持續沿用了一千餘年，都未曾改變。其間唯一的小小形體變動，是「木」旁上方狀似艸字頭的「卄」形，或分開書寫而作「++」形，如此而已（並見表二）。這個由漢隸變今楷的「楷變」過程，歷時之久，在漢字發展史上，恐怕是無出其右了。在唐、宋時期，如張參《五經文字》（表二～5）、宋本《玉篇》、司馬光《類篇》等相關字書中，雖有多種異體並列，基本上仍以《說文》篆文與「古文」，以楷體寫定，作「椉」與「𠓷」爲主，再加上自漢隸沿承下來的「乗」或「乘」（表一～31,32,33）。即使今日的日本「常用漢字」中的「乗」字，也仍是沿用承襲自遣唐使從中國所帶回去的唐時通行之「乘」字形體。今天海峽兩岸普遍行用从「北」从

北魏 魏靈藏造像 1
晉 集字聖教序 2
唐 孔子廟堂碑 3
唐 雁塔聖教序 4
唐·五經文字 5
宋本 玉篇 6
類篇 7
明·正字通 8
清·康熙字典 9
康熙字典字頭 10
教育部標準字體表 11
漢·郭仲奇碑 12
唐·昭仁寺碑乖字 13

（表二）「乘」字歷代形體演化一覽之二

「禾」構形之「乘」字楷書字形，其正式出現在字書中，以明代張自烈所輯《正字通》爲最早，惟今所見清康熙年間廖文英補刻本，仍以漢隸古形的「乗」字作爲字頭，而在該字條下注釋文字之末云：「俗作乗，舊本从北作乘，並非。」（註 11）於此可知張氏所編原本《正字通》已將這個从「北」的「乘」字收入書中，作爲字頭（表二～8）。故此一字形之出現，大致當在宋、明之際。到了清康熙五十五年（1716 A.D.）發行的《康熙字典》中，才被正式扶正爲字頭而現身。這個从禾从北的楷書之訛形，其正式出現究在何時，已難確考。但跟它形體相近的「乖」字，則早在漢代的〈郭仲奇碑〉中已經存在了。到底今楷「乘」字形體之出現，是否曾受到「乖」字形體類化之影響，也是一個難解的謎。

今楷「乘」字所从的「北」形，就形體學的動態發展角度上看，其形體來源不難推索：當「木」上的「卄」形，被分開寫作「++」後，兩個短橫向外側不斷移動，便漸次演成「ㅓㅏ」形。這個形體再跟其下「木」旁的橫畫觸

註 11：見《正字通》丿部，頁 91。明・張自烈編，清・廖文英補。北京，國際文化出版公司。1996 年 1 月。

連後，看來便隱約像似「北」形。當从「北」的形體被獨立書寫後，所餘的「禾」形，也能成文。不管在書寫者或觀讀者的心理上，似乎也都可以感到心安，而居之不疑地加以承用了。

第六章　穿突之訛

凡商、周以來一脈相承的古篆文字，其字形或部件之組織結構方式，筆畫與筆畫之間，本該密合者，在《說文》篆文或譌而爲開張；本當呈互相接齊之狀態者，《說文》篆文或譌而爲相交之穿突狀態，以致形、義不相吻合者，是爲「穿突之譌」。

第一節　說「非」

《說文解字》十一下非部釋「非」：「韋也（註1）。从飛下翄（註2），取其相背也。」篆文作「」。

說文篆文 1
拾二・八 2
契七九四 3
傳卣 4
5
6
蔡侯鐘 7
侯馬盟書 8
9
中山王鼎 10
楚帛書 11
12
青川木牘 13
睡虎地簡 14
睡虎地簡 15
春秋事語 16
17
居延漢簡 18
敦煌漢簡 19
漢印徵 20
漢印徵 21
尚方鏡十一 22
熹平石經 23
韓仁銘 24
三體石經 古文 25
三體石經 篆文 26

（表一）「非」字歷代形體演化一覽

註1：段玉裁注云：「各本作違，今正。違者，離也；韋者，相背也。自違行韋廢，盡改韋爲違。」今考之秦、漢文字資料，違背之意，西漢只作「韋」。从辵之「違」，始見於後漢碑刻文字中，段說可從。今諸本盡皆作「違」，恐非是。而慧琳《一切經音義》卷二二，引《說文》作「非，違也。」故知唐本《說文》，已从辵作「違」。

註2：徐鍇《說文解字繫傳・祛妄篇》，「非」字下引《說文》作「从飛下兩翄」，「翄」上有「兩」字（見該書頁321。北京，中華書局，1987年10月）。同書卷二十二正文中，則無「兩」字（頁232）。今諸本均無「兩」字，唯王筠《說文解字句讀》從《小徐本》〈祛妄篇〉，著「兩」字。北京，中華書局，1988年7月。

根據許氏的說法，「非」之篆文構形爲「从飛下翄」，當指「飛」字下部，左右相背開張之兩翄。「飛」字之篆文作「　」，與〈秦公鎛〉的「𩙣」（翼）字，〈石鼓文〉」翰」（翰）字所从「飛」旁（表二），形體大致相同，卻與今本《說文》「非」字篆文相異。換句話說，今本《說文》「非」字的篆文形體，與許慎對於「非」字之釋形自相牴牾。若非許說不確，便是篆文有所譌誤。

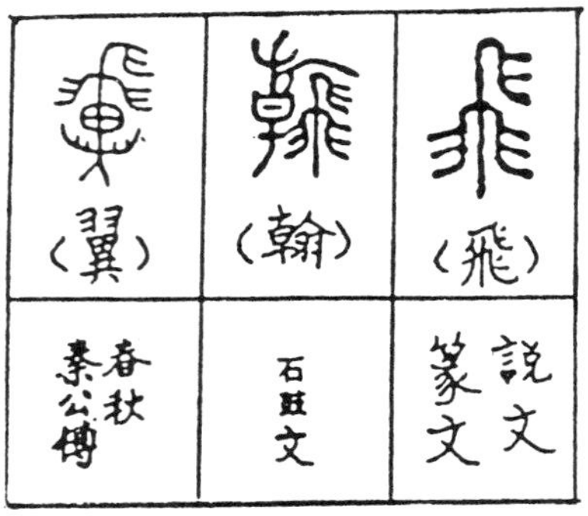

（翼）
（翰）
（飛）
春秋秦公鎛
石鼓文
說文篆文

（表二）

「非」字在甲骨文中，作「　」或「　」（表一～2,3）。西周金文作「　」、「　」、「　」等形，並象鳥之兩翄開張相背之形，與許氏之說解正相合。春秋以迄秦、漢之際的古文字資料，「非」字的形體演變，大抵承襲甲、金文字，並無太大的改變。表示兩翄背部處，皆作一筆完成之圓轉形，即使作方折之形，或以兩筆完成，其翄背部分之豎畫，亦絕未穿突下橫。未見有如今本《說文》篆文之中間兩翄背部之直畫，穿越下橫而作「　」之形體者。

王筠說：「『飛』篆之形，羽皆向上，『非』字則上二筆向上，下二筆向下，故曰下兩翄。」（註 3）既據《說文》篆文之譌形作解，又對許慎「从飛下翄」句中的「下」字，原本作部位指示詞，誤會作「向下」的動名詞看待。實則，即便有此誤會，也未必就會導致今天《說文》這個篆文譌形。早在甲骨文的「非」字字例中，便已有下筆「向下」的形體（表一～2）。至於「向上」的上筆，在漢印繆篆裡，爲了畫面的勻滿，上橫外端常有「向上」的寫法。故關於「非」字篆文譌形，橫畫外端向上或向下，根本不是問題。真正的譌誤關鍵，在於豎筆下端與下橫內端起筆處的接筆狀態。其連爲一筆或齊接者，不管是呈圓曲的轉勢，或直角的折勢，都算正形。如今本《說文》「非」字篆文，其靠中間的豎畫，都跟兩側最下面的橫畫分開，作兩筆書寫。亦卽中豎下端均突出於下橫之外，明顯受到楷書寫法的影響，應是楷書盛行以後

註 3：見《說文解字句讀》卷二十二，頁 461。北京，中華書局，1988 年 7 月。

才出現的譌形。這個轉折處，正是鳥翅的重要關節點，一如人之肘部，須當是一整體。故此字篆文，仍以中間豎畫不穿突下橫者爲正。甲骨文與漢印的「非」字，橫畫即使有作「向上」或「向下」者，但基本中豎下端均未突過下橫，故不算譌形。

3.86 睡虎地簡 1
3.196 睡虎地簡 2
泰山刻石 絳帖本 3
泰山刻石 安國本 4
老子乙前 八五下 5
西陲簡 四〇·三 6
漢印徵 7
靡
封龍山頌 8
黄初殘碑 9
战国 印 方印 10
定縣竹簡 五三 11
战国 中山王方壶 12
战国 故宫 印 13
相馬經 一七下 14
靡
靡
悲
悲
篚
蜚
蜚（飛）

（表三）从「非」構形諸字形體一覽

惟商承祚《石刻篆文編》及徐中舒主編《秦漢魏晉篆隸字形表》兩書，根據安國藏本〈泰山刻石〉的「靡」字，所从的「非」旁作「　」（表三～4），與今本《說文》相同（表二～4）。而同是〈泰山刻石〉，《絳帖本》摹錄的「靡」字，所从之「非」，則作「　」（表三～3），字形既與殷、周古文相合，也跟〈睡虎地秦簡〉的「靡」字形體相合（表三～1,2），卻與《安國本》的「非」旁寫法不同。由此可知，《安國本》必經後人在翻刻時，根據《說文》篆文之譌形改寫過，其篆文形體未可盡信。《絳帖本》所摹錄的「靡」字篆文，才是秦篆的真貌（註 4）。

註 4：參裘錫圭先生《文字學概要》，頁 60。北京，商務印書館，1988 年。

三國時代的魏〈正始三體石經〉，「非」字古文與篆文，只有筆勢圓轉與方折之殊，結構大抵跟甲骨、金文以來一脈相承的形體相近（表一～25,26）。這至少說明了一個事實，即在《說文》成書後的一百多年後，「非」字篆文尚存古形之正，故今本《說文》的這個「非」字篆文譌形，當非許慎《說文》原本之誤，應是出於後人傳寫致譌。

吾人今日所能見到最早的《說文》版本，是〈唐寫本木部殘卷〉（一八八字）及〈口部殘卷〉（十二字）。前者今藏日本武田科學振興財團，後者曾爲日本書家兼學者西川寧先生所藏。西川先生多年前作古後，今已不知落在何所。〈木部殘卷〉有「棐」字，所从之「非」作「」（見圖一）。形體雖與《說文》篆文接近，而中豎下端與最下面的一個橫畫起筆處，仍接合爲一，只有筆勢之變化，尚未訛誤。此卷清同治年間，曾入莫友芝之手，莫氏據此撰成《唐寫本說文解字木部箋異》一書，曾文正公還爲他題了一首長詩，以詠其事（註 5）。根據莫氏考訂，此本抄寫於唐憲宗元和十五年（820A.D.）以前，這至少說明此字在唐代晚期，《說文》此字篆文尚未訛作今形。

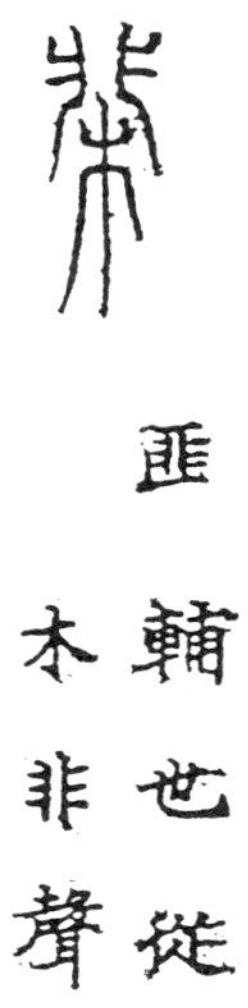

輔也從
木非聲

（圖一）

上述〈唐寫本木部殘卷〉及〈口部殘卷〉，只佔全書的極小部分，真正全本之《說文》版本，仍以徐鉉《說文解字》與徐鍇《說文解字繫傳》的二徐本爲最古，而這兩書的「非」字篆文，均已譌作「」。後來所翻刻的所有有關《說文》的版本，基本都以這兩個本子作爲祖本，自然也只有承譌而已。

在二徐本之前，最爲盛行的《說文》本子，當推李陽冰的校訂本。惟李書早已亡佚，其書之內容只零散見於後人著述的引文中。想了解有關李氏對於文字之見解，也只有透過這些吉光片羽而略知梗概。據徐鍇《說文解字繫傳・袪妄》所引述，李陽冰校訂本的「非」字篆文原作「」，既與商、周以來一脈相承的古文字形體相符，又跟許氏「从飛下翅」的釋形相契。同是李陽冰所書寫的〈栖（案即遷字）先塋記〉中的「非」字，及〈怡亭銘〉中

註 5：見四庫善本叢書初編，經部。

篆文	（非）	（靡）	（飛）	（非）	（裴）	（⿱非邑）	（徘）	（非）	（非）
碑刻名	碧落碑	碧落碑	碧落碑	美原神泉詩	怡亭銘	怡亭銘	陽華岩銘	栖先塋記	峿台銘
書者	（傳）陳惟玉	（傳）陳惟玉	（傳）陳惟玉	尹元凱	李陽冰	李陽冰	瞿令問	李陽冰	瞿令問
立石年代	咸亨元年 AD六七〇	咸亨元年 AD六七〇	咸亨元年 AD六七〇	垂拱四年 AD六八八	永泰元年 AD七六五	永泰元年 AD七六五	永泰二年 AD七六六	大曆二年 AD七六七	大曆二年 AD七六七

（表四）　唐代碑刻中的「非」字及从「非」構形諸字形體一覽

的「裴」、「⿱非邑」兩字所从「非」旁（見表四），其篆文形體，都跟小徐〈袪妄篇〉所引者相同。此字篆文形體，究竟是李氏對《說文》傳本之改寫當時別有所據，還是直接從《說文》傳本摹寫而來？此事雖乏更早的《說文》傳本以資憑斷，但有一點可以肯定，這應該都是李氏一貫的寫法。惟李陽冰認爲「非」字的構形是「兩手相背」的觀點，卻跟許慎的說法不同。以今日我們對於商、周以來「非」字形體的理解，李氏以爲「」字是「」的變體，顯然是毫無根據的臆說，無足採信。徐鍇說：「兩翅自可相背，不必从。」這樣的批駁，仍不失爲一針見血的洞見。

事實上，李氏對於「非」字形體構成本意的理解，雖未諦當，但這也無妨其篆文形體之爲合於古形之真。形體的正或譌，跟對於形體構成本義之詮釋，二者儘管密切相關，卻又是各別的兩回事。後者帶有強烈的主觀色彩，而前者則有其一定的客觀根據。徐鍇既不贊同李陽冰對於「非」字釋形的新說，同時又把李氏所據以說釋的篆文正形，也一併予以否定，則未免矯枉過正。

值得注意的是，在二徐本《說文》書中，有關「非」字的篆文形體，除了「非」部的五個字被改寫外，其他散在各部，从「非」構形的三十三個字裡頭，則有改之未盡的現象。如《小徐本》人部的「俳」、衣部的「裴」、毳部的「[illegible]」、手部的「排」與「擘」、女部的「婓」、以及土部「圮」字的或體「醇」等七個字，其所从之「非」旁，均仍作「」，保持了與徐鍇自己所嚴詞批判的李陽冰校訂本相同的形體。有趣的是，《小徐本》書中从「非」諸字的篆文，泰半都被改寫，而在〈部敘卷〉中，作爲部首總綱標目的「非」字篆文，卻也遺漏而未改寫到（註 6）。更妙的是，在後出的《大徐本》中，原本《小徐本》裡頭改寫未盡的字，多被發現而再予改寫，獨漏一個「醇」字（「圮」之或體）未改。這些現象的發生，絕對不會單單只是「非」字及从「非」諸字的個別問題而已。由二徐本中所呈現的這個「非」字篆文寫法的種種蛛絲馬跡，讓我們得以明確考知一個事實：即今日所見二徐本的《說文》篆文，係由李陽冰刊定的本子改寫而來。而且，徐鉉《說文解字》書中的篆文，主要還是參考並根據徐鍇《說文解字繫傳》一書的篆文摹寫而來。

當然，徐鍇把李氏刊定本「非」字篆文「」改寫作「」，也應是前有所承的，並非出於小徐所杜撰。就目前所能見到的文字實物資料加以考察，在二徐本《說文》出現以前，「非」字篆文之譌形，僅在唐人的碑刻文字中發現兩例，且同爲瞿令問所書。其一是〈峿臺銘〉的「非」字，刻立於唐代宗大曆二年（767 A.D.）；其二是〈陽華巖銘〉的「徘」字（並見表四）之所从，刻立年代則稍早一年。兩刻書體風格接近，用的都是自三國時代曹喜所傳的懸針篆法（註 7）。前所述及的〈唐寫本木部殘卷〉的書手，其書法風格顯然也跟瞿氏篆法不脫法乳淵源。而與〈峿臺銘〉同一年所刻立的李陽冰〈栖先塋記〉、武后垂拱四年（688A.D.）的尹元凱所書〈美原神泉詩〉，乃至年代更早的〈碧落碑〉的「非」字（並見表四），則均作「」之古形，不譌。

值得一述的是，夾雜古文與篆文寫成的〈碧落碑〉，此碑前有「有唐五十

註 6：見《說文解字繫傳・部敘卷第二十二》，頁 304。同註 2。

三祀龍集敦牂」，歲次「庚午」，時當高宗咸亨元年（670A..D.）。碑文「飛廉」的「飛」字，从孔从非，所从「非」旁作「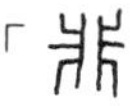」，爲迄今所見與今本《說文》篆文「非」字完全同形的最早字例。然而，同在此碑出現的「非」字及「靡」字，所从之「非」旁，則均寫作「」（見表四）。可見此碑的書手，似乎只將此「」之形體，當作「飛」字的一個構成部件看待，還不曾將它跟「非」字古篆文形體混爲一談。今本《說文》「非」字的篆文譌形，雖在初唐時期便已出現，而真正把這個〈碧落碑〉中「飛」字的「」之形體，拿來當作「非」字的篆文書寫，則已是在一百年後的中唐時期了。然而，個別書家所寫的篆文譌形之出現，並不能跟今本《說文》篆文譌形之出現畫上等號。換句話說，此一譌形必經某具有大影響力的文字學家之認同，並將它改寫入《說文》篆文中。否則，儘管舉世書家全寫譌形，也不妨礙《說文》之仍然保持正形。反之亦然。

至若明人李登在《六書指南》書中，竟以「析朱爲非」以說「非」字之篆文構形，這完全是根據後世的篆文譌形俗體，由許氏之以「判木」釋「片」，

註7：〈峿臺銘〉以未著書者姓名，或疑其非瞿氏所書。楊震方《碑帖敘錄》說：「無書人姓名，但總在季康、袁滋、瞿令問三人之中。」（見該書頁 135，上海古籍出版社，1982 年 2 月。）此說並見於歐陽輔《集古求真》卷十一，頁 10。錢大昕則認爲，此件的懸針篆法也是瞿書（見施安昌《唐代石刻篆文》所引述，頁 162。北京，紫禁城出版社，1987 年 4 月）。今觀此刻文字體勢與書法風格，都跟具名爲瞿令問所書的〈陽華巖銘〉極相類似，且「非」字的篆文結體，也跟〈陽華巖銘〉的「徘」字右旁寫法相同，其爲瞿氏所篆，應可無疑。藤原楚水在《圖解書道史》中，將此刻直標爲「瞿令問篆書」（見該書第三卷，頁 564。東京，省心書房，1975 年 9 月）。雖乏論證，但其看法是正確的。饒宗頤先生則別持一說，以爲此刻乃李陽冰所書（見《敦煌書法叢刊》第十八卷，頁 88。「篆書千字文」條下說明）。實則，李氏書跡，如〈三墳記〉、〈怡亭記〉、〈栖先塋記〉、〈謙卦銘〉、〈般若臺題名〉及〈聽松題字〉等，今皆有傳本可以考見。其用筆都是首尾勻細的「玉筯篆」，與瞿氏書風之上部停勻，下端收筆處尖細的「懸針篆」，在筆勢風格上，迥然異趣。饒先生之說，缺乏根據，不足採信。

比類而爲此說。雖稱奇想，而形同射覆，毫無準據，魯師實先先生已指摘其謬（註 8）。

如前所述，《說文》的〈唐寫本木部殘卷〉中，「棐」字所从「非」旁的篆文寫法作「」，雖與年代早約六十年的書家瞿令問所書「非」字篆文譌形「」接近，但關鍵的中間豎筆下端，均未突過兩旁下面橫畫的起筆處。畢竟文字學家辨析隱微，其著眼點自與一般書家稍稍不同。然而，這個「非」字篆文形體，在唐代中期李陽冰刊定的《說文》本子裡，既合於商、周以來古篆文字，在唐代晚期的〈木部殘卷〉裡，也仍未譌誤，如何經過一個五代，到了北宋初年的二徐本中，便全成譌形。且五代的梁、唐、晉、漢、周，國祚都短，是一個社會喪亂，斯文不振的時代，這期間除了徐鉉、徐鍇兩兄弟，曾據李陽冰校刊本改著的《說文解字》與《說文解字繫傳》外，也未聞尚有其他關於《說文》之重要著作，故二徐本應該就是《說文》「非」字篆文譌形之源起。如再配合前面有關二徐本中「非」字改寫未淨之爬梳與論證，可以確認，真正把「非」字篆文譌形改寫入《說文》書中的，應是徐鍇。

註 8：見魯先生《說文正補》，頁 56，「非」字條下所引。載在台北黎明文化事業公司出版段玉裁《說文解字注》書後。1974 年 9 月。

第二節　說「斗」、「升」

《說文解字》十四上斗部釋「斗」：「十升也。象形，有柄。」篆文作「　」。

說文篆文 1
一期 京津二五三 2
二期 存下七二九 3
秦公簋刻款 4
春秋 眉脒鼎 5
布空大 典五八一 6
布空大 典五八三 反書 7
战国 印续齐 8
战国 简 天星观M1 9
战国 安邑下官锺 10
3.28 睡虎地簡 11
馬王堆 經法 12
長沙一號墓 竹簡一四八 13
新莽銅量 14
隱成呂 氏缶 15
代食官 槽鍾 16
居延簡甲 一四七〇A 17
新居延簡 18
祀三公 山碑 19
石門頌 20
禮器碑 21
漢印 文字徵 22
漢 道家印 23
峿臺銘 24

（表一）「斗」字歷代形體演化一覽

「斗」字，甲骨文作「　」，或作「　」。兩周金文作「　」或作「　」。並象挹取水酒之容器形。上象斗勺，下象其柄，與許氏之說解相合。柄上或加一短横，而為後世所承用。殷商卜辭多用作「星斗」之稱，則為借音字（註1）。「斗」字之構形，在斗柄與其上部斗勺之間，原本只是相承接之關係，今本《說文》篆文，「斗」字下面的斗柄上端，上突而穿抵斗勺之上沿，已失象

註 1：見趙誠《甲骨文簡明詞典》，頁 190，「斗」字條下解釋。北京，中華書局，1990 年 2 月。

形之初旨。取與甲、金文字並列比觀，其爲譌形，至爲顯然。與「斗」字形體有類似譌變關係的，則是「升」字。

《說文》十四上斗部釋「升」：「十龠也。从斗，亦象形。」篆文作「」。

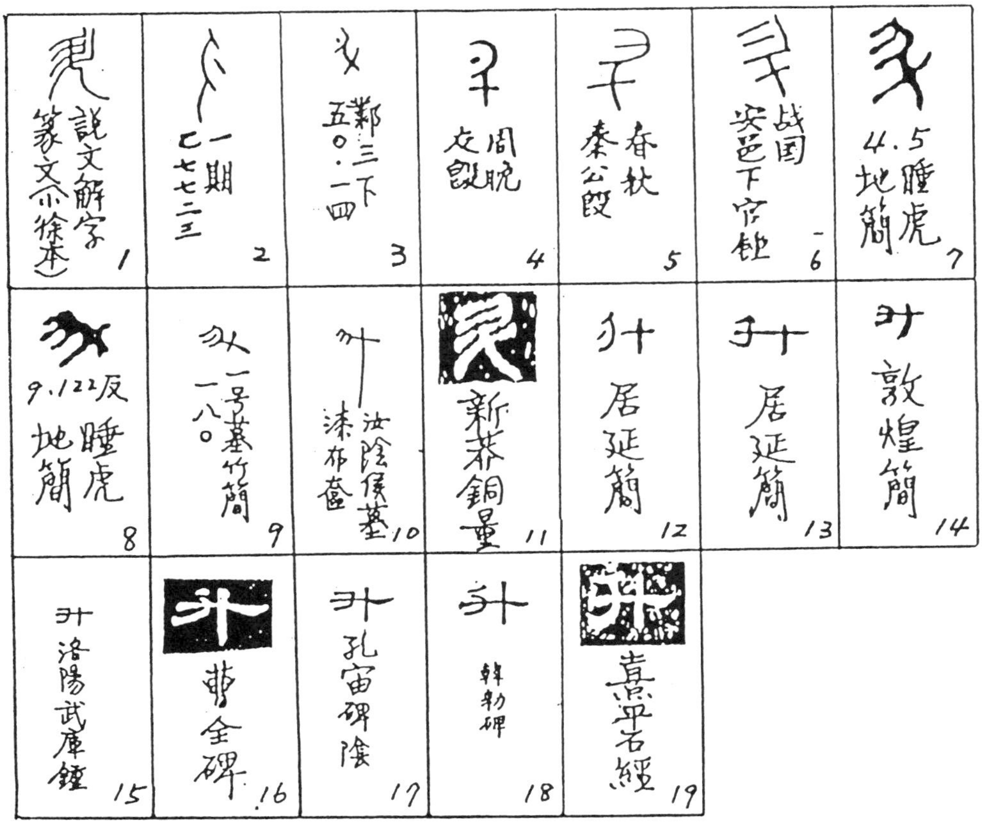
說文解字 篆文（小徐本） 1
一期 乙七七三 2
鄴三下 五〇·一四 3
周晚 4
春秋 秦公𣪘 5
战国 安邑下官鍾 6
4.5 睡虎地簡 7
9.122反 睡虎地簡 8
一号墓竹簡 一八〇 9
汝陰侯墓 漆布奩 10
新莽銅量 11
居延簡 12
居延簡 13
敦煌簡 14
洛陽武庫鍾 15
曹全碑 16
孔宙碑陰 17
韓勑碑 18
熹平石經 19

（表二）「升」字歷代形體演化一覽

「升」字，在甲骨文中，構形與「斗」字略同，唯於斗勺內加點以別之。有點者爲「升」，無點者爲「斗」。至周代金文，「升」字僅於「斗」勺內加一點，字形已趨於固定統一。隨著各種器物文字刻鑄或書寫者的習慣，點或引長而爲橫畫，與斗勺兩沿，並列爲接近等長之三橫。

目前可以考見的漢、魏以前之出土古文字資料中，並未發現有任何跟今本《說文》「升」字篆文譌形相同之字例。足證此字篆文形體之譌，當非《說文》原本之譌，應是後人傳抄致譌，並且極可能是受到「斗」字篆文譌形之類化而來。

戰國、秦、漢之間，文字使用頻繁，隸化進展快速。儘管文字使用者不必然瞭解文字制作之原義，但此字斗柄與斗勺之間，尙都保持相當穩定之承接關係。易言之，即基本維持斗柄上端與斗勺之下沿相接而非相交之關係。尤其到了後漢時代，「斗」字之斗勺部分，被析寫爲兩筆，致與「人」同形，且斗勺與斗柄之關係位置，也多由原本的上下關係，逐漸移位而成爲左右關係，致有所謂「人持十爲斗」（註 2）之說法。斗柄部分亦由原本之上下向轉而左右向。此時「斗」與「升」二字之區別，也只在於斗柄上端與斗勺底部之爲相交抑或相接了。相交者爲「升」（什），相接者爲「斗」（什）。就現有出土文字資料考察，〈新莽銅量〉銘文中「斗」、「升」並見（表一～14、表二～11），形體規整，與《說文》篆文形體關係近密，但均未譌誤。其與今本《說文》篆文譌形最爲近似者，有〈峿臺銘〉之「斗」字（表一～24）、李陽冰〈三墳記〉之「科」字（表三～3），以及〈唐寫本說文殘卷〉之「科」字

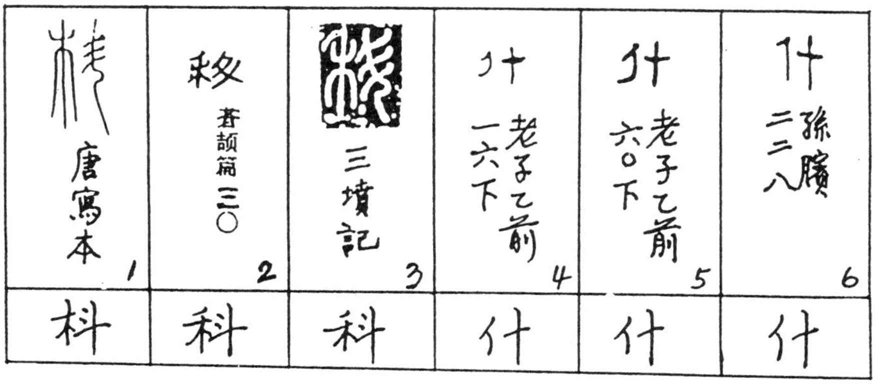
唐寫本
1
科
蒼頡篇二〇
2
科
三墳記
3
科
老子乙前一六下
4
什
老子乙前六〇下
5
什
孫臏二二八
6
什

（表三）

註 2：見《說文・敘》。又，兩漢時期另有从人十聲之「什」字，作爲「什伍」之用。惟漢俗所謂从「人持十」的「斗」字，與从人十聲的「什」字，在字形上也有明顯之區隔：「斗」字作「什」，左半形似人符的斗勺部分，與右半似「十」形的斗柄部分，多緊密接合。「什」字則作「什」，左半之人旁與右半作爲聲符之「十」旁，均相分離，並不相接。這只要一看表三～4,5,6 三個字例，便判然可曉。至於西漢道家印「北斗陰通天丞章」之「斗」字（表一～23），左旁斗勺部分，寫作从「人」，其爲據隸變後之隸書譌形篆化而來可知。此印見《秦漢南北朝官印徵存》，頁 87。北京，文物出版社，1987 年 10 月。

（表三～1），三本均是唐時物。差別只在於〈峿臺銘〉的「斗」字，三橫作平勢，如隸書筆畫，右端並未向上蜷曲。而〈三墳記〉的「科」字與〈唐寫本說文殘卷〉的「科」字，所从之「斗」旁，斗柄部分不只上突，並且還穿出斗勺最上沿一筆之外。實則，「斗」字之斗柄與斗勺，上下兩個部件，由相接關係譌變爲相交關係，早在戰國時代的〈天星觀一號墓楚簡〉中，已經出現，寫作「」（表一～9）。此外，西漢早期作爲學童識字教本之〈阜陽漢簡·蒼頡篇〉，有一「科」字，右旁所从之「斗」，作「」（表三～2）。以上兩個字例，「斗」旁的斗柄部份，都突入斗勺部分，且上抵於斗勺之上沿，已爲今本《說文》篆文譌形開了先河。

然而，上面所舉〈天星觀楚簡〉的這個「斗」字，卻被《古文字類編》之編者列在「升」字下（註 3）這是將「斗」字譌形的「」，誤認爲是「升」字之故。

根據出土古文字資料顯示，「斗」字與「升」字，作爲合體字之偏旁時，二者常混用無別。如戰國〈子禾子釜〉的「」字，右旁雖从「升」，仍當釋作从「斗」的「料」字。（註 4）。但作爲獨體字使用時，則以斗勺內之加點者爲「升」，不加點者爲「斗」，區別至爲明顯。

後世字書的編者，於此未加深考，或誤將斗勺內無筆畫之「斗」字，誤羼在「升」字下，如中國文化大學出版的《中文大辭典》，「升」字字頭下，所列〈石門頌〉及〈白石神君碑〉之字例，實爲「斗」字，卻被誤收在「升」字條下（註 5），這是字形不誤而編者誤認的結果。至於被《古文字類編》收列在「升」字下的〈天星觀楚簡〉「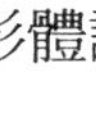」字，乃「斗」字之譌形。這又關涉到另一個與「斗」相關的「半」字形體譌變問題之探討，擬於另節〈說半〉文中加以討論。

註 3：見該書頁 376。東京，東方書店（中華書局版），1987 年 6 月。

註 4：這個「料」字，左邊所从的「半」旁，原本「从八从斗」。八，有分別之意，故分斗爲「料」，乃其構形初旨。後來，所从「斗」旁（）譌變爲「牛」後，才又加「斗」符，以復其初誼。參閱本書本章第三節，〈說半〉。

註 5：見該書第二冊，頁 205。台北，中國文化大學出版部。1979 年 5 月。

第三節　說「半」

《說文》二上半部釋「半」：「物中分也，从八从牛。牛爲物大，可以分也。」篆文作「」。

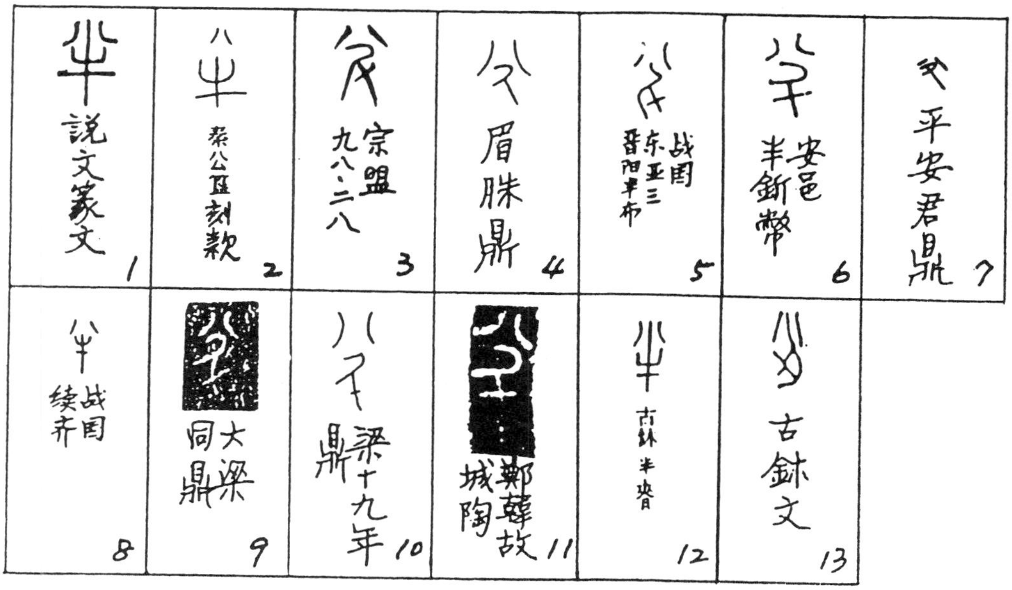
說文篆文 1
秦公簋刻款 2
宗盟九八：二八 3
眉脒鼎 4
5
安邑半釿幣 6
平安君鼎 7
8
大梁同鼎 9
梁十九年鼎 10
鄭韓故城陶 11
12
古鉨文 13

（表一）「半」字歷代形體演化一覽

在商、周甲骨、金文中，未見有「半」字之用例。直到春秋末期的晉國〈侯馬盟書〉(註 1) 中，始見有「半」字。不論是獨體的「半」字，或从「半」構形之字，大抵皆「从八从斗」，作「」，不从「牛」。

綜覽戰國時代的古文字資料，「半」字多作从八从「斗」，同於〈侯馬盟書〉。只有〈秦公簋〉蓋之刻款及少數古印文从八从「牛」，同於《說文》篆文。〈秦公簋〉屬於春秋中期前後之器物，年代雖較〈侯馬盟書〉稍早，但此處所收「半」字字例，並非該器銘原文，乃器蓋上另外加刻之款識文字：「西一斗七升大半升，蓋」(見圖一)。於一般銅器上加刻容量標誌銘文，是戰國

註 1：見〈侯馬盟書及其發掘與整理〉，載《侯馬盟書》，頁 2。台北，里仁書局，1980 年 10 月。

晚期流行的一種風氣（註 2）。故〈秦公簋〉刻款「半」字爲「从八从牛」，其時代卻反較春秋末期的〈侯馬盟書〉爲晚。換句話說，「从八从斗」的字例，要遠早於「从八从牛」之字例。由於自春秋末期以來，直到戰國時代的東方列國文字資料顯示，「半」字幾乎一面倒地「从八从斗」構形。因此，筆者以爲「半」字从八「从牛」之「」字，係由「从斗」之「」形譌變而來。

首先就「半」字之形體演化上看，上部从「八」，基本未變。其所从「斗」旁的斗勺（）部分之缺口方向，或左或右，或向左下，或向右上，又或向上，甚或變形如〈晉陽半布〉之作「」（表一～5），〈古鉨文〉之作「」（表一～13）。若非依其所在文意推敲，並取與其他字例對照比勘，這些奇詭的形體，單據其個別字例，一般還真不易辨識其爲何字。至其象斗柄部分，則隨著斗勺器形方向之變易，或作直勢直交，而呈十字形；或作斜勢斜交而呈交叉形，不一而足。其形體譌變過程，大致可得如下之推索：

(a)
(b)
(c)
(d)
(e)

a 爲正形，下面的斗柄，頂接住上面斗勺的下沿；b 形，斗柄頂端已觸破並伸入斗勺器內；c 形，斗勺的器形，由方折漸變爲圓曲，缺口加大，由原本朝向左下方，改變爲朝向左。d 形，斗勺缺口更轉而爲向上，已跟「牛」字篆文形近。e 形，再經規整化，將斗柄拉成垂直方向，便與「牛」字之篆文完全同形。

「半」字所从之「斗」，斗柄上端突入斗勺器內，在先秦古文資料中，不乏其例。茲舉其犖犖大者，以爲印證：

（一）〈侯馬盟書〉之「剈」字所从——春秋末期的〈侯馬盟書〉，是目前所能見到「半」字「从八从斗」的最早古文字資料。盟書中从「半」之「剈」（含「半」字形體）共一〇九例，均屬宗盟類。如編號一五六：一、有「敢不剈（判）其腹心」，盟書中或只作「半」，意爲剖判，「剈其腹心」，意即剖

註 2：見何琳儀《戰國文字通論》，頁 155。北京，中華書局，1989 年 4 月。

明心腹，布其誠意（註 3）。其所从之「半」，歸納之有「」(a)；「」(b)；「」(c) 三種形體（表二～4,5,6）。a 爲正體，斗柄上端與斗勺部分相接；b 與 c 爲譌體，b 之斗柄已突入斗勺部分之下沿，c 之斗柄並連斗勺之上沿而貫穿之。就〈侯馬盟書〉的書寫風格基本統一看來，極有可能是同一書手所寫。即便不是同一書手所寫，而一時之間，在「斗」字形體結構上，由斗柄與斗勺下沿相接之正形，經由與斗勺下沿相交，而至貫串斗勺上下兩沿而穿突出去。由正而譌，三形同時並見，書寫者對於文字六書結構之規範，幾乎到了全然不顧的地步。所謂「文字異形」，委實令人咋舌。無論如何，其皆爲「从八从斗」構形，則至爲明確。

（二）〈郭店楚簡〉之「畔」字所从——〈郭店楚簡・老子甲種〉第三零簡有「夫天多期（忌）韋（諱），而民爾（彌）畔（叛）」之句，「畔」字作「」，从田半聲（表二～3），形符與聲符作上下相疊，與《說文》篆文之左右並列者不同，當是爲適應竹簡幅寬不大，作上下相疊，易於安排書寫之故。聲符「半」旁所从之「斗」，作「」，斗柄上穿，並接抵於斗勺之上沿，與〈平安君鼎〉之「斗」字（表一～7）同形。至於斗柄上著一短橫與否，並不影響字義。於此不僅可以確證，「半」字之本形，原應是「从八从斗」，作「」。八，有「分」的意思，从八从斗，即分斗爲「半」之意。《說文》篆文「半」字所从之「牛」，明係從「斗」譌變而來，同時，亦可證明筆者前所述及〈天星觀楚簡〉的「」字，確係「斗」字，而非「升」字。《古文字類編》將

 說文篆文 1	 戰国 子禾子釜 2	 郭店 老子甲三〇 3	 侯馬盟、宗盟一五六：一 4	 侯馬盟、宗盟一：三一 5	 侯馬盟、宗盟一九五：六 6
料	料	畔			

（表二）从「半」構形諸字形體一覽

註 3：見《侯馬盟書》，頁 28，，〈侯馬盟書類例釋注〉。同註 1。

其列在「升」字條下，是不對的。

此外，《說文》十四上斗部有「料」字，釋曰：「量物分半也。从斗从半，半亦聲。」《漢書・項羽本紀》有「士卒食半菽」之句，孟康注云：「半，五斗器也。」段注引《廣韻》「料，五升」之注，以正其非，並云：「今按，半即料也」（註 4）。故知「半」之本義，爲容量半斗（五升）之器，後引申爲凡物之「半」的通用字。

「半」字在戰國時代多作爲量制單位，〈睡虎地秦簡・秦律十八種〉第六十簡的〈倉律〉，有「食飽（餓）囚，日少半斗」的規定，其中的「少半斗」，即「小半斗」，比半斗還小，亦即三分之一斗（註 5）。全句意謂「配給受飢餓之懲罰的囚犯之口糧，每天三分之一斗」。又如〈秦公簋〉蓋之刻款：「西一斗七升大半升，蓋。」（圖一）所謂「大半升」，即三分之二升的意思。吾人由「料」之从「斗」，亦可反證「半」字之初形原本从「斗」，後因「斗」旁訛成與「牛」同形，於字形上已看不出其爲从「斗」之意，乃再加一形符「斗」旁，以明其爲「分斗爲料」之造字初誼。故「料」字乃「半」之後起形聲字。

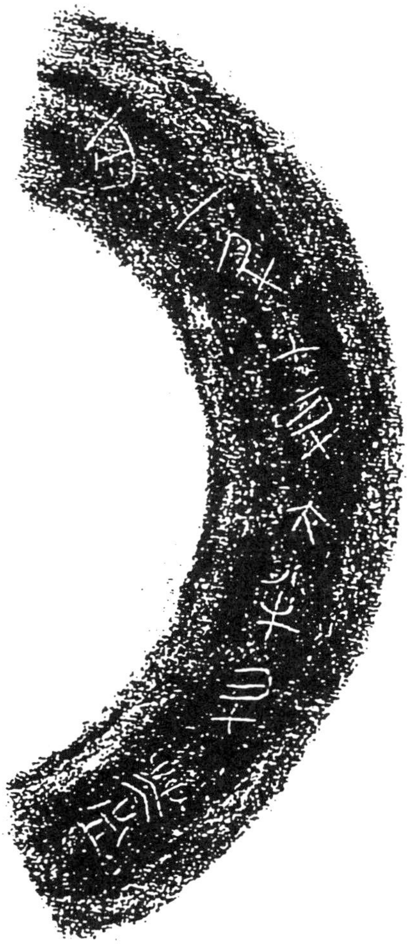

（圖一）

漢字在長期使用發展過程中，像此類由於形體譌變而增加形符，別構新體

註 4：見段玉裁《說文解字注》，頁 725。台北，黎明文化事業公司，1974 年 9 月。

註 5：見《睡虎地秦墓竹簡》頁 53 注釋。北京，文物出版社，1978 年 11 月。

的情形不少。如「樹」字本作「尌」（註 6），後因左旁上方之「木」，在隸變過程中譌變爲「」，經與左下方作爲聲符之「豆」旁組合成「壴」，遂與鐘鼓之「鼓」字左旁形近，在字形上已看不出其爲从「木」之意，乃復於左旁別加一個表意的「木」旁，以資識別。故「半」之與「料」，實爲音義全同之典型「古今字」，「料」字則爲「半」字之後起重形俗體字，只是由於形變之故，後人不易識取罷了。段氏云「半，即料也」，確不可易。何琳儀教授曾疑从八从斗之「㪲」（諧案，實即「半」）字，爲「料字省文」（註 7），這是倒果爲因的說法。

許書誤分「料」與「半」爲異部之兩字，又以「从八从牛」釋「半」，謂「牛爲物大，可以分也。」完全是根據戰國以後譌變的形體立說，不知「半」字本不从「牛」，其所从之「牛」旁，乃由「斗」旁之斗柄上端，穿突斗勺器內，輾轉譌變而來。

註 6：西漢阜陽雙古堆出土之〈蒼頡篇〉，第三十簡簡文中「尌莖稷種」之「尌」字作「」，足見此字別加木旁形符的時代，不會早於此簡之書寫年代，當在漢文帝以後。參見安徽省阜陽漢簡整理組〈阜陽漢簡・蒼頡篇〉，刊在《文物》1983 年第二期，頁 26。

註 7：見何著《戰國古文字典》，頁 1057。北京，中華書局，1998 年 9 月。

第四節　說「帚」

《說文解字》七下巾部釋「帚」：「糞也。从又持巾埽冂內。古者少康初作箕帚秫酒。少康，杜康也。葬長垣。」篆文作「」。

（表一）「帚」字歷代形體演化一覽

「帚」字，甲骨文作「」（〈京津〉302）、「」（〈佚〉527）、「」（〈合集〉20463 反）等，並象掃帚形。羅振玉說：「个象其柄末，所以卓立者，與金文戈字之  同意。其从冂者，象置帚之架，埽畢而置帚於架上，倒卓之也。」（註 1）今本《說文》誤「ㄖ」為「冂」，形體已有譌變。先師魯實先先生也說：「上象帚鬣，下象其柄。文作  者，象庋置於架。」（註 2）

註 1：見羅著《殷墟書契考釋・中》，頁 48。台北，藝文印書館，1969 年 12 月。

註 2：見魯先生遺著《文字析義》，頁 173，「帚」字條。台北，魯實先全集編輯委員會，1993 年 6 月。

兩說近是。

唐蘭以帚之初文「」爲象植物之形，應無可疑。猶憶年少時在鄉間協同務農種作，所用埽帚，多以細竹枝或高粱穗之去米者編織爲帚，後者尤與許氏「古者少康初作箕帚秫酒」之說有相契者。唐蘭對於釋冂爲置帚之架的說法，卻不以爲然。他認爲，古文字凡直垂之筆，恆增一橫畫，故以冂爲無意義的繁畫（註 3）。事實上，古文字固然常有於長豎畫上加點而演成橫畫之例，但如「方」、「帚」等字，本象古農家器具，用畢歸架，事所宜有。其从「冂」作者，似與一般單純於直畫上加橫畫之字異趣，不應一概而論。羅氏及魯先生之說似較爲近理。唐蘭闢之，恐非是。

慧琳《一切經音義》卷八十二「掃帚」條下，註云：「周酉反。《說文》：『帚，從又持巾掃門內。』冖（諧案，依切音當作冂，詳見下文），音癸營反。古者少康初作箕帚，又作秫酒。少康即杜康也。帚即今之掃帚也。或从竹作『箒』，俗字也。」（註 4）從慧琳對「冂，音癸營反」的「帚」字部件之音釋看來，可知在唐本《說文》中「帚」字篆文，象置架的部分，仍是左右兩短豎的上端高出於橫畫，寫作「冂」，爲「回」字所从。不像大、小二徐本之譌成左右兩豎上端與橫畫兩端接齊，而寫作「冖」。根據《說文》七下「冖」釋：「覆也，莫狄切」；五下「冂」釋「林外謂之冂，古熒切」。兩字音、義皆別，隸變後混同爲一，後人因而多淆亂不分。「帚」乃合體象形，慧琳《一切經音義》之釋「冂」爲「癸營反」，顯係對「帚」字構形之誤解。惟其與《說文》五下「冂」字，音切爲「古熒切」，反切上字的「古」、「癸」二音均屬見紐，反切下字「熒」、「營」古韻皆耕部。故知慧琳書中，「冖，癸營反」之音釋，反切文字不誤，「冖」之字形，則爲「冂」之譌。當然，也可反證慧琳書中「掃門內」之「門」，及「冖，癸營反」之「冖」，實皆是「冂」之譌。《大徐本》與《小徐本》均譌作「冖」，並非。

註 3：見唐蘭《殷虛文字記・釋帚》，北京，中華書局，1981 年 5 月。

註 4：以上所引，並見釋慧琳、釋希麟撰《正續一切經音義》。上海古籍出版社，1986 年 10 月。第三冊，頁 3525。

許氏釋「帚」爲「从又持巾埽冂內」，从「又」乃「」之譌，冂爲ㄩ之譌，「巾」乃「」之譌，前賢固已言之深切著明。茲且根據「帚」字相關形體之歷史發展，針對「帚」字篆文譌形之成因，略作探討。

「帚」字或从「帚」之字，在商、周時代，帚鬣或向左或向右，且有繁（有架）、簡二形並存，字形大致穩定。但在西周中期〈不𡢁段〉「歸」字所从之「帚」旁，卻赫然發現上部的帚鬣部份，已譌爲「从又」之形（表一～20），這是西周時代以前的甲骨、金文中，寫作「从又」的「帚」之最早字例（註 5），爲後世「帚」字形體譌化之濫觴。

到了戰國時期以後，帚鬣有統一向左的趨勢，簡體的字形也消失不見了，反而是帶有帚架的繁形獨領風騷而傳衍下來。同時，也就在戰國時期的墨跡文字資料中，如〈江陵楚簡〉、〈包山楚簡〉（表一～20,21）及〈睡虎地秦簡〉的「歸」字（表一～22）；〈楚帛書〉「䰜」（侵）字（表一～18）；〈睡虎地秦簡〉的「婦」字（表一～14）等，所从「帚」旁的寫法起了變化，上面的「」形，與帚架以下的帚柄部分脫離開來。在〈睡虎地秦簡〉中，帚鬣參差的三筆，甚至省作兩筆，上面與帚背相接的橫折筆，也連寫爲一曲筆，形似反向的「匕」字。起初，雖然離斷爲兩個部分，但上半部基本都還保存帚面參差，𠬶背平整的原形。到了漢代的簡牘文字中，已發現有上部譌爲从「ヨ」的獨體「帚」字，如表一～8 的〈居延簡〉，帚从部分參差三筆中的第二筆，右端向右穿突原本平整的帚背，遂由「𠬶」形譌爲手形。

比較可疑的是〈詛楚文〉，此作北宋出土，宋、元以後並經多次翻刻，今所見傳世刻本，多是元代根據宋拓本重摹所複刻的《中吳刊本》。儘管在時代更早的西周中期，已偶有作爲偏旁的「帚」字譌形字例出現，但對於〈詛楚文〉的「婦」字譌爲从又的「帚」旁寫法，字形不古，其形體來源不能無疑

註 5：此字「帚」旁下方所从之「口」形，「不𡢁段蓋銘」「歸」字从帚从追，追亦聲，當是从「止」之譌。先師魯實先先生認爲，「歸」乃从「追」聲，今據「不𡢁段蓋」及「歸父盤」等从「追」之用例，可證魯先生的看法是正確的。見《說文正補》，附刊在台北黎明文化公司出版段玉裁《說文解字注》書後，頁 50。

（註 6）。後漢以後的鉨𠨦及碑刻文字，作爲偏旁的「帚」字，上部譌爲「从又」的現象，便時有所見了。特別是當時具有正字作用的〈熹平石經〉，如〈易·家人卦〉的「婦」字（表一～16）、〈易·說卦〉的「歸」字（表一～24）、〈春秋·文公七年〉的「侵」字（表一～19），所从的「帚」旁，全皆寫作「彐」形。在《說文》之後百餘年的魏正始〈三體石經·春秋僖公〉的「歸」字，右半的「帚」旁，自「古文」、「篆文」及「隸書」三體，也全皆譌作「从又」形（表一～25.26.27）。可見《說文》篆文「帚」字及「籀文」「歸」字所从「帚」旁之作「从又」，應是原本所有，非傳寫之譌。

「帚」字上部既已譌爲从又，而獨立成文，帚架以下的部分，一旦被割絕而落單，帚柄的上端下移，變成頂住表示帚架的橫畫下沿，甚至再往下移而脫離了帚架部分，則「帚」字的下半部便成了「冂」與「巾」兩個形體部件之組合，許氏據已譌之「帚」字篆文形體以爲訓解，其所以釋之爲从「又」持「巾」埽「冂」內，硬把一個合體象形的文字，拆解爲三個各具「形」、「音」、「義」的形體，正是漢字在隸變過程中，不斷地向著「形旁系統化」發展的必然結果。

《說文》釋「帚」爲「糞也」，《大徐本》與《小徐本》皆如此。王筠以爲此處蓋借「糞」爲坌。《說文》釋「坌」爲「埽除」，王氏之說，以許書解許書，可謂的當。而段氏雖也有類似看法，卻將許書「糞也」之釋，增改爲「所㠯糞也」。案，《說文》四下釋「糞」爲「棄除也」，段注：「棄亦糞之誤，亦複舉字之未刪者。『糞』方是除，非棄也。與土部『坌』音義皆略同。《禮記》作糞，亦作攢，亦作拚。」又說：「古謂除穢曰糞，今人直謂穢爲糞，此古義、今義之別也。」（註 7）據此，既然「糞」字有動詞與名詞之異用，「糞」與「攢」，也只是古今字之別。且許書既以會意（从又持巾埽冂內）說

註 6：有關〈詛楚文〉真僞之考辨，參考郭沫若《詛楚文考釋》一書（與《石鼓文研究》合刊。北京，科學出版社，1982 年 10 月），及今人陳煒湛〈詛楚文獻疑〉一文（刊在《古文字研究》第十四輯，頁 197～208）。

註 7：見段著《說文解字注》，頁 160。台北，黎明文化出版公司，1974 年。

「帚」字，則在許氏意識中，「帚」字之用即爲「埽除」，其以動詞之「糞」釋「帚」字，亦可理解，只是未得「帚」字之朔誼而已。今「帚」之初文，既已明確知是象埽帚之形，則段氏之改《說文》「糞也」之釋爲「所㠯糞也」，雖然合乎文字形義相兼之理則，卻與許書之原意並不相契。許氏原書之說解固有疏失，段氏之增補亦未爲得也。

甲骨卜辭及記事刻辭，常見「帚」及「多帚」之辭，近代學者習以「諸帚（婦）」稱之。就其在甲骨文中所顯示的事象看，「諸帚」在商代不僅直接參與領軍征伐，也負責主持祭祀，擁有相當的實權，死後並接受祭祀，地位非常特殊。至於「諸帚」的真正身份，究竟是商王的妃嬪，還是商王的子婦？迄今尚無定論。由卜辭用例看，「帚」字習慣加在女性人名之上，作爲一種婦女身份的表示，如「帚好」、「帚嫢」、「帚娘」等，未見用其本義者。兩周金文同。就文例上看，殷商甲骨文中的「帚」，應即後代之「婦」字（註 8）。以箕「帚」乃古代婦女作務時之所執持，故於「帚」旁加女旁而孳乳爲「婦」字，以示其爲女性之意，所謂「箕帚婦」是也。

《說文》十二下女部釋「婦」之構形云：「从女持帚灑埽也」，以會意說之。惟甲骨、金文中均假箕帚之「帚」以爲「婦」，「婦」字應是以「帚」之假借義爲初文，另加「女」旁作形符的後起形聲字。段玉裁《說文解字注》及朱駿聲《說文通訓定聲》，兩書均以爲「帚亦聲」。故「婦」字依六書分析，應爲「从女帚聲」的形聲兼意字。其右半「帚」旁篆文，與「帚」字同爲譌形。此外，其他从「帚」構形的「埽」、「侵」、「歸」、「寑」、「浸」等孳乳字，所从「帚」旁的篆文形體，並均與「帚」字同譌。

註 8：見趙誠《古代文字音韻論集・諸帚探索》，頁 297～298。北京，中華書局，1991 年。

第五節　說「庶」、「度」、「席」

《說文解字》九下广部釋「庶」：「屋下眾也。从广炗。炗，古文光字。」篆文作「」。

說文篆文
前四、三〇、一
京津二六七四
周甲一五三
盂鼎
周晚毛公鼎
春秋沇兒鉦
蔡侯鐘
者沪鐘
中山王譽鼎
石鼓田车
包山二五七
包山二五八
3.157 睡虎地簡
6.126 睡虎地簡
老子乙前一四八下
孫臏二三九
漢印文字徵
史晨碑
夏承碑
三體石經書
三體石經無逸

（表一）「庶」字歷代形體演化一覽

「庶」字於甲骨文作「」或「」，「从火从石」，並即以「石」爲聲。〈周原甲骨〉作「」，上部所从的「石」旁，已增「口」符爲繁文。兩周彝銘作「」或「」，並皆「从火从石」。許氏所云「从广炗」，乃據後世譌形以立說。

關於「庶」字「从火从石」構形之本義，先師魯實先先生說：「焚石之性辛烈，可殺蟲魚。《周禮》壺涿氏云『掌除水蟲，以焚石投之』，此其證也。壺涿讀如庶叕，乃以庶殺水蟲，因以爲名，與掌除毒蠱之庶氏相同。惟以所司互異，蓋避名義溷殽，故爾假壺爲庶。此證之庶氏及壺涿氏之職，因知庶爲焚石，殆無可疑。焚石經水化或風化則成灰，故曰石灰。」（註 1）魯先生以「焚石」說「庶」，與上古農業時代的先民實際生活相應，其說可從。于省吾也有類似的看法，他說：「甲骨文庶字是『从火石，石亦聲』的會意兼形聲字，也即煮之本字。凡會意兼形聲字，仍應屬形聲的範圍。庶之本義，乃以火燃石而煮，是根據古人實際生活而象意依聲以造字的，但因古籍中每借庶爲眾庶之庶，又別制煮字以代庶，庶之本義遂湮沒無聞。《周禮》鄭注雖讀庶如煮，已不知庶爲煮之本字。」（註 2）于氏雖亦認爲「庶」之本義是「以火燃石而煮」，但他把「庶」字當作「煮」的本字，似尚缺乏有力的論據。姚孝遂在《甲骨文字詁林》「庶」字條下的按語中，已經有所指陳（註 3）。許氏訓「庶」爲「屋下眾」，乃誤以「石」旁所从之「厂」爲「广」旁，又誤以假借義爲本義。實則，甲骨文中另有「从众叏聲」的「」字（〈前編〉5・25・1），應即「眾庶」之本字。其後經傳既多假「焚石」之「庶」字爲之，本字遂爾淹廢（註 4）。

東周以後，「庶」字「从火从石」的字形開始產生譌變。如春秋時代的〈蔡侯鐘〉，不僅「石」旁的「口」形，上橫兩端穿突左右的兩個豎畫，而被寫成「廿」；「火」上也增冗了一橫，作爲飾筆。在「石」旁的左長筆內側，也增加了兩個短橫作飾筆（表一～8）。這「火」旁上方冗增的一筆，在〈中山王譻鼎〉、〈石鼓文〉及〈包山楚簡〉等字例中，都曾經出現過，可見這已是東周時代，各諸侯國之間普遍習慣性的寫法（表一～7-11）。「石」旁內側原本置於「口」形左方的兩個飾筆，在〈包山楚簡〉中，則被移寫到「口」形的正上方（表一～13）。〈包山楚簡〉第二五七簡的字例，還在「石」旁上方再增加一個短橫爲飾筆。到了〈睡虎地秦簡〉（表一～14,15）簡文中，「石」旁所从的「厂」形，則已譌化爲从「广」。所从的「口」形，或如〈春秋鐘銘〉

註 1：見魯先生《文字析義》，頁 571。台北，魯實先全集編輯委員會，1993 年 6 月。

註 2：見于著《甲骨文字釋林》，頁 434～435。台北，大通書局，1981 年 10 月。

註 3：見該書第三冊，頁 2209。北京，中華書局，1996 年 5 月。

註 4：見魯先生《文字析義》，頁 573。同註 1。

及〈石鼓文〉之作「」，或者下面亦作一長出的橫畫而寫成「廿」（表一～14,15），與「燕」字上部所从「口」形之演化情形大致相類，爲西漢簡帛及東漢碑刻文字之所承襲。至於《漢印文字徵補遺》所收「庶樂則宰印」的「庶」字作「」，則與《說文》篆文完全同形。由於「庶」字在甲骨、金文中所从的「石」旁，到了漢代已譌作「厈」形。在形體上已看不出其爲「从石」之意，因而被許慎在釋形時誤拆成「广」與「廿」的兩個部件。又將「廿」形跟字下的「火」形另行組合成「炗」形，而誤解作「光」之古文。其所收錄的篆文既已譌變，則其據以作出的訓解，自然也就不足信據了。

《說文》釋「光」爲「明」，其字从「火」在人上構形，「古文」作「」。徐鍇《說文解字繫傳》三十三〈通論卷〉上，針對許書「光」字下所收的這個「古文」形體，作出如下的解釋：「古文廿火爲光。廿，共也。」事實上，「光」字在甲骨文中作「」（〈明藏〉二五八）、「」（〈乙〉一四六九）等形，象「火」在「人」（「卩」與「女」皆表人形）上，皆有光明之意（註5）。金文則作「」（〈毛公鼎〉）或「」（〈攻吳玉戈〉）。在先秦的所有古文字資料中，形體與《說文》所收「光」字「古文」「」近似的實際用例，只有〈毛公鼎〉銘「勿逮雝」的「」字。此與〈毛公鼎〉「庶」字所从者全同，強運開以爲是「庶」之省文。吳大澂則直釋爲「庶」。因〈毛公鼎〉銘中「文武耿光」之「光」字作「」，與「」顯然是不同的兩個字。故此字究竟是否即爲「庶」字，尚未能斷定。但其絕非「光」字，則是可以肯定的。因此，《說文》把「」字當作「光」之「古文」，顯然是一種誤解。

此外，在《說文》書中，被許慎解釋爲从庶構形的，還有「度」、「席」兩個字。其一是三下又部的「度」字，許氏釋云：「法制也。从又，庶省聲。」其二是七下巾部的「席」字，許氏釋爲：「藉也。从巾，庶省聲。，古文席，从石省。」兩處釋形，都說是从「庶省聲」。就「度」、「席」二字篆文，與「庶」字相較，許氏所云「庶省聲」者，也只是省掉「庶」下的火旁而已。

註5：見徐中舒主編《甲骨文字典》，頁1118。四川辭書出版社，1988年。

說文篆文 1
合集 二一二九反 2
古璽彙編 三二二 3
2.2 睡虎地簡 4
3.173 睡虎地簡 5
大良造鞅方升 6
兩詔銅橢量(一) 7
兩詔銅橢量(二) 8
老子乙前 七下 9
相馬經 一三上 10
一號墓竹簡 二五二 11
新莽銅量 12
項伯鍾 13
漢印文字徵 14
漢印徵補 15
石門頌 16
魯峻碑 17
白石神君碑 18
朝侯小子殘碑 19
蒼山畫象石題記 20
鍾繇宣示表 21
孫秋生造像記 22
敬使君碑 23
九成宮醴泉銘 24
倪寬贊 25
魯公自書告身 26
五經文字 27

（表二）「度」字歷代形體演化一覽

今既已證知「庶」字之本形，爲从火从石，石亦聲。去其「火」旁，則剩「石」旁。故許書在「度」、「席」二字釋形所說的从「庶省聲」，其實與「庶」字同爲从「石聲」，許氏的說法是不準確的。

「度」字甲骨文作「 」（〈合集〉二一二九反），「从又石聲」（表二～2）。所从「石」旁，與「庶」字之所从者同。《殷墟甲骨刻辭類纂》依字形隸定作「㕌」，未釋（註 6）。何琳儀教授逕釋爲「度」而無說（註 7）。案：《甲骨文合集》二一二八九反：「…（與？）弗㕌…」。「㕌」字在「弗」字下，當爲動詞，作「量度」、「測量」解，何氏釋「度」，甚確。先師魯實先先生說：「案『度』乃从又石聲，而以揣量爲本義。『又』者，尺寸；『石』者，縣繩之垂石。《商君書・禁使篇》云：『探淵者，知千仞之深，縣繩之數也。』

註 6：見該書上冊，頁 359。北京，中華書局，1989 年 1 月。

註 7：見何著《戰國古文字典─戰國文字聲系》，頁 546~547。北京，中華書局，1998 年 9 月。惟其所引「類纂〇九六八」，當是「類纂三五九」之譌。

凡縣繩必下有垂石，則繩無紆縮，益以臨風不動，入水不浮，此所以『度』从石聲，以示垂石，而兼有揣高卑，量長短之義也。」(註 8) 魯先生所釋「度」字从石聲之義，至爲精闢。

兩周金文中未見「度」字之用例。《古璽彙編》有「度質」一印（表二～3),「度」字作「」,所从「石」旁已增「口」爲形符,「石」下則作从「攴」,與《說文》篆文之从「又」者不同。羅福頤但依字形，隸定作「䂳」(註 9),不知其即爲「度」字之本形。

〈睡虎地秦簡・秦律十八種〉的「度」字，所从「石」旁寫作「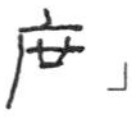」。當「攴」旁上部「卜」形的短橫跟「廿」形的下橫筆粘結爲一橫畫，从「攴」之形已不明顯（表二～5)。一旦這個由兩短橫所連接成的橫畫再向左延伸，穿過「廿」而形成一個長橫以後，如〈南郡守騰文書〉第二簡的「度」字寫法，看來便宛似从「又」構形，而非从「攴」了（表二～4)。這種从「又」的形體，在西漢帛書〈相馬經〉及〈一號墓竹簡〉等簡帛文字中，也普遍有所承襲。年代稍後的〈秦始皇廿六年詔書〉及〈秦二世元年詔書〉中的「度」字（表二～7,8),「从攴」的形體反倒鑿刻得更加明確。值得注意的是，這些字體比較古典的〈兩詔刻銘〉的「度」字，除了明顯都寫作从「攴」外,「石」旁的上部固有譌爲「从广」的，但也有尚未譌化的，如〈大良造鞅方升〉(表二～6）及〈兩詔銅橢量〉的〈二世元年詔書〉刻銘，均作「从厂」之古形。

抄寫年代早於秦代〈兩詔刻銘〉的〈睡虎地秦簡〉,各種簡文中出現「度」字與「庶」所从的「石」旁，全皆譌爲从「广」,銘刻年代較晚的〈兩詔刻銘〉,反而猶有保存古形作「从厂」者。由此可知，在秦代的一般日常使用字體，應是像〈睡虎地秦簡〉的古隸，至於權量上的篆書體刻銘文字，儘管字體或有工整與草率之別，但在當時而言，應都屬於古典字體了。過去的學者多半認爲秦代通行字體是小篆，從各種實物及文字資料看來，恐與歷史事實不相符合。

註 8：見《文字析義》，頁 1107。同註 1。

註 9：見羅著《古璽彙編》，頁 301。北京，文物出版社，1981 年 10 月。

表二～12 的〈新莽銅量銘〉字例，字體也是古典的小篆，其「攴」旁上部「卜」形的豎筆，由秦代〈權量銘〉之寫在「廿」形正下方，縮短並移到「廿」形之左下方，寫作「乚」，與〈魯峻碑〉（表二～17）、〈朝侯小子殘碑〉（表二～19）上的漢隸寫法無別，在整個小篆形體結構中，出現這種隸化的筆畫，這也是漢篆常見的現象。〈魯峻碑〉「度」字所从「攵」旁，當「卜」形的橫筆一旦跟上面「廿」形的下橫觸連爲一，原本的「攵」旁，變成「夂」形，便與表二～18 的〈白石神君碑〉之「度」字同形（表二～18）。

在容庚《秦漢金文錄》卷二所收漢代〈項伯度鍾〉的「度」字（註 10），與〈白石神君碑〉「度」字形體完全相同，明顯是同一個字。然而，此字卻被容氏誤認爲是「庶」字，而收錄在《續金文編》的「庶」字條下（表二～13，註 11）。由於此鍾刻銘筆畫偏細，容氏或誤以爲此字下方所从的「夂」，像似「火」旁，故有此失。但導致誤識的更關鍵因素，應是容氏對於「度」字之形體演變，缺乏作全面歷史性的發展考索之故。事實上，這個「度」字類似形體的寫法，不僅在漢碑中出現，也在曹魏鍾繇的〈宣示表〉（表二～21）及拓跋魏的〈孫秋生造像記〉（表二～22）中有所承襲。到了唐代，雖說从支與从又的「度」字兩形依然作爲異體而並存，由於許慎《說文》有「从又，庶省聲」的訓解，張參《五經文字》也以从「又」的「度」字作爲正字。所謂「定則定矣」，千餘年來，相沿至今。

至於像敦煌出土〈史記·伯夷叔齊列傳殘卷〉，「衆庶馮生」的「庶」字，則被誤寫作「廌」（圖一，註 12）。除了在「庶」字中部的「廿」形，上橫右端冗增一個帶筆，寫作「丗」外，「丗」形與「灬」旁之間還多出了「勹」形。與《說文》十上訓作「解廌獸也，似牛，一角」的「廌獸」字同形。就漢字形體學上考察，這冗出的「勹」形，原本是由「乚」形衍化而來。換言之，「庶」形與「廌」形之間，應有「庛」這樣的一個

衆廌馮生
（圖一）

註 10：見該書頁 202。台北，洪氏出版社，1974 年 6 月。

註 11：見該書頁 1459。台北，大通書局，1971 年 12 月。

註 12：見饒宗頤《敦煌書法叢刊》第十卷，頁 28。東京，二玄社。1985 年 6 月。

中間環節。而這個中間環節的「」形，應是受到〈新莽銅量〉、〈魯峻碑〉和〈朝侯小子殘碑〉「度」字，「又」旁除外的形體「庶」之類化影響所致（表二～12,17,19）。

說文篆文 1
說文古文 2
京都藏甲骨 七一九 3
合集 九五七五 4
九年衛鼎 5
曾侯乙簡 一二三 6
曾侯乙簡 四五 7
曾侯乙簡 一○四 8
仰天湖簡 一七 9
信陽長台關 二一 10
睡虎地簡 5.4 11
睡虎地簡 9.10反 12
五十二病方 二四七 13
一號墓竹簡 二八六 14
漢印文字徵 15
夏承碑 16
熹平石經 17
元珍墓誌 18
孔子廟堂碑 19
道因法師碑 20
五經文字 21

（表三）「席」字歷代形體演化一覽

《說文》七下巾部釋「席」：「藉也。《禮》：天子、諸侯、席有黼黻純飾。从巾、庶省聲。，古文席，从石省。」篆文作「」。

甲骨文「席」字作「㘝」（表三～3），象有織紋之席形，本是獨體象形。羅振玉釋作「席」（註 13），甚確。其織紋或省為兩重，作「囨」（表三～4）。甲骨文「宿」字作「」（〈合集〉二七八○五），與後世之隸、楷書形體完

註 13：見《殷墟書契考釋》中，頁 26。載《甲骨文字詁林》，頁 2138，「西」字條下所引。

全相對應。或省宀旁作「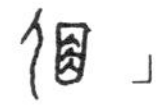」;「人」旁所从之「𡆧」，即為席形。或从「卩」作「」，或从「女」作「」，席形橫置，並皆為「席」字之異體。這個作兩重織紋之「𡆧」，隸變後演變為「㐁」，而為「宿」、「弼」等字之所从。「㐁」字被許氏收在《說文》三上谷部下，釋云：「舌皃，从谷省，象形。𡆧，古文㐁。讀若『三年導服之導』。一曰竹上皮，讀若沾。一曰讀若誓，弼字从此。」鄭玄注〈士喪禮〉：「禫或為導」，據惠棟《讀說文記》所考，知「導服即禫服。」導、禫古音相近。《說文》五上竹部有「簟」字，釋云：「竹席也，从竹覃聲。」其說解與「㐁」字下「一曰竹上皮」之意相近（註 14），唐蘭遂以為甲骨文「𡆧」字為「字象簟形，即㐁字，羅釋席，誤。」（註 15）實則，唐氏所說「象簟形」的「㐁」字，就是从兩重織紋的「𡆧」形譌變而來，與「席」字原是一字（即𡆧形）之衍化。其孳乳演變過程如下：

a 為繁形；b 形為省體；並象織紋方幅之形（王襄說，註 16）。當方幅的左右兩豎筆與上面的橫筆離析而下移，便成 c 形；待兩旁豎筆繼續下移，至與上一重織紋的左右兩端頂接，便成 d 形；當上一重織紋由原本向下的曲勢，展為平勢時，便成 e 形，與今日隸楷書之字形無別。故《說文》乃特別為立字頭，篆文作「㐁」，乃根據隸變後的隸書譌形篆化而來。

甲骨文「𡆧」字原本是獨體象形，後來乃增「石」旁作為聲符，而作「𠩄」形，或省作「𠩂」，此即《說文》「席」字下所收古文之形體。甲骨文「石」字多只作「𠂆」，或增「口」旁作「𥐘」，或省作「厂」（如〈合集〉一八八九四「磬」字之所从）。西周時代，又易「𡆧」旁為「巾」旁，而作「𢂷」。今雖未見有从巾石聲之金文字例，卻有〈九年衛鼎〉作「帍」之簡體

註 14：參李孝定《甲骨文字集釋》，頁 689。

註 15：見《甲骨文字詁林》，頁 2138。同註 3。

註 16：同註 15。

字例（表三～5）。我們把〈九年衛鼎〉這個簡體的「席」字，拿來跟〈睡虎地秦簡〉、馬王堆帛書〈五十二病方〉及〈一號漢墓竹簡〉等秦、漢之際的譌化繁形「席」字（表三～11-14）並列比觀，可以推知其間必當有個「从巾石聲」的「⿸厂巾」字之過渡形體存在。經檢讀《曾侯乙墓》竹簡簡文，其第 123 簡，就有一個从巾石聲的「⿰巾石」字左旁所从之「」，乃「巾」旁之繁體，「巾」旁寫作「」形，在南方楚系文字中習見。如同屬〈曾侯乙簡〉的「幃」字（第 122,138 簡）、「常」字（第 6 簡）等，所从巾旁均寫作「」。簡文原詞作「⿰巾石（席）幐」，當係指約束席子之絲繩。故此字應是金文「⿸厂巾」（席）字之孑遺。裘、李二先生依原簡字形釋作「⿰巾石」（註 17），恐未切當。「席」字在〈曾侯乙簡〉中屢見，絕大部分都寫作「」（表三～8），隸定當作「⿱竹⿸厂西」或「⿱竹囟」。从竹，表示織席之材質，所从之「囟」旁，乃「席」之象形，而中間之「」形，則爲聲符「石」旁之省文。一個字在同一種古文字資料中，寫作兩種形體截然不同的異體，也時有所見，無足爲奇。

此外，同是楚系文字的〈仰天湖楚簡〉（表三～9）及〈信陽長台關簡〉（表三～10）等，「席」字則只寫作「⿱竹石」，不从「囟」（西）。所从「石」旁，多寫作「」，或作「」，正與前舉〈包山楚簡〉「庶」字所从「石」旁寫法（表一～13）同。由於此一形體與「君」形近，故或被誤認爲是「君」字。如表三～10 之字例，爲〈信陽長台關一號楚墓竹簡〉第二組遺策簡文，原簡作「⿱竹石」，也應是「席」字。商承祚釋作「⿱竹君」，不確（註 18）。

至於「席」字所从「石」旁的各種形體，則與前述「庶」字之形體演變大抵相類。若表三～11 的〈夏承碑〉「席」字，本不从「卜」，卻在上面「石」旁與下面「巾」了一個「」的形體，與〈夏承碑〉上的「庶」字（表一～20）一樣，應該都是受到「度」字（表二～12,17）从「攴」（上面从「卜」）

註 17：見湖北省博物館編《曾侯乙墓》除錄一〈曾侯乙墓竹簡釋文與考釋〉，頁 496。北京，文物出版社，1989 年 7 月。

註 18：見《戰國楚墓竹簡匯編》頁 36 及書後所附〈字表〉頁 30。濟南，齊魯出版社，1995 年 11 月。

的隸書寫法（文）之類化影響所致。自此再經譌變演化，則爲〈元珍墓誌〉及〈道因法師碑〉之从「市」，與「帚」字下部所从者同形（表三～18,20）。足見一般士人對於文字之書寫，泰半是取其大略，未曾深考，盲從者多。這些譌形俗體，在六朝喪亂之際，更是到處充斥。這自然不能任其自由氾濫，否則便會影響文化與政令之推展。所謂物極必反，故在隋、唐之際，天下復歸一統以後，便又興起一波波的「正字」運動。針對六朝以來所出現的各種奇詭字形，加以甄別淘汰。張參《五經文字》，便是在此歷史背景之下，應運出現的一本著作。其所收「席」字字形與《說文》相同。儘管形體已有譌變，但比起六朝以來，如〈元珍墓誌〉（表三～18）及〈道因法師碑〉（表三～20）上的怪異字形來，又似乎典正許多。

總而言之，「庶」、「度」與「席」三字，本皆从「石」構形，亦皆从「石」得聲。由於在隸變過程中，「石」旁上部的「厂」形譌爲从「广」；下部的「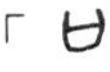」形，上橫穿突左右兩個豎筆，譌作「廿」，致其从「石」之意不顯。原本「从火石聲」的「庶」字，所从的「石」旁，硬被許氏解析爲兩個部件，釋作「从广炗」。又將石旁下部的「口」形，跟字下的「火」旁結合成「炗」，而誤解作古文「光」字，已如前所論證。「庶」字之釋形既誤，被許氏解釋作从「庶省聲」的「度」字與「席」字，自然也連類而誤。

第七章　縮齊之訛

凡商、周以來一脈相承的古篆文字，其形體中橫直筆畫之結構關係，本當呈相交之穿突狀態者，在《說文》篆文或譌而為相接之縮齊狀態，以致形義或不相吻合者，是為「縮齊之譌」。

第一節　說「章」

《說文解字》三上音部釋「章」：「樂竟為一章。从音从十。十，數之終也。」（註 1）篆文作「」。

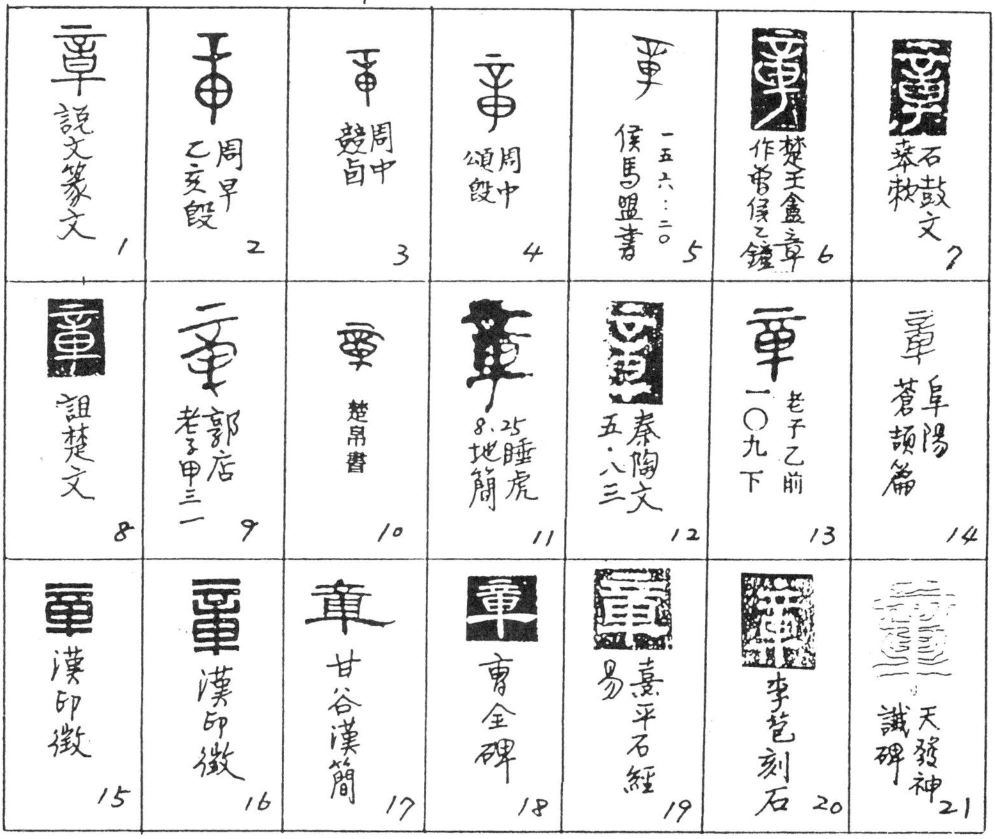
說文篆文 1
周早 乙亥段 2
3
周中 頌段 4
侯馬盟書 一五六：二〇 5
楚王酓章作曾侯乙鐘 6
石鼓文 7
詛楚文 8
郭店 老子甲三一 9
楚帛書 10
睡虎地簡 8.25 11
秦陶文 五·八三 12
老子乙前 一〇九下 13
阜陽 蒼頡篇 14
漢印徵 15
漢印徵 16
甘谷漢簡 17
曹全碑 18
熹平石經 易 19
刻石 20
天發神讖碑 21

（表一）「章」字歷代形體演化一覽之一

註 1、《原本玉篇殘卷》〈音部第一百一〉「章」字條下，顧野王案語引《說文》，作「樂歌竟為一章也」。原有「歌」字，今本無，恐是傳寫漏失。見該書頁 58 及頁 260。北京，中華書局，1985 年 9 月。

「章」字未見於甲骨文中，西周金文則屢見。如〈乙亥段〉作「」（表一～2）；〈頌段〉作「」（表一～4）；春秋、戰國以後之金文，或於字下之豎畫上增點爲飾，復衍點爲畫，遂如〈曾侯乙鐘〉作「」之形，上部从「辛」（表一～6），「辛」之中豎皆下穿。許書釋形認爲「从音从十」，顯然是根據隸變後已經譌誤的形體立說。

先師魯實先先生認爲「章」字「於文爲从䇂之合體象形，所以象剞劂（案，即刻鏤刀）之斷帛，當以文錦一章爲本義。」又說：「以章之本義爲斷文錦，故引伸有文采章明之義，與法度等別之義。半珪曰璋；樂之一闋爲章，歷術以至朔同日爲章，皆取章斷之義。《大雅・假樂》云『率由舊章』，《左傳・襄公三十年》云『子產使都鄙有章』，是乃取法度等別之義。以章爲文采章明，故孳乳爲彰。」（註 2）其說近是。故知許氏以「樂章爲一章」，乃「章」之後起引申義，並非說其本義。金文中「章」字或作人名；或假爲禮制玉器名之「璋」字用，乃古代臣子行朝見禮時所用物品，原只假「章」爲之，後乃增加玉旁作爲形符。

就「章」字形體發展看，在春秋時代以前的文字資料中，並未發現有如今本《說文》篆文之「从音从十」作者。「从音从十」的字形，惟見於戰國時代的西土系的〈石鼓文〉中。這是截至目前爲止，在先秦時代所有古文字資料中，僅見的「章」字中豎並未下穿的一個字例。其形體來源可疑，詳見下文論述。

同是戰國時代的長沙〈楚帛書〉，其形體與兩周金文相同，下部的豎筆貫穿「」形，與上部組構而成的从「辛」之形甚爲清楚。此外，一九九三年湖北荊門楚墓出土的〈郭店・老子甲種〉第三十一簡：「法勿（物）慈（滋）章」（表一～9），及〈緇衣〉第二簡「章好章亞（惡），以視民厚」，兩種不同內容簡文的「章」字，其形作「」，中豎上方較帛書少了分兩筆寫成的一個仰勢曲筆，算是「章」字的簡體。其上下貫穿爲一，則與〈楚帛書〉寫法

註 2、見魯先生著《文字析義》，344～348 頁。台北，魯實先全集編輯委員會印行，1993 年 6 月。

無別。

〈戰國古璽印〉「章」字，所从「辛」旁，上方無一點，此乃早期金文的「辛」字寫法。古文字每於字上橫畫之上方增點爲飾，後再延點爲畫。如「丙」、「雨」等字，早期甲骨、金文原本沒有上面的一筆，此一橫筆乃是後來所增，並不影響字義，乃屬自然之演化，不在譌形之列。

戰國至秦代間的〈古陶文〉，如臨潼出土的「新城章」、咸陽出土的兩方「咸直里章」、始皇陵出土的「宮章」等，「章」字多見，均作「章」，中豎無一不上下貫串者（表一～12）。這些被收錄在高明《古陶文彙編》書內的古陶文，泰半都經科學發掘，記有出土地點。上引這些古陶文字，都在陜西出土，正說明了西土秦系文字，自從戰國時代以迄秦代之際的「章」字形體真相，及其實際使用情況之一斑。

〈睡虎地秦簡・爲吏之道〉第二十五簡「名不章」的「章」字，中豎也是上穿的（表一～11）。原本在〈侯馬盟書〉及〈楚帛書〉裡，緊靠在豎畫上端，由左右向內作兩筆寫成的一個曲筆，已展平爲一橫畫，字下的橫畫作蠶頭雁尾，整個字形跟後漢成熟的八分隸書沒有兩樣，算是較早隸化完成的文字。

關於〈石鼓文〉中的「章」字（表一～7），形體與兩周以迄秦代的金文、璽印文、陶文、簡牘帛書等古文字資料形體絕不相諧，獨與今本《說文》篆文相合，可見此刻石的「章」字形體確有可疑。然而，〈石鼓文〉自唐代出土以來，不僅流傳有緒，今原石尚存於北京故宮博物院，此刻來源之真實性不容懷疑。惟因此刻〈㚔敹鼓〉「□徒如章」的「章」字，中部「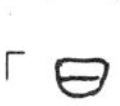」形上面兩個橫畫偏細，其寬幅幾乎只及字中其他筆畫的三分之一（註 3），原石該處或被堅凝之汙物塡塞，未盡剔除，以致墨拓時筆畫隱沒，亦非全無可能。如東漢〈張遷碑〉「運籌策帷幄之中」的「策」字，作「」。上面的「竹」離旁，隸變後譌爲「艸」頭。下面的聲符「」，中豎斷開作上下兩截，其

註 3、今傳世曾爲明代中葉安國所藏的最早三種北宋拓本——《前鋒本》、《中權本》與《後勁本》，「章」字中部筆畫偏細現象，三本均同。

斷開之部分，必是原刻該陰窪處爲汙物填塞，歲久風化堅凝，致與碑面平齊。後人椎拓時，或因不解字勢，一時不察，未能將該污物予以剔除，致有此訛形。既與其前後之古文字資料不合，取與同時代之其他隸書字例並列比觀，更顯突兀。《漢語大字典》根據《秦漢魏晉篆隸字形表》，兩書對於此一字例，並皆依樣照描，襲誤斷開，摹寫作「」，已不成字，當予訂正（註 4）。由此一例，可知筆者對於〈石鼓文〉中這個「章」字特殊字例之懷疑，絕非憑空臆測而已。儘管目前尚無機緣諦審原鼓，對於〈石鼓文〉「章」字致譌的原由，還無法確切究明。但我們透過兩周古文字資料的考索，已足確證「章」字本爲从「辛」之合體象形，其構形象以剞劂斷帛，其中豎未有不向下貫串者，鐵證如山，也足資判定這個「从音从十」的「章」字之爲譌形。

至於商承祚《石刻篆文編》所錄〈詛楚文〉「箸之石章」（註 5）句中之「章」字，亦「从音从十」作「」，中豎不上穿，其所據似爲後人依仿今本《說文》篆文譌形所摹寫翻刻的本子。今〈詛楚文〉原石雖已佚失，惟元人摹刻的《中吳刊本》，則猶存於世。其「湫淵」、「亞駝」及「巫咸」三石中的「章」字，中豎並皆上穿，作「」（表一～8，註 6），可資比勘。

在西漢早期文字資料裡，「章」字的形體，除了作爲識字教科書的〈阜陽漢簡‧倉頡篇〉，與秦簡略同外，其他如馬王堆帛書〈老子甲本〉、〈老子乙本〉、〈相馬經〉與〈銀雀山孫臏簡〉的「章」字，以及〈帛書古地圖〉的「鄣」字（表二～16）、〈春秋事語〉的「贛」字、〈縱橫家書〉的「漳」（表二～23）字所从之「章」旁，字形都與戰國秦簡不同，反而同於戰國中期的〈郭店簡〉

註 4：見該書頁 297。四川辭書出版社，1985 年 8 月。

註 5：據元代至正《中吳刊本》，「湫淵」、「亞駝」及「巫咸」三石，此句均作「箸者石章」。秦人假「者」爲「諸」，此由〈睡虎地秦簡〉中，「諸侯」並皆作「者侯」可證。故「箸者石章」，即「箸諸石章」之意。商氏誤植作「之」字，當予訂正。見該書卷三，頁 10。中華書局香港分局，1976 年 11 月港版。

註 6：見郭沫若《石鼓文研究‧詛楚文考釋》，頁 320,326 及 332。北京，中國社會科學院考古研究所，1982 年 10 月。

之簡體寫法，堪稱典型的南方楚系風格。於此可見秦人統一六國以後，雖曾以秦文字厲行其「書同文字」之政策，罷黜「不與秦文合」的六國文字，或因秦祚太過短暫，以致在秦亡漢興以後，楚文字中早被楚地人民習用的簡便寫法，又在新政府的土地上全面恢復其自然生機。儘管西漢時期的簡牘帛書有正體與簡體之別，然其中豎作上下貫串之形，則是普遍一致的。

羅福頤《漢印文字徵》書中，所收「章」字七個字例，以及从「章」的「璋」、「鄣」等字，形體或有繁、簡之別，中豎且皆貫通，同於西漢文字。

至於文字隸化早已完成的東漢典型八分隸書，情況又如何呢？根據日本學人伏見沖敬編《隸書字典》，立部所收東漢碑刻十九個「章」之字例（表一

（表二）从「章」構形諸字形體一覽

～18,19），也未見有中豎不上穿者（註 7）。此外，在顧藹吉《隸辨》陽部第十，所收「章」字兩例，从章之「彰」字三例，「璋」字與「鄣」字各一例，總共七個字例，中豎也全皆上穿，無一例外（註 8）。別說兩漢以前，即使在曹魏時代的〈曹真殘碑〉、〈王基殘碑〉、〈李苞刻石〉（表一～20），「章」字也全同漢碑，中豎全皆上下貫通。即以篆體所書的吳〈禪國山碑〉與〈天發神讖碑〉的「章」字（表一～21），以及書刻時間與許書成書年代大略同時的〈開母廟石闕銘〉，銘文中的「鄣」字所从之「章」旁，中豎也都上貫不譌（表二～18）。

以上，我們爬梳了自公元前十一世紀的周初，直到公元五世紀的魏、晉，前後將近一千四五百年間的「章」字形體發展歷史，透過大量「章」字以及从「章」之字的各類文字資料，除了〈石鼓文〉與〈詛楚文〉兩個秦地可疑字例外，不僅在許書成書以前的千餘年間，未見有其他中豎不上穿的「章」字字例，在許氏《說文》成書之際的同時代文字資料中，也未見有中豎不上貫的「章」字字例。甚至直到距許氏成書三百年後的魏、晉時代，都沒有「从音从十」的「章」字譌形出現。由此可以證知，許書原本「章」字篆文必無可能獨誤而作今形，今本《說文》「章」字之篆文譌形，應係經後人竄改而成。至於《說文》夂部的「竷」字、貝部的「贛」字及心部的「戇」字，所从之「章」旁，在古文字資料中原本都不譌，顯然是受到「章」字譌形的影響，連類被改寫而致同爲譌形（註 9）。

我們繼續考察了曹魏以後的隸、楷書文字資料，在北魏的〈始平王墓誌銘〉裡（表三～2），「雅好文章」的「章」字便寫作「从音从十」，所从辛旁的中豎，上端已向下移縮而與「曰」形的下橫接齊。這是筆者　迄今所尋覓到的「章」字譌形之最早字例（註 10）。根據銘文，此碑係刻立於北魏孝莊

註 7、見該書 540～541 頁。東京，角川書店，1989 年 3 月。

註 8：見該書卷二，頁 29。台北，世界書局，1961 年 9 月。

註 9：關於「贛」字，本書另有〈說贛、贛〉一節，請參看第八章第二節。

註 10、此作圖版被收入《中國歷代墓誌大觀》（一），頁 3。台北，大通書局，1985 年。

帝建義元年，時當公元 528 年。可見「章」字譌爲「从音从十」的寫法，至遲在公元六世紀上半葉已經出現了。實則，文字形體的發展演變是漸進的，早在北魏宣武帝永平四年（511A.D.）的〈鄭文公下碑〉中，「章」字所从之「辛」，其中豎雖仍貫穿「曰」形而頂住上橫，卻跟上部隸化後的「立」形離斷開來，難以看出其爲「从辛」構形之原貌（表三～1）。已爲其後在〈始平王墓誌〉裡，中豎再往下移而成爲「从音从十」的「章」字譌形之生成起了兆頭。

北魏分裂以後，在東魏孝靜帝時代的碑刻文字中，也發現了兩個作爲聲符的「章」字之譌形字例，其一是天平三年（536 A.D.）所刻的〈高盛碑〉中的「璋」字（表二～8），其二是武定二年（544 A.D.）所刻的〈夫人劉氏墓誌〉中的「彰」字（表二～11）。兩件石刻的刻立時間，與前述最早的譌形「章」字之〈始平王墓誌〉，前後相去不過十餘年間，足見此一譌形在當時已經在北方普遍行用。至於是否跟當時北朝的文化政策有關，則尚待進一步之考證。

鄭文公下碑 1
北魏·始平王墓誌 2
玉篇殘卷黎氏本 3
玉篇殘卷羅氏本 4
宋本玉篇 5
隋·丁道護啟法寺碑 6
智永千字文 7
隋·蘇孝慈墓誌 8
歐陽詢皇甫誕碑 9
溫彥博碑 10
虞世南孔子廟堂碑 11
干祿字書 12
碧落碑 13
李陽冰三墳記 14
宋·夢英千字文 15

（表三）「章」字歷代形體演化一覽之二

此外，清末黎庶昌與羅振玉在日本發現兩種《原本玉篇殘卷》，書風各異，《羅本》剛健遒勁，《黎本》婀娜婉秀，其後並各自集佚成書。其中《羅氏本》與《黎氏本》音部第一百一，並有不譌的「章」字（表三～3,4）。惟作爲字頭雖皆保持正形，在下的注釋文字中，《羅氏本》用的是正形，與「章」字字頭相應；《黎氏本》用的卻是譌形，與作爲字頭的「章」字形體不諧。案，《黎氏本》「厽部第三百五十六」之末，有「延喜四年正月十五日□爲典藥頭宅書」之一段款識文字。「延喜」爲平安時代年號，其四年，時正當唐昭宗天復四年（904A.D.）。像《黎氏本》這種字頭與注釋文字形體有別的情況，正說明在唐代末期，「章」字早已譌爲从音从十，故釋文即依當時之通俗體，字頭則係依《玉篇》原本所轉寫者，較爲端謹，故仍用正體。於此可見《玉篇》在成書當時，也還應是作中豎上貫的正形。後因屢經修訂增補，輾轉傳寫（註 11），才被改作「从音从十」的譌形。宋代所增訂的《大廣益會玉篇》，「章」字已作今之譌體（表三～5），便是最好的證明。

在隋代的〈蘇孝慈墓誌〉、〈張貴男墓誌〉等碑誌文字中，也出現「从音从十」的「章」（或从章）字譌形，其中的〈蘇孝慈墓誌〉，甚且正形與譌形並出於同一刻銘中。惟在智永禪師墨跡〈真草千字文〉中的「章」字則中豎上貫，仍存古形。至少在北魏末期以至隋、唐之際一百餘年間，正是楷書「章」字由中豎貫穿到中豎向下移縮，正、譌兩形混用的楷變期。

初唐三大家所書寫的碑刻文字中，「章」字的寫法，大致與隋朝〈蘇孝慈墓誌〉一樣，正形與譌形也常混用。到了唐玄宗開元年間，顏元孫在所撰《干祿字書》中，將「从音从十」的「章」字譌形列爲「正」體，而將中豎貫穿的「章」字古形列爲「通」體。此書後來曾在唐代宗大曆九年（774 A.D.），由其侄孫大書家顏真卿書寫刻石，故傳習者尤眾。顏氏之撰著《干祿字書》，固然多少是出於對學士杜延業增刪其伯祖顏師古《顏氏字樣》所著《群書新定字樣》一書內容與體例之不能滿意。惟顧名思義，從其以《論語》「子張學干祿」的「干祿」二字爲書名看來，該書撰述的主要著眼點，仍在於對當時

註 11、《玉篇》自梁武帝大同九年（543 A.D.）成書以來，百餘年後，在唐高宗上元末年（675～676 A.D.），處士孫強曾爲修訂增字。到了北宋真宗大中祥符六年（1013 A.D.），又敕令陳彭年、吳銳、丘雍等再次增訂重修，「廣益者眾」，《玉篇》早非其舊。見《宋本玉篇》書前朱彝尊〈重刊玉篇序〉。（北京，中國書店，1983 年。）

用字情況之混亂與譌誤，進行系統的糾謬與整理，以利有意應考科舉的文士參考學習之用（註 12）。試想，這個原本是譌形俗體的「章」字，既在从此種具有濃厚教科書「正字」色彩的著作中，被扶正並明確拍板定讞爲「正體」。從此「定則定矣」，譌形當道，而正形則漸被毀棄不用。即使在某些碑帖中看到「章」字古形，難免還要指稱它是「帖寫俗體」呢！我們以唐玄度《新加九經字樣》，彡部「彰」字下，注文末尾所作的特別說明——「从彡从章。章字，从音从十…。作章，譌」，可見一斑（註 13）。

就以上所爬梳過的六朝以迄隋、唐之間的隸、楷書文字資料，大體可知「从音从十」的「章」字譌形，始見於北朝的碑誌文字中。其歷隋代至於唐初，則多處在譌形與正形混用之狀態中。「从音从十」的「章」字譌形之所以獨尊而專行，盛唐顏元孫《干祿字書》之出現，無疑是一個決定性的關鍵。

當然，隋、唐之際，正當漢字由隸書向楷書蛻變已接近完成階段，六朝文字的譌俗叢生的混亂狀態，也漸趨緩和。在《干祿字書》成書之前，隋、唐間人有關字樣學的正字著作不少，只是這些著作率皆亡佚不存。《干祿字書》中有關「章」字正體與通體的判定（表三～12），是否前有所承，如今已不得而知。惟若針對這個在魏、晉以前尙未譌誤的「章」字，在南北朝以迄隋、唐之間，不僅被誤寫作「从音从十」的譌形，還將它明確判定爲「正」體字，

註 12、關於顏氏撰述《干祿字書》之動機，見於書前自序：「……舛謬實繁，積習生常，爲弊滋甚。元孫伯祖故秘書監，貞觀中刊正經籍，因錄字體數紙，以示讎校楷書，當代共傳，號爲《顏氏字樣》。懷鉛是賴，汗簡攸資。時譌頓遷，歲久還變。後有《群書新定字樣》，是學士杜延業續修。雖稍增加，然無條貫。或應出而靡載，或詭眾而難依。且字書源流，起於上古，自改篆行隸，漸失本真。若總據《說文》，便下筆多礙。當去泰去甚，使輕重合宜。遂參校是非，較量同異。具言『俗』、『通』、『正』三體。有此區別，其故何哉？夫筮仕觀光，惟人所急，循名責實，有國恆規。既考文辭，兼詳翰墨。昇沈是繫，安可忽諸？用捨之間，尤須折衷。目以干祿，義在茲乎！」見施安昌編《顏真卿書干祿字書》，北京，紫禁城出版社，1992 年 7 月。

註 13：見《字形匯典》第 13 冊，頁 46。台北，聯貫出版社，1995 年 7 月。

單用「誤解」二字，恐仍不足以充分說明隱潛其間的文字書寫之深層心理因素。

通過本文前面之檢證，終兩漢之世，所有文字資料中，未見有一「从音从十」之「章」字。據此可知，今本《說文》對於「章」字「从音从十」之釋形，必經後人竄改，絕非許書原本所有。又由《原本玉篇殘卷》所引《說文》對「章」字的釋義與今本《說文》略同一事看來，「樂歌竟爲一章」儘管說的並非「章」字本義，卻有可能是許氏當時對「章」字字義的見解，爲原書所本有。

漢、魏以來，漢字發展已有將筆畫形體「部首化」的傾向。在隸、楷書盛行的時代，「章」字上半部早已隸化作「立」形。或許，南北朝及隋、唐間人，以爲「章」字上部既是从「立」，下半部不論是作「」（中豎上突）或作「」（中豎不上突），實在都無所取象，甚至可能還懷疑這是前人傳寫之譌，故將中豎再向下移至「曰」形之下，則「章」字不僅成了可以析作「从立从早」或「从音从十」的成文部件之字，同時也可以跟許書對於「章」字釋義「樂歌竟爲一章」的說法相符合。於是，將「章」字由中豎貫串的古形，寫作「从音从十」的譌形俗體，不僅是「理不直而氣壯」，甚且是「理所當然」的事了。

自從北魏時代以迄隋、唐之際，在日常生活中實際書寫使用的「从音从十」的新出譌體，才是今本《說文》「章」字篆文形體的真正來源。不僅今本《說文》「章」字篆文譌形，係後人爲了牽合許氏之釋義所竄改，甚至書中自「樂（歌）竟爲一章」以下，「从音从十。十，數之終也」等說解文字，也極可能是後人所妄增。至於許書原本的釋形說解，其文字內容爲何？乃至後人何時才將這「从音从十」的有關譌形之說解，正式竄改寫入《說文》書裡，目前已難以確實考知。不過，可以確定的是，其改寫竄入年代，絕不會早於始見「从音从十」的「章」字譌形的北魏末年（528 A.D.）以前，也不會晚於李陽冰刊定《說文》的乾元年間（750～760 A.D.）以後。

在唐初以古篆文書寫的〈碧落碑〉（立於高宗總章三年，670 A.D.），「章」字猶存古形之正，中豎仍未離析爲二（表三～13）。但在李陽冰篆書〈三墳記〉中的兩個「章」字，卻都寫作「从音从十」的譌形（表三～14），與今日所見二徐《說文》傳本的篆文一模一樣。

然而，這個傳世二徐本《說文》「从音从十」的「章」字譌形，會不會就是在李氏刊定《說文》時所竄改的呢？自六朝喪亂以來，小學不興，文字乖謬譌亂已極。唐初有關小學著述，多側重在經書文字校正整理的字樣學，對於探究文字本源的古文字學則多所闕廢。唯有李陽冰挾其精研篆法之優勢，獨治許學，對許書有所刊定。當時由於《干祿字書》明定从音从十的「章」字爲「正」體字，這個譌形早已約定俗成，具有強大的群眾基礎。加上〈石鼓文〉拓本的流傳，刻銘裡「章」字譌形的出現，對於唐人之誤判「章」字爲「从音从十」構形，必然也會起到某種程度的影響作用（註 14）。在這樣的文化氛圍下，吾人對於這個《說文》篆文中的「章」字譌形，或疑係出於李陽冰刊定《說文》時所竄改之推測，也並非毫無根據的臆說。

李氏既在其篆書碑刻中，都把「章」字寫作「从音从十」，可見這「从音从十」的寫法，正是李氏對於「章」字構形的基本認識。在他那「頗排斥許氏」（徐鉉〈校定說文表〉），「自著新義」，對《說文》進行刊定時，也必然有所反映。換言之，即李陽冰當時在其所刊訂《說文》書中，「章」字必然也是

註 14：根據竇泉《述書賦》，「史籀」下注：「史籀，周宣王時史官，著大篆教學童。岐州雍城南有周宣王『獵碣』（即『石鼓文』）十枚，並作鼓形。上有篆文，今見打本。」（見《歷代書法論文選》，頁 216。台北，華正書局。1984 年 4 月。）打本，或名拓本。案，竇泉爲唐開元、天寶間人，天寶中曾撰著完成《述書賦》上、下兩卷，（據《四庫全書總目提要》稱其完稿於天寶中。轉引自黃敬雅《李陽冰的研究》。新竹，國興出版社。1985 年，頁 180）。賦下注文，或云爲泉兄竇蒙所作，或云泉自注，今難確考。惟書中前段註文，稱「開元皇帝」爲「今上」（見同書頁 215），則知至遲在唐玄宗開元年間，『石鼓文』不僅出土，並已有拓本流傳。至於註文作於開元年間，而此書卻完稿於「天寶中」，註文反較正文爲早，似不合理。實則，此書或創稿於開元間，並即隨撰隨註，上引稱開元皇帝爲「今上」之事例，是一明證。依此言之，永瑢等著《四庫全書簡明目錄》，稱《述書賦》爲「其兄蒙註」的說法，值得商榷。（台北，河洛圖書出版社，1975 年。頁 430。）

寫作「从音从十」。惟這個李氏書中「从音从十」的「章」字，卻並未出現在後出的徐鍇《說文解字繫傳・祛妄篇》中。究竟是李氏刊訂《說文》時所根據的前代傳本早已被竄改作此譌形，抑或徐鍇對於李氏書中這個「章」字寫法之刊訂，基本贊同，並無異議？關於這些問題，既有待於異日地下考古文物繼續出土之檢證，更有賴各方學者進一步深入的探討。

第二節　說「平」

《說文解字》五上亏部釋「平」云：「語平舒也。从亏从八。八，分也。」篆文作「」。

說文篆文 1
說文古文 2
鄀公鼎 3
者減鐘 4
侯馬盟書 5
战国 6
驫羌鐘 7
伯敦蓋 8
石鼓吾水 9
战国 10
平阿右戈 11
戰國 秦陶印 12
睡虎地簡 13
泰山刻石 絳帖本 14
泰山刻石 安國本 15
馬王堆 陰陽五行 16
銀雀山 孫臏簡 17
18
袁安碑 19
熹平石經 20
孫叔敖碑 21
漢印文 22
魏三體石經 23
李陽冰 謙卦 24

（表一）「平」字歷代形體演化一覽

西周以前的甲骨、金文中，未見「平」字的字例。春秋、戰國時代的〈鄀公鼎〉，寫作「」（表一～3）。〈者減鐘〉作「」（表一～4），豎畫上或增加一點。〈侯馬盟書〉作「」或作「」（表一～5,6），上橫上方增一短橫，與在豎上增點，同為飾筆，為東周古文字之所習見。所从之「亏」旁，其中豎穿突下橫，並上通頂畫，與今本《說文》「平」字篆文，中豎之下縮而與下橫接齊的寫法不同。戰國時代的金文如〈驫羌鐘〉、〈伯敦蓋〉、〈平阿右戈〉等古文字資料，大抵沿襲春秋文字。雖有增飾筆畫，而中豎皆穿突下橫的基本結構並無改變。

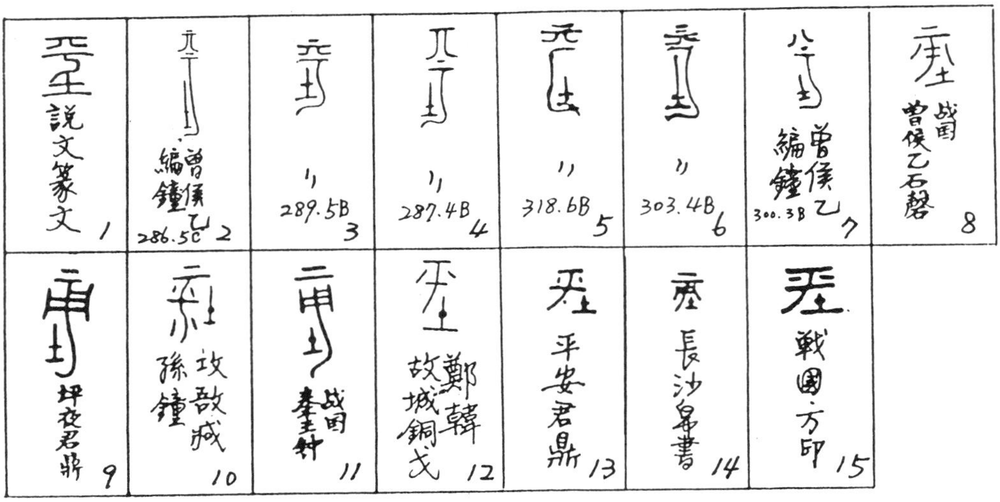
說文篆文 1
曾侯乙編鐘 286.5C 2
〃 289.5B 3
〃 287.4B 4
〃 318.6B 5
〃 303.4B 6
曾侯乙編鐘 300.3B 7
戰國曾侯乙石磬 8
坪夜君鼎 9
孫故鐘 敌臧 10
戰國秦封針 11
鄭韓故城銅戈 12
平安君鼎 13
長沙帛書 14
戰國方印 15

（表二） 戰國時代「坪」字形體一覽

在先秦古文字資料中，與今本《說文》「平」字篆文譌形最爲近似的，是近年出土的戰國早期〈曾侯乙墓編鐘〉銘文的「坪」字。此一批編鐘，數量之龐大，殊爲罕見。其筆畫上雖無鳥蟲之形，而整個造型風格，頗饒春秋以來盛行於南方的鳥蟲書之裝飾意味。其作爲「坪皇」之律名，出現在鐘銘上的，便有五十次之多。換句說話，此中便有五十個「坪」字之字例。這些「坪」字，所从的「平」旁，形體結構多變。除了部分筆畫因鏽蝕而無法明確判別外，大致歸納起來，約有六種：

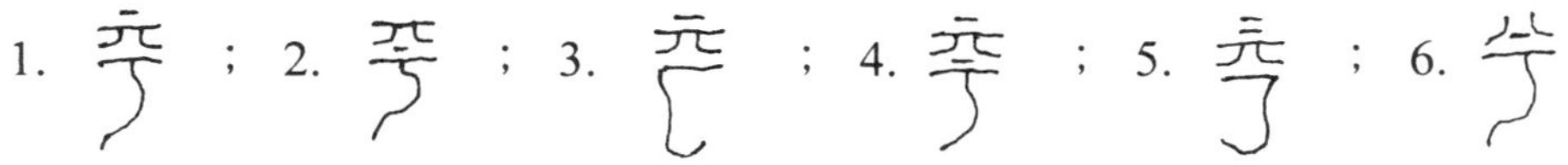

第 1 形，短橫在上橫之上（表二～3）；第 2 形，短橫在下橫之上（表二～4）；第 3 形，豎筆筆勢向右，豎畫上端與下橫左端接齊，乃第 1 形之小變（表二～5）。第 4 形，上下兩橫之上，各有一短橫（表二～2）。第 5 形，形近第 3 形，唯於上橫之上，增爲兩短橫（表二～6）；第 2 形缺其上橫，便成第 6 形（表二～7），形似「兮」字。各種形體之間的主要區別，表現在作爲飾筆的短橫，位置及數量的不同。其基本結構，豎筆都向下縮退到第二個橫畫之下，與第二橫畫呈頂接狀態，作「」。跟所有其他古文字中豎之穿突第二橫而與第一橫頂接作「」者絕異。特別是第一形，若把上橫之上的一個短橫飾筆剛去，便跟今本《說文》篆文完全同形。從前後一貫的書風看

來，這一批編鐘銘文應是同一個書手所寫。故儘管同時出現這麼多次，也可以算是僅見的個別書家的一個特例。從上述對於鐘銘「平」旁多樣寫法的分析，大致可以窺出這位書手的創作心理，純粹是站在美術造型的立場著想。對於文字的六書結構，幾乎到了完全不顧的地步。從整個「平」字的形體發展歷史考察，〈曾侯乙編鐘〉上的這個個別書手所寫的「平」字譌形，與今本《說文》「平」字篆文譌形之間，應無任何連帶關係。

然而，同是曾侯乙墓出土的〈石磬〉，其銘文中的「坪」字，所从「平」旁則作「」（表二～8），中間豎筆卻貫穿下面兩個短橫，連原本在編鐘內當作飾筆的一個短橫，也一併貫穿之，而與上橫頂接，寫法與長沙〈楚帛書〉完全相同。若在豎筆右上方再增一短橫，便成了〈坪夜君鼎〉、〈秦王鐘〉等「坪」字右旁的繁複寫法（表二～9，11）。至於〈攻敔臧孫鐘〉之作「」（表二～10），在下橫之下，又於豎筆左右各增一點為飾，形體更加繁雜。若將左旁上面一個短橫去掉，又與《說文》所錄「古文」同形。可見這些春秋、戰國間的鐘、磬銘文，為了文字造型上審美的需要，對於文字的構形原理，是不大講究的，因而造成字形上種種的譌變。這對於文字之實用上說，原是一種進化。但對於文字本形之認識與探討，無疑是增加一層層的迷障。

除了〈曾侯乙編鐘〉與〈石磬〉銘文外，在戰國古文字中，从「土」之「坪」字屢見。其用例大抵與「平」字同意，如〈平安君鼎〉，「平」字即从土作「」（表二～13）。顧野王《玉篇》釋「平」，引孔安國注《尚書》「地平天成」句云：「水治曰清，土治曰平。」（註1）故「平」字之古義，或與治土有關。「土」為形符，「坪」、「平」疑為一字之異體。

至於西土系的秦文字，則相對較為規整，如〈石鼓文〉（表一～9）、「陶印」（表一～12）、〈睡虎地秦簡〉（表一～13），以及秦始皇時代刻立的〈泰山刻石〉（表一～14）等，均寫作「」。中豎上穿，形體跟春秋金文〈郘公鼎〉相同。至於今日流傳的〈泰山刻石・安岐舊藏本〉作「」（表一～15），

註1：見《原本玉篇殘卷》，《羅振玉本》，頁53；《黎庶昌本》，頁256。北京，中華書局985年9月。

說文篆文 1
甲3941 鹿頭刻辭 2
乙7795 3
天亡段 4
散氏盤 5
毛公鼎 6
侯馬盟書 7
者汈鐘 8
中山王鼎 9
石鼓文 田車 10
包山楚簡 11
仰天湖楚簡 12
睡虎地秦簡 13
睡虎地秦簡 14
嶧山刻石 15
老子甲後 16
馬王堆易經 17
馬王堆易經 18
開母廟石闕銘 19
漢印文字徵 20
鄭固碑 21
衡方碑 22
魏石經古文 23
魏石經篆文 24
三墳記 25
城隍廟碑 26

（表三）　「于」字歷代形體演化一覽

與今本《說文》篆文同形。實則，宋刻《絳帖》所收〈泰山刻石〉殘存一百四十六字，內有「平」字，則作「乎」（表一～14），仍存古形之真。故知《安國本》「平」字，係經後人依《說文》譌形改寫過，實不及《絳帖本》之可信（註 2）。甚至兩漢以迄魏、晉的金文、簡牘、帛書、璽印文、碑刻等文字資料，所見「平」字，中豎無一不上穿者。在西漢以前的古文字資料（表一～3-18）如此，刻立年代與許慎著《說文》時間大致相若的〈袁安碑〉（漢和帝永元四年，92A.D.，表一～19），也是如此。乃至刻立年代在許書成書之後的〈熹平石經〉、〈孫叔敖碑〉等漢代隸書，也也同樣保存了春秋以來的「平」字古形。且許書既釋「平」字之構形為「从亏从八」，所从之「亏」，在魏、晉以前的古文字實物資料中，也都作「于」或作「亐」，絕無中豎不與第二

註 2：容庚在〈秦始皇刻石考〉及〈秦泰山刻石考釋〉二文中，早已指出《安國本》是「翻本」。前文見《燕京學報》第十七期，頁 53～56。此意亦見於裘錫圭先生《文字學概要》，頁 60。北京，商務印書館，1988 年 8 月。

橫相交而作「亏」者（表三）。這些事例不僅證明了今本《說文》篆文作「」之確爲譌形，也說明了此一譌形應非《說文》原本之譌，而是出於後人的傳抄以致譌誤。

在魏、晉以後的實物文字資料中，「平」字中豎，由與下橫「相交」，譌而爲與下橫「正體」之誤形，首見於唐代中葉之李陽冰〈謙卦〉（表一～24）。可見這個《說文》「平」字篆文之譌形寫法，至遲在中唐時代已經出現了。

第三節 說「青」

《說文解字》五下青部釋「青」云：「東方色也。木生火，从生丹。丹青之信，言必然。凡青之屬皆从青。，古文青。」篆文作「」。

說文篆文 1
說文古文 2
墻盤 3
吳方彝 4
古璽文編 四六五一 5
古璽文編 四六四五 6
古璽文編 四六四六 7
8
楚帛書 9
郭店老子乙一 10
睡虎地簡 3.34 11
睡虎地簡 8.36 12
老子甲後 四二二 13
天文雜占 一・二 14
合陰陽 一二七 15
一号墓竹簡 二五一 16
武威醫簡 一三 17
漢印文字徵 18
漢印文字徵 19
漢印文字徵 20
禮器碑 21
汗簡 22
汗簡 23

（表一）「青」字歷代形體演化一覽

甲骨文中，未見有「青」字。「青」字最早見於西周恭王時代的〈牆盤〉（亦名〈史牆盤〉）：「青（靜）幽高祖，才（在）microsoft靈虎。」（表一～3）「青」字當讀爲靜（註 1）。此外，懿王時代的〈吳方彝蓋〉（見表一～3.4），也有「青」字：「用乍青尹寶尊彝」，作人名。兩器銘中的「青」字，上半部均从「生」，下半部所从不同。〈牆盤〉从「井」，與《說文》之釋形異；〈吳方彝蓋〉則从「丹」，與許說同，爲《說文》篆文之所本。

註 1：依裘錫圭先生說，見於〈史牆盤銘解釋〉文中，刊在《文物》1978 年第三期，頁 28。

東周前期的春秋時代，未見「青」字之用例，而戰國古文字中的「青」字，其所从的兩個偏旁，地域不同，形體繁複不一，本形難明。

由於兩周金文「青」字字例才兩見，其構形又相歧異，〈牆盤〉所屬年代雖較〈吳方彝蓋〉稍早，但兩銘時代相去不遠，並且也都只是孤例，實無法據此斷定何者爲正。至其本形爲何，單憑這兩個字例，是無法解決問題的。所幸西周金文中「青」雖只出現兩例，而从「青」構形的「靜」字則屢見。關於「青」字的本形真相，透過西周金文中「靜」字的諸多字例之考察，可以探得一些消息。

從若干鑄造年代較早的西周青銅器銘看來，如穆王時代的〈靜卣〉與〈班簋〉、懿王時代的〈免盤〉、孝王時代的〈大克鼎〉等器（註 2），銘文中「靜」字所从的「青」旁，其下半部均从「井」，不从「丹」，與〈牆盤〉「青」字所从者相同。或於所从「井」上加點作「丼」，與同爲西周早期的〈靜簋〉與〈大克鼎〉銘中的「靜」字，所从者相同。春秋早期的〈秦公鎛〉（鐘）銘中，也同作此形。事實上，「井」字在甲骨文中，只作「井」，並未加點。但在西周金文中，則多增點爲飾作「丼」。於空處加點，乃古文字發展之常例，金文中屢見，此處不再贅舉。許書「井」字篆文作「丼」，以爲井之點，乃「罋之象」，不免失之穿鑿，恐非是。「靜」字所从「青」旁的下半部，在金文中的形體發展正與「井」字之發展相類。由此可以確證，「从井」構形的「青」字，才是「青」字之本形。《說文》篆文作从「丹」，係已經譌變的形體。

再就聲韻學上看，「青」之古音屬耕部清紐；「井」之古音屬耕部精紐。韻部一樣，又同爲齒頭音，發音部位相同，故「井」旁應是作爲「青」字之聲符而存在。又，郭忠恕《汗簡》女部，收錄了《義雲章》的一個「姘」字，爲「靜」之「古文」。此从女井聲之「姘」，應是「靜」字之假借，而非「靜」字（註 3）。惟古人既假从女「井」聲之「姘」以爲「靜」，這也可以作爲「靜」

註 2：關於文中所列諸器的斷代，係根據馬承源主編《商周青銅器銘文選》一書所載。北京，文物出版社，1988 年 4 月。

註 3：孫詒讓云：「蓋藉姘爲靜」。說見孫氏《拾遺》中，頁 16～17，「繼彝」，收錄在《金文詁林》，頁 899。

字的聲符「青」旁，與「姘」字的聲符「井」旁具有一定的聲音關係之佐證。

朱駿聲《說文通訓定聲》鼎部，「青」字條下云：「一說从生井聲，……从丹者，井字之變，非丹也。」（註 4）所引他說，謂「青」字爲「从井」得聲，「丹」乃「井」字之變，在文獻不足之淸代末葉，有此卓識，令人嘆服。惜朱氏未著倡說者姓名，不免遺憾。林義光《文源》據出土金文，亦有類似說法，並謂許氏釋「青」爲「从生丹」之說爲「紆曲」（註 5），基本仍祖朱氏書中所引別說以立言。

然則，原本从「井」之「青」字，又是怎樣譌爲从「丹」的呢？〈靜簋〉銘文中的四個「靜」字字例，或者能爲我們提供一些思考的線索。〈靜簋〉爲西周穆王時器，已如前述，也是「青」字形體最早出現的一個器物，在這同一器銘之中，「靜」字前後凡四見，四個字例均於「井」旁中部增點爲飾，而外在字形則不盡相同。其上部或作「㞢」，或作「」。至其下部，前一例从「井」，「井」中有一點作「丼」；後三例則作「」，與「丹」字形近。其間的差別，在於構成「井」字的橫向兩根井欄，與直向的兩根井欄之間，前者呈相交而外突之狀態，後者則兩橫畫與直畫相交之突出部分，因向內縮齊而告消失，呈相接之狀態。至於〈多友簋〉與〈毛公鼎〉「靜」字的「青」旁，下面所从作「月」，字中無點，其由「井」旁譌來之跡益加明顯。春秋早期的〈秦公鎛〉（一）（二）兩器，均有「靜」字，所从之「青」旁，下半从「井」上加點（表二～10,11），正與西周早期之器銘同形。〈秦公鎛〉（三）銘文爲宋代「博古圖」摹本。其「靜」字左半，「青」旁作「」，筆勢結體與前兩器迴殊。而其右半「爭」旁作「」，應是傳摹時漏摹了上下兩手形間表示相爭引的一斜筆，致誤作从「𠬪」（表二～12），可見摹手之字學素養甚疏。三器作於同一王公，且前兩器銘文書體風格與此相近，三器應是出自同一書手所寫。此字左旁形體，照說應與前兩器之从「井」中加點者相去不遠。其所以摹作表二～12 之形，或係宋人摹寫時，在銘文不甚淸晰的情況下，遂依仿當時傳習許氏《說文》系統「从丹」之篆文而改寫過的形體。

註 4：見朱書〈鼎部第十七〉，頁 860。台北，藝文印書館，1975 年 8 月。

註 5：林說見《金文詁林》（上），頁 898。台灣商務印書館，1976 年 2 月臺五版。

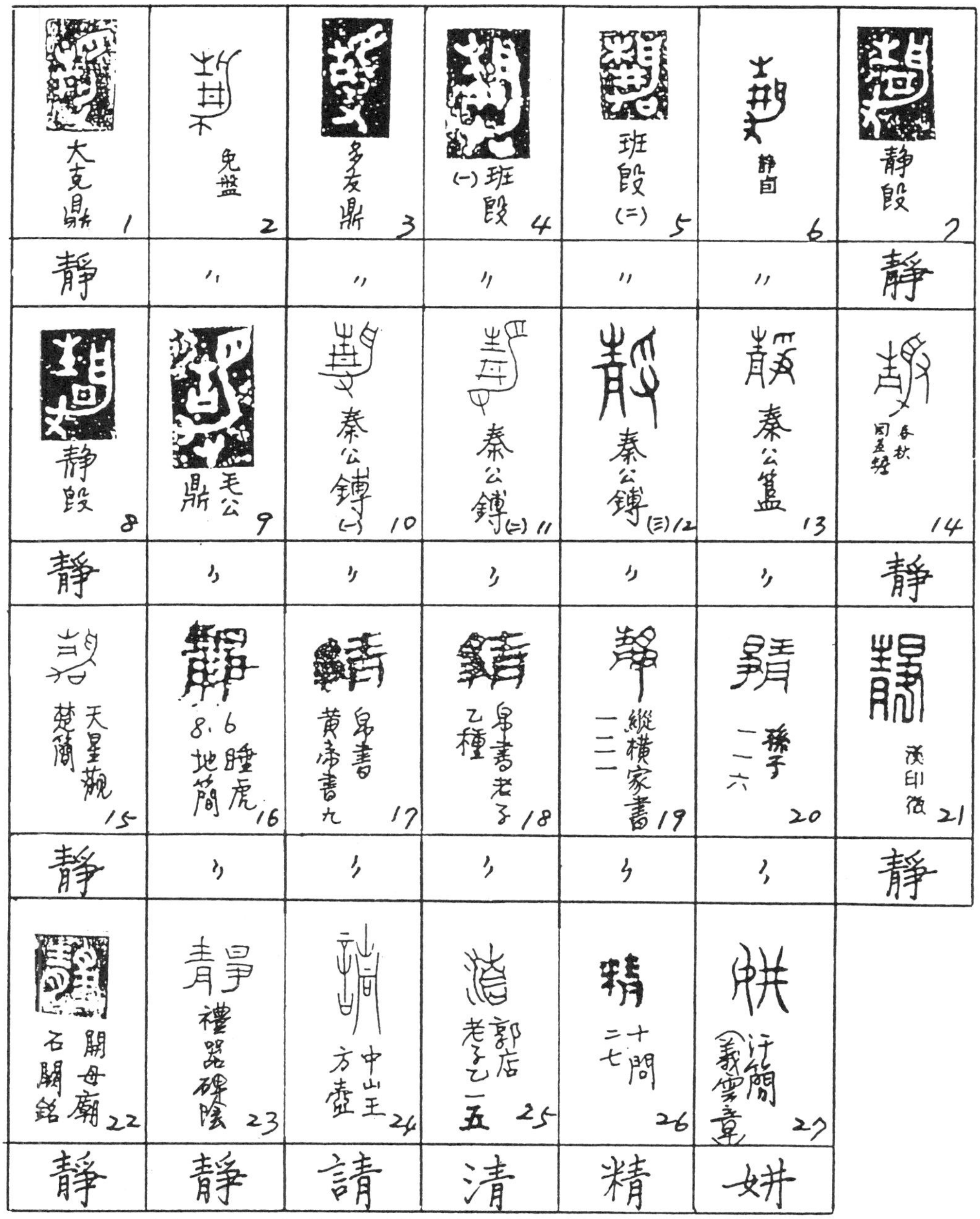
大克鼎 1
免盤 2
多友鼎 3
(一)班段 4
班段(二) 5
靜卣 6
靜段 7
靜
〃
〃
〃
〃
〃
靜
靜段 8
毛公鼎 9
秦公鎛(一) 10
秦公鎛(二) 11
秦公鎛(三) 12
秦公簋 13
14
靜
靜
天星觀楚簡 15
睡虎地簡 8.6 16
帛書 黃帝書 九 17
帛書老子乙種 18
縱橫家書 一二一 19
孫子 一一六 20
漢印徵 21
靜
靜
開母廟石闕銘 22
禮器碑陰 23
中山王方壺 24
郭店老子乙一五 25
二十七問 26
汗簡 義雲章 27
靜
靜
請
清
精
姘

（表二）从「青」構形的「靜」字歷代形體演化一覽

到了春秋早期〈秦公簋〉的「靜」字，作爲形符的「青」旁，「从生从丹」，正與今本《說文》篆文合。足見許書對於「青」字之說解，雖與本義不洽，亦非全無憑據而妄作者。表一～13 爲馬王堆帛書〈老子甲後〉的「青」字例，上部乍看似是从「屮」。惟就下半部的整體筆勢上看，此仍當是「从生从月」構形。正與〈馬王堆一號漢墓竹簡〉的「青」字（表一～16），以及同屬馬王堆三號墓帛書的〈黃帝書〉、〈老子乙本〉與〈縱橫家書〉等三個「靜」字（表二～17,18,19）「青」旁的寫法相同（註 6）。

至於「青」字上半，許氏釋爲「从生」，而所收「古文」作「」，則又似从「屮」，不从「生」。事實上，古文字从「生」與从「屮」不同，「生」字乃「从屮从一」。「一」，指地面，以會草木由地面生出之意。其後於「」之豎上加點，又延點爲橫，乃成「生」字。金文「靜」字，所从之「青」旁，其上部或作「」（〈大克鼎〉、〈多友鼎〉）；或作「」（〈班段〉、〈毛公鼎〉）；或作「」（〈免盤〉、〈靜卣〉、〈靜段〉【一】）；或作「」（〈靜段〉【二】），形體或繁或簡，頗不一致。但從中亦不難理出一條演化發展之大略軌跡來：

古人書寫，爲求文字茂實美觀，每於豎畫空處加點以爲飾，如由 a 形而 b 形，由 d 形而 e 形。又，古文字凡遇圓點，往往延展爲橫畫，如 c 形由 b 形來，f 形由 e 形來。而由 c 形演化爲 d 形，則是中豎與下橫，由相交變爲相接的變化。文字之形體演化，與世間萬物之發展變化完全相類，都是積漸而成。起先由圓點展延而來的短橫，跟豎畫之間只是一般的相交關係。其後橫畫的位置逐漸下移，待移到下端末處，即使橫直畫尙屬相交狀態，豎畫猶有部分筆勢突出於橫畫之外，以其突出部分甚微，研習傳抄者或誤以爲原跡只是相接關係，而逕自書寫成相接的齊整狀態。再加上古代在竹木簡上書寫文

註 6：馬王堆帛書〈老子乙本〉與〈卷前黃帝書〉，用筆方折、結構規整，書體風格近似，筆者先前曾懷疑此兩件爲同一書手所抄寫。今諦觀此兩「靜」字，不僅書風相近，而且「爭」上从「」，文字結體也如出一轍。並一改先秦傳統寫法，將「青」旁寫在「爭」旁之右，故知此兩件爲同出一手，應無可疑。表二～20 的〈銀雀山孫子簡〉「靜」字，「青」旁寫法雖已多出一筆，與後漢隸書全同，而其「青」旁在「爭」旁之右的文字構成方式，則與表二～17.18 兩例相同。可知「靜」字的左右偏旁之相對位置，在西漢早期，尙處在一種變動不居的情境之中。

字，一般字徑多在一公分以內大小，使用的工具又是柔軟而極富彈性的毛筆，提按粗細的變化極大，無形中也助長了傳寫時對於筆勢的誤解機率。當然，由於「青」字所从「屮」旁的中豎下端，與「井」旁或由「井」旁譌來似「丹」形的上橫，往往緊鄰而居，雖然从「屮」，但在一般視覺上，卻像似从「㞢」（「生」之初文）。這也是「青」字譌為从生的可能因素之一。總之，文字的譌變，都是由於傳習抄寫者對於文字點畫筆勢或部件、偏旁之形體有所誤解而起。

與「青」字上部形體發展情形相類似的，是「省」（眚）字。「省」字甲骨文作「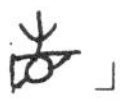」，原本「从目从屮」，會「視察時目光四射」之意，不从「生」。金文或沿襲甲骨文（如〈天亡簋〉），或變「屮」為「」（如〈散氏盤〉）、為「丰」（如〈𧜡省簋〉）、為「」（如〈中山王嚳壺〉），此即許書「从目生聲」的「眚」字之由來。戰國末年的〈睡虎地秦簡〉，上部寫作「」，下面一橫筆微作斜勢，其形體為《說文》「省」字篆文之所本。惟許氏說解時，卻誤以為字乃「从眉省，从屮」，列在「眉」部之下。而由「屮」譌變而來，从「生」聲的「眚」字，則被許氏解為「目病生翳」，列在「目」部之下。「省」、「眚」原是一字異體，卻被許氏誤分為二。

至如表二～4,5 為西周穆王時代〈班段〉的兩種摹拓本，前者為北京考古研究所拓，後者為《西清古鑑摹本》。兩本的「靜」字，「青」旁上部形體稍微不同。拓本作「丰」，譌為从「朩」，形近於「木」。當是因該器蝕損剝勒，字口欠清晰。又誤解其筆勢，筆畫由平勢譌為俯勢，遂成「木」形。「青」字从「屮」从「井」之本形既明，再回過頭來審視戰國及秦、漢時代之「青」字，及从「青」諸字的形體發展問題，便可豁然通解。

戰國文字之「青」字多見，字上从「屮」，仍存古形之真。所从之「屮」，或譌作「火」，字下「井」旁的兩橫畫，已內縮而與兩豎相接。並增「口」旁為飾，形似「同」字。於字下加「口」旁，乃六國文字所習見，除了本文兩表所收〈戰國古璽〉文及〈信陽〉、〈長沙帛書〉、〈天星觀〉、〈郭店老子乙種〉等楚地簡帛文字之「青」字，或从「青」之字如此作外，他如曾侯乙墓出土之竹簡文字，也時見有於字下加「口」旁之字例。〈中山王方壺〉「請」字右旁下方，亦增一「口」旁。至於西土的秦系文字，則自春秋早期的〈秦公簋〉，

「青」字便已寫作「从生从丹」，與六國古文寫法不同。直至戰國末期的〈睡虎地秦簡〉，此字的形體發展都很穩定，而爲秦、漢以後隸、楷書之所承襲。漢代初期，「青」字的形體，上部或从「㞢」（如帛書〈老子甲後〉四二二）；下部或从「月」（如〈馬王堆一號墓竹簡〉與《漢印文字徵》）。此外，帛書「黃帝書」、〈老子乙本〉的「靜」字，與〈十問〉第二十七簡「天地之至精」的「精」字，兩字所从之「青」旁，下部均作「月」形。與秦代以前的秦系文字之譌形相較，漢初的文字反而似乎有一種復古的傾向。此或與西漢時代的士人有感於六國文字之變亂，故特別注重文字學之研究風尚不無關係。至於〈開母廟石闕銘〉「清靜」二字，「清」字「青」旁，下半从「丹」。而「靜」字「青」旁，下部則作「」，顯然是根據已經隸變譌爲从月的隸書體，再以篆書的筆法改寫的結果。同是「青」旁而作兩形，明顯可以看出是書家爲求形體變化，避免雷同的審美企圖。至於筆畫之正誤，似乎已非其考究重點。

總而言之，「青」字原係「从屮井聲」的形聲字，意謂草木之生，其色本青。原不从「生」，其从「生」者，乃由「屮」旁與其下的「井」旁之上橫緊鄰，因誤解輾轉譌變而來。更非从「丹」，其作从「丹」者，乃是「井」旁兩個橫畫，由外突之相交狀態，漸次向內縮齊而與其左右兩豎筆呈相接狀態，復於其中空處加點而成。許氏說解以爲「从生丹」，乃據後世已譌變之字形附會爲說者。

第四節　說「甲」、「𤰞」

《說文解字》十四下甲部釋甲云：「位東方之孟，陽氣萌動，从木戴孚甲之象。大一經曰：『頭玄爲甲。』（註 1）甲象人頭。凡甲之屬皆从甲。，古文甲，始於一，見於十，歲成於木之象。」篆文作「」。

說文篆文 1
說文古文（大徐本）（小徐本） 2
一期 后上五·二 3
四期 甲二六七七 4
商 且甲卣 5
利簋 6
甲盉 7
周中 頌鼎 8
周晚 兮甲盤 9
盟书一·六·三 10
曾侯乙 一三六 11
包山二一八 12
詛楚文 湫淵 13
新郪虎符 14
陽陵虎符 15
5.2 睡虎地簡 16
秦陶文 17
馬王堆 古地圖 18
老子甲 19
孫子 九 20
袁敞碑 21
漢印徵 22
漢印徵 23
漢印徵 24
漢骨籌 25
華山廟碑 26

（表一）「甲」字歷代形體演化一覽之一

註 1：此依《小徐本》，王筠《說文解字句讀》同。《大徐本》作「人頭宜爲甲」，桂馥《說文解字義證》同，《段注本》依《集韻》改作「人頭空爲甲」，朱駿聲《說文通訓定聲》同。

「甲」字甲骨文作「＋」，或作「⊞」（表一～3,4），於「＋」外加方形框廓，爲殷人先王「上甲」之專用名字（註 2）。林義光《文源》以爲「甲者，皮開裂也，＋象其裂文。」（註 3）其說近之。郭沫若以爲象魚鱗之形（註 4），恐不足據。許氏所說「从木戴孚甲之象」，乃據後世陰陽五行說以解上古文字，非其本誼。唯「田」字框中之「＋」符，多與邊線相接，「甲」字框內「＋」符則多斂束，均不與邊框相接。作爲「＋」形之「甲」字，又與甲骨文「七」字同形。林義光以爲，「七」乃「切」之初文，「＋」象從中切開之形（註 5）。劉宗漢則進一步認爲，「甲」字與「七」字，都起源於以利器在器物上的刻劃，不僅同形，而且音、義可通（註 6）。儘管在甲骨文中，「甲」與「七」兩字共同使用同一個形體，分別代表兩個完全不同的語意概念，根據卜辭的上下文，也還不至於產生互相混淆的困擾。然而異字同形的問題畢竟還是難以長期被接受，原本作爲商人先王「上甲」專用字的「⊞」形，在西周金文中，已轉化假借爲十干之首，或作爲「鎧甲」之「甲」的通用字，而爲《說文》小篆之所從出。

到了春秋、戰國以後，大概是爲了跟「七」字明確區隔開來，甲、金文中，「甲」字的初文簡體基本廢棄不用，全面行用的是原本作爲「上甲」專名的繁形（⊞）。就古文字資料看來，春秋末期〈侯馬盟書・宗盟類〉序篇，「甲

註 2：首先認出从「＋」在框中的「⊞」字並非「田」字，而是殷人先王先公之廟號「上甲」，是王靜安的創獲。王氏根據卜辭中有[乙]、[丙]、[丁]三人名，其乙、丙、丁三字皆在匚或コ中，悟出在卜辭中，被眾學人認作「田」字的「⊞」，當爲「甲」字。又以其在卜辭中恆居於先王先公之首，而證此甲即爲上甲微之專名。見〈殷卜辭中所見先公先王考〉文中，載《觀堂集林》卷第九，頁 409。台北，河洛圖書出版社。1975 年 3 月。

註 3：見丁福保《說文解字詁林》所引錄，頁 6560。台北，商務印書館，1975 年。

註 4：見郭著《甲骨文字研究・釋干支》，載在《郭沫若全集・考古篇》第一卷，頁 170～171。北京，科學出版社，1982 年 9 月。

註 5：見《說文解字詁林》所錄，頁 6540。同註 3。

註 6：見劉撰〈釋七、甲〉一文，載在《古文字研究》第四輯，頁 235～241。

寅」的「甲」字作「十」，猶存古形（表一～10），算是唯一的例外。

戰國時代的墨跡文字資料，如〈曾侯乙墓竹簡〉（表一～11）及〈包山楚簡〉（表一～12）等南方楚系文字，「甲」字多寫作「」或「」，於「＋」形外加框而省其一邊，缺口向左或向右無別。揆其原由，顯然也是爲了與田獵之「田」與七八之「七」兩字有所區隔，所演生出來的特殊寫法。但值得注意的是，曾侯乙墓出土竹簡簡文，不只「甲」字外框缺其一邊，他如从囗構形的「圓」、「國」、「園」等字的外框，也都同樣缺其一邊。這種簡省的特殊寫法，固然是爲求簡便，但恐怕也是受到「甲」字寫法的類化之影響而然。

再看地居西土的戰國秦系文字，如〈詛楚文〉（表一～13）與〈睡虎地簡〉（表一～16）的「甲」字，字中的「＋」符，中豎向下引長，突出於框廓之外，應該也是爲了避免與「田」字因形近相混，所產生的新形體。這個中豎穿突框廓的「甲」字寫法，具有秦系文字的鮮明地域特色，同時代的其他六國行用之「甲」字，均無此形。

兩漢的簡帛文字，「甲」字的形體，基本沿襲西土的秦系文字。至於像同是秦地的〈新郪虎符〉、〈杜虎符〉及〈陽陵虎符〉之「甲」字，上部框內，並皆从古文「甲」作「＋」。其框形下方讓開了字內「＋」符引長了的中豎，線條斷開，左右兩不相交，與前述的〈詛楚文〉及〈睡虎地簡〉不同，而爲後世小篆形體之所承用。

然而，今本《說文》篆文「甲」字，字中所从之「＋」符，均作「丅」形。由原本橫直畫兩筆相交，譌變爲中豎上端與橫畫頂齊的相接之狀，古文構形原意已失，反而不如後世隸、楷書之近真。自商、周甲骨、金文以迄戰國、秦、漢之際的大量古文字資料看來，不管是作爲「甲」字初文的「十」，或外加框形的「田」，乃至垂引中豎的「」或「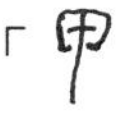」，其所从之「＋」，始終保持「＋」字相交之形，無一例外。今本《說文》篆文「甲」字之爲譌形，已是顯而易見。

至於《秦漢魏晉篆隸字形表》收錄〈陽陵虎符〉「甲兵之符」的「甲」字，作「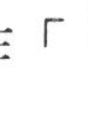」，與今本《說文》篆文同。經檢視原拓，其字从古文甲作「＋」之形，仍清晰可辨（表一～15）。此書所錄，其摹作與今本《說文》同形，顯係

誤摹所致（註 7）。這固然也有因原件微有蝕泐，以誤識而致誤摹之可能。但更大的可能，則是受到《說文》篆文系統，先入爲主之影響而致譌。

今本《說文》「甲」字之譌形，到底是許氏原書之誤，抑或後人輾轉傳抄以致譌誤呢？欲究明此事，唯有讓證據說話。許氏生當後漢前期，根據許慎《說文》書後所附，其子許沖上書表，可知《說文》成書於漢和帝永元十二年（100 A.D.），於漢安帝建光元年（121 A.D.）獻於朝廷。且別說年代早於《說文》三百年以上，地下出土的〈新郪虎符〉、〈陽陵虎符〉、〈杜虎符〉、〈睡虎地簡〉、〈陶文〉等秦地文字資料中的「甲」字，其所从「＋」形不譌，即使刻立於漢安帝元初二年（115 A.D.），年代與許書成書時代大致相若，用篆書所刻的〈袁敞碑〉，碑文中「十月甲申拜侍中」之「甲」字，字畫右上部雖稍有殘泐，其爲从「＋」構形，仍隱約可辨。至於時代貫穿前後漢的漢印文字，根據羅福頤《漢印文字徵》書中所收錄七個「甲」字字例，以及《漢印文字徵補遺》（註 8）所收三個「甲」字字例，共十個「甲」字。及門部一個从「甲」的「閘」字，其外框下方，雖有或開或合之殊，而所从古文甲之「＋」形，其橫直筆畫無一不作相交之「＋」者（表一～22-24）。至於表一～23，豎畫下部繆曲，乃篆刻者基於空間虛實相生之考量，爲了匀滿印面所作出的特殊處理。豎畫上部與橫畫相交穿，从「古文」「甲」作「＋」符之原型，基本仍未失古真。

通過以上之爬梳，不僅秦、漢以前古文字「甲」字篆文不从「丅」作，即使在東漢結束以前的文字實物資料，也從未有从「丅」之譌形出現。這只能說明一件事實，即《說文》書中的「甲」字「古文」及「篆文」，原本不譌，其譌作今形者，必出於後世輾轉傳抄而致誤。

此外，夏竦《古文四聲韻》引《說文》「柙」字「古文」，作「」（註

註 7：見該書頁 1049。四川辭書出版社，1986 年。

註 8：前者見該書卷十四，頁 13。北京，文物出版社，1987 年 1 月。後者見該書卷十四，頁 4。北京，文物出版社，1982 年 12 月。

9）。儘管所从之「十」符被寫作「屮」，橫畫兩端蜷曲向上作仰勢，豎筆也向下斜迤，形似「又」之「篆文」，而其中豎上穿之形仍在。此亦可從今本《說文》木部「柙」字之「古文」形體（表二～11,12）獲得印證。惟《大徐本》與《小徐本》，在這古文字外框的形體上的寫法，兩本微有出入。從「甲」字形體之發展演化上看，仍當以《大徐本》爲正。《小徐本》所云「古文柙，从口」者，實緣上方誤冗一橫畫的結果。凡此諸端，均堪作爲許書「甲」字古篆文原本不誤之旁證。至於同頁《古文四聲韻》所錄〈古老子〉「甲」字（表二～6,7），及《汗簡》下之二，所錄古尚書「甲」字（表二～8），與〈義雲章〉「早」字「古文」（表二～9），所从之「丅」，並與今本《說文》同形，恐皆經唐、宋以後學人，依仿已經譌變的《說文》篆文譌形改寫過的結果。

到了三國時代，不只曹魏正始〈三體石經・書經無逸〉的「甲」字，篆文从「十」，不譌。其「古文」作「」，明顯可以看出是與《古文四聲韻》

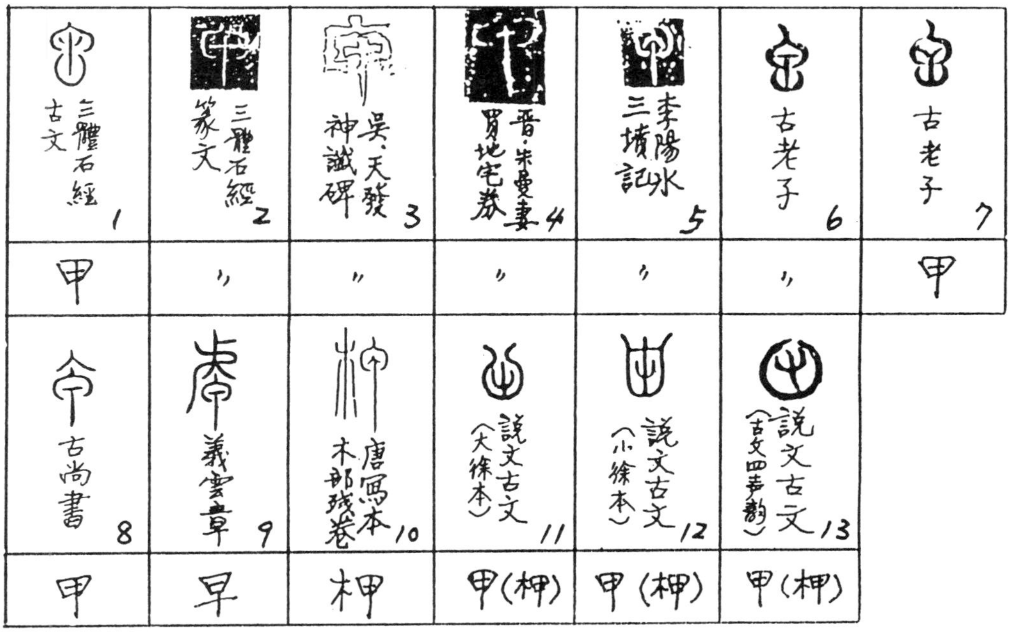
三體石經 古文 1
三體石經 篆文 2
吳・天發神讖碑 3
晉・朱曼妻買地宅券 4
李陽冰三墳記 5
古老子 6
古老子 7
甲
〃
〃
〃
〃
〃
甲
古尚書 8
義雲章 9
唐寫本木部殘卷 10
說文古文（大徐本） 11
說文古文（小徐本） 12
說文古文（古文四聲韻） 13
甲
早
柙
甲（柙）
甲（柙）
甲（柙）

（表二）「甲」字歷代形體演化一覽之二

註 9：語案，此字字頭楷釋作「押」，《說文》手部並無「押」字，當是木部「柙」字之誤。見《古文四聲韻》入聲，頁 8。《汗簡・古文四聲韻》合刊。北京，中華書局，1983 年 12 月。

所引《說文》「古文」字形是一體之演化，只是外框形體稍加繁複而已。儘管字中所从「＋」符，被寫作「」，其中豎上穿之形仍在。地屬東吳的〈天發神讖碑〉的「甲午丙日」、西晉〈朱曼妻買地宅券〉中的「東極甲乙」，兩處的「甲」字（表二～3,4），也仍是从「＋」。在唐代李陽冰〈三墳記〉中的「甲」字作「」（表二～5），正與〈唐寫本木部殘卷〉「柙」字（表二～10）所从「甲」旁寫法全同。字內「＋」符分割成上下兩段，中豎被置於下段。其後，原本似篆文「入」字的上段，由於筆勢拉平後，被誤認為一橫，再與下段的中豎相接合，遂成「丅」形。

至於今本《說文》「甲」字「古文」形體，於「甲」字篆文上方，又增出一個狀似「入」字的「𠆢」符。這個形體，只見於傳抄古文字，未見於地下出土的先秦真古文，顯然也是由於後人輾轉傳抄，因誤會而增冗的結果。至於其形體之由來，我們從〈三墳記〉「甲」字，及〈唐寫本木部殘卷〉「柙」字所从聲符「甲」旁的篆文形體，不難看出「甲」字 方中帶圓的外框內，原本所从之「＋」被寫作「个」形（與《說文》「丁」字篆文寫法全同），乃是唐人篆文的習慣寫法。故此一「古文」形體應非始於二徐本，在《唐寫本》中已經寫作此形。實則，今本《說文》「甲」字的「古文」形體，其上部所增冗的「𠆢」形，實與唐人「甲」字「篆文」框內，中豎上端所頂接的形體如出一轍。當框內的「𠆢」形一旦演變成平展的橫畫後，與下豎相合，則成「丅」形。對於粗懂得一些「甲」字古篆形體寫法，卻又不能詳悉此字構形本真的學人而言，但覺「甲」字篆文，原含有一個「𠆢」形的字素無端消失，也不詳考此字形體之歷史演化軌跡，便兀自又在上頭加上一個「𠆢」形，遂寫成如今本《說文》「古文」的奇文怪字。

我們作這樣的推斷，並非躡虛接響，而是有事實根據的。在《小徐本》戈部「戎」字下及日部「早」字下，均有「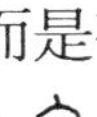，古文甲字」五字，《大徐本》均刪之（註 11）。就《說文解字繫傳》的體例而言，「甲」之篆文作「」，

註 11：見段玉裁《說文解字注》，「戎」字下註釋，頁 636。台北，黎明文化事業公司，1974年 9 月。

今在「甲」字下，既出「」字爲「古文」，又在「戎」字及「早」字下注云：「，古文甲字。」是「甲」字之「古文」與篆文同形，如此，則與「甲」之列「」爲「古文」，前後自相矛盾。《大徐本》或有見於此，故將《小徐本》中五字刪去。雖然消解了書中前後互相矛盾的尷尬，但對於「甲」字「古文」究係何形，也並未獲得真正的解決。於此，亦可見前輩文字學家們對於「甲」字「古文」形體，已不無疑義在。

因此，筆者以爲這個「甲」字「古文」上頭所增冗的「」符，不僅是在「甲」字篆文所从「＋」符被割截寫作「」（如《說文》「丁」篆文之譌形）之後才出現，而且，應是在「甲」字所从之「」形譌成「丅」形（如見〈秦虎符〉「甲」字而誤以所从之「」爲「」）之後，被淺學所竄改妄增者。再說，就文字形體的發展規律上看，从「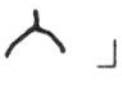」與从「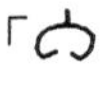」，也蘊含著互相變換，乃至互相取代的內在演化之可能。事實上，原本《說文》是否有此「古文」都很可疑，即使許氏原書收有「甲」字「古文」，也必不作今形。通過對「甲」字形體的全面考索，可作如此之推斷。

「甲」字篆文之譌，係由原本框中作「十」字交叉的「」形，譌而爲中豎向下縮齊的「」形。與此譌變情況相類似的，是「卑」字。

《說文》三下𠂇部釋「卑」云：「賤也，執事者。从𠂇甲。」篆文作「」。

「卑」字甲骨文作「」（表三～2），「从又从」。所从之「」，雖形似後世隸、楷書中之「甲」字。唯殷商時代甲骨文「甲」字，只作「」或「」，其非「甲」字甚明。先師魯實先先生嘗據兩周彝銘，謂「卑」字所从之「」，與彝銘「」（異）字所从之「」，皆「甶之古文」。而謂「卑」爲「从攴甶」，以示奉甶服役之意（註 9）。今就殷商甲文之「卑」字早期形體看來，魯先生的說法顯然與「卑」字之初形不合，難可信從。此字之創制本恉雖未能確知，而許氏釋爲「从𠂇甲」構形，則顯然不確。

兩周金文「卑」字作「」（〈散氏盤〉，表三～4）或「」（〈余卑盤〉，

註 9：見《文字析義》，頁 763，釋「卑」。台北，魯實先全集編輯委員會，1993 年 6 月。

表三～5)，於「」形的中豎下部增一短橫。「又」旁則移置於「」 形的正下方，形似从「攴」。〈中山王大鼎〉的「卑」字，「」旁的中豎下半，與上部的框廓離析爲二，筆勢變直爲曲，並貫穿其下的「」旁，形似从「田」从反「尹」(表三～6)。〈侯馬盟書〉(表三～7,8)及〈郭店楚簡〉(表三～9,10)的「卑」字，所从之「又」或作从「𠂇」；所从之「」，中豎下半均被略去，作「」或「」。戰國〈古璽印〉(表三～11)與〈秦宗邑瓦書〉(表三～12)的「卑」字，構形與〈散氏盤〉、〈𢦏簋〉(表三～3)等金文相同。到了西漢以後，如馬王堆帛書〈古地圖〉、〈孫臏簡〉、《漢印文字徵》及〈三體石經〉等文字資料，「卑」字所从「」旁，中豎下部的筆勢，已由甲骨、金文中的垂直，轉而爲向左下的斜曲勢；而在金文裡所增出的一短橫，也全皆消失不見了。

說文篆文 1
京二六八四 2
𢦏簋 3
散氏盤 4
余卑盤 5
中山王大鼎 6
侯馬盟書 7
侯馬盟書 8
郭店老子甲一〇 9
郭店緇衣二三 10
古璽印 11
秦宗邑瓦書 12
古地圖 13
一号墓竹簡四六 14
孫臏二四 15
定縣竹簡八三 16
武威醫簡四七 17
漢印文字徵 18
石門頌 19
三體石經無逸 20
謙卦銘 21

(表三) 「卑」字歷代形體演化一覽

許氏釋「卑」之構形爲「从𠂇甲」，雖不正確，然漢人作此理解，其文字亦必據此而書寫。根據宋代洪适《隸續》縮小摹刻的漢碑碑額，其以篆體書之者，計有〈樊敏碑〉、〈費鳳碑〉、〈陳球碑〉、〈宗俱碑〉、〈王純碑〉、〈孔彪碑〉、〈夏承碑〉、〈婁壽碑〉、〈秦頡碑〉、〈唐公房碑〉、〈郭輔碑〉等十一方碑刻。今觀此出自不同書手的十一個漢碑碑額上之「碑」字，其所从「卑」旁寫法，皆从「十」作，沒有一個是寫作从「丅」構形的（表四，註 10）。

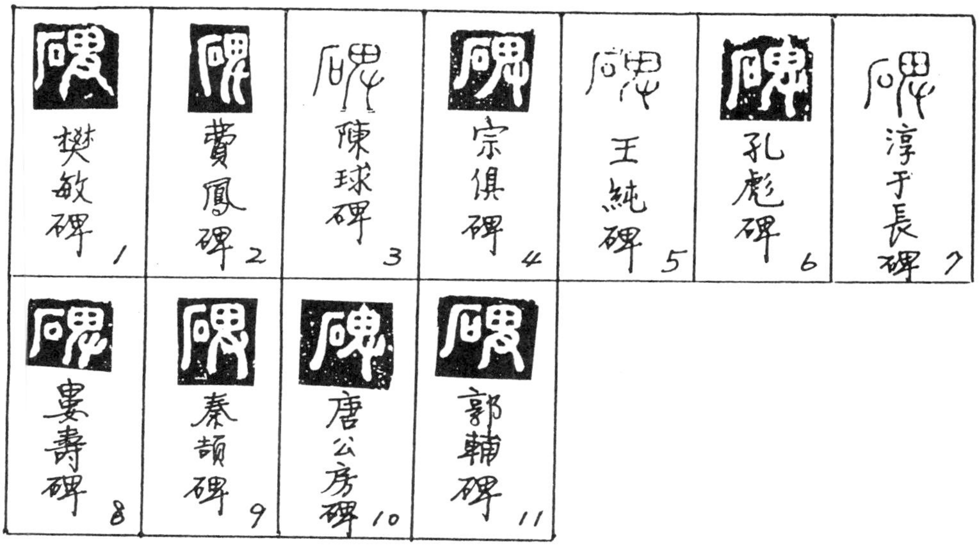
樊敏碑 1
費鳳碑 2
陳球碑 3
宗俱碑 4
王純碑 5
孔彪碑 6
淳于長碑 7
婁壽碑 8
秦頡碑 9
唐公房碑 10
郭輔碑 11

（表四）　《隸續》縮摹漢碑碑額之「碑」字一覽

經由以上之爬梳，自商、周以迄後漢時代的有關文字資料，儘管「卑」字的形體幾經變易，而所从「甲」旁，其框廓內作「十」字相交之形，始終不曾改變，未見有如今本《說文》之从「丅」作「卑」形者。甚至在《說文》成書後一百多年所刻立的曹魏〈三體石經〉（表三～20），也仍保存古形不譌。由此不僅可以證知今本《說文》「卑」字篆文譌爲框內从「丅」之形體，絕非許書原本之譌，乃係後人輾轉傳抄之譌。同時，也可以作爲「甲」字篆文譌形亦爲後人傳寫致譌的一個間接佐證。

註 10：見該書卷五，頁 315～346。北京，中華書局，1985 年 11 月。

就現存文字資料加以考察，「卑」字篆文作框內从「ㄒ」之譌形，最早見於於唐代李陽冰篆書〈謙卦銘〉。此刻銘文「卑」字凡三見：「地道卑而上行」（表三～21）、「卑而不可踰」、「卑以自牧」。三個「卑」字，基於審美之考量，形體雖稍有變化，而其作框內从「ㄒ」之構形則甚爲統一。可見「卑」字篆文之譌爲框內从「ㄒ」，至遲在唐代中葉已經如此。當然，許慎在《說文》書中既將「卑」字釋爲「从𠂇甲」構形，後世學人對於「卑」字篆文之理解與書寫，必然也會受到「甲」字篆文寫法的影響。今「甲」、「卑」兩字篆文譌形之譌誤情形既相類似，其譌形的形成時代勢必也相去不遠。至於更加確切的譌誤年代爲何？則有賴於更多地下文物資料之出土與佐證。

第八章　錯綜分合之訛

凡商、周以來一脈相傳的古篆文字，其形體在隸變後產生譌誤，在《說文》篆譌形中，同時兼具前述的兩種或兩種以上之譌變現象，或當離而誤合，當合而誤分；或本當齊接而作交突，本當相交而作縮齊；或原有而誤刪，或原無而誤增，以致錯綜多端，不易究詰者，是為「錯綜分合之譌」。

第一節　說「笑」

今本《說文》在五上竹部之末，皆有「笑」字，其構形或「从竹从夭」，如徐鉉《說文解字》（一名《大徐本》）、徐鍇《說文解字繫傳》（又名《小徐本》）（註 1）、桂馥《說文解字義證》、王筠《說文解字句讀》等；或「从竹从犬」，如段玉裁《說文解字注》、朱駿聲《說文通訓定聲》等。其从「夭」或从「犬」雖殊，而其从「竹」則同。

清儒段玉裁說：「宋初《說文》本無『笑』，鉉增之十九文之一也。」（註 2）今觀于大曆十一年（776 A.D.）成書的張參《五經文字》，竹部所收「笑」字，从「犬」作「笑」。其下註云：「喜也，从竹下犬」，未見引自《說文》之註文。時隔一甲子，成書於開成二年（837 A.D.）的唐玄度《新加九經字樣》，在竹部所收「笑」、「笑」兩形，其下自註形體來源，上字為「《字統》」（楊承慶著），下字為「經典相承」（註 3）。兩書之撰著，大抵「力尊說文」，故凡

註 1：段玉裁於「笑」字下，說：「徐楚金缺此篆，鼎臣竟改《說文》笑作笑。」惟今本徐鍇《說文解字繫傳》竹部之末，卻有「笑」字。觀其字下注釋文字，與《大徐本》「新附」的「笑」字下注文一字不差，應是清人覆刻時，自《大徐本》所移以增入者。

註 2：見段著《說文解字注》，頁 201，「笑」字條下注。台北，黎明文化事業公司，1974 年 9 月。

註 3：見《字形匯典》第 27 冊，頁 398，「笑」字條下所引。台北，聯貫出版社，1995 年 7 月。

徵引《說文》，字下必加註明（註 4）。此字下獨未標註《說文》，可見不只宋初的《說文》本子無「笑」字，恐怕在唐代中、晚期的《說文》傳本中，早已無「笑」字了。段氏的說法，確是信而有徵。

《大徐本》將「笑」字置於竹部之後的「新附」內，徐鉉在注中說：「（說文）此字本闕，臣鉉等案：孫愐《唐韻》引說文『喜也，從竹從犬』，而不述其義，今俗皆从犬。又案：李陽冰刊定說文『从竹从夭』義，云『竹得風，其體夭屈，如人之笑』，未知其審。」（註 5）據此可知，《說文》原書不應無「笑」字，恐是輾轉傳抄以致譌漏。若然，則《說文》原本「笑」字篆文之構形，究竟是《唐韻》所引「从竹从犬」呢？或是李陽冰所說之「从竹从夭」？

說文篆文(大徐本) 1
說文篆文(段注本) 2
郭店老子乙種9 3
郭店老子乙10 4
郭店性自命出22 5
郭店性自命出24 6
十鐘山房印舉(周秦印) 7
縱橫家書二七一 8
老子乙前十六經 9
馬王堆老子乙178下 10
孫子兵法一八六 11
敦煌漢簡 12
熹平石經易、萃 13
王政碑 14
皇帝三臨辟雍碑 15
西涼十誦比丘戒 16
始平王元子正墓誌 17
李仲琁修孔廟碑 18
宋本玉篇 19
智永真草千字文 20
歐陽詢史事帖 21
孔子廟堂碑 22
麻姑仙壇記大字本 23
麻姑仙壇記小字本 24
干祿字書 25
司馬光類篇 26

（表一）　「笑」字歷代形體演化一覽

註 4：唐玄度《新加九經字樣》序云：「今所詳覆，多依張參《五經文字》爲準。」而《五經文字》則基本以許慎《說文》爲宗，《說文》不備，則求之呂忱《字林》。見張參《五經文字》序文。段玉裁也說：「《五經文字》，力尊《說文》者也。」見《說文解字注》，頁 201，「笑」字下註釋。同註 2。

抑或兩者皆非？在「笑」字本形未能明白確定之前，此樁千古聚訟之公案，便永難了斷。

「笑」字未見於甲骨、金文。關於「笑」之字形，在戰國中期的郭店楚墓竹簡的〈老子乙種〉和〈性自命出〉兩種簡文中，都有發現。〈郭店楚簡・性自命出〉第二十二簡：「芺（笑），豊（禮）之澤也。」「笑」字「从艸从犬」，不从「竹」。又，第二十四簡：「餌（聞）芺（笑）聖（聲），則羴（鮮）女（如）也斯憙（喜）；昏（聞）訶（歌）謠（謠），則舀女（如）也斯奮。」（註 6）「笑聲」與「歌謠」對舉爲文，其構形與上引簡文無殊。同是〈郭店楚簡〉的〈老子乙種〉第九簡：「下士昏（聞）道，大芺（笑）之。弗大芺（笑），不足以爲道矣。」（註 7）兩「芺」字，今本並皆作「笑」。〈郭店楚簡〉出現的四個「笑」字形體，所从「艸」旁作「」，與楚文字从「竹」之作「」者迥別。所从之「犬」作「」，爲典型的戰國楚文特色。如〈望山一號楚簡〉「犬」字作「」。又，同爲〈郭店楚簡・老子甲種〉，「民多利器而邦滋昏」之「器」字，所从之「犬」作「」。故此四個字例之釋爲「笑」，可以無疑。陳介祺《十鐘山房印舉》之三，〈周、秦古印 14〉有「隗笑」一印（表一～7），「笑」字亦「从犬从艸」（註 8），與〈郭店楚簡〉及西漢簡帛文字構形相同。長沙馬王堆〈戰國縱橫家書〉第二七一行「公仲倗謂韓王章」：「兵爲秦禽（擒），知（智）爲楚笑」，「笑」字亦「从艸从犬」，不从「竹」（表一～8）。同一章中有「燕使蔡鳥股符胠璧」之「符」字，所从之「竹」作「」，與「笑」字所从之「艸」作「」，「竹」葉向下與「艸」葉向上之筆勢迥異（註 9）。又〈老子乙本〉「下士聞道，大笑之。弗笑不足以爲道。」後一個「笑」字，下半殘破；前一個「笑」字，則从艸从犬之構形甚爲清晰。

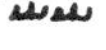

註 5：見徐注《說文解字》五上，頁 99。北京，中華書局，1985 年 6 月。

註 6：並見《郭店楚墓竹簡》，頁 62。北京，文物出版社，1998 年 5 月。

註 7：同前，頁 118。

註 8：見該書頁 46。北京，中國書店，1985 年 3 月。

註 9：見《馬王堆漢墓帛書》（參），頁 22。北京，文物出版社，1983 年 10 月。

與〈老子乙本〉同為一卷的〈古佚書十六經・稱〉，有「實穀不華，至言不飾，至樂不笑」之句（註 10）。孔子云：「樂然後笑」，古書往往「笑」、「樂」並舉。因係同一書手，「笑」字構形與〈老子乙本〉同。

此外，抄寫時間稍晚於〈馬王堆帛書〉，而同為西漢早期的山東臨沂〈銀雀山漢簡〉，其中〈孫子兵法〉與〈晏子〉兩種簡文，亦有「笑」之字例，〈孫子兵法〉第二〇七簡「婦人亂而笑」（註 11），與〈晏子〉第五九〇簡「喟然而僕（嘆），僕終而笑」（註 12），兩處之「笑」字，雖皆稍有剝損，其為「从艸从犬」之構形，亦隱約可見，與〈郭店竹簡〉、〈馬王堆帛書〉無異。〈孫子兵法〉簡「笑」字（表一～11）的寫法，與《十鐘山房印舉》所收周、秦印字例（表一～7）的寫法近似。

以上所舉四批由戰國中期至西漢早期的十一個古文字字例，都是許氏《說文》成書前兩百年以上的地下出土第一手古文字資料，文字仍存古篆形體，尚未隸變。所見「笑」字，均「从艸从犬」構形，無一例外。又，在《說文》成書半個多世紀後的〈熹平石經・易經殘石〉中，也發現一個「笑」字。儘管當時漢字由篆書向隸書過渡的隸變過程早已完成，而《易經・萃卦》原文「一握為笑」之「笑」，也還保存著自戰國時代以來一脈相承之古形——「从犬从艸」（註 13）。惟《秦漢魏晉篆隸字形表》卷五「笑」字條下，卻將〈石經・萃卦〉此字所从之「犬」，誤摹為「大」。在原刻拓本「犬」旁橫畫右上方，清楚可見的一點，摹寫者因不明「笑」之古形原本从「犬」，或一時誤以為石花而略去，譌為从「大」，則與後出之晉〈皇帝三臨辟雍碑〉之譌形全同（註 14）。綜上所舉字例與詞例，不僅可以明確證知「笑」字之本形當為「从犬从艸」會意，亦可推知許氏《說文》原書未收「笑」字便罷，若收有「笑」

註 10：見《馬王堆漢墓帛書》（壹），頁 82。北京，文物出版社，1980 年 3 月。

註 11：見《銀雀山漢墓竹簡》，頁 21。北京，文物出版社，1985 年 9 月。又，《秦漢魏晉篆隸字形表》「笑」字條下，此一簡文字例誤標為「一八六」，當予訂正。

註 12：註見《銀雀山漢墓竹簡》，頁 58。同前註。

註 13：見《漢石經集存》圖版八八。台北，聯貫出版社，1976 年 6 月。

註 14：見該書頁 301。四川辭書出版社，1986 年 10 月。

字，其篆文也當一如年代晚約四分之三個世紀的〈熹平石經〉之作「从犬从艸」會意。

有此鐵證，則張守中在《郭店楚簡文字編》卷一，於「芺」字條下注云「通笑」，明顯是將「芺」這個本尊正字誤作後世訛體俗字「笑」的「通叚」字 看待，其失誤已不待辯。

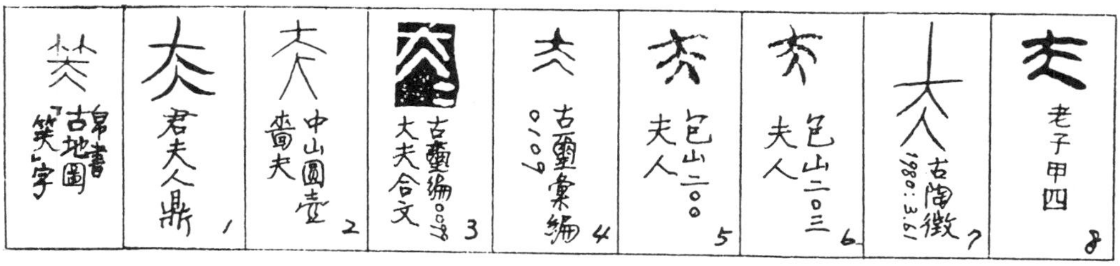
帛書古地圖「笑」字
君夫人鼎 1
中山圓壺 嗇夫 2
古璽編 大夫合文 3
古璽彙編 0109 4
包山二〇〇 夫人 5
包山二〇三 夫人 6
古陶徵 7
老子甲四 8

（表二） 帛書〈古地圖〉「笑」字與戰國秦漢間「夫」之寫法形體比較

此外，不能不一提的是，《秦漢魏晉篆隸字形表》在「笑」字下，收錄了一個問題字。亦即馬王堆帛書〈古地圖〉的一個「笑」字（見表二，註 15）。就偏旁分析，此字實「从竹从夫」，應是以「夫」爲聲符的形聲字，隸定當作「笑」。

此字未見於《說文》，金文〈陳逆簠〉有之，銘詞「鑄茲賠笑」之「笑」，或疑乃「医」之異文，爲《說文》「簠」之「古文」（註 16），似是。「笑」字亦見於〈包山楚簡〉、〈信陽楚簡〉等楚系文字中。其與「笑」字，形、義皆別，絕非一字。這個「笑里」的「笑」字，在〈古地圖〉上係當地名用，應是借音字。漢語大字典字形組卻硬將它釋作「笑」，實在缺乏根據。然而，這麼一本權威的字書，一旦誤收入此字，以此書作爲字形基礎所編成的《漢語大字典》，也跟著錯到底（註 17）。其他新出字書，如《簡牘帛書字典》（註 18）、《異體字字典》（註 19）等，自然也照收不誤了。且如《漢語大字典》

註 15：見該書頁 399。四川辭書出版社，1985 年 8 月。

註 16：見何琳儀《戰國古文字典・魚部》，頁 590。北京，中華書局，1998 年 9 月。

註 17：見該書頁 2950。湖北辭書出版社、四川辭書出版社共同出版，1986 年 2 月。

註 18：見該書頁 614。陳建貢、徐敏編。上海書畫出版社，1991 年 12 月。

註 19：李圃主編，上海，學林出版社，1997 年 1 月。

這套大部頭的字書，一次印刷就是四萬冊，這麼一來，普天之下凡是擁有這些書籍的人，特別是一些對於簡帛書法感興趣的學者，會誤以為「笑」字也是可以寫作「从竹从夫」的。由於有這些權威字書做靠山，當他們書寫作品時，遇到「笑」字，或不免會「理直氣壯」地援引此一奇異形體，作為他們表現的媒材。即使有人對此生疑，經翻檢相關字書，發現赫然皆有所據，便也只好聞疑稱疑，跟著以譌傳譌去了。段玉裁就曾說過：「凡言音言義之書，有譌字，尙可據理正之。此書（案指《隸續》）專載字形，其譌者，則終古承譌而已矣。」（註 20）於今方知，段氏這段話其實也是慨乎言之，並非無的放矢。

段玉裁註解《說文》，以「笑」為「从竹从犬」，有人問他：「从犬可得其說乎？」段答道：「从竹之義且不敢妄言，況从犬乎？」（註 21）段氏為學精嚴矜慎，當時以文獻未備，不知為不知，故寧可闕疑，亦自可敬。今既已確證「笑」之本形為「从犬从艸」會意，然而，「从犬从艸」又如何會得「笑」意呢？

經詢吾友養狗專家、棒球國手林華韋教授，略云，狗遇草地則喜樂戲耍，歡快無比。猶記年少時在鄉間所見景況，誠如其所言。此亦與孫愐《唐韻》所引《說文》，及慧琳《一切經音義》所引《字林》，皆以「喜也」訓「笑」（註 22），似可得其會通。先民造字之初，或者正是以犬遇草地之喜樂以為「笑」字之構形。其後，才借物情以擬人情，才轉為人類日用喜笑的專用字。

與「笑」字相對的「哭」字，原本也是因「犬」之嗥以造字。凡動物（包含人類）之哀號，未有如犬嗥之淒厲者，故从「犬」以構形。又，「犬」之嗥，其聲淒絕喧鬧，故从「二口」會意。其後，遂移以專指「人」情之哭。西漢馬王堆〈縱橫家書〉正作「从犬」會意。許慎釋之為「从吅从獄省聲」，段玉裁在「哭」字下的注釋中，不僅對於許氏此說提出質疑，並且發表了他的宏

註 20：見段氏《隸續》序，《隸釋・隸續》合刊，頁 291。北京，中華書局，1985 年 11 月。

註 21：同註 1。

註 22：《字林》之訓，見《一切經音義》卷二十六，頁 21。上海，古籍出版社，1986 年。

論，他說：「按許書言『省聲』，多有可疑者。取一偏旁，不載全字，指爲某字之省，若『家』之爲『豭』省，『哭』之从『獄』省，皆不可信。『獄』固从『㹜』，非从『犬』，而取『㹜』之半。然則何不取『𣪊』、『獨』、『倏』、『谷』之省乎？竊謂从『犬』之字如『狡』、『獪』、『狂』、『默』、『猝』、『猥』、『㹼』（詰案：原書誤植作『姍』）、『狠』、『獷』、『狀』、『獳』、『狎』、『狃』、『犯』、『猜』、『猛』、『犺』、『狟』、『戾』、『獨』、『狩』、『臭』、『獘』、『獻』、『類』、『猶』，卅字皆从『犬』，而移以言『人』。安見非『哭』本謂『犬』嘷，而移以言『人』也？凡造字之本意，有不可得者，如『禿』之从『禾』；用字之本義，亦有不可知者，如『家』之从『豕』，『哭』之从『犬』。愚以爲『家』入『豕』部『从豕宀』，『哭』入『犬』部『从犬吅』，皆會意而移以言『人』，庶可正『省聲』之勉強皮傅乎！『哭』部當厠『犬』部之後。」（註 23）這一段話，鞭辟入裡，擲地作金石聲。事實上，人雖號爲萬物之靈，但就生物學上講，也屬於動物門類。有許多其他各種動物特有的習性，人類亦皆有之。是以先民創制文字，在「近取諸身」以外，還要「遠取諸物」。豈止於狗，乃至於蟲、魚、草、木，皆所不棄。

年代與〈熹平石經〉大致相近的東漢〈王政碑〉「時言樂笑」，蓋取《論語》「君子時然後言，人不厭其言；樂然後笑，人不厭其笑」之意。碑文「笑」字作「咲」，可知「咲」乃「笑」之異體。東晉王羲之〈十七帖〉中，「笑」字草書作「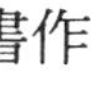」，殆從「咲」字演化而來。西涼建初元年的〈十誦比丘戒本〉寫經，「但念其義，莫笑其字」之「咲」，字形同於〈王政碑〉。至於〈始平王元子正墓誌〉，銘文中「始言笑而表奇」之「笑」字，『从竹从夭』，爲今日行用楷形體之首見者。該碑刻立於北魏孝莊帝建義元年（528 A.D.），比李陽冰刊定《說文》的年代，還早約兩百多年。隋僧釋智永〈真草千字文〉「工顰妍笑」之「笑」，楷（真）書作「咲」，與〈王政碑〉「笑」字同形，草書則與右軍十七帖同。初唐歐陽詢〈由余帖〉中「由余笑曰」之「笑」亦作「咲」。

註 23：見段著《說文解字注》二上，頁 63。同註 19。

顏元孫《干祿字書》，則「咲」、「笑」並收，註云「上通下正」（註 24）。

然則，自後漢以來長 期傳承行用之「咲」字，究竟因何而得以被視作與唐代正體之「笑」字相「通」的異體呢？此事在心中存疑已久。後檢《集韻》，於去聲三十五「笑」下，列有「咲」、「关」兩個重文，注云：「仙妙切，喜也。古作咲，或省。」（註 25）又閱司馬光等所編《類篇》，在五上竹部，見有从夭之「笑」字，下注云：「私妙切，說文『喜也』。文一。」又在二上口部看到「咲、关」二字，下注云：「仙妙切，喜也。或作关。文二。」（註 26）一時靈光忽現，似乎一切問題自此豁然通解。蓋「关」乃「笑」字本形「芺」之譌變（表一～12），而「咲」則爲「关」字增益口旁之後起形聲字。《類篇》「笑」與「咲」、「关」音切相似，義釋相同，三文實爲一字。「关」字上部之「丷」乃由「艸」演化而來，下部之「大」則由「犬」旁譌化而來。至於其間演化譌變之由，可得如下之推索：

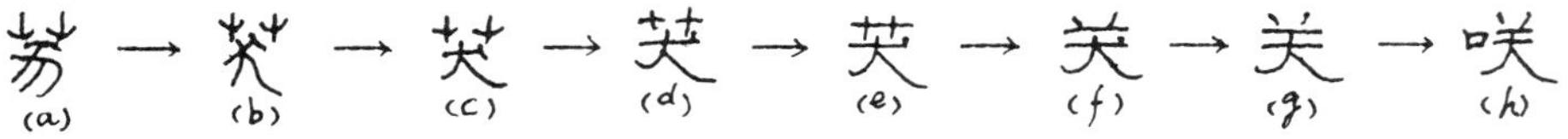

由 a 形至 d 形，即由〈馬王堆帛書〉及〈銀雀山竹簡〉等早期字例到〈熹平石經〉的演化過程，實即此隸變之過程推索，至於〈郭店楚簡〉簡文，與西土秦系文字分屬於兩個不同的文字系統，遠在秦始皇統一六國以後，便被廢棄不用。在形體的演化上，與秦系文字顯得格格不入，故楚簡在此只能作爲「笑」字本形「从艸从犬」之旁證。於此亦可窺知漢以後的文字，主要是承襲自西土秦系文字之一斑。

註 24：今傳顏真卿所書《干祿字書》，「笑」字「正」體作「笑」，似是从「大」（表一～24）。而同爲顏氏所書「麻姑仙壇記」「大字本」、「中字本」與「小字本」，則均寫作「从犬」（表一～22,23）。當以「从犬」爲正。

註 25：見該書頁 579。上海古籍出版社，1985 年 5 月。

註 26：「笑」字見該書頁 171，「咲」、「关」字見該書頁 51。北京，中華書局，1984 年 12 月。

註 27：見該書頁 51。北京中華書局，1984 年 2 月。

由 d 形之「艸」頭橫畫寫連則成 e 形，e 形之上面艸頭兩豎筆向上提縮，與橫畫呈相接而非相交狀態，則成 f 形。漢字隸變後，「++」頭往往變作「丷」形。當「犬」旁橫畫右端的一點略去，其中撇上端向上，與由艸旁演變而來的「丷」形之橫畫頂齊，則成 g 形，與〈敦煌漢簡〉「笑」（表一～12）形近，而爲《類篇》口部「咲」下所收之重文（註 27）。由於「关」之形體，與「送」、「朕」之右旁同形，又與「矢」字形近。爲恐引生誤解，乃另增形符「口」於左旁，則爲 h 形。因人笑時口必張開，故从「口」，此則漢碑「咲」字形體之所由來。

於此，亦可作爲「笑」字本形當爲「从艸从犬」會意的一個有力反證。王筠既已確定「关」爲「笑」之本字，卻又誤析此字爲「八夭」，且解之曰：「八，象眉目悅皃。諺所謂眉開眼笑也。夭者，屈也。笑時肩背氏仰之狀也。」（註 28）可謂交臂失之。關於「关」、「矢」因形近互譌，《漢書》薛宣傳裡，有一個鮮活而有趣的例證：「及日至休吏，賊曹掾張扶獨不肯休，坐曹治事。宣出教曰：『蓋禮貴和，人道尙通。日至，使以令休，所繇爲久。曹雖有公職事，家亦望私恩意。掾宜從眾，歸對妻子，設酒肴，請鄰里，壹关相樂，斯亦可矣。』扶慚愧，官屬善之。」文中的「壹关（笑）相樂」，原是「一爲歡笑」之意，應劭竟看作「以壺矢相樂」，晉灼已言其非（註 29）。實則，戰國、秦、漢之際，不僅「关」、「矢」形近易混，而且「壹」、「壺」往往同形無別，故應劭之誤，亦非無由來。

「笑」字本形「从艸从犬」，既是如此明確，何以「从艸」竟會訛成「从竹」？「从犬」又何以會訛爲「从夭」呢？這是分屬兩個不同形體部件的隸變演化問題，必須個別加以疏通。漢字在長期通行傳寫使用中，從篆書漸次演化而爲隸書，由於實用書寫簡便快捷之要求，往往有因連筆而導致筆勢的改變，加上傳寫者倉促間對於文字筆勢的誤解，遂有由筆勢之小異，而導致偏旁形體出現較大訛變之情形。如篆書从「竹」之字，閒閒而書，或作「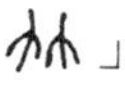」，

註 28：見《說文釋例》卷十六，頁 385。北京，中華書局，1987 年 12 月。

註 29：見《漢書》卷八十三「薛宣朱博傳五十三」，顏師古注。

或作「」。一旦為了趨急赴速，則原本象下垂之竹葉，很可能因連筆書寫而展為左右之平勢（）。再加上毛筆書寫工具的彈性提按作用，以及簡幅過於狹小（0.5~1 公分之間）之故，篆書从「竹」之字，到了漢代隸書時期，往往訛為从「⺾」（艸），如「等」之作「」、「節」之作「」等，不勝枚舉。在後來具有正字指標作用的字書，如《說文解字》、《玉篇》、《萬象名義》、《類篇》等，便各依其編著者之所需與所知，將隸變後的隸書或改寫為篆文，或改寫為楷書，一一予以「還原」。就在這一波波漫長的「還原」過程中，篆文原本从「竹」，因隸化而訛為从「艸」諸字，固然獲得復歸「本尊」的機會。但也有極少部份原本就「从艸」的字，由於本形已湮晦不明，也在這一波波的「還原」浪潮下，被不明就裡地推上「還原」列車，而劃歸與「从竹」諸字相同的族類，含屈忍辱，長期不得平反。「芺」字之訛為「笑」與「笑」，殆與漢字發展史上的此一「還原」浪潮難脫瓜葛。

从「艸」譌為从「竹」，「笑」字並非孤例。類似的例子還不少，如段注本《說文》釋為「次也」的「第」字，系屬「竹」部，今楷亦皆从「竹」。實則，《廣韻》「第」字下注云：「《說文》本作弟。」《說文》五下釋「弟」：「韋束之次弟也。」「次第」字並不从「竹」，故許書有「弟」無「第」甚明。段氏誤據《毛詩正義》羼入从「竹」的「第」字篆文于「竹」部之末，不免失考。西漢時代的金文如〈文帝九年鏡〉、〈上林鑑〉、〈上林共府升〉、〈壽成室銅鼎〉等，銘文中的「第」字無一不从「艸」，蓋當時「弟」字隸變後，字上訛作兩點，西漢人將這兩點與下橫合看(丷)而誤解作「艸」頭，因而無端生出从「艸」的「苐」形來。後世之作从「竹」者，乃从「艸」的「苐」字的進一步訛化。王筠說从「竹」之「第」，始見於《玉篇》（註 30）。其實不然，早在漢印(註 31)與〈正始石經〉篆文中，已見有从「竹」之字例矣。又如厚薄之「薄」，與主簿之「簿」，一从「艸」，一从「竹」，今分為兩字，也全出於誤會。許書有「薄」無「簿」。兩漢時代的文字資料中，只有从「艸」的「薄」字，沒有从「竹」的「簿」字。不論是作「厚薄」之「薄」，或是「簿

註 30：見王筠《說文釋例》卷十六，頁 386。北京，中華書局，1987 年 12 月。

註 31：見《秦漢魏晉篆隸字形表》，頁 358。四川辭書出版社。

丞」之「薄」解，一律都用从「艸」的「薄」字。足證从「竹」的「薄」字，其所从的「竹」旁，應是在魏、晉六朝以後，隨著由从「竹」旁訛來的从「艸」旁諸字之回改浪潮，被連帶強迫「還原」而成。又如今日行用的「對答」之「答」，原本作「荅」。在地下出土的西漢以前古文字資料中，「對答」之「答」原本只寫作「合」，後來才假借《說文》訓「小尗（豆）」之「荅」字為之。直到六朝時代的《玉篇》，以及唐代的《敦煌文書》，也還是从「艸」作「荅」。其訛作从「竹」的「答」字，始見於宋版《廣韻》及北宋時代成書的《類篇》等字書中。由此可知，如今行用的楷書「答」字，其由原本从「艸」的「荅」字，被無端改易為从「竹」的「答」字，也應與「从竹譌為从艸，从艸還原為从竹」的漢字發展之歷史情結不無關係。

至於原本从「犬」的「笑」字，何以會訛為「从夭」，原因可能有兩端：一是形近致誤。「犬」之篆文作「」，隸變後作「」；「夭」之篆文，依商、周古文字，本當作「」，或作「」（註 32），隸變後作「」，與「」形近易混，以致譌誤。兩形均未得其正。一是聲化之故。儘管「笑」字之構形已聚訟了幾百千年，但後世韻書對於此字之音切，或作「私妙切」（《廣韻》），或作「仙妙切」（《集韻》、《韻會》）；或作「蘇弔切」（《正韻》），音嘯，去聲，大抵不殊。魏、晉、六朝以後，「笑」字之構形既已蒙昧難明，「從竹從犬」又不曉所會何意。故自唐代李陽冰刊定《說文》，謂「竹得風，其體夭屈，如人之笑」，遂據楊承慶《字統》而改作从竹从夭，夭亦聲。二徐從之，蓋以其从「夭」與「笑」之音讀聲近，故易於為後人所接受。聲化乃漢字發展過程中常見之現象，如「恥」本「從心耳聲」，後以形近之故，「心」訛為　「止」，「止」、「恥」音近；「到」字原是「　人至」會意，因「人」旁在右，與「刀」旁形近，許氏竟訛作「　至刀聲」，「刀」、「到」音近。他如

註 32：「夭」字，甲骨、金文作「」，本象人屈曲兩臂跑步之形，為「走」字之初文（走，以閩南語讀之，即為今日之「跑」）。許氏釋為「屈也」，恐有敓文。段注云「象首夭屈之形」，則與許氏釋「傾頭」之「夨」字何所區別？今各本《說文》皆以頭部之左傾者為「夨」，右傾者為「夭」，故「夭」之篆文均寫作「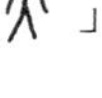」。與甲、金文等早期古文字形體不合，應是傳寫之譌。

「疏」本从「㐬」，而譌爲从「束」，皆先經形變，所變成之訛形偏旁，或與本字聲近，致被誤作聲符看待，具有標音功能，故易被接受而行於世。「笑」字之訛爲從「夭」，實亦聲化現象之一端。

然則，《說文》一書果真沒有「笑」字嗎？此事誠不能無疑。在先秦文獻中，「哭」與「笑」等表情性文字屢見不鮮。《說文》收錄有「哭」字，不應獨缺「笑」字。實則，許書艸部釋作「艸也」，「从艸夭聲」構形之「芺」字，當即《說文》原書中之「笑」字。原本或列在「犬」部，只因後來被誤認作草名，而移寫到「艸」部裡來。又由於此字所从之「犬」，已訛變爲从「夭」，被當作聲符。且其「从艸从夭」之構形，又與原書「喜笑」之義，似難索解。既被當作草名看待，致使後世學者誤以爲《說文》無「笑」字。

根據前面的爬梳析論，《說文》不僅有「笑」字，也當還有从「笑」構形的字。如《說文通訓定聲・小部弟七》，所收衍「夭」聲而从「芺」構形的有「祆」（註 33）、「䳊」、「餸」（今作飫）、「渼」（今作沃）、「媄」等五字，作爲聲旁的「芺」，其中或有从「笑」之本形「芺」旁訛來的情形存在，值得作進一步深入之探討。

總而言之，許書並非無「笑」字，只因其本形「从艸」會意的特殊性，在漫長的隸變過程中，本形淹晦，都被誤認爲是形聲字的「艸名」，後人遂不知《說文》有「笑」字。千古懸案，一旦真相大白。文字精靈有知，也當含「笑」稱慶。

註 33：此字經傳皆作「妖」。字亦作「祅」、作「訞」。見朱駿聲《說文通訓定聲・小部弟七》，頁 350，「祆」字條下注。台北藝文印書館，1975 年。

第二節　說「奪」、「奮」

《說文解字》四上奞部釋「奪」云：「奪，手持隹失之也。从又从奞。」篆文作「」。

說文篆文 1
奪簋 2
奪壺 3
多友鼎 4
敔簋 5
5.37 睡虎地簡 6
10.17 睡虎地簡 7
汗簡 古論語 8
古文四聲韻 古老子 9
老子甲 一六七 10
老子乙 二五一上 11
帛書 十六經 12
馬王堆 易三 13
孫臏 一三六 14
銀雀山 孫子 15
北海相景君碑 16
熹平石經 17
宣示表 18
皇甫驎墓誌 19
隋范安貴墓誌 20
皇甫誕碑 21
皇甫誕碑 22
孟法師碑 23

（表一）「奪」字歷代形體演化一覽

「奪」字未見於甲骨文。根據〈奪簋〉、〈奪壺〉等西周金文，字本「从又从衣从雀」，會雀自手中逸脫之意，不从「奞」（表一～2-5）。白川靜認爲「奪」、「奮」二字，都是與古代招魂禮儀有關所造的字。以鳥雀之形，表示被奪去之靈魂。置鳥雀於衣中，則表示死者之魂，雖如鳥之脫去，而期待其有再歸來之時的意思（註 1）。其說稍嫌迂曲，似不若許氏「手持隹失之」之訓解爲近理。惟許書據形體已譌之篆文立說，似尚未達一間。錢大昕說：「『奪』

註 1：參見白川靜《字統》，頁 578。東京，平凡社，1986 年 5 月。

本『脫失』之正字，後人借作「攘奪」之義，而正義轉隱矣。」（註 2）

〈多友鼎〉之「奪」字，上部雖已稍有譌變，其「从衣从雀」之構形，仍可就其他金文字例而推索論定。且其銘文「奪京𠂤（師）之孚（俘）」的句式，與〈敔簋〉「奪孚（俘）人四百」之文例相同（註 3）。「奪俘」一詞，金文中習見，「奪」字於此，有擄獲之意，此字釋「奪」，應無可疑。

〈睡虎地秦簡〉「奪」字有四個字例，其中三個仍存古形。惟「衣」旁之衣襟部份（），金文置於「雀」之兩旁，秦簡則由於簡幅太小（寬度在 0.5～0.7 公分之間），乃左右拼合、壓縮而作「」，移寫在「雀」之下方，「又」旁亦增點作「寸」（表一～6）。另一個爲〈日書乙種〉第十七簡之字例，其上部从「隹」，不从「雀」。「隹」下的衣襟部分「」，也已消失（表一～7）。

西漢以後，如湖南長沙馬王堆帛書〈老子甲本〉、〈老子乙本〉、〈易經〉、山東銀雀山〈孫臏兵法簡〉、以及〈北海相景君碑〉等，「奪」字上部雖出現各式各樣的形體，而原本寫在「雀」下的衣襟部分，則與〈日書乙種〉同樣，多被略去。

試就出土古文字資料排比並觀，「奪」字孳乳譌變之過程，可作如下之推索：

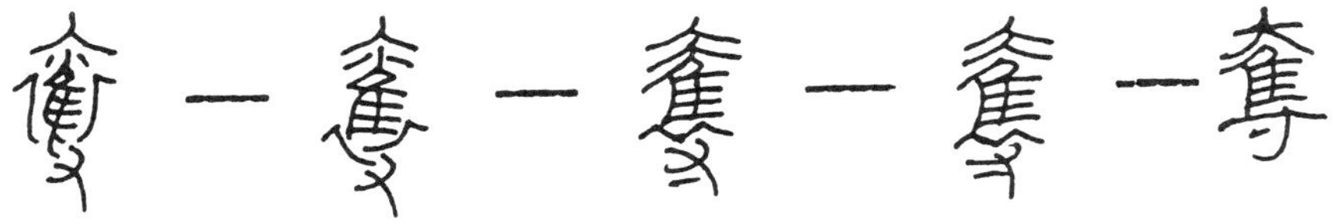

起先，「雀」旁上半所从之「小」符，左右兩筆既被橫向地寫長，與上方「衣」之上部繫連而成「」（註 4），再與「雀」字下半所从之「隹」合併，則成爲「」形。此字上部既已譌成「从大从隹」之「奞」，原本置於「雀」下

註 2：見錢著《十駕齋養新錄》，頁 69。江蘇古籍出版社，2000 年 5 月。

註 3：〈多友鼎〉見《商周青銅器銘文選》（一），頁 253。〈敔簋〉見同書，頁 255。北京，文物出版社，1986 年 8 月。

註 4：戰國、秦、漢時代的簡牘帛書中，凡从「大」之字多寫作「」或「」，見本書第三章第一節，「表三」。

表示衣襟的殘留部分（），既已不明其爲何物，便無所附麗而成多餘。最後，乾脆將此贅形捨棄，這應即後世隸、楷書中，「奪」字形體演變的由來。秦簡中的「奪」字，由於「衣」之上部與「雀」之上部筆畫近密，致與「」（亦）形似易譌。時代稍後的西漢帛書及簡牘文字，「奪」字上部寫作从「亦」（）的字例屢見，這也是漢隸與秦隸一脈相承關係的一個有力說明。古文字在隸變以後，从「小」與从「火」，形體往往互譌。如「尉」字左旁下方與「票」、「寮」兩字下部，篆文本當作「火」，隸變後卻都譌變爲从「小」，即其例證。

後漢〈北海相景君碑〉有一「奪」字，中間仍从「雀」形。白川靜說：「那（指雀字上部之「小」）是衣襟之形的殘物。」（註 5）實則，那並非衣襟之形的殘餘，碑文作「雀」，正是古形之存真。真正衣襟之形的殘留部分，如同表一～6 的〈秦簡〉，乃置於「雀」下方之「」形。〈北海相景君碑〉之「奪」字，此一部分已被捨去。清人顧藹吉《隸辨》書中，根據《說文》之誤說，而謂「碑變奞爲 」（註 6）。文獻不足，以致倒果爲因，亦時代限之，非戰之罪。

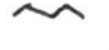

由於「奪」字的字形演化錯綜複雜，以致此字的形體，在隋、唐之際，仍處在搖擺不定的態勢中。直到唐代中葉，顏元孫《干祿字書》及張參《五經文字》兩書中，基本根據《說文》，以「奪」爲正體，方纔「定則定矣」，正式拍板定案，成爲今日普遍行用的字形。

《說文》四上奞部从「奞」構形之字，除了「奪」字外，還有「奮」字。許慎訓爲「鳥張毛羽，自奮奞也。从大隹。」對於這個字，白川靜曾說：「這是一個聲、義都有疑問的字。」（註 7）在甲骨、金文及秦、漢文字資料裡，從未發現有「奞」字之用例。倘若再與前述關於「奪」字形體演變之推析合參，則在許慎《說文解字》成書前，漢字中是否有「奞」字之存在，很成問

註 5：同註 1。

註 6：見該書卷五，入聲，末第十三。台北，世界書局，1961 年 9 月。

註 7：見白川靜《文字逍遙》一書，頁 103。東京，平凡社，1987 年 4 月。

說文篆文 1
令鼎 2
中山王壺 3
詛楚文 4
詛楚文 5
郭店·性自命出34 6
老子甲後四三〇 7
老子乙前七五上 8
孫臏一五九 9
楊叔恭殘碑 10
唐扶頌 11
漢印文字徵 12
〃 13
漢印文字徵 14
受禪表 15
曹真殘碑 16
范式碑 17
高湛墓誌 18
倪寬贊 19
干祿字書 20

（表二）「奮」字歷代形體演化一覽

題。且《說文》從「奞」之字，唯「奪」、「奮」二字，竊疑「奞」部乃許慎爲此形體早已譌變的兩個字，所特別擬列出來的一個部首。

除了〈睡虎地秦簡〉的「奪」字以外，足以作爲此事旁證的是「奮」字。「奮」字未見於「秦簡」簡文，卻見於時代早於〈睡虎地秦簡〉的〈令鼎〉、〈中山王壺〉（註 8）、〈詛楚文〉及〈郭店・性自命出〉簡（表二）。

依〈令鼎〉字例，「奮」乃「从衣从隹从田」會意，與說文「从奞在田上」之訓解不同，也跟前述〈奪簋〉等青銅器銘文「奪」字之从「雀」構形者不同。其衣襟部分（ ），與「奪」字的金文寫法同，均被安置在字的兩側。到了〈詛楚文〉（註 9）與漢代帛書、印文等，這個表示衣襟的部分，已被移

註 8：張政烺〈中山王嚳壺及鼎銘考釋〉文中，以「中山王壺」之「𢿨」爲「奮之異體」。載《古文字研究》第一輯，頁 208 至 232。北京，中華書局，1979 年 8 月。

註 9：「表二」〈詛楚文〉的兩個字例，雙鉤者見商承祚《石刻篆文編》卷四，頁 80，香港中華書局版。另一字見郭沫若〈詛楚文考釋〉，頁 28 附圖，載《石鼓文研究、詛楚文考釋》書中。北京，科學出版社出版，1981 年 10 月。

置在「隹」下「田」上（註 10）。近年出土的〈郭店楚簡〉，在〈性自命出〉第二十四簡：「舀女（如）也斯奮」；三十四簡：「慆斯奮」（註 11）簡文中，「奮」字所从之「衣」旁，整體被寫在字的最上面，又省略掉隹旁，這倒是難得一見的特殊字例。至如西漢銀雀山〈孫臏兵法〉第一五九簡的「奮」字字例，將「衣」旁置於所从「田」、「隹」之上方（表三～9，註 12），可以說是由來久矣。

表二～4,5 爲〈詛楚文〉的兩個字例，前一個字例的衣襟部分，已有譌化；後一個字例，「隹」形下部已譌爲「」，四圍封固，譌形奇怪。就〈詛楚文〉所述內容及文字形體分析，此刻石當是戰國時代之秦物（註 13）。在此之前从「雀」的「奮」字字例未見，多只从「隹」。就〈詛楚文〉以後的文字資料

註 10：白川靜以「田」爲象鳥籠之形，非田地之「田」。同註 1。

註 11：誥案，前簡之「舀」與後簡之「慆」，兩處並當讀爲手舞足蹈之「蹈」。

註 12：此字由於中間偏右處簡面不甚平整，書寫時筆毫受阻，積墨稍多，又忽地變少，筆畫稍有變動。惟據文物出版社「線裝本」（1975 年版），此字上方衣部篆形筆勢仍甚清晰。而《秦漢魏晉篆隸字形表》（頁 241，四川辭書出版社出版）之摹寫者不察，摹作「」，最上面的「衣」形已不復可辨。或不知此字爲从「衣」，致有此誤。

註 13：〈詛楚文〉之製作時代，各家說法不一，至有疑其爲僞作者。就中以唐蘭與郭沫若之說較爲可信。唐說定爲秦武王元年（310 B.C.），說見〈石鼓年代考〉，載《中國書道全集》第一卷，頁 146 至 160。東京，平凡社。郭云作於秦惠文王十三年（312 B.C.），與唐說只差兩年。說見〈詛楚文考釋〉，參註 9。觀此刻文字之形體結構，與戰國晚期之秦地文字頗有相合者，其中有不少且是《說文》篆文形體已譌，而〈詛楚文〉仍存甲、金文之古真者，如「則」字〈詛楚文〉作「」，从「鼎」，正與甲骨、金文合，〈秦權量〉銘尚多有不誤者，《說文》已誤作从「貝」；「甲」字〈詛楚文〉作「」，（中間作「十」）同於秦、漢文字，而異於《說文》之作「」（中間作「」）；他如「質」之作「」、「壹」之作「」等，均爲戰國以來秦地文字之特殊寫法。凡此亦絕非唐、宋以下人之所能僞作得了，即使仿刻，也必有所依據。

說文篆文 1
前二、五、一 2
後下二・五 3
甲一五七七 4
盠駒尊 5
兮甲盤 6
師嫠簋 7
蒼頡篇八 8
居延簡甲二〇二八 9
漢印徵 10
禮器碑 11
白石神君 12
封孔羨碑 13
崔敬邕墓誌 14
高貞碑 15
九成宮醴泉銘 16

（表三）「舊」字歷代形體演化一覽

看來，「奮」字上半部的寫法和各式各樣的形體，幾與「奪」字相同。特別是新莽時代「奮武中士印」之「奮」字（註 14），其所从之「雀」形尤爲顯豁。「雀」爲小鳥，「隹」、「雀」義近可通。儘管秦簡中从「雀」與从「隹」的「奪」字已互見，然「奪」、「奮」二字的隸、楷書形體，其爲由从「雀」之字形演化而來，則確然可知。究竟「奮」字的此種形體結構，是否係因受到「奪」字寫法之類化影響而然，在从「雀」構形的更早期「奮」字字例尚未出現以前，對於此一問題，只有闕疑。

此外，「舊」字之古形本爲「从臼从萑」，顯然與「奪」、「奮」兩字之上部構形不同，而漢碑中不少「舊」字上部的寫法，則與「奪」、「奮」二字上部之寫法相近，甚或完全相同（見表三）。依此看來，「奮」字之形體結構，其受到「奪」字上部寫法的類化之影響，也並非全無可能。

註 14：見羅福頤主編《秦漢南北朝官印徵存》，頁 96。北京，文物出版社。1987 年 10 月。

第三節　說「朝」、「淖」

《說文解字》七上倝部釋「朝」云：「旦也。从倝舟聲。」篆文作「」。

說文篆文
合集三三一三○
利簋
矢尊
陳侯因資錞
長沙楚帛書
睡虎地簡
開母廟石闕銘
漢印文字徵
三體石經
李陽冰三墳記

（表一）　「朝」字歷代形體演化一覽

《甲骨文合集》三三一三零：「貞旬亡囚在朝。」「朝」字作「」，从日出在茻中（表一～2）。月猶在天邊，尚未沒盡，以會「日出至食時」的早晨之意。係與日沒茻中，意指黃昏的「莫」（暮之初文）字相對應而造此字。故从日、月並見，乃是「朝」字與「暮」字主要的區隔所在。羅振玉說：「此

朝暮之「朝」字。日已出茻中，而月猶未沒，是朝也。」（註 1）从「茻」，或省作从「二屮」(〈合集〉二三一四八)。所从「二屮」，或一正一倒，作「」（表一～4)。或作从「二木」(表一～3)，「从屮」與「从木」，古文往往通用。或並屮符與木符而省略之，而逕作「从日从月」的「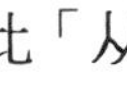」形。案此「从日从月」之「明」字，雖與《說文》「明」字的古文同形，過去諸家也都釋作「明」。但在卜辭中，有不少辭例讀爲明亮之「明」，難以通讀。前輩學者高鴻縉早已疑其非「明」字，他說：「从日月作之『明』，商代甲文及兩周金文均無之。秦〈繹山碑〉仍作，〈秦度〉亦作。是以知商、周文字皆只有窗牖『明』，而無日月『明』。今查甲文中有字者，實非『明』字。乃日、夜二字之合文也。」(註 2)。今人王玉哲並進一步根據甲骨文辭例，論證其爲朝暮的「朝」字之省簡體，而改釋爲「朝」，原本不易通讀處，乃變成文從字順，論據確鑿，實不可易（註 3)。高明主編《古文字類編》將表一～2.3 兩個甲文字例，列在「萌」字條下，恐非是。

兩周金文「朝」字，左旁形體承襲甲骨文「从日从二屮」之構形，右旁則多改爲从「」、从「」、从「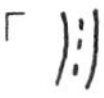」、从「」、从「」等形，大抵都是从「水」及其變體。其音義也有所孳乳，除表示早晨的「朝夕」字之本義外，又增加了「朝會」、「宗廟」、「朝歌」等引申義與假借義。其假借作「宗廟」之義者，後乃另加形符「广」或「宀」，以爲專用字，即今本《說文》九下广部釋爲「尊先祖皃也」之廟字（見表二)。

《青銅器銘文檢索》一書，所收「朝」字二十五筆及「淖」字三筆，共二十六筆（其中〈十年陳侯午錞〉、〈陳侯因資錞〉二器重出，註 4)。各器銘

註 1：見羅著《殷墟書契考釋．中》，頁 6。至於王襄、商承祚等人，釋甲骨文之「朝」字爲「萌」(說見《甲骨文字詁林》，「朝」字條下，頁1346)，於辭例既難以通讀，未可信據。

註 2：見高著《中國字例》，頁 236～237。台北，三民書局，1976 年 1 月。

註 3：王說見《殷墟博物苑苑刊》創刊號頁 161，〈甲骨文中的朝與明字及其相關問題〉一文，載在《甲骨文字詁林》「春」字例下，頁 1389～1393。

註 4：見周師一田總編，季旭昇、汪中文主編。台北，文史哲出版社，1995 年 5 月。

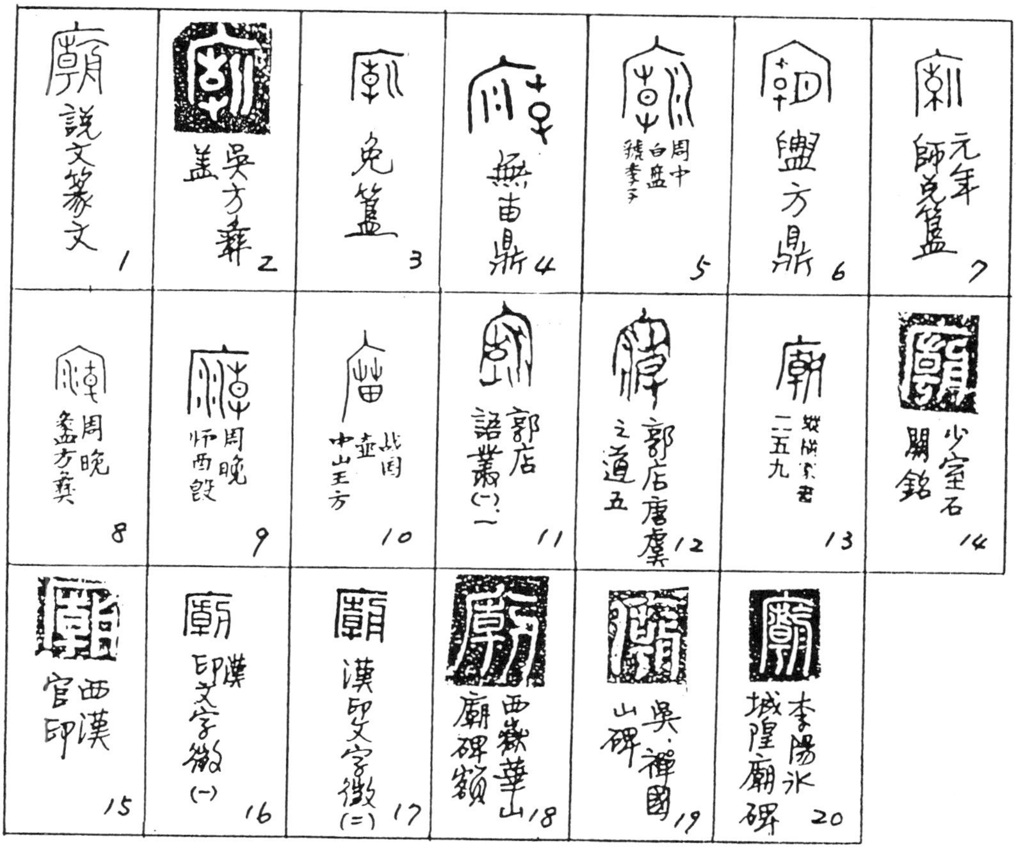
說文篆文 1
吳方彝蓋 2
免簋 3
無叀鼎 4
5
6
元年師兌簋 7
周晚 盠方彝 8
周晚 師酉毀 9
戰國 中山王方壺 10
郭店 語叢(二)一 11
郭店 唐虞之道五 12
13
少室石闕銘 14
西漢官印 15
漢印文字徵(一) 16
漢印文字徵(二) 17
西嶽華山廟碑額 18
吳·禪國山碑 19
李陽冰城隍廟碑 20

（表二）「廟」字歷代形體演化一覽

文用例，除了〈乖伯段〉與〈趞段〉二器，以「朝」爲「宗廟」義；〈十年陳侯午錞〉、〈陳侯因資錞〉、〈矢尊〉、〈令方彝〉四器，作「朝會」義；〈鄘伯馭段〉及〈朝謌右庫戈〉二器，用爲人名或地名用外，其餘十八筆，均作「朝夕」的本義使用。王國維以爲本爲潮汐字，借爲朝夕字（註 5）。這不過是依據兩周金文「朝」字形體立說，既不合甲骨文「朝」字的構形初誼，也跟兩周金文「朝」字用例的文字發展實況不符。事實恐與王氏之論正好相反，海潮每隨朝夕而漲退，故「潮汐」字應係就「朝夕」字別加「水」旁所造之後起形聲字。

註 5：見陳初生編《金文常用字典》，頁 679 所引。陝西人民出版社，1987 年 4 月。

然而，在殷商時代原本从「月」旁構形的「朝」字，何以在入周以後，便忽然間像一刀切似地全面改變爲从水呢？此一異常的用字現象，確實令人納悶不已。

綜覽殷商甲骨文字，凡从「水」之字，或作「 」（〈存下〉一五二，「洹」字所从）、作「 」（〈珠〉三九三，「洹」字所从）、作「 」（〈乙〉四五，「灃」字所从），並象水流之形；或增象水滴之點作「 」（〈簠北〉四七，「洹」字所从）、作「 」（〈掇〉二、四七六，「洹」字所从）等形，繁簡不一。而甲文「月」字，或作「 」（〈甲〉二二五），象半月形；或作「 」（〈佚〉五一八背），於半月形中，別加一點；或作「 」（〈戩〉二零・七），象上弦月或下弦月之形。作爲偏旁的「月」符，如从前兩形，自不易引生誤解。若从後一形，便與甲骨文水旁作「 」者形近，易滋識別上之混淆。考察卜辭「朝」字，所从之「月」旁，或作「 」（〈合集〉二三一四八、〈庫〉一零二五，表一～3），或作「 」（〈佚〉二九二、〈合集〉三三一三零）。後一形體，特別是佚二九二的「朝」字（表一～4）之月旁，便與前舉水旁第一形之簡體形近，其被誤認爲从水，也就無足爲奇了。更何況是在改朝易代之後，武王時代的〈利簋〉，乃迄今所見最早的周代金文，銘文中有「隹（唯）甲子朝」之記載，明確說明武王伐商的日子及時辰，印證了《周書・世俘》的「甲子朝」和《尚書・牧誓》的「時甲子昧爽」等有關典籍記載此事的正確性。句中「朝」字，右旁作「 」，爲兩周金文「朝」字从水之濫觴。成王時代未見有「朝」字用例的青銅器銘文。到了康王時代的史話毀銘中的「朝」字，右旁作兩長豎筆，與〈利簋〉構形全同。除此之外，另有〈盂鼎〉「敏朝夕入讕（諫）」的「朝」字，右旁作「 」，已在象水流形的左右兩長筆之間，增加象水滴形的三點。故「朝」字右旁之所从，由殷商時代作「 」的象月之形，到周初武王時代作「 」的象水之形，再到康王時代象水的「 」與「 」兩形並出，到昭王時器〈矢尊〉之作从「 」，〈乖伯簋〉之於兩長筆之右皆加象水之點，乃至如〈陳侯錞〉與〈郭店楚簡〉等之書寫成「 」，與篆文形體近同。這一切沿誤承譌，踵事增華的發展演化，亦屬理勢之自然。

除開上述周人或誤認甲骨文「朝」字原本表示上弦月或下弦月的「 」

形爲水形之可能外，另一種可能是，當殷末周初，在改朝易代之際，周人對於前代的文字曾經進行過整理或改造運動。前一種可能屬於無意的自然發展行爲；後一種可能則屬於刻意的政治力之介入活動。甚至，前述這兩種可能根本就是並存的，因爲若是出於局部少數人對於字形的誤解，而缺乏政治力之強制介入的話，很難想像會有如此像一刀切似的形符一齊改換的異常用字現象。至於西周前期的〈盥方鼎〉銘「廟」字所从之「朝」，右旁从月作（表一～6，註 6），這是迄今在出土兩周金文資料中，所發現唯一从「月」不从「水」的「朝」字用例，應是改之未盡，個別書手偶按舊習書寫的特殊例外。

且看殷墟甲骨文中「眔」字寫法，均爲从「日」下三人構形，周初以後，則始有改「日」爲「目」之形；又如「田」字，在殷商甲骨文時代尙作各種橫直畫多寡不等的不規則劃分田地形，自周原甲骨、早周金文以下，則已全面統一改用框中十字界劃之田地形。就整體言之，周人所使用的文字，基本沿承自殷人，二者並無太大區別。但在沿襲之中，有所變革，也是事理常然。

金文「朝」字多从「川」或从「水」，後又譌爲从「舟」。許氏不明其本係一字之異體，誤分爲二，於《說文》水部另立「淖」字，釋云：「水朝宗于海也，从水朝省。」徐鍇注云：「今俗作潮。」實則，从「水」之「朝」字，在金文中唯見〈鄘伯馭簋〉、〈陳侯因脊錞〉（表一～10）及〈十年陳侯午錞〉（表一～11），三器都是東周時物，時代較爲晚出。此外，西周〈盠方彝〉有从朝之「潮」（同廟）字，其構形並皆置水旁於字之左邊，與西周金文多半置水旁於朝字之右邊者稍有不同。就殷商以迄東周的「朝」字及从「朝」之

註 6：此器銘文有「隹周公于征伐東夷」之句，案伐東夷乃武王死後第三年事，係成王時器。傳於 1924 年陝西鳳翔靈山出土，今藏美國舊金山亞洲藝術博物館。說見文物出版社出版，馬承源主編《商周青銅器銘文選》三，頁 17，〈盥方鼎〉條下注（一）。

「廟」字形體發展歷史看來，其沿承演變之脈絡，可作如下之圖示：

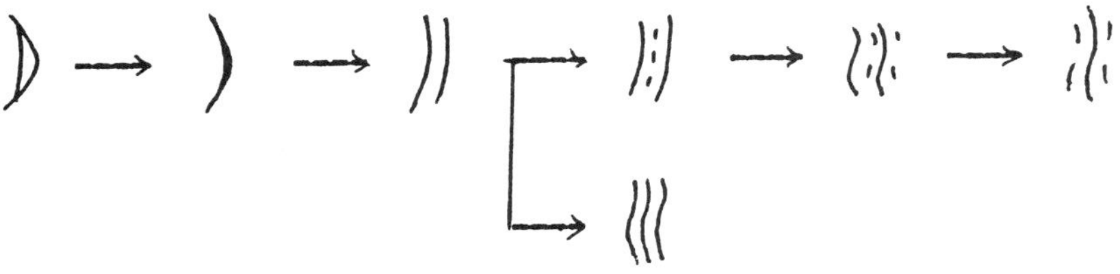

以上係就形體演變上，論證「淖」與「朝」實為同字之異體。

若就實際用例的詞義上看，也有下列幾條資料，足以作為「淖」、「朝」古本一字之佐證。如晚周金文〈盠方彝〉：「王各于周𡪞（廟）。」「廟」字「从宀从淖」（表二～8），周𡪞即「周廟」，从「宀」與从「广」，古文字多通用無別。此其一。〈十年陳侯午錞〉銘云：「陳侯午淖（朝）群邦者（諸）侯于齊。」其中「淖」字同於「朝會」之「朝」。此其二。又，〈陳侯因脊錞〉：「淖（朝）問者（諸）侯。」句中「淖問」與「朝問」同。此其三。〈郭店楚簡・語叢一〉第八十八簡：「賓客青（清）𡪞（廟）之𢧐也。」及〈唐虞之道〉第五簡：「新（親）事且（祖）𡪞（廟），教民孝也。」兩句中的「廟」字「从宀从淖」（表二～11,12），與金文〈盠方彝〉的「廟」字正同。此外，魏〈正始三體石經・春秋僖公〉：「公朝于王所。」「朝」字篆文雖已譌為从「舟」，而「古文」作「淖」，故知「古文」「淖」即今朝會字。此其五。有此五例，足證「淖」與「朝」古本一字，許書強分為二部，顯然不當。

戰國時代〈朝謌右庫戈〉的「朝」字，右旁作「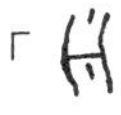」，除了如〈楚帛書〉在兩曲筆之間加上兩個水點外，還在兩點之間增一短橫，將左右兩曲筆連為一氣。這又是一個由从「水」譌為从「舟」的轉捩關鍵。在〈睡虎地秦簡〉中，「朝」字右旁的兩點被略去，而新加連結左右兩曲筆的短橫卻被保留住了。到了西漢初期的〈馬王堆帛書〉中，不僅〈睡虎地秦簡〉中的「朝」字形體被如實沿承（如〈老子乙本〉二三八下，表一～16），更由原來的一橫筆變為兩橫筆（如〈老子甲後〉三七四，表一～17），以至於增為三橫筆（如〈縱橫家書〉一五四，表一～18）。經此衍化，「朝」字右旁所从，已跟「舟」形無別，而為《說文》一書誤釋為从「舟聲」之所據，其所由來已久。

至於刻立年代與許書成書年代密近而稍後的〈開母廟石闕銘〉（表一～

19，123 A.D.），右旁的右曲筆，上方多作出一些狀似英文字母「S」形之彎曲筆勢，顯然與漢印文字中，基於畫面空間審美考量的勻滿處理手法如出一轍，體態雖殊，其譌爲从「舟」的基本結構並無不同。

此外，在〈開母廟石闕銘〉「朝」字右旁上端，較一般「舟」旁寫法偶然多出的彎曲筆勢，到了曹魏〈三體石經〉中，卻已離析發展，冗增爲一個形似篆文「入」字的小部件，致其形符竟與「乾」坤字之聲符同形。就「朝」字形體的歷史演變看來，這個冗出的「入」形（表一～27,28），應是由〈開母廟石闕銘〉「朝」字右上「S」形的飾筆離析演化而來。其所以能被後人接受而傳承下來，則顯然是受到「乾」字聲符「倝」旁類化的影響。這是跟今本《說文》「从倝舟聲」的「朝」字篆文同樣的形體，在傳世文字實物資料中的首度出現。

在西漢帛書、東漢碑刻、碑額以及兩漢璽印文字中，「朝」字或从「朝」之「廟」字，率皆只是从「舟」，或形近於「舟」的譌形，從未發現有如今本《說文》篆文之形體者。於此，可以窺知今本《說文》「朝」字篆文之譌形，必非許氏原書所有。其譌爲今形，應在許書成書以後，以迄三國時代的百餘年間。此一譌形，既被具有正字作用之官刻石經所錄，後世文字學家遂得據以竄改許書。惟〈三體石經〉篆文「朝」字右半雖譌，左半「从二屮从日」的構形尚存古文之真，基本未譌。而同屬三國時代的吳〈禪國山碑〉「朝」字，及从朝的「廟」字，右半仍只譌爲从「舟」，不若〈三體石經〉之冗增一「入」形。惟左旁下方之「屮」，豎筆上端下移與橫畫接齊，已譌同於「丂」。在唐人篆書碑刻中，如〈峿臺銘〉及李陽冰〈三墳記〉「朝」字（表一～29,30），其篆書形體之譌，已跟今本《說文》篆文無二無別。而同爲李陽冰所書的〈城隍廟碑〉「廟」字所从之「朝」旁，除左上方「屮」下增飾兩筆外，其他譌形部分，如左下之「屮」譌爲「丂」；右上冗出一「入」形；右半由「水」旁譌爲从「舟」，全與今本《說文》篆文相同。

在漢代印文中，由於漢代篆刻家對於「朝」字右旁，所从究係何形並不明曉，以致呈現紛繁多樣的變貌。如表一～21至25，從《漢印文字徵》書中採得五個「朝」字字例，第一例右旁構形基本同於〈睡虎地秦簡〉及帛書〈老子乙本〉；第二例（表一～22）右旁與刀同形，其由第一例譌來之軌跡至爲明顯；第三、四兩例，基本可以視作形近於舟的一類構形，同於西漢帛書〈縱橫家書〉；第五例右旁从「月」，顯係據隸變後之隸書篆化而來，其年代當較爲晚出。如前述帛書〈縱橫家書〉「朝」字與「舟」同形之右旁，一旦上橫上移，或左右兩曲筆上端稍稍下移，其接筆狀態由外突而趨齊平，便與隸、楷書之「月」形無別，這便是漢隸及後世楷行書「朝」字右旁所以从「月」之由來。

有趣的是，自殷商時代原本从「月」的「朝」字，經過千般坎坷與周折，先是譌爲从「水」，繼又譌爲从「舟」，最後到了東漢時代的隸書，卻又回到始初的从「月」構形。此種「歷劫而復」的偶合現象，就整個漢字發展史上說來，堪稱稀有！或不免因此而認爲今日隸楷「朝」字的形體，似乎「不是出自秦系文字，而是通過其他途徑，從較早的古文字裡繼承下來的。」（註 7）之所以會產生這樣的懷疑，主要是對於「朝」字的形體發展歷史，缺乏全面縱貫之考索所致。裘錫圭先生在所著《文字學概要》中，已辯其誤。惟裘氏所持理由，只是針對隸、楷書中「从月」的「朝」字，實乃从秦、漢文字中「从舟」的「朝」字省變而來（註 8），而駁斥其「似乎不是出自秦系文字」之非。通過筆者所蒐集歷代「朝」字字形資料顯示，漢、魏以後的隸、楷書中从「月」的「朝」字，其爲由商、周古文字从「月」的「朝」字輾轉演變而來，已甚彰明。裘先生在討論「朝」字隸書字形來源問題時，最後作出如下結語：「所以隸、楷『朝』字的字形也沒有問題是出自秦系文字的，把它

註 7：見裘著《文字學概要》，第四章「形體的演變（上）」所引述，頁 71。北京，商務印書館，1988 年 8 月出版。

註 8：真正从「舟」形之「朝」字，到了西漢初期的文字資料方纔出現。在〈睡虎地秦簡・日書乙種〉的簡文中，「朝」字屢見。筆者所編《雲夢睡虎地秦簡文字編》（待刊），所收「朝」字七例，均作如表一～15 之形，只在兩曲筆中帶一橫畫，並非从「舟」，無一例外。裘先生所謂「秦簡的『朝』字都从『舟』」（同註 8）的說法，與秦簡文字的實際狀況並不相符。

跟較早的古文字『朝』字从『月』的寫法聯系起來是不妥當的。」（註 9 ）其上句肯定隸、楷「朝」字的字形沿承自秦系文字，是正確的。至於下句，不贊成把後世的「朝」字，拿來跟較早的古文字「朝」字从「月」的寫法作系聯探討，則尚待商榷。實則，通過出土古文字，與傳世碑刻文字資料比勘，針對殷、周以迄秦、漢時代的「朝」字形體演變，作一通盤之串聯考索，乃是徹底解決錯綜複雜的「朝」字形體演化問題的唯一途徑。將隸、楷書中从「月」的「朝」字，拿來跟較早的殷、周古文字「朝」字从「月」的寫法聯繫比觀，正是對於「朝」字形體本身千絲萬縷的歷史發展與演化場境，進行最大可能的窮源竟委之探討，不僅未爲「不妥當」，甚且還是絕對必要的。

註 9：同註 7。

第四節　說「叕」

《說文解字》十四下叕部釋「叕」云：「叕，綴聯也。象形，凡叕之屬皆从叕。」篆文作「」。

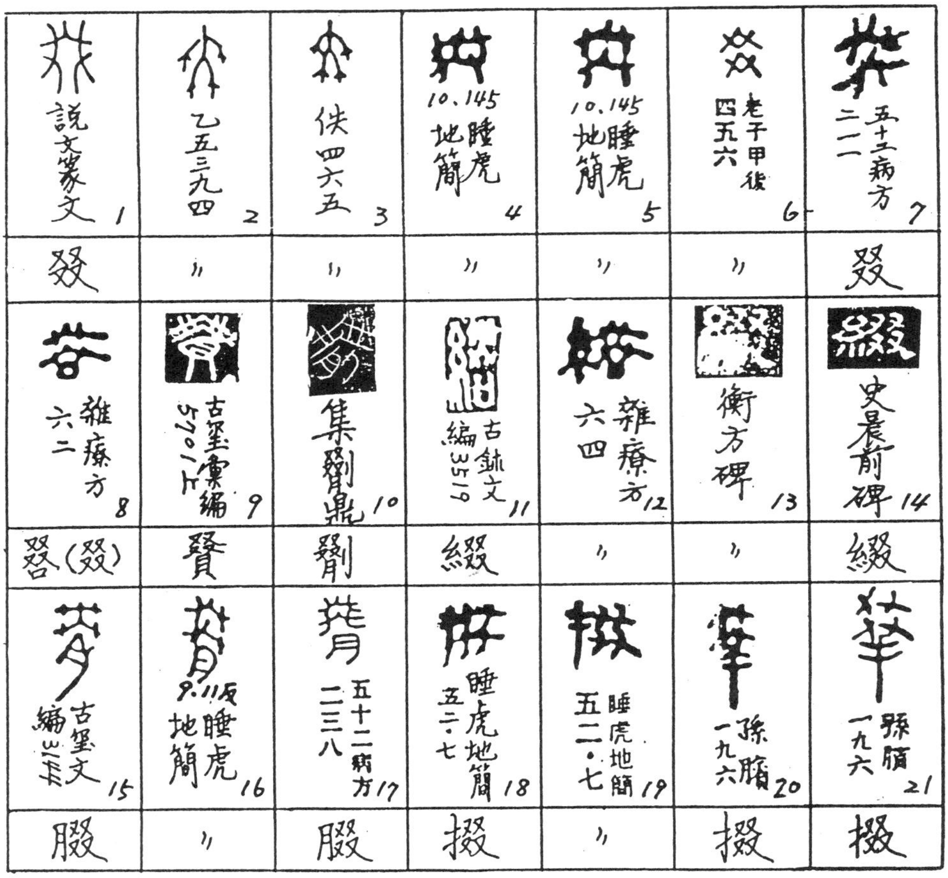
說文篆文 1
乙五三九四 2
佚四六五 3
10.145 睡虎地簡 4
10.145 睡虎地簡 5
老子甲後 四五六 6
五十二病方 二一 7
叕
叕
雜療方 六二 8
9
10
古鉥文編 3519 11
雜療方 六四 12
衡方碑 13
史晨前碑 14
贅
劉
綴
綴
古璽文編 15
9.11反 睡虎地簡 16
五十二病方 二三八 17
睡虎地簡 五二·七 18
睡虎地簡 五二·七 19
孫臏 一九六 20
孫臏 一九六 21
腏
腏
掇
掇
掇

（表一）「叕」字歷代形體演化一覽

許書雖指「叕」字爲「象形」，至於所象何形，並無說解。《大徐本》無注，《小徐本》注云：「交絡互綴之象」（註 1）。交絡，猶言交相纏繞也。清人王筠以爲「綴」乃「叕」之分別文，而於「綴」字下斷句，作「叕，綴。聯也。」（註 2）大抵仍不離絲絮綴聯之意。

註 1：見徐鍇《說文解字繫傳》注所引，頁 202。北京，中華書局，1987 年 10 月。

註 2：見《說文解字句讀》，頁 588。北京，中華書局，1988 年 7 月。

《甲骨文編》附錄中，有三個被當作未識之字的「」字（表一～2,3，註 3），應即「叕」之本形。字本從「大」（象正面人形），於手足處加「」，象有所綴飾之形，當是「綴」之初文（註 4）（表十一）。說文訓作「綴聯」，乃其引伸義，非本義也。

金文「叕」字未見。〈睡虎地秦簡・日書乙種〉第一四五簡，有「」與「」兩個字例（表一～4,5），睡虎地秦簡整理小組釋作「叕」，甚確（註 5）。惟兩處均已被假借作「醊」（以酒澆地而祭之意）字用，並非用其本義（註 6）。第一例仍存古文之舊，第二例的「叕」字，所從之「大」，已被分成上下兩截，寫作「夊」，此乃春秋、戰國以來，普遍流行的簡率寫法。此外，〈日書甲種〉第十一簡的「腏」（即「腏」，表一～16）字與〈爲吏之道〉第七簡的「掇」字，其所從「叕」旁，寫法大體相同。惟《秦漢魏晉篆隸字形表》的字形摹寫者，或由於不知此字「叕」旁之原本从大，又不知「大」旁寫作「夊」形，爲戰國、秦、漢間簡牘帛書文字的特殊寫法。在摹寫時，意識裡或仍以隸變後從四「又」之隸楷構形（叕），參以己意爲之，把原本寫作「」之形，摹作从四「又」的「」形（表一～18 爲原簡，～19 爲該書摹本），致大失真。同頁銀雀山〈孫臏兵法〉簡，「掔」（掇）字摹寫作「」（表一～20 爲原簡，表一～21 爲該書摹本），其失同此（註 7）。有關字形書籍摹寫之存真不易，於此可見一斑。

註 3：見該書，頁 839。京都，中文出版社，1982 年 9 月。

註 4：參湯餘惠〈略論戰國古文字形體研究中的幾個問題〉，載《古文字研究》第十五輯，頁 61。湯氏解釋「叕」字之構形，說：「疑象有所繫縛之形」。鄙見以爲，「繫縛」當作「綴飾」爲切。又，姚孝遂主編《殷墟甲骨刻辭類纂》上冊，頁 100，此字未釋。

註 5：見饒宗頤、曾憲通合著《雲夢秦簡日書研究》，書後所附圖版四一。香港，中文大學出版社，1982 年。

註 6：見註 4。

註 7：誤摹的兩例，均見該書頁 871。徐中舒主編，漢語古文字字形表編寫組編。四川辭書出版社，1987 年 7 月。

西漢時代的簡牘帛書，「叕」字的寫法，大抵沿承自秦簡文字，而形體變化則益加錯綜紛紜。《說文》篆文「叕」字作「」，實爲已譌之形體，單憑篆文字形，殆難看出其爲從「大」之意。今由甲骨文字，並參考秦漢簡牘、帛書等古隸文字資料，而其譌誤演化過程可得而推：

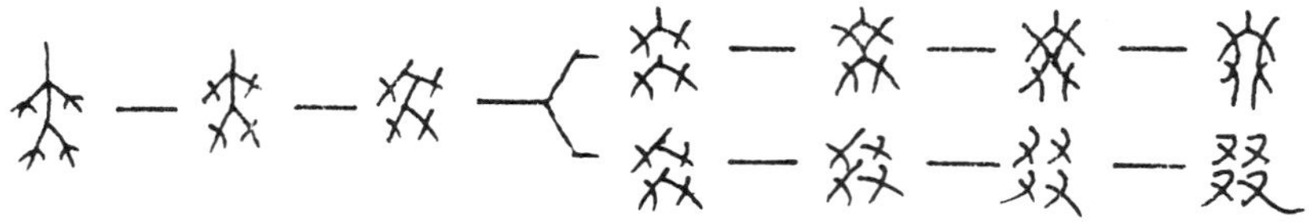

揆其致誤之由，主要還是出於「趨疾赴速」與「簡化」的文字書寫要求，先將「大」旁寫成了「夂」，既而作爲表示兩手上綴飾物的兩筆，復與兩足上部相接連。既分其所當合，又合其所當分，經此一分合變化後，整個文字之部件重新組合，終至衍化成爲各種與本形初文完全異趣的篆、隸書形體（註8）。

在〈馬王堆帛書・雜療方〉第六十二、六十三行，均有从口的「㗊」字，案其上下文意，當即說文二上口部訓作「嘗也」之「啜」字（註9）。另〈帛書・五十二病方〉第二零一行有「歠」字（註10），第二七零行（註11）及〈雜療方〉第七十四行（註12）有「歠」字。兩字依帛書文意，均當即《說

註8：中國文字由篆書向隸書遞嬗之所謂「隸變」現象，固已引起歷來文字學家之注意。而由商、周之甲骨、金文等較早期文字，衍變爲秦、漢時代之篆書，在這長達千年的歲月裡，文字所產生的種種孳乳譌變現象（筆者私稱之爲「篆變」），也不容忽視。

註9：六十二行，文云「每朝啜禁（柰）二、三果（顆）」；六十三行，文云「每朝啜闌（蘭）實三，及啜陵（菱）蚑（芰）。」見《馬王堆漢墓帛書》（肆），圖版，頁77。北京，文物出版社，1985年3月。

註10：文云「歠其汁」。同註9，圖版，頁24。

註11：文云「歠之而已」。同註9，圖版，頁27。

註12：文云「毋歠汁」。同註9，圖版，頁78。

文》八下㱃部訓作「㱃（飲）也」之「歠」字。前者從「叕」，後者從「㗊」，形構不同而文義無殊，故知作為聲旁之「叕」，或可增「口」為繁文。

據此，則〈雜療方〉第六十四行「服見（疑讀為絸，即今繭字），若以繶衣」（註 13）之「繶」字，無論就古文字用例，或依帛書上下詞意，均可肯定釋「綴」是正確的（註 14）。《古璽彙編》所收錄而未釋出的「陳繶」（一四六零）及「口繶」（三五一九）兩印的「繶」（表一～11，註 15），據此亦可知其即為「綴」之繁文而無疑（註 16）。其所从之「叕」旁，文字構形與甲文相承之跡，至為明顯。

此外，郭忠恕《汗簡》（下之二），「叕」字作「」（註 17）。又，《六書通》入聲「屑」下，所收義雲章「裰」字，右旁作「」（註 18）。前者將上部「人」符原本接合的筆畫加以離析，後者則將下部原本分離的兩垂筆加以接合。其為由秦、漢簡帛文字輾轉傳寫譌變而來之跡，也就不難索解。

註 13：參《馬王堆漢墓帛書》（肆），釋文注釋，頁 128。同註 9。

註 14：同註 13。

註 15：見該書頁 155 及 327。羅福頤主編，北京，文物出版社，1981 年 10 月。

註 16：見前引湯文，頁 62。同註 4。

註 17：見該書頁 39。李零、劉新光整理。北京，中華書局，1983 年 12 月。

註 18：見閔齊伋輯、畢弘述篆訂之《善本六書通》入聲，頁 26。華聯出版社，1967 年 10 月。

第五節　說「畏」

《說文解字》九上甶部釋「畏」：「惡也。从甶，虎省。鬼頭而虎爪，可畏也。，古文省。」篆文作「」。

說文篆文 1
說文古文 2
一期 乙六六九 3
二期 鐵一四六二 4
周早 盂鼎 5
盂鼎 6
毛公鼎 7
駒父盨蓋 8
春秋 王孫鈡 9
郭店 五行四九 10
陶文彙編 三・一〇九四 11
詛楚文 12
9.143反 睡虎地簡 13
老子甲 一二四 14
老子甲後 一九三 15
縱橫家書 一二四 16
孫臏 三七 17
武威簡 18
漢印徵 19
漢印徵 20
熹平石經 論語殘石 21
孔彪碑 22
三體石經 君奭 23
皇甫誕碑 24

（表一）「畏」字歷代形體演化一覽

「畏」字，甲骨文作「」(表一～3)，或作「」(表一～4)，从鬼从卜。卜象杖形，象鬼手持杖以擊人，會可畏之意（註 1）。「鬼」旁亦當爲聲符，故此字實爲會意兼形聲字。諸家多只以會意說之，似未達一間。或以鬼、畏爲一字（註 2），非是。所从之「」，乃「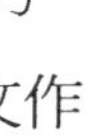」(手形）之譌。〈駒父盨蓋〉「畏」字从「又」，與此同意。西周金文作「」，或作「」，

註 1：見羅振玉《殷墟書契考釋》中，頁 62 上。台北，藝文印書館，1969 年。

註 2：並見《甲骨文字詁林》所引錄，頁 360～362。北京，中華書局，1996 年 5 月。

兩形並見於〈盂鼎〉（表一～5,6），足見从「」與从「」無別。〈駒父盨蓋〉銘中的「畏」字（表一～8），所从鬼頭多一橫畫，字義無殊。頂部呈三角之尖形，東周以後的〈王孫鐘〉、〈戰國古印〉及〈郭店‧五行簡〉，並皆承襲其形體，而爲《說文》篆文所本。

〈王孫鐘〉的「畏」字，左旁从卜，與甲文同。右旁復增从攴，爲重形俗體。表一～10，爲南土系的〈郭店‧五行簡〉第四十九簡字例，上部「鬼」旁寫作「」，除了鬼頭寫成尖削狀外，其他的筆畫，就以相交叉的左右兩斜筆完成之，比起其他各時代不同地域之文字，寫法最爲簡易。下部的「卜」旁，則譌冗了一筆，而寫作「」。此字在〈五行〉第三十四及三十六兩簡中也曾出現，形體略同，應是該簡書寫者的習慣性寫法。又，第四十九簡簡文：「聞道而畏者，好義者也。」義，乃道之一端。聞道而「畏」，是厭惡正道，惡聞聖人之言，如何堪稱「好義者」呢？義不可通。編輯小組將句中的「」字，根據簡文字形，直接釋作「畏」，這是對的。但依字讀之，則欠妥當（註 3）。諳案，此字於此當讀作「愧」。就文義上看，「畏」、「愧」均从鬼得聲，例可通假。義者，行而宜之（韓愈〈原道〉句），合於正道之謂。人心之發，不能皆中節合義，故凡勇於自反，以止於至善自期之人，聞正道，必常有「恥躬不逮」的慚愧之心。若是怙惡之人，有了過錯，且將百般文飾，又如何能期其聞道而生愧恥之心？故曰：「聞道而愧者，好義者也。」讀「畏」爲「愧」，方能與前句「聞道而兌（悅）者，好仁者也」，及後兩句之「聞道而共（恭）者，好禮者也；聞道而樂者，好德者也」，文義相協貫。由此簡之假「畏」爲「愧」，亦可以作爲筆者前所述及，「畏」字爲「形聲兼會意」的論點之佐證。

表一～11 爲戰國時代〈古陶文〉，所从之「卜」，豎筆上部微曲。魏〈三體石經‧君奭〉之字例，構形與此接近。在〈詛楚文〉中，「卜」旁又譌冗一筆，作「」（表一～12）。稍微變易方向，則似「爪」形，爲《說文》古文

註 3：見《郭店楚墓竹簡》〈五行釋文註釋〉，頁 151。北京，文物出版社，1998 年 5 月。

之所本。在〈詛楚文〉「鬼」旁，下方所从「人」形的兩筆，左筆筆勢向左拉平。右筆作橫折，前半部與左筆接齊，形似一長橫，後半部則向右下垂引。

表一～13的〈睡虎地秦簡・日書甲種〉的「畏」字，「鬼」旁下面所从之「人」形的兩筆，筆勢分向左右拉平，則形似一橫畫。西漢〈馬王堆帛書・老子甲本〉的字例（表一～14），原本在秦簡中，形似橫畫，而猶與鬼頭部分連爲一體的人形，已正式跟上面表示鬼頭的「田」形，離析爲二。漢代鉨印與後漢碑刻，如〈熹平石經・論語殘石〉（表一～21），皆沿承此一譌形。這個「畏」字所从「鬼」旁，既被橫腰砍成兩半，變成从田从一。原本从「人」之形，已不可見。乃於字下「ㄥ」之右，復增一「人」符。在〈睡虎地・日書甲種簡〉中已如此作，爲今本《說文》篆文之所承。這個新增的「人」形，又與左下方由「卜」演化而來的「ㄥ」之部件，共筆組合而成與「亡」字形近的「𠃊人」，如〈馬王堆帛書・縱橫家書〉與〈銀雀山孫臏簡〉的「畏」字形體近之（表一～16,17）。爲後來隸、楷書形體之所承用。

至於具有漢篆代表性質的漢印文字，在羅福頤《漢印文字徵》書中，收錄的兩個「畏」字字例（表一～19,20），所从「鬼」旁，早已譌變得面目全非，與「畏」字本形相去甚遠。時代較晚的魏正始〈三體石經・君奭〉的字例（表一～23），形體雖小有譌變，反而更加接近商、周以來一脈相承的「畏」字之初形。

經過以上之梳理，「畏」字形體之演化，可作如下之推演：

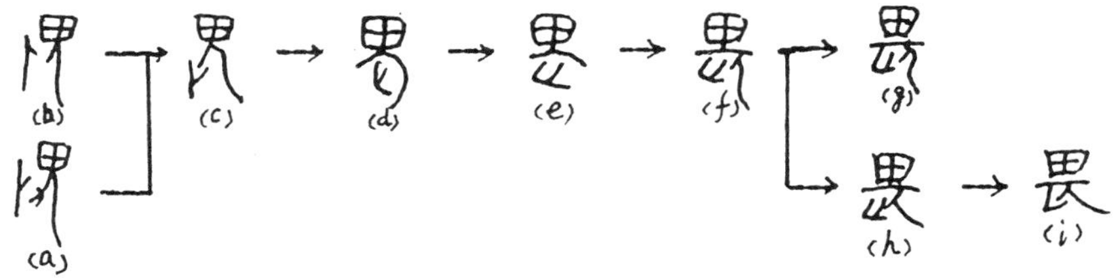
(a)
(b)
(c)
(d)
(e)
(f)
(g)
(h)
(i)

a,b二形，爲甲、金文中的兩種字例，其後由b形獨傳。由c形至e形，所从之「卜」，由移位而微變其形。「鬼」下之「人」符，由兩筆左短右長，演化爲左右等長，筆勢並有向左右展平的趨向。至f形，字中「鬼」旁所从之「人」，既已譌展爲橫畫，書寫者不明其演化之由，但見原來「鬼」旁似有

「人」形，而今形卻沒有，於是無緣無故增冗一「人」形（註 4）。

至 g,h 二形，則原本由「鬼」下之「人」形所演化之一橫，復與其上象鬼頭部分之「田」形完全離斷開來。g 形與今本《說文》篆文譌形同形。h 形的下面左半由「卜」演化而來之「ㄥ」，與右半新增之「人」形，鄰近的兩筆連合共用，遂與今日隸、楷書同形。故《說文》「畏」字篆文形體之譌，既有離析，又有增冗。

註 4：在古文字發展史上，由於隸變後形體產生譌變，至與原形相去較遠，後人在譌變後的字形上，既看不到原來熟習的某個部件或偏旁，在猶疑之際，於是再增冗其譌變前之該部件或偏旁，已成一心理慣性，有不少類似之例。如「樹」字，原只作「尌」，後來左旁上方所从之「木」譌爲从「士」，且與其下「豆」字的上橫共筆而作「尌」，乃更加「木」旁而作「樹」，此亦文字學上所謂「重形俗體」。

第六節　說「贛」、「竷」

《說文解字》六下貝部釋「贛」：「賜也。从貝竷省聲。籀文作（註1）。」篆文作「」。又，五下夂部釋「竷」：「繇也舞也。樂有章，从章。从夅，从夂。詩曰竷竷舞我。」篆文作「」。

說文篆文 1	說文籀文 大徐本 2	說文籀文 小徐本 3	曾侯乙 六七 4	包山 二四四 5	天星觀 四二九 6	古鉨彙編 五六九七 7	秦陶文 五·三六三 8
贛	〃	〃	贛(贛)	贛(贛)	〃	〃	贛
春秋事語 六二 9	老子乙前 古佚書 10	定縣竹簡 二九 11	居延簡甲 一二〇四 12	漢印徵 13	〃 14	漢印徵 15	漢印徵 16
贛	贅(贛)	贅(贛)	贛	〃	〃	〃	贅(贛)
石經論語 殘卷 17	譙敏碑 18	王興之墓誌 19	五經文字 20	乙瑛碑 21	戰国 貨幣文 22	天文雜占 二·二 23	衡方碑 24
贛	贛	贛	贛	戇	貢	貢	貢

（表一）　「贛」字歷代形體演化及其相關字形一覽

「贛」字未見於兩周金文中，戰國古文字中屢見，如〈曾侯乙簡〉作「」（表一～4）；〈天星觀簡〉作「」（表一～5）；〈包山簡〉作「」（表一～6），皆「从貝从歆」。至於〈天星觀簡〉與〈包山簡〉，所从之「貝」

註 1：此據《大徐本》。《小徐本》作「」。

旁方框橫寫，作四筆完成，形似「四」字。框中兩筆下垂，此乃戰國中晚期南方楚系文字的流行寫法。〈古陶文〉有「⿱囪⿰章欠」字（表二～6），「从囪从⿰章欠」，《望山楚簡》編輯小組引吳大澂說，認爲「⿰章欠」即「贛」字之所从之聲符「竷」，「竷」即由「⿰章欠」譌變而成（註2）。

作爲聲符的「⿰章欠」旁，未見於甲骨、金文，許慎《說文》書中也未收此形。何琳儀教授以爲此字乃「从章欠聲」，將「⿰章欠」及从「⿰章欠」諸字，收在「欠」聲首下（註3）。若單就目前所見戰國古文字資料來說，自無問題。然而，从章欠聲之「⿰章欠」，尚非「竷」字之本形。在西周〈伯竷父鼎〉、〈庚嬴鼎〉和〈鮮簋〉等三器銘文中，均有从章从丮作「」或「」（表二～2）的字。此字舊不識，今人陳劍曾就器銘「⿰章丮貝十朋」與「王⿰章丮祼 王三品」等詞例，論證其在銘文中，實作「賜予」用，正與許書中訓爲「賜也」之「贛」字用法相同。並舉西周、春秋金文凡从「丮」之字，其「丮」旁每於人形上部添加口形作「」，致與「欠」旁或其繁文「次」旁形近，以論證戰國古文字中習見之「⿰章欠」字，右半所从「欠」旁乃由「丮」旁譌變而來之可能性。最後得出金文「⿰章丮」字，「就是《說文》的『竷』字」之結論（註4）。舉證歷歷，論述精當，其說可信。故知「⿰章丮」字既是戰國時代「⿰章欠」字的前身，更是許慎《說文》五下夊部「竷」字造字初始的本形。

依陳氏所說，「竷」字所从之「夅」旁，「正是由『丮』譌變而來」，固然也有此可能，但更大的可能應是由「欠」之繁文「次」旁添加形符「夊」旁漸次演化而來（詳見下文）。從大量戰國古文字資料的「竷」字幾乎都从「欠」或「次」之事實，可以印證筆者的此一論點。由「⿰章丮」孳乳遞嬗爲「竷」，這中間其實經歷了一個先由「丮」旁譌化爲「欠」或「次」，再由「欠」之繁文

註2：見《望山楚簡・二號墓竹簡釋文與考釋》，考釋第135條所引，頁128。北京，中華書局，1995年6月。

註3：見何著《戰國古文字典》頁1454。北京，中華書局，1998年9月。

註4：見陳撰〈釋西周金文的「竷」（贛）字〉一文，載在北京大學古文獻研究所集刊（一），頁370～382。1999年12月。

「次」譌變爲「夌」（或「夆」）旁之間接轉換過程。

陳氏在文中舉出〈曾侯乙墓竹簡〉裡一個「章丮」字和兩個从「章丮」之字的五個字例，而謂〈曾侯乙墓竹簡〉中的「章丮」字，與西周金文的「章丮」字「結構完全相同」（註 5），這並不符合歷史之真實。經筆者檢核各簡，發現陳氏所舉第一例的 126 簡，簡文中有兩個「章丮」字，明顯从「欠」，不从「丮」。該簡下端的一個字例，右半从「欠」之形尤爲清晰可辨（表二～3）。第五例（67 簡）的「贑（贛）」字，諦審字形，其右旁很清楚也是从「欠」，不从「丮」（表一～4）。第二例（138 簡）的「章丮」字，筆畫雖含糊，但從其整體外形看來，確有幾分像似从「丮」。第三例（122 簡）的字有磨損，也不易確認究是从「丮」，抑或从「欠」？第四例（137 簡）的「韋丮」字，右上方似寫作「」，當右旁縱向的一長筆與上部離斷而下移，便與戰國古文字从「欠」的「歕」字寫法近似。故整個檢驗起來，唯有第二、四兩例，差似「从丮」；第三例因有刮傷，難以強釋；另外第一、五兩例，則明顯是从「欠」，不从「丮」。經再逐一檢讀《曾侯乙墓》簡文及釋文（註 6），方知陳氏所舉諸例，全據裘錫圭、李家浩二先生之釋文。同時也發現一個事實，即在〈曾侯乙簡〉裡頭，「章丮」字右旁泰半均已譌變爲从「欠」或「次」形，其仍作从「丮」者比例極低。即使被裘、李二先生釋作从「丮」而未被陳氏舉用的其他字例，其是否真是从「丮」，恐須再就原簡逐一諦審檢證，方能確定。

金文中的「章丮」字，从章从丮，以手奉章（璋），表示「賜予」或「貢獻」之意（註 7），於六書屬會意字。到了戰國時代，「章丮」字所从之「丮」旁，

註 5：同註 4。

註 6：簡文見該書下冊，圖版一九二～二二〇。北京，文物出版社，1989 年 7 月。有關釋文見湖北省博物館編《曾侯乙墓》上冊，頁 492～498，書後附錄一，〈曾侯乙墓竹簡釋文與考釋〉。

註 7：同註 4。

既因形近之故譌化爲「欠」或其繁文「次」，已然由原本的意符（丮）改易爲聲符。除了文字形體之譌變外，還具有一定程度的聲化作用，這跟漢字由表意向表意兼標音的發展演化原則是相符合的。這種聲化的作用，或許便是此字偏旁形體雖已譌變，而猶能被大家所樂於接受之故。

「贛」與「⿰章⿱欠貢」之以「欠」爲聲符，在古文獻上也能獲得印證。《玉篇》：「贛，和悅之響也，今作坎。」又，今本《周易》卦名「習坎」，〈馬王堆帛書〉作「習⿰章⿱欠貢」（註 8）。古文字凡相通假者，必有聲韻上之關係，「⿰章⿱欠貢」、「坎」既皆以「欠」爲聲符，古音相近，例可通假。「⿰章⿱欠貢」字之爲从「欠」得聲，「帛書・周易」的用例堪爲證明。至其左半所从之「章」寫作「」，上面的「辛」符省掉一曲筆，中豎則上下貫串，今本《說文》「章」旁譌作「从音从十」，與先秦古文字不合，殆是隨著「章」字形體之譌而連類致譌（註 9）。

戰國古文字之「⿰章欠」字，係由金文中的本形「⿰章丮」譌變而來，其譌化由來，在前引陳劍文中已有深入之論析，可以參閱，於此不贅。惟歷來諸家對於「⿰章欠」旁如何譌而爲「⿰章夅」，多未能在形體學上作進一步之證成。其右半所从的聲符「欠」，上面的口形，多作「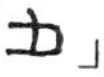」；下面的人形作「」或「」，並增兩點爲飾筆，形同於「次」。古文字中「欠」字作爲偏旁，或作此繁文。「⿰章欠」之形體，戰國古文字中屢見，除了上舉三個「⿰章⿱欠貢」字字例外，他如〈古璽文〉有从「口」的「⿰章⿱欠口」字，「欠」旁本从「口」，字下復增「口」符，顯

註 8：《馬王堆漢墓帛書》第貳冊，尚未出版。關於易經「習⿰章⿱欠貢」卦名，未見於陳長松《馬王堆帛書藝術》一書中所發表周易部分的四個圖版中。本文乃轉引自王輝〈馬王堆帛書《六十四卦》校讀札記〉一文所引。其有關「習坎」卦名問題之討論，該文亦有涉及。見《古文字研究》第十四輯，頁 288。

註 9：有關「章」字篆文譌形之討論，參見本書第七章第一節，〈說章〉。

係「歀」字繁形。〈望山二號簡〉有从金的「鍌」字，字下从「金」（表二～5），與从「貝」同意，近人商承祚以爲或即「贛」字異文（註 10）。他如〈曾侯乙簡〉的「歀」字（表二～3），〈包山簡〉「歀」字（表二～7），大抵都屬南方楚系文字爲多。「歀」字，不管是作爲獨體字，或作爲合體字的偏旁，其所从的「欠」旁，在甲骨、金文中，或增兩横畫作繁文，似「次」字，或作常體。儘管戰國時期習見的「歀」字，係由西周及春秋金文中的「䡞」字譌變而來，但可以確定的是，後世「贛」字所从的聲符「贛」旁，其右半所从之形體，應是由有兩個横畫的「欠」旁繁形（次）譌變演化而來。

《古璽彙編》五六九七，有「贛」字（表一～7），其左邊的「章」旁形體，乃戰國時代楚系文字的習慣寫法。右半「貝」旁上方之形體，也是「欠」的繁文之變體。「欠」下的兩個飾筆，雖微有譌連，猶清晰可見。

先秦古文字中，「欠」字所从之「口」，歸納起來，可有三種形體：一作「コ」形，下面的「人」形緊接其下；二作「ユ」形，下部人形的首筆穿入「口」內，頂住上筆；或作「ㄓ」形並上筆而穿突之。如《古璽彙編》欠旁所从，屬第一形，而〈天星觀〉與〈包山簡〉則屬第三形。至於〈包山〉第244簡（表一～5），「欠」旁所从之「人」形，兩筆幾已連合爲一筆，上面向上突出部分若稍下移，便與「夂」形一模一樣，故秦、漢之際的「贛」字右旁，上部所从之「欠」，幾乎都已譌爲从「夂」。如在始皇陵出土的〈秦代陶文〉「贛楡得」之「贛」字右旁，及〈馬王堆帛書•春秋事語〉之「贛」字，右上均已作「夂」形。其他兩漢以後的大量文字資料，大致也跟戰國文字一脈相承。至於甲骨、金文中，放置在「欠」旁左方的兩横飾筆，後來漸漸都被移寫到由「欠」旁譌來的「夂」形下方，而形似隸楷書的「冬」字。如馬王堆帛書〈老子甲本〉與〈老子乙本〉的「既」字，右旁並皆作「冬」形（註11）。這種形體的篆文寫法，在兩漢鉨印文字中，多有反映。在羅福頤《漢印

註 10：見商編《戰國楚竹簡匯編．江陵望山二號楚墓竹簡遣策考釋》，頁 100。濟南，齊魯書社，1995 年 11 月。

註 11：古文字从「旡」與从「欠」無別。「欠」字形體之相關論述，可參考本書第四章第一節，〈說欠〉。

文字徵》裡，「贛」字條下收了七個字例，加上《漢印文字徵補遺》一個字例，總共有八個字例。除了「楊贛之印」（表一～15）及「張子贇印」（表一～16）兩方，「貝」上省去兩飾筆作簡體外。其餘六方，如出一轍地全皆「从夂从二」構形（註 12），並非如許書篆文右旁「貝」上所作的从「夅」。它跟《說文》五下夂部，从正反兩夂相承的「夅」字，應該只是歷史發展導致的偶然同形關係，它們各自有不同的形體來源。然則，這個「从夂从二」的「夂」（次）形，究係如何演化為「夅」形的呢？換句話說，這個原本由「丮」旁譌來，作為「欠」旁繁文飾筆的兩個短橫，又是怎樣譌化為「㐄」形的呢？我們在蒐集梳理了跟「贛」字有關的歷代古文字資料後，對於這兩個形體，由此到彼，漸次蛻化的各個中間環節，理出了一些線索。甲式係由「丮」旁的兩個手形直接譌連而來，乙式之演化則稍為複雜。其演變遞嬗過程，可有如下之兩種可能：

甲式：

(a)
(b)
(c)
(d)

乙式：

(a)
(b)
(c)
(d)
(e)

作為「欠」旁繁文的兩個飾筆，寫作兩畫並疊的「＝」形（a）。除了前舉〈馬王堆帛書〉「既」字外，其作為「贛」字偏旁而作此形者，有〈包山簡〉（表一～5）、〈天星觀簡〉（表一～6）、〈戰國古鉨〉（表一～7、表二～4）、〈定縣竹簡〉（表一～11）及「漢印」（表一～13, 14）等字例。《小徐本》與《大徐本》的「贛」字「籒文」（表一～2, 3），右邊「貝」旁上方的奇詭字形，即由楚簡文字之形體，錯綜離合譌化而成。其後，「二」形的上下兩筆之間，或因書寫時筆勢之映帶，或因兩筆距離太過靠近而致筆畫相連，便成了「工」

註 12：見該書卷第六，頁 17。北京，文物出版社，1978 年。又見〈補遺六〉，頁 4。北京，文物出版社，1982 年。

形（b）。起初或只因看來似「工」，傳寫者便誤以爲从「工」。後來，由於譌成的「工」形，與下部緊鄰的「貝」旁合看，則成「貢」形，又跟《說文》釋作「獻功，从貝工聲」的「貢」字同。「貢」、「贛」雙聲，古音相近。原本作爲「贛」字聲符「欶」的「欠」旁，形體既已譌化，其標音功能不復存在。這個譌化後的新形體（工），既具有新的標音作用，大家不僅樂得接受，甚至還居之不疑。

西漢〈馬王堆帛書・春秋事語〉第62,63兩行，兩度提到孔子弟子的「子貢」，「貢」字作「贛」，右半均已譌作从「貢」（表一～9）。漢碑文字如〈譙敏碑〉、〈穀阮碑陰〉中的「贛」字，也同作此形。故「贛」字演變爲隸楷書中之从「貢」，固然是形體譌化的結果，但助成這種譌化行爲之被普遍接受而致約定俗成，其背後的群眾書寫時之心理因素，恐怕也有很大成分是受到「工」形具有「聲化」作用之影響。

時代屬於西漢後期的〈定縣竹簡〉，在「儒家者言」簡文中，也有兩處分別提到「子貢」，「貢」字均已省去「章」旁，作「赣」（表一～11），這是迄今所見「贛」字的最早簡寫體。其中的一簡，「貝」旁上方似尙作「＝」形，而另一簡文則亦譌爲从「工」（表一～11）。這個在西漢宣帝時新出現的「贛」字簡體字，在漢印文字中，更進一步省作「貣」（表一～16）。

今本《論語》「子貢」二字常見，皆改作「貢」，與貢獻之「貢」同形（註13）。但在東漢具有標準經文教科書功能的〈熹平石經・論語〉殘碑中，卻作「子贛」（表一～17）。吾人根據前述兩漢帛書、竹簡及碑刻文字中，作爲人名的「子貢」，均作「子贛」。且終漢之世，未見有「从貝工聲」作子「貢」之用例。再輔以《春秋・左氏哀公十五年傳》及《漢書・五行志》等經典文獻，凡遇「子貢」字，均作「贛」。可以確證作爲端木賜之字的「子貢」，原

註 13：根據近年吐魯番出土〈唐寫本論語鄭注殘卷〉，「子貢」二字多見，如「子貢欲去告朔之餼羊」（八佾第三）；「子貢問曰」（公冶長第五）等句，「子貢」二字已作今形，可見改子贛之「贛」爲簡寫之「貢」，至遲在唐代初期已經如此。見王素《唐寫本論語鄭氏注及其研究》，書後所附圖版三及七。北京，文物出版社，1991年11月。

當作「贛」。今之作「貢」者，應皆出於後人所省改（註 14）。近年在南京出土的東晉〈王興之墓誌〉中有「贛」字（表一～19），右半上面那個「夊」符，由於後人或已不知其究何所指而被捨棄，只留下譌化後具有聲符作用的「貢」旁，這卻爲後人將形體繁複的「子贛」之「贛」，改爲簡體的「貢」字埋下了伏筆。案，《周禮．小司徒》治都鄙有「貢賦」;〈職方氏〉曰：「制其貢，各以其所有。」秦、漢以前另有「从貝工聲」的「貢」字，多作「貢賦」或「貢獻」解。在殷商時代的卜辭「工」字，已多作「貢獻」義解。而許氏釋爲「賜也」的「贛」字，既作爲端木賜之別字，後來幾經傳寫，被譌化簡省作「貢」。其與許書釋爲「獻功」之「貢」字，也跟「欠」之繁形譌爲與「夂」字形近的「夂」一樣，應都只是異源同形的關係。

「工」形中間短豎向上突穿，便成 c 形。作 c 的「土」形，在六國楚系文字从「章」的「贛」字字例中並未發現，卻出現在西土系〈睡虎地秦簡〉的兩個从「負」的簡文中。一個是〈日書甲種〉的「贛」字（表二～ 9 ），右半所从的「夅」，跟「贛」字所从應屬同一個形體。上「夊」與下「貝」之間，便似作「土」形，即連結兩橫筆之間的直筆向上突出上橫，形近於土地之「土」。這個形體，在另一個〈效律簡〉的「贛」字字例中，看得特別清晰。這個「土」形，是甲、乙兩式的形體發展過程中，都可能出現的一個重要中間環節。在甲式中的 b 形（丰），當中間豎筆稍稍向上提縮，便成此形。當乙式的此一形體跟左邊緊鄰的「負」（或章）旁並置一處時，「負」（或章）旁中部方框的右緣，無形中把「土」形兩橫筆的左端連成一氣，使得原本的「土」形，看來像似 d 形的「㐀」形。中豎若稍稍向下突穿下橫，便成了 e 形的「𠁣」形。這個形體一旦跟其上面由「欠」譌來的「夂」形會合，其上半部便成了「夅」形，而爲今本《說文》篆文「贛」、「贛」兩字之所據。

以上只是筆者根據出土古文字資料，針對《說文》「贛」、「贛」兩字篆文所从之「夅」旁，就其形體譌化的可能過程，所作出的推演而已。事實上，這最後形成的 e 之形體，除了《說文》篆文以外，自先秦以至兩漢，仍找不

註 14：同註 9。

到一個字例可供舉證，故此一形體，疑是因爲與「升降」字右旁形近，而被後人所竄改。

《說文》對於「贛」字之釋形云：「从貝竷省聲」。實際上，許書所謂「省聲」云者，率指省其形體部件而沿用其字之讀音以爲聲。這個作爲聲符的从章之「竷」字，實未見於兩漢以前的文字資料中。許書說解文字所引《詩經》，今本《詩・小雅・伐木》作「坎坎鼓我」。段玉裁注云：「繇當作䍃。䍃，徒歌也。上『也』字衍，謠舞者，謠且舞也。」（註 15）即「載歌載舞」之意，此與《原本玉篇殘卷・音部》第一百一，「章」字下所引《說文》之釋「樂歌竟爲一章」正合。對於右半所从之「夅」，各家說解不一。根據二徐本，似皆以「竷」爲會意字。徐鍇《說文解字繫傳》甚至還進一步明確指稱：「夅，猶降也。」清人嚴可均則視「竷」爲形聲字，以「夅」爲聲符，他說：「案當言从夂，樂有章，从章夅聲。」（註 16）從其說者有段玉裁、桂馥等人。桂馥說：「从夅从夂者，當爲夅聲。竷、夅聲相近。」（註 17）生年較段、桂二氏稍晚的王筠，則不只在《說文釋例》中，直指今本《說文》以「从章从夅从夂」的說解字形法爲「不分主從」、「不可通」。並對諸家以「夅」爲「竷」字聲符的說法提出反駁，他說：「案嚴氏以爲夅聲，則當在東冬鍾江韻中，無由借用『坎』。而《廣韻》从竷之字，皆在『感』、『勘』部也。」（註 18）其說正與《大徐本》所引唐孫愐《唐韻》作「苦感切」相合，可見此字並非从正反兩夂相承的「夅」得聲。

「竷」字右旁所从「夌」的形體，在戰國以迄兩漢的文字資料中，都沒有發現。唯在戰國晚期的〈睡虎地秦簡〉裡，看到一些用例。如〈效律〉：「以其秏（耗）石數論𩞄之」（第 24 簡），句中之「𩞄」（表二～8），與「負」

註 15：見段著《說文解字注》，頁 235。台北，黎明文化事業公司，1974 年。

註 16：見嚴著《說文校議》，收在丁福保《說文詁林》，頁 2320。

註 17：見桂著《說文解字義證》卷十五，「竷」字條下注，頁 458。北京中華書局，1983 年。

註 18：以上所引王氏說，並見王著《說文解字句讀》卷十，頁 191。北京中華書局，1988 年。

（表二）「贛」字形體演化及其相關字形一覽

同義，意指「賠償」，字之右旁作「」。與此簡文內容完全相同的律文，重複出現在〈秦律十八種〉的「效」簡（第 167 簡）中，則只作「負」字。此外，〈日書甲種〉有「䞓」字（表二～9），當人名用。字之右旁从「貝」作，正與《說文》「贛」字所从者同，惟左旁从「負」。此字是否跟「欠」的引申義有關，以及它究竟與从「章」的「贛」字，在字義及用法上具有什麼樣的關係，都有待進一步的考索。又，〈爲吏之道〉有「不蹊以貧人」之語，〈秦律十八種〉有「期蹊」（〈司空律〉29 簡）、「終歲衣食不蹊以稍賞（償）」（〈金布律〉78 簡）等語，這些簡文中出現从足的「蹊」字（表二～13-16），其義都當「足夠」解（註 19）。由於竹簡幅寬甚小（只有 0.5～0.7 公分），簡文「蹊」字形體偏旁筆畫多有模糊，但以其清楚校對其所不清楚，通過比照，仍大體可以識別。其中如〈秦律十八種・金布律〉的「蹊」字（78 簡，表二～14），右旁作从三夊構形，甚爲清晰，與許書篆文之所从正同。林義光在未

註 19：有關「䞓」、「蹊」二字之釋義，並見睡虎地秦墓竹簡整理小組《睡虎地秦墓竹簡》書中，相關文句注釋。北京，文物出版社，1978 年 11 月。

見「秦簡」字例的情況下，曾釋「三夊」爲「象舞時多足跡」（註 20），未免望文生義。

上舉「秦簡」中與从「⿱夂⿱夂夂」相關的「⿰食⿱夂⿱夂夂」、「⿰食⿱夂⿱夂貝」、「⿰足⿱夂⿱夂夂」諸字，其構形本義雖未可確知，但有一點可以肯定，即這些字的右旁所从之「⿱夂⿱夂夂」，跟《說文》篆文「⿰韋⿱夂⿱夂夂」、「⿰韋⿱夂⿱夂貝」兩字右旁之所从，應屬於同一個形體來源。前引陳說由「丮」旁譌變而來，確有可能。此外，在春秋晚期的〈侯馬盟書・委質類〉中，有一作爲被誅討人名的「从足从欠」之「⿰足欠」字，在《侯馬盟書字表》所收 19 個字例，其中有 16 例，右半的「欠」旁即从「夊」作「⿰足⿱欠夊」爲繁文（表二～12）。就文字形體的發展演化實況看來，在〈睡虎地秦簡〉中數見的「⿰足⿱夂⿱夂夂」字，極有可能跟〈侯馬盟書〉中的「⿰足欠」字爲同字。不同的只是一個从簡體的「欠」形演化，一個从「欠」之繁體「次」形演化而已。古文字作爲偏旁，「欠」、「次」的繁簡兩文常混用。由「欠」之繁形譌變作「夆」，已如前述。古文字凡从「人」之字，往往於字下增加「夊」符爲繁形。「欠」字下本从「人」，既是从「人」，則於「欠」旁添加「夊」符，也就不足爲奇了。類似的例子還是有的，如「愛」字古本「从旡从心」作「㤅」，从「旡」與从「欠」同。其後又於字下增「夊」符而成「⿱㤅夊」，上部所从之「旡」進一步訛化，乃演變爲「愛」字。故「㤅」、「⿱㤅夊」原係一字（註 21）。

案，今本《說文》「⿰韋⿱夂⿱夂夂」字右半所从篆文作「」，依許氏的說法，此一偏旁可以分析成「夂」（音 zhǐ，訓「从後至（致）也」）、「午」（音 kuǎ，訓「誇步也」）、和「夊」（音 suī，訓「行遲曳夊夊也」）三個偏旁。實則，透過大量出土古文字，早已證明這三個筆勢小異的偏旁，在甲骨、金文中原本都是象腳趾形的「」之異體，許書強分爲兩部三字，殊誤。

經過以上的分析推考，大致已可證知組成「⿱夂⿱夂夂」旁的三個「夊」符，其形體來源各個不同：最上面的「夊」符，係由「欠」或形似「欠」形之「」（如〈秦公鎛〉「𩰫」右半「丮」旁之所从）形譌變而成；中間的「夊」，則

註 20：見丁福保《說文解字詁林》，頁 2322。

註 21：今本《說文》分「㤅」、「⿱㤅夊」爲二字，「㤅」列心部，訓爲「惠」；「⿱㤅夊」列夊部，訓爲「行皃」，兩字實爲一字，許書誤也。

由「欠」旁繁形的左邊兩橫筆下移，或由「丮」形的「丰」形輾轉譌化而來；只有下面的「夂」，才是真正表示人的腳趾之形。

過去由於文獻不足，這個在許書中，被當作是「贛」字聲符「竷」字右半所从之「夅」的奇詭形體，曾經考倒歷來的文字學家。清人王菉友在百思不得其解的情況下，甚至還曾經無奈地表示：「（竷）字之从章从夅可解，从夂則不可解耳。」（註 22）這個王氏當時以爲「不可解」的「夂」符，在地不愛寶的今天，已不難索解。而王氏自信以爲「可解」的「夅」符，反而並未真解得。時代限之，莫可如何。

《說文》釋「贛」爲「从貝竷省聲」，通過以上之考索，已可確知「贛」字本形應爲「从貝䡟聲」之形聲字「贑」。然而，作爲聲符的「䡟」旁，右半所从之「丮」，經過一個由「丮」譌變爲「欠」或「次」，再由「欠」或「次」譌變爲「夅」的錯綜演化過程。就形體上說，西周金文中的「䡟」，是會意字，爲「竷」之本形；戰國時期之「歀」字，則因形譌而變會意爲形聲；至於「夅」或「竷」兩形，則完全是譌形。然而，在「贛」字最早出現的戰國時代西土的秦系文字中，只見有从「負」的「贑」字，未見有从「章」的「竷」字字例；而西土以外的六國文字，又只見有从「欠」或从「欠」之繁形「次」的「贑」字，未見有从「夅」形的「竷」字例。因此，就目前所可考見的資料看來，被許氏當作「贛」字聲符看待的這個「竷」字，其形體來源還是可疑的。案說如改爲「从貝夅（䡟）聲」，庶幾接近文字發展之史實。至於《說文》「竷」字之篆文譌形，若依據古文字資料所顯示，似非許氏原書所宜有。莫非是經後人之拼湊竄改？抑或許氏別有所據，原書已然？這是本論文目前尚未能完全解決的問題，有待各方學者專家進一步的探討論定。

註 22：見王著《說文釋例》，收在《說文解字詁林》，頁 2321。

第九章　其它之訛

凡《說文》篆文中，有與商、周以來一脈相承之古篆文字形體不合，顯係譌形，而其譌誤現象不易歸類者，別立「其他」一章，以收容析論之。

第一節　說「旁」

《說文解字》一上二（上）部釋「旁」：「溥也。从二。闕。方聲。」篆文作「」。

說文篆文 1
說文古文 2
說文古文 3
說文籀文 4
林一·一七·一五 5
前二·三·二 6
後二·三七·二 7
高卣蓋 8
旁肇鼎 9
姒理母簋 10
仲駒段 11
旁鼎 12
者減鐘 13
者減鐘六 14
楚帛乙五 15
梁十九年鼎 16
3.196 睡虎地簡 17
7.92 睡虎地簡 18
五十二病方 二三八 19
相馬經 一上 20
老子乙 二三一下 21
老子甲 一二二 22
天文雜占 末·下 23
新銅撮 24
新嘉量 25
見日之光鏡 26
西漢官印 27
漢印徵 28
漢印 29
熹平石經 30
校官碑 31
禮器碑 32
魏受禪表 33
唐 唐磨銘 34

（表一）「旁」字歷代形體演化一覽

「旁」字，甲骨文作「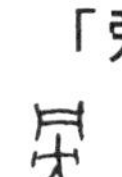」、「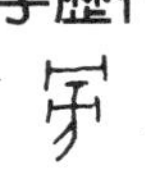」（表一～5,6），从凡方聲。「凡」旁的下橫或與左右兩豎筆游離，而與「方」旁中豎筆上端頂接成爲「」形，故「凡」旁便似省作「」形。作爲聲符的「方」，或作「」、「」、「」等，形體多樣，繁簡不一。《說文》釋「方」爲「併船也。象兩舟總

頭形，从兩舟省。」今觀甲骨文「方」之字形，許說顯然有問題。于省吾氏甚至直斥其爲「妄測無據」（註 1）。其造字本義，各家說解不同。徐中舒以爲象耒形，他說：「方之象耒，上短橫象柄首橫木，下長橫即足所蹈履處，旁兩短畫或即飾文。小篆『力』作『　』，即其遺形。古者秉耒而耕，刺土曰推，起土曰方。」（註 2）惟其以「　」形左右兩個短豎畫爲飾文，似不若解作「耒架」爲切當。一如「帚」字，甲骨文作「　」，或作「　」，本象掃帚之形。其所从之「　」，羅振玉以爲「象置帚之架，掃畢而置帚於架上，倒卓之也。」古文字固多於垂直筆畫上添加橫畫者，惟如「方」、「帚」兩字之作「　」形，似與一般單純於直上加橫畫者異趣，不當一概而論。唐蘭闢之（註 3），非也。徐氏蓋依「方」之繁形爲說，其說較他家爲近理。《說文》「旁」字篆文，即由甲骨文中从「方」之繁形的「旁」字一路演化而來。如〈旁肈鼎〉（表一～9）及〈旁鼎〉（表一～12）的「旁」字，下半所从，乃「方」的繁形之譌變，其長橫畫左右兩端的豎筆下移，豎筆上端與長橫的兩端接齊，狀似「豕」字。〈武威漢簡〉如〈特牲〉、〈有司〉等簡的「邊」字，或誤爲「从自从豕」，其所从之「豕」的形體，與金文〈旁肈鼎〉及〈旁鼎〉的這個由「方」之繁形譌成的「豕」形，無疑具有一定的淵源關係。

春秋時期〈者減鐘〉的「旁」字（表一～13,14）及〈仲考父壺〉「滂」字所从之「旁」（表二～2），上部形同「辛」字。〈睡虎地秦簡〉的〈秦律十

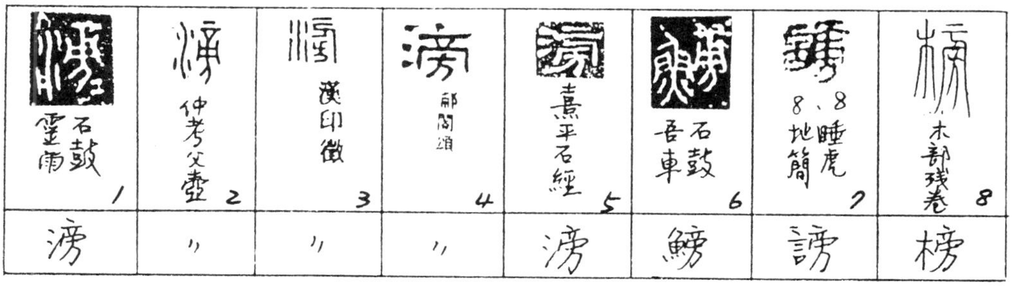

（表二）　「滂」字歷代形體演化一覽

註 1：見于編《甲骨文字詁林》「方」字條，頁 3153。

註 2：同註 1，頁 3147。

註 3：見羅著《殷墟書契考釋・中》48 葉上。唐說見於《殷虛文字記・釋帚》，頁 25。北京，中華書局，1981 年 5 月。

八種〉及〈治獄程式〉等簡文中的「旁」字，上面兩橫漸似獨立成文，則是「凡」符兩旁豎筆下移後，展轉演化的結果，這已爲《說文》誤釋「旁」字爲从「古文上字」的「二」（註4）開了先聲。至於許書所錄的兩個「古文」與一個「籀文」（表一～2,3,4），形體奇詭，都出於後人輾轉傳寫，積譌而成，與商、周古文全不相合。

〈石鼓文〉「滂」、「鰟」等字所从之「旁」（表二～1.6），以及〈梁十九年鼎〉、〈睡虎地秦簡〉、〈馬王堆帛書‧五十二病方〉、〈相馬經〉、〈西漢官印〉、〈新銅撮〉等文字資料中的「旁」字，中間部分的形體，已譌變得跟「用」字的篆文無別。這些戰國、秦、漢間的「旁」字之奇異形體，既跟甲骨、金文中「从凡（或从⺆）从方」的形體不同，也跟漢、魏時代隸變完成後的隸、楷書之字形有別。近人羅福頤所編《秦漢南北朝官印徵存》書中，有一方西漢官印「納功旁校丞」，印文裡的「旁」字（表一～27）便被誤釋作从「用」的「勇」字（註5）。事實上，文字既經創造，除非後來由於某種因素而廢棄不用，變成了死字。否則，只要仍被使用，其所有一切形體上的演化或譌變現象，往往就在這被傳寫使用中不斷地發展、變動著。後人考字，倘若對於漢字的這種有機動態發展之特質未能深入理解，同時對於古文字在各個不同

勇霍
禹勇
私勇
印安
之紀
印勇
徐勇
里仁
城
附勇
勇閔
私采
印勇

（表三）　漢印文「勇」字一覽（採自《漢印文字徵》及《漢印文字徵補遺》）

註4：許書於一上「帝」字下，釋云：「古文諸⊥字，皆从一，篆文皆从二。二，古文上字。辛、示、辰、龍、童、音、章，皆从古文⊥。」今以地下出土甲骨、金文考之，許氏所舉的這些字例，均非从「古文上字」構形，其說實不可據。

註5：見該書編號第59號，頁11。北京，文物出版社，1987年10月。又見於羅著《漢印文字徵補遺》卷十三，頁6。北京，文物出版社，1982年12月。

時期的歷史演變又缺乏全面考察，只憑概略的印象式之觀察遽加判斷，其失誤就很難避免。實則，「勇」字从力甬聲，上半所从之「甬」，本象鐘形，其下部雖因聲化的關係而寫作从「用」形，而其上鐘柄懸掛之穿的部分，金文或作「」，或作「」（註6）。在漢印中，則多作平整的「口」形或倒三角形，與此官印「旁」字上部構形之作上下兩横畫相疊者迥然有別。而「勇」字下半所从的「力」旁，與「旁」字所从的「方」旁，篆文寫法也大不相同。即以漢代鉨印文字為例，其下部向左伸展之筆畫，「力」旁三歧，作「」；「方」旁兩歧，作「」。其下部的線條關係，前者呈相接狀態，後者則呈相交狀態，差別顯著。細加諦審，便不難辨別（表三）。故這顆被羅氏釋作「納功勇校丞」的「西漢官印」，「勇」字應當改釋作「旁」字為正。

至於新莽時代作為標準量器的〈律嘉量合〉，銘文中「庣旁九豪」之「旁」字（表一～25），其結體已跟今本《說文》篆文無殊，乃迄今所見《說文》「旁」字篆文譌形的最早字例。此一形體在「漢印文字」及〈熹平石經〉中，也出現過（表一～29,30 及表二～5）。我們從《說文》成書前後的漢代文字資料所反映的「旁」字形體實況，可以確證《說文》這個「旁」字的篆文譌形，既是前有所承，且為許書所原有。

文字在實際傳寫中演化，其發展演變大致都是漸進的歷程。但在〈新嘉量銘〉中，算是最早出現的這個「旁」字譌形，其與甲骨、金文中的各種形體，似乎找不到密切的承接關係。換句話說，這個「旁」字譌形究竟是如何演化得來，單從漢代以前「旁」字的字例中，是極難索解的。倒是在時代稍後的魏〈受禪表〉的「旁」（表一～33）及《隸辨》所收漢碑中〈老子銘〉的「邊」字所从之「旁」（見本章第二節〈說臱、邊〉，表一～23），這兩個字例之形體，為我們推索此一譌形之演化過程，提供了一個極具啓發性的中間環節。

註6：先師魯實先先生以「用」為鐘之初文，他說：「鐘上有穿，以象懸鐘之柄，是甬乃以鐘甬為本義。」說見魯先生遺著《文字析義》，頁810～811。台北，魯實先全集編輯委員會出版，1993年6月。

因而，「旁」字這個篆文譌形的演變由來，可作如下之表示：

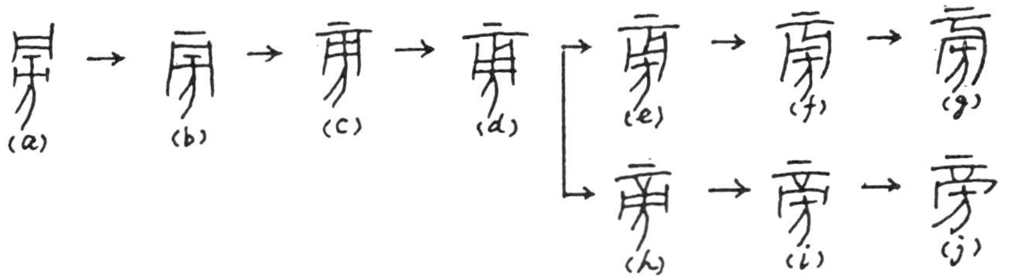
(a)
(b)
(c)
(d)
(e)
(f)
(g)
(h)
(i)
(j)

a 形爲甲骨文「从凡从方」(繁形）之本形；b 形上面「凡」旁的左右兩筆向下滑移，與「方」旁繁形左右像耒架的兩筆連合爲一；c 形之左右兩筆繼續下移，上部呈兩橫相疊，形似「古文上字」。「方」之中豎筆穿突其上之短橫，上下形體混融爲一。d 形則在上面兩長橫之下，中豎之右旁，冗增一短橫，中間部分形似篆文「用」字，〈睡虎地秦簡〉及西漢「帛書」近之。以下分兩路發展，e 形承 g 形爲往篆書形體發展，從 h 形～j 形，爲往隸楷書發展。而 e 形承 d 之字形，將下部的簡體「方」旁，從上頭與上部斷開，回復其獨立之形體；之 f，「方」旁斷脫獨立後，「旁」字變成三個部分，上部爲「二」，下部爲「方」，中間所剩的「出」之形體，遮去右豎筆，便似兩個「卜」形相疊之狀。這些筆畫一旦解構，又重新組合，上一個「卜」形，豎畫向上縮短，與橫畫左端相接。右端則與稍稍下移的右豎筆上端相接，魏〈受禪表〉的「旁」字形體與此近同；g 形，下一個「卜」形，左豎再向下移，當其上端跟右邊短橫的左端接齊，則形近於「厂」，整個形體便與〈新莽嘉量銘〉及《說文》「旁」字篆文同形。以上乃根據古文字資料所見，針對《說文》「旁」字篆文譌形演化過程試作的一個推演。而這個重新組合的錯綜迷離，正是許書著一「闕」字之所在。至於 h 形，係由 d 形的中部上方「卜」形之一直一斜，變而爲兩筆上方皆斜出，而下方會合的「丫」形；I 形則下面的簡體「方」形上方與上部脫離而獨立成形。這個「二」形下面左右斜出的「丫」形之兩筆分開書寫，其形體便與〈禮器碑〉「旁」字一樣，也跟今日普遍行用的楷書無別。

總而言之，《說文》「旁」字篆文乃已譌之字形，許氏釋「旁」之形體爲「从二。闕。方聲。」「方」爲「旁」之聲符，不成問題。而所云「从二」(古文上字)(註 7),實乃「凡」旁左右兩筆下移後所遺留之筆畫。至於許氏所云「闕」者,係指「旁」字篆文中部「」這個不明來由的形體而言。今據大量甲骨文、金文及簡帛文字資料,已可考知這個曾經考倒許慎的古怪形體,原來是由於所从「凡」旁的左右兩個豎筆下移,跟「方」之繁形上半部混融爲一後,錯綜離合變化的結果。

註 7:參註 4。

第二節 說「臱」、「邊」

《說文解字》四上自部釋「臱」：「宀宀不見也。闕。」篆文作「」。又，二下辵部「邊」：「行垂崖也。从辵臱聲。」篆文作「」。

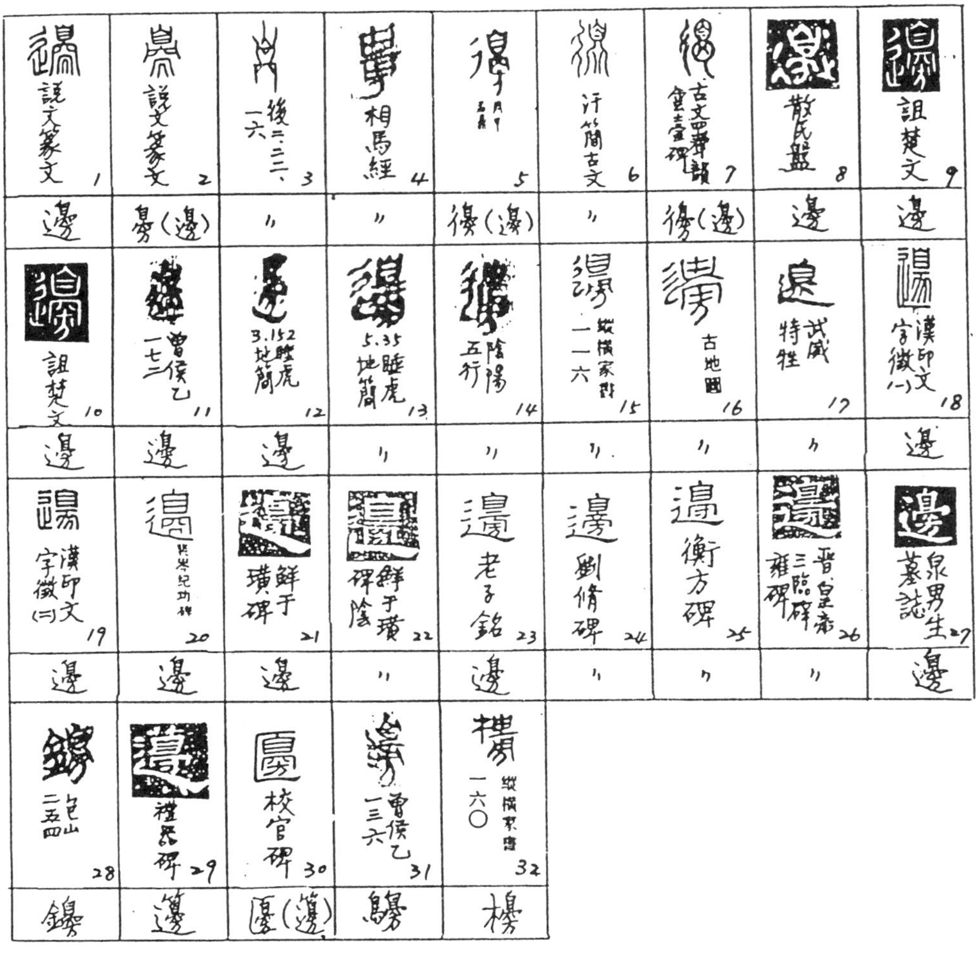
說文篆文 1
說文篆文 2
後二.三.一六 3
相馬經 4
5
汗簡古文 6
古文四聲韻 7
散氏盤 8
詛楚文 9
詛楚文 10
曾侯乙 一七二 11
3.152 睡虎地簡 12
5.35 睡虎地簡 13
陰陽五行 14
縱橫家書 一一六 15
古地圖 16
武威特牲 17
漢印文字徵(一) 18
漢印文字徵(二) 19
20
鮮于璜碑 21
鮮于璜碑陰 22
老子銘 23
劉脩碑 24
衡方碑 25
晉皇帝三臨辟雍碑 26
泉男生墓誌 27
包山 二五四 28
禮器碑 29
校官碑 30
曾侯乙 一三六 31
縱橫家書 一六〇 32

（表一） 「臱」（邊）字歷代形體演化一覽

關於「臱」字的構形，許氏著以「闕」字。段玉裁說：「上从自，下不知其何意，故云『闕』，謂闕其形也。」（註 1）其中最讓人難以索解的，還是「自」旁下面的形體部份。

註 1：見段著《說文解字注》，頁 138。台北，黎明文化事業公司，1974 年。

甲骨文有一個「从自从丙」構形的「」字（〈後〉二・二二・一六，表一～3），對於這個新字形，在坊間與甲骨文字相關的字書裡，各家處理手法並不一致。孫海波《甲骨文編》依其形體隸定爲「⿱自丙」，下註云：「从自从丙，《說文》所無。」（註 2）可見他並未將此字與《說文》的「臱」字聯想在一起。徐中舒主編的《甲骨文字典》（頁 379），及姚孝遂主編的《殷墟甲骨刻辭類纂》，雖然也在「自」部下收錄了這個字，其處理方式大略同於《甲骨文編》，也不把它當「臱」或「邊」字看待。至於高明主編的《古文字類編》及徐中舒主編的《漢語古文字字形表》二書，則根本不收此字。只有在陳夢家《殷虛卜辭綜述》、于省吾主編《甲骨文字詁林》及何琳儀《戰國古文字典》等書中，才明確指出此字即是「邊」字。可見直到目前，文字學家們對於甲骨文中的這個「⿱自丙」字，尚未取得一致的共識。

事實上，甲骨文中的這個「⿱自丙」字，應即《說文》的「臱」字，从自丙聲，亦即「邊」字的初文。陳夢家、于省吾、何琳儀諸家之釋，是也（註 3）。自，爲古「鼻」字。《說文》誤以「皇」字爲从自，雖是據譌形以立說，然以「始」訓「自」，則甚諦當。《說文》訓「邊」爲「行垂崖也，从辵臱聲」。黃錫全以爲「垂崖乃崖之盡頭，即山崖之始。」（註 4）《玉篇》：「邊，邊境也。」邊有邊鄙、邊疆之意，實爲疆土之始，故从「自」。

在卜辭中，迄今唯有兩個「臱」字字例，見於《甲骨文合集》二八零五八號。原辭作「叀往臱」、「戍德往于來取迺臱傮衛有𢦏」。前一例，从自从丙聲，甚清楚。後一例，上半从「自」，下半稍殘破。皆當釋「臱」，讀「邊」。陳夢家說：「辭云『往邊』，則戍有守邊之責。」（註 5）丙爲聲符，屬陽部幫紐。臱亦屬元部幫紐，丙、臱雙聲，古韻部亦甚接近。段玉裁以「臱」之古音「如民」，謂「臱、宀疊韻」（註 6），顯然是受到許氏釋「臱」爲「宀宀

註 2：見該書卷四・五，頁 165。京都，中文出版社，1982 年 9 月。

註 3：陳說見該書頁 516；于說見該書頁 679；何說見該書頁 1074。

註 4：見黃撰〈利用汗簡考釋古文字〉，《古文字研究》第十五輯，頁 146。

註 5：見陳夢家《殷虛卜辭綜述》，頁 516。北京，中華書局，1988 年 1 月。

註 6：同註 1。

不見」之釋義而作此說。西周時代，「𦣻」字多增彳或辵爲形符。作爲聲符的「𦣻」，或增「方」旁作聲符，或改「丙」爲「方」。前者如〈盂鼎〉，後者如〈散氏盤〉。〈盂鼎〉銘云：「惟殷邊侯田雩殷正百辟。」〈散氏盤〉銘云：「至于邊柳。」詞義皆與甲文「𦣻」字略同。至於〈散氏盤〉「𦣻」旁，「自」旁下方的形體，明顯不是「丙」，而是「方」之變體。易「方」爲「丙」，這是一種古文字的聲符置換現象。

就古音上看，「方」與「丙」兩個聲符，古音都屬於陽部幫母字（「方」或在並母），二字雙聲。古文字凡从「丙」或从「方」之字，絕無讀爲明紐者。何琳儀教授從段氏之說，據許書之釋義，而將「𦣻」字讀爲「明紐」，似乎也欠妥當。

由於「丙」、「方」二字古音相同，故古文字凡以此二字作爲聲旁時，聲符往往互爲通假而爲異體字。除了前述甲骨、金文的字例外，在傳統古文獻方面，《說文》書中，八上人部有从人方聲的「仿」字，「籀文」从丙作「俩」，這是最爲明顯的例子。其他「丙」、「方」作爲聲符而互作者，見於《集韻》所收者尚有「昉、昞」（下注：微見也，或作昞）、「昉、昞」（下注：甫丙切，明也。古作昞）等例（註 7）。

至於地下出土的實物文字資料方面，這一類的用例也時有所見，如：

一、「病」字作「疠」。如〈郭店竹簡・老子甲種〉：「貴（得）與貢（亡）篙（孰）疠（病）。」（第 73 簡）「貴」字从貝止聲，止、得音近通假。貢，爲「亡」字異體。又，〈包山楚簡〉習見有「疠（病）递䐶」（243 簡）、「疠逮䐶」（220 簡）等詞。句中的「疠」字，即是「病」字。「递」，意近於「遞」。與「逮」字均爲時間副詞，「递」，有漸次之意；「逮」字从辵兼聲。「兼」字，金文从又持二矢，以會兼矢迅速之意（註 8）。故「逮」字意爲迅疾。䐶，讀爲徂，往也。「疠递䐶」，意謂病情逐漸遠離而告痊瘥也；「疠逮䐶」，則謂病情迅速痊復，正與其上段「占之，恆貞吉」之簡文文意相協。

註 7：見《集韻》卷之六・上聲下・養第三十六，頁 415。上海古籍出版社，1985 年 5 月。
註 8：關於「兼」字之形體，秦漢以後始譌爲从二禾，《說文》沿譌，非其初形朔誼。

二、「柄」字作「枋」。如長沙馬王堆帛書〈老子乙本卷前古佚書‧論〉有:「帝王者……執六枋(柄)以令天下。」(52下)枋,即今之「柄」字。所謂「六枋(柄)」,即「一曰觀,二曰論,三曰僮(動),四曰轉,五曰變,六曰化。」「六枋(柄)備則王矣。」(53下～54上),枋(柄)字於此,當作「權柄」解。又,臨沂〈銀雀山竹簡‧庫法〉有:「長斧、連棰、長榫(椎),枋(柄)七尺。」(838簡)「長縦(縫)長木移,枋(柄)八尺。」(839簡),此兩處之「枋」字,均作爲守備器械之「把柄」解。枋,或只簡寫作「方」,如839簡作「長縦(縫),方十尺」,根據前後簡文詞例,可以明確肯定此「方」字,乃「枋」(柄)字之簡寫字。

以上乃就傳世文獻及出土簡牘帛書古文字資料中,「丙」與「方」兩字作爲聲符時互相通作之例,這些已足以證明,甲骨文中从自从丙聲的「臱」字,事實上就是後來再加「方」旁作爲聲符而變成「雙聲符」的「㮟」字,亦即「邊」字的初文。

西周早期〈盂鼎〉的「𢕫」字(表一～5),是「㮟」字另增彳旁作爲意符的新形體。从彳旁的「邊」字,在出土古文字資料中,〈盂鼎〉算是僅見的一個字例。但在傳抄古文字資料中,還發現有三個字例,一個在《汗簡》彳部,另兩個在《古文四聲韻》彳部所收錄的〈雲臺碑〉與〈古老子〉。這三個字例的右旁聲符,都从自丙聲,構形與甲骨文相同,卻跟〈盂鼎〉从雙聲符的「𢕫」字不同。「自」下所从作爲聲符的「丙」旁,形體雖已譌化,大體仍可識別。至其譌化之跡,可以從〈詛楚文〉的字例知其梗概。主要是化左上與右上兩個方折肩角爲圓曲,又引長其中間的兩個垂筆而成。巧的是,這些「邊」字,竟然同被兩書的編者誤釋作「道」(註9)。表一～8是〈散氏盤〉

註9:以上所引三例,分別見於郭忠恕《汗簡‧上之一》九b(北京,中華書局,1983年12月)頁5,及夏竦《古文四聲韻‧上聲》二十a(同上,與《汗簡》合刊爲一冊),頁44。這三個傳抄古文字例,首經黃錫全在〈利用《汗簡》考釋古文字〉(刊在《古文字研究》第十五輯,頁146)一文中指出。惟其文中將《郭昭(案,黃文誤植作「顯」)卿字指》的一個从辵从頁的「道」字,也一併誤認作「邊」,則顯然欠妥。

的「邊」字，右旁「自」下的聲符「」，是「方」字繁形的形譌。〈散氏盤〉銘「邊」字右半所从之「臱」，既易甲骨文之聲符「丙」為「方」，且所用之「方」形，竟乃棄簡從繁。這或許還跟「方」旁的繁形（）上半部，與「丙」旁上部形體（）近似有關聯。採用「方」的繁形，在視覺心理上，多少也存在有一種比較安心的微妙感覺吧！這既是目前所見先秦古文字中，从「方」作為單聲符「邊」字的最早字例，也是西周僅見从辵的「邊」字最早期形體。从彳與从辵，皆有「行動」之意，古文字中多通用。「臱」字的本義，既是表示邊鄙、邊境、邊遠之意。老子云：「千里之行，始於足下」，若欲到達此等邊遠之地，便非採取實際行動不可，故作為獨體的「臱」字，未見於兩周古文字資料中。在西周以後，幾乎全面改作从彳，或从辵的「邊」。西漢長沙「馬王堆帛書・相馬經」中的「臱」字，是僅見的例外。其形體也譌變得厲害，上部的「自」旁，譌化為「由」；下半的「丙」、「方」兩個聲符，則譌連為「旁」（註 10）

表一～9,10，是〈詛楚文〉的兩個「邊」字字例，右旁最下面的一個聲符「方」，作「」。此形亦見於甲骨文，乃「方」字的別構異體。其左右兩個短豎，雖跟橫畫分離，其為从「方」的形體，仍不難辨識。至於另一個字例，左右兩個豎筆，移置於橫畫下方，乍看形似在「方」字兩側冗增了兩筆，幸有兩個字例作為勘對之資，否則怕也難以明確斷定這兩個筆畫之來由了。

今本《說文》「臱」字的篆文，其字下所从「冋」的形體，在古文字中未發現有完全同形的字例。後漢〈裴岑紀功碑〉的「邊」字右旁下面作「冂」的寫法，算是形體與《說文》篆文最為近似的一例，但仍存在著形體單、雙不同之別。關於《說文》「臱」字篆文下部「冋」的形體來源，〈詛楚文〉中這個从「方」字繁形的「邊」字，應是一個濫觴。茲將其譌化過程推索如下：

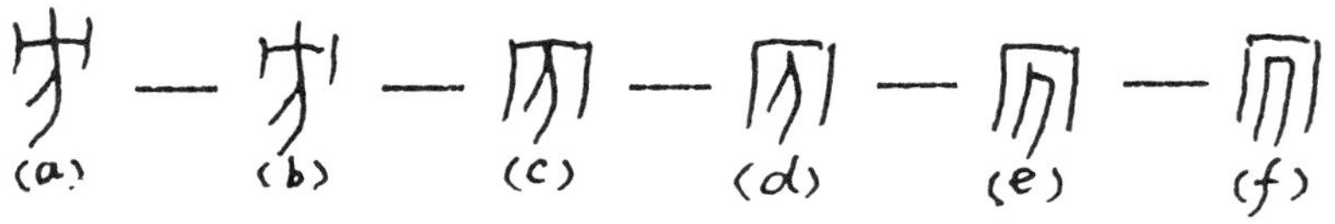
(a)
(b)
(c)
(d)
(e)
(f)

註 10：有關「旁」字的演變譌化過程，詳見本書本章第一節〈說旁〉。

a形，是甲骨文的寫法；b形，橫畫兩旁的短豎筆下移，〈詛楚文〉(二)寫法近之；c 形，左右兩豎筆與橫畫兩端接齊，中間象耒具形的上突之柄部下移，至與橫筆接齊，〈散氏盤〉寫法近之；d形，耒柄再向下縮移，只剩耒部，而與上面之橫筆離析；e 之耒形，右筆之右肩聳起。再經過規整化後，則與《說文》篆文形體無別。

當然也不排除另一種由「丙」旁演化而來的可能性，其演變過程如下圖：

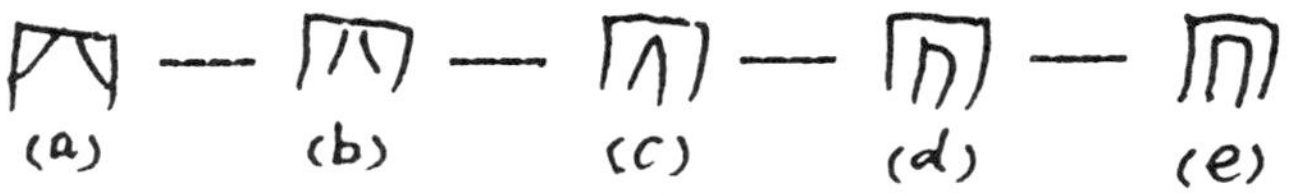
(a)
(b)
(c)
(d)
(e)

a形，爲甲骨文「丙」字寫法；b形，框內的兩筆已呈游離狀態，與〈曾侯乙墓竹簡〉、《汗簡》之古文寫法略同；c 形，左右兩部的上部相接合；d形，接合後之右筆的右肩聳起；e 形聳起的右肩，與左肩平置，規整寫之，便成「冋」形。

前面所說的一種可能，屬正常形態之發展。因爲「㝍」字下部原本从丙从方，上部維持「丙」旁不變，下部作「方」，乃是當然之事。至於這第二種可能，則屬非理性之發展形態。因「㝍」字所从之「丙」，既作「」或「」形，形體發展尚稱穩定。惟如〈曾侯乙墓竹簡〉之作「」形，傳抄古文《汗簡》及《古文四聲韻》之作「」或「」形。由這些傳抄「古文」形體往下發展，也有可能形成筆者前面所推演的「冋」形。這跟「丙」字在甲骨、金文中正常寫法之作「」或「」者，不僅形體差異極大，甚至已讓人難以認同其爲由同一字形之所演化的地步了。在此情況之下，對於曾分別見過這兩種从「丙」的不同「㝍」字形體，卻又不明其所以然的學者而言，其誤將上下兩個从「丙」的形體疊在一起，也就無足爲怪了。

表一～11是〈曾侯乙墓竹簡〉的「邊」字，其聲符「㝍」的下方，似乎是「丙」的變體，作「」。跟《汗簡》及《古文四聲韻》的「傍」字右半「丙」旁寫法極爲接近。由於簡文此字「丙」旁部分，筆跡稍有漫漶，致何琳儀教授摹寫作「」(註11)。細審原簡，似乎仍以黃錫全所摹作「」

註11：何氏所摹字形見何著《戰國古文字典．元部》，頁1075，「邊」條。北京，中華書局，1998年9月。

者，爲近真。

惟於此亦可想像古來文字傳寫易於失真之一斑。其辵旁的寫法，也跟《汗簡》及《古文四聲韻》中「辵」旁的寫法近似。可見這些傳抄古文字資料中的字形，也多半還是有所根據的。故雖經輾轉傳寫，也大多還能存其梗概，足以作爲研究戰國古文字之重要參稽對象。

到了戰國晚期的〈睡虎地秦簡〉，「邊」字的寫法又有新的變化。其右半「自」旁下面的形體，已經由金文中作爲聲符用的「丙」與「方」，改寫作「旁」。儘管「旁」字也从「方」得聲，但這似乎已經不只是純粹的字形上之譌化問題，恐怕還跟當時人對於此字字義上的新的詮釋觀點有關。先秦古籍中，多有以「邊」爲「旁」的，如《禮記・深衣》：「續衽鉤邊。」此處的「邊」，即指衣衽之邊緣。又如《禮記・檀弓》：「齊衰不以邊坐，大功不以服勤。」孔穎達疏：「邊坐謂偏倚也。」「邊」字在此有旁側之意。又，《廣雅・釋詁四》：「邊，方也。」王念孫《廣雅疏證》引《士喪禮》注云：「今文旁爲方。」（註 12）是漢儒以「旁」訓「邊」，邊就是「旁」的意思。由於「邊」字有邊緣、偏旁的意思，故有此从「旁」的「邊」字形體之出現。

「旁」字在甲骨文中，本从凡从方，「方」爲聲符，「凡」爲疊加聲符（註 13）。所从之凡，或省寫作冂，甲、金文同。到了戰國時期，文字形體變動劇烈，或在「凡」旁之上增一飾筆作「冃」。後來，「凡」旁的左右兩個側豎筆逐漸下移，上部便似从「二」，下部跟「方」旁結合，則形似「勇」字，此即〈睡虎地秦簡・秦律雜抄〉「邊」字（表一～13）右半「自」旁下部的形體由來。

同屬湖北省地區的〈隨縣曾侯乙簡〉，也有一個从鳥𦑞聲的「鷎」字（136簡，表一～31），其右半下方寫法，跟〈睡虎地秦簡〉極爲近似，只是左半已殘缺不全。漢初文字基本沿襲秦系文字，故此一形體，也在西漢早期的馬王堆〈陰陽五行〉、〈縱橫家書〉等帛書文字資料中有所反映（見表一～14,15），

註 12：見王著《廣雅疏證》，頁 132。台北，廣文書局，1971 年 10 月。

註 13：說見徐中舒主編《甲骨文字典》「旁」字條，頁 8。四川辭書出版社，1988 年。

只是「自」旁下的橫畫，或由兩筆省作一筆，文字的構形大抵近同。至於表一～12，爲〈睡虎地秦簡・秦律十八種〉的「邊」字，由於作爲聲符的「㬳」旁，下部筆畫含混，形近於「豖」，已爲〈武威儀禮特牲簡〉及〈漢印文〉之譌爲从「豖」之形體開了濫觴。

漢碑中如〈鮮于璜碑陰〉,「邊」字右半，从自从冂（丙之古文）从方的形體構成基本完備，卻又在「自」旁之下，又冗增了一個橫畫。至其碑文之「邊」字，形體同於碑陰，卻將「冂」旁內的兩筆甩掉，同一書手竟作此截然不同的兩個形體，想必是爲了造形上的審美需求而然。再看同時期其他碑刻如〈老子銘〉、〈劉脩碑〉、〈衡方碑〉等「㬳」字字例，字形紛紜，幾乎也各彈各的調。可見此字的形體，直到漢末，仍處在一種變動未定的情況下。其中與後世楷書「㬳」旁形體全同者，只有〈校官碑〉「籩豆用敶（陳）」的「籩」字之所从。「籩」字，从匚㬳聲。匚，同「  」，亦即《說文》竹部「籩」字籀文「  」字之簡省異體，爲竹製豆屬食肉器（註 14）。此字右旁「自」旁之下，从丙从方，字形同於西周早期的〈盂鼎〉，這可說是今日所見隸書時代唯一合乎「㬳」字古形真貌的一個字例。

反而到了楷書盛行的唐代〈泉男生墓誌〉中,「邊」字的寫法卻在繞過九曲十八彎之後，又回復到這個與造字本義相合，形符與聲符俱全的「邊」字之本形來。而作爲文字學經典著作的《說文》中之篆文形體，反而因輾轉傳抄之譌而致難以索解。羅振玉嘗說：「古文之真，間存今隸。」(註 15) 證以「邊」字，豈不確然？

經由以上全面的爬梳，對於「邊」字由初形的「㬳」，到今形的「邊」之形體發展嬗變之跡，可作如下之表示：

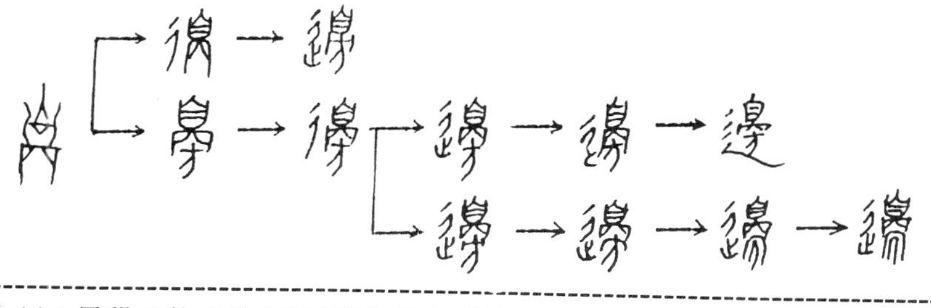

註 14：見段玉裁《說文解字注》竹部「籩」字注，頁 196。台北，黎明文化事業公司，1974 年 9 月。

註 15：見羅著《增訂殷虛書契考釋》書前自序，台北，藝文出版社。1969 年 12 月再版。

第三節 說「㞟」、「𡰪」

《說文解字》八上尸部釋「㞟」：「髀也。从尸下丌，𡰪几。」篆文作「」；或作「」；亦作「」。

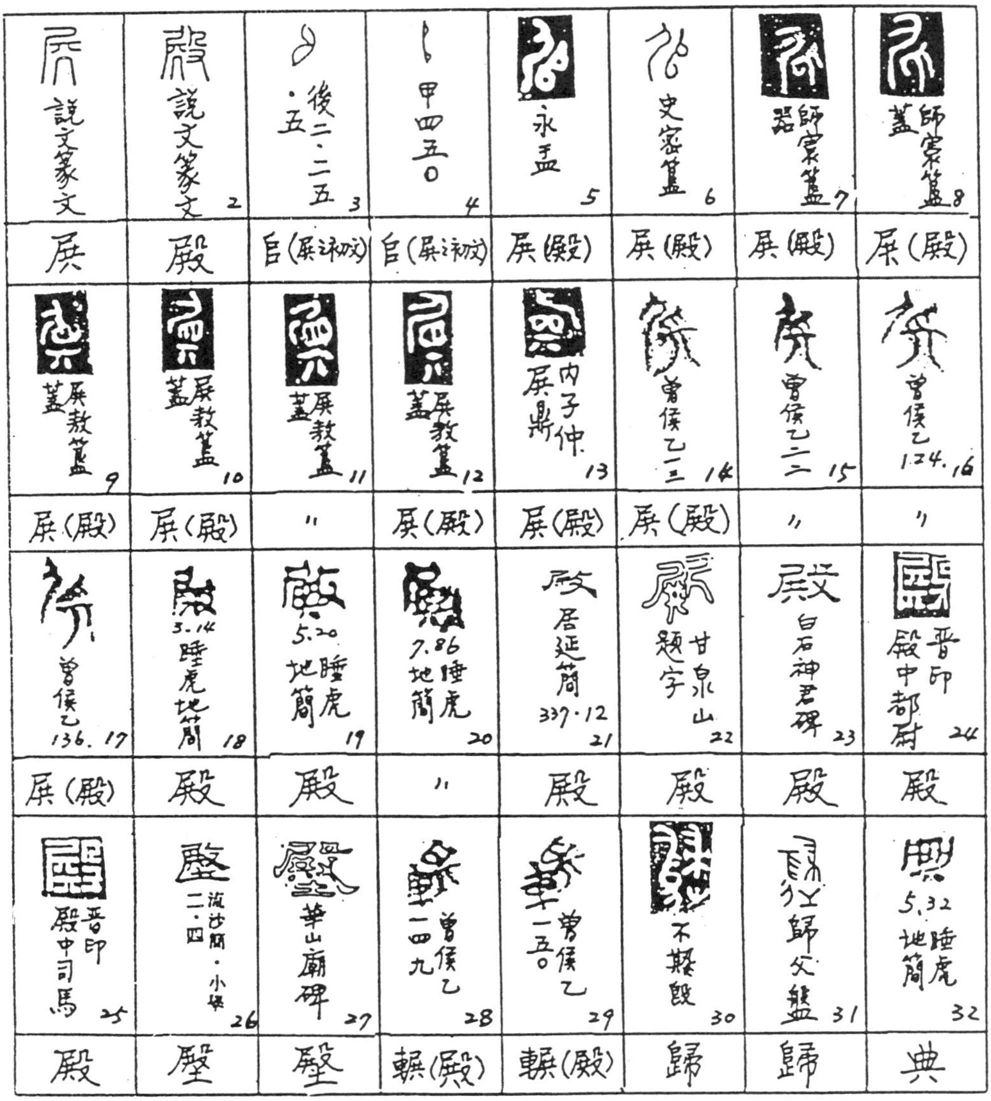
說文篆文
說文篆文 2
後二·二五·五 3
甲四五〇 4
永盂 5
史密簋 6
師寰簋器 7
師寰簋蓋 8
㞟
殿
𠂤(㞟之初文)
𠂤(㞟之初文)
㞟(殿)
㞟(殿)
㞟(殿)
㞟(殿)
㞟敖簋蓋 9
㞟敖簋蓋 10
㞟敖簋蓋 11
㞟敖簋蓋 12
內子仲㞟鼎 13
曾侯乙一三 14
曾侯乙二二 15
曾侯乙 124. 16
㞟(殿)
㞟(殿)
〃
㞟(殿)
㞟(殿)
㞟(殿)
〃
〃
曾侯乙 136. 17
3.14 睡虎地簡 18
5.20 睡虎地簡 19
7.86 睡虎地簡 20
居延簡 337·12 21
甘泉山題字 22
白石神君碑 23
晉印殿中都尉 24
㞟(殿)
殿
殿
〃
殿
殿
殿
殿
晉印殿中司馬 25
流沙簡·小學二·四 26
華山廟碑 27
曾侯乙一四九 28
曾侯乙一五〇 29
不嬰毁 30
歸父盤 31
5.32 睡虎地簡 32
殿
臀
臀
輾(殿)
輾(殿)
歸
歸
典

（表一）「㞟」字形體演化及其相關字形一覽

許氏釋「㞟」之義為「髀」，而骨部釋「髀」為「股外」，王筠注云：「今俗連言之曰『髀股』。」（註 1）桂馥引《釋名》：「臀，殿也，謂高厚有殿

註 1：見王著《說文解字句讀》卷十五，頁 316。北京，中華書局，1988 年 7 月。

遻也，字或作臀。」（註 2）故知「㞒」字，乃指人體之後所謂臀部的「髀股」。許書釋「㞒」之構形爲「从尸下丌，尻几」，「从尸下丌」，猶知其所指爲何。至於「尻几」之釋，雖經段氏之註：「𡰥者，人之下基。尻几者，猶言坐於床。」（註 3）穿鑿附會，益加令人不明所云。

「㞒」之本義爲人之「髀股」，經清代小學家們之深入探討，本義既已確定。然而，「㞒」之篆文形體，又如何會跟人的臀部之「髀股」有關，歷來眾說紛紜，總難令人滿意。究竟這個「㞒」字的本形爲何呢？也唯有先確定「㞒」字的初形，才有可能進一步判定《說文》「㞒」字篆文是否爲譌形。欲解決此一形義乖隔問題，單靠傳世古文獻怕是無能爲力了，非向地下新出土文物資料乞靈不可。

「㞒」字，各類有關甲骨、金文字書中未見收錄字例。今人李孝定將《甲骨文編》附錄上七七所收的「」（〈乙〉五六三三）、「」（〈合集〉一一七）等字例，逕釋之爲「𡰥」（㞒），他說：「契文作  ，乃指事字，猶厷之作  ，身之作 ，肘之作  也。 譌爲冂，後增之丌，遂爲篆文之𡰥矣。」（註 4）其後，徐中舒、李學勤、陳漢平等學者皆從其說（註 5）。實則，「」字在甲骨文中有各種不同用法，釋「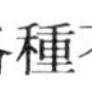」爲「㞒」（臀），在他處或勉強可以通讀。惟如〈綴合〉一一七的兩條辭例：「……寅卜貞  其㞢疾。」及「貞  亡疾」，所貞卜的是「」之有疾、無疾。若以「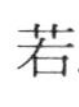」爲「臀」，說臀部有疾，這種可能性不大，很難說得通。故于省吾所編《甲骨文字詁林》在「尻」字條下按語中，直指「字當釋『尻』，不得釋『𡰥』」，對於釋「」

註 2：見桂著《說文解字義證》卷二十五，頁 737。北京，中華書局，1987 年 7 月。

註 3：見段著《說文解字注》八篇上，頁 404。台北黎明文化事業公司，1974 年 9 月。

註 4：見李氏編述《甲骨文字集釋》第八，頁 2747。台北，中央研究院歷史語言研究所。1974 年 10 月。

註 5：李說見〈帝乙時代的非王卜辭〉一文，載《考古學報》1958 年第一期。陳說見于省吾主編《甲骨文字詁林》，頁 63～66，「尻」字條下所錄。北京中華書局，1996 年 5 月。徐氏之說，則見於其所主編《甲骨文字典》，頁 942～943。

爲「屄」（臀）的說法予以否定（註 6）。實則，甲文「尻」字，本作「」（〈合集〉一三七五零正。表二～3）或「」（〈合集〉一三八零九反。表二～5），从人，象人的後下虛竅（肛門）之形。乃是合體象形，非如李孝定所說的是指事字。李氏不顧漢字隸變之因素，逕將甲骨文「」字字形，拿來跟《說文》篆文「屄」（展）字形體，強加比附對應起來的說法，令人難以苟同。

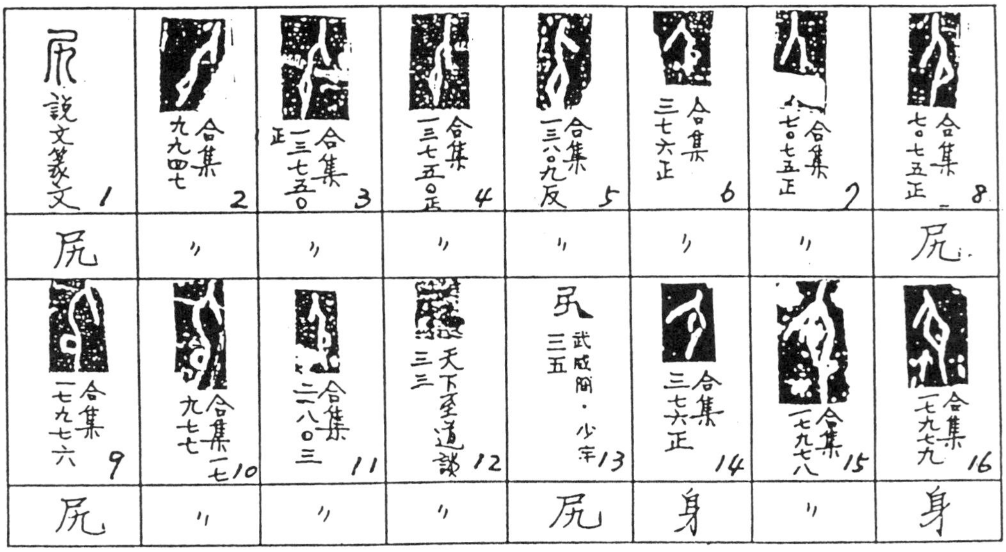

說文篆文 1
合集 九九四七 2
合集 一三七五0正 3
合集 一三七五0正 4
合集 一三八0九反 5
合集 三七六正 6
合集 七0七五正 7
合集 七0七五正 8
尻 〃 〃 〃 〃 〃 〃 尻
合集 一七九七六 9
合集 九七七 一七 10
合集 二八0三 11
天下至道談 三三 12
武成閣・少牢 三五 13
合集 三七六正 14
合集 一七九七八 15
合集 一七九七九 16
尻 〃 〃 〃 尻 身 〃 身

（表二）「尻」字形體演化及相關字形一覽

事實上，甲骨文「尻」字，其用來表示肛門的部分，起初是在人體下部的後方，用甲文中習見的框廓法，以左右皆屈曲的兩筆合圍而成一菱形小框廓。所謂「畫成其物，隨體詰曲」，望形知意，極具形象化。我們從《甲骨文合集》九九四七、一三七五零正、一三八零九反等幾個字例之形體（表二～2,3,4,5），都依稀可以體察得出此字創制的初旨所在。甲骨文中另有一個「身」，作「」（〈合集〉三七六正。表二～14）、「」（〈合集〉一七九七九。表二～16）等形，其寫法跟「尻」字的早期形體（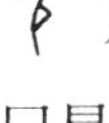）極爲類似，也都同樣是由左右兩個屈曲的筆畫合圍成一菱形框廓。差別只是：一在身後下方，

註 6：見該書頁 26。同註 4。

框廓較小；一在身前胸腹之間，框廓稍大而已。一旦「身」字表示胸腹部分的菱形框廓縮小，或寫得稍稍靠下些。或者，「尻」字表示虛竅（肛門）的框廓部分向上移，或稍稍寫大些，則這兩個形體之間，便很容易因形近而產生識別上的混淆。後來，或由於文字的傳習者對先人創制此字的精微奧旨漸不能曉，或者純粹只是爲了跟「身」字的形體有所區隔，乃只在「尻」字的側面人形之後下處，加一半圓形之曲筆，而作「」(〈合集〉二一八零三。表二～11）或「」(〈合集〉一七九七六。表二～9）等形。這在殷商時代同屬武丁第一期的甲骨文字裡，「尻」字就已經是兩形並存了。有趣的是，在《甲骨文合集》三七六正的一片完整大龜版中，「尻」與「身」兩個字形，正巧同時出現（表二～6,14），其形體差別，正可藉由互相比勘而得印證（註 7）。

倘若未能對「尻」字的早期形體演化之微殊處有所辨析，其誤將此字後來的形體認作是「指事」字，也是理勢之自然。但問題也就出在這裡，一旦將此作「指事」，所指涉的部分，便只能是人後大塊面積之「臀」部的「泛指」，對於隱藏在這兩片髀股之間的「虛竅」的肛門，便失去「尻」字始創時的「專指」意義。後世學人之所以「臀」、「尻」不分，恐怕還跟上述「尻」字早期形體寫法的差別有關，可謂由來已久。

惟《甲骨文合集》二一八零三卜辭：「癸巳，子卜，至小宰用豕尻。」這裡的「尻」，又似指的是「豬後腿上部靠近尾巴附近那一塊肥腴之肉」(註8)。這樣看來，「尻」不僅只表示肛門，還可用來泛指肛門附近的臀部。我們

註 7：對於「尻」字創制初期的這種形體上之演化，須是直接就甲文原拓本諦觀審察，方能看出其端倪來。一般摹寫本，或由於摹寫者對於書法筆勢與筆意之對應關係有所未諳，或由於缺乏古文字學之素養，對於甲文原刻筆畫之細微筆勢，便難以如實傳達。故對於古文字形體之研究，單憑一般輾轉摹寫的字書，是遠遠不夠的，有時候還非得看原拓本不可。甚至即使是拓本，也未必就一定靠得住。這又關係到拓工的古文字學及書法之素養問題。實際在墨拓時，由於工具材料以及拓工精神狀態等內因外緣之不齊，可能導致的變數也很大。故有些時候還非得直接察看原器物，無法解決問題。

註 8：見《甲骨文字詁林》，頁 66，「尻」字條後案語。

从甲骨文中，「臀」字的初文「𠂤」，未見有作「臀」字解的用例，卻又見到此類以「尻」表「臀」之實例。比較合理的解釋是，先人之制字，原本以「𠂤」表「臀」，以「」表「尻」。其後，「𠂤」字多假借爲師旅之「師」，既被借義所專，其本義遂爾淹晦。又因「尻」之所處位置正居臀部內，且其字形也可由原本專指人後下虛竅的合體象形，演化爲具有泛指人後的指事字意味，乃以「尻」字權充兼代表示臀部的職責。因此，若筆者前所論述「𠂤」乃「臀」之初文的說法不誤，則甲骨文以「尻」兼表「臀」意，必是在「𠂤」字多被借義所專之後的事。然而，「」字既是「尻」字而非「屍」（展）字，那麼，甲骨文中的「展」字又是什麼呢？這卻始終是一個謎。

事實上，「尻」與「展」（臀）在古文獻中，是形義皆別的兩個字。劉熙《釋名》釋「臀」爲「殿也，高厚有殿遻也。」釋「尻」爲「廖也，尻所在廖牢深也。」（註 9）「廖」字未見於《說文》，當即九下广部釋爲「空虛」之「廫」字之省體，或作「寥」。徐鉉《說文新附》有「廖」字，注云：「廖，人姓。从广，未詳。當是省『廫』字爾。」《玉篇》以「廖」爲「廫」之重文，可證（註 10）。故「尻」字與「展」（臀），部位雖皆與髀股相近，到底所指部位不同，「尻」虛而「展」實，此其大較也。

許氏在《說文》八上既釋「尻」爲「脾也」，又收錄「脾」、「臀」（今作臀）作爲「展」之或體，明是混「尻」、「展」而爲一。既是混而一之，那又何苦分別爲兩字呢？既分別爲兩字，其所說解，自當指出其區別所在。竊疑「尻」字釋義的「脾」字下或有奪文，殆是後人傳抄脫漏所致。反倒是清儒段玉裁說得明白。他在「尻」字下，注云：「尻，今俗云溝子是也；脾，今俗云屁股是也。析言是二，統言是一，故許云『尻，脾也』。」大概他是看到許氏說法的疏漏，卻又極意想爲許說彌縫，豈奈其疏失如日月之食何！但是

註 9：並見《釋名・釋形體第八》，頁 30。台北，育民出版社，1970 年 9 月。按，「臀」字，誤植作「臂」，前（29）頁已有釋「裨也」之「臂」字。

註 10：並見鄭珍《說文新附考》，此處乃據《漢語大字典》「廖」字條下所引，頁 900。湖北辭書出版社，四川辭書出版社，1987 年。

不管怎樣，段氏以當時俗語「溝子」說「尻」，遠比許說明白曉暢（註 11）。

《呂氏春秋・觀表篇》有「許鄙相⿰月尻」之句，高誘注云：「⿰月尻，後竅也。」按「⿰月尻」，乃「尻」之後起形聲字，如同「臀」之於「㞡」。「竅」有洞穴之意，「後竅」，實即今日所稱的「肛門」。惟依《呂氏春秋・觀表篇》原文，此句之前有「寒風是（氏）相口齒；麻朝相頰；子女厲相目；衛忌相髭」，其後有「投伐褐相胸脅；管青相膹肳（脣吻）；陳悲相股腳；秦牙相前；贊君相後」（註 12）。所舉十人，皆爲古代相馬名家，能由馬的某一特殊部位，以察知馬的良窳。以此而論，許鄙所擅長的，應是通過馬臀的外在骨相表徵，以察知該馬的內在性格與才能。若依高誘所註，以「⿰月尻」爲「後竅」，必然非要察看其糞口（肛門）不可，顯然是不合情理。故高氏此註，與原文實不相應（註 13）。儘管如此，我們通過高氏此注，也可以瞭解到，以「尻」（⿰月尻）爲「後竅」，仍是高氏對於「尻」字字義的基本認識。

金文未見「尻」字，从尸九聲的「尻」字，始見於西漢早期的簡牘文字（表二～12，因原簡底色過於晦暗，故只採得一個字例），惟字義似乎有所改

註 11：此處的「⿰月隼」字，實即《說文》四下肉部釋作「⿸尸示也」的「脽」字之異體。「⿰月隼」字所从之「隼」，乃是「隹」之譌變。戰國、秦、漢間之古文字，凡从「隹」之字，往往於字下豎畫加一飾筆寫作「」，其後延點爲橫。最後則上下離析，演變作从十从隹的「隼」字。如〈睡虎地秦簡・編年記〉「誰」字作「⿰言隼」，西漢〈馬王堆帛書・五十二病方〉及銀雀山〈孫臏兵法簡〉，「椎」寫作「⿰木隼」。其例習見，不煩枚舉。許書既以「⿰月隼」爲「⿸尸示」之或體，又於肉部下別列一個「脽」字，卻又釋作「⿸尸示也」。故知「脽」、「⿰月隼」明是一字，強分爲二，顯然不對。段氏在「尻」字條下，既未明指許書將「尻」、「⿸尸示」二字混言爲一的疏失，又在「⿸尸示」下，說「⿰月隼」與「脽」是「義同字異」，看來他並非把這兩個字當作是一字的異體，而是將它們看作是互爲轉注的兩個字，這便與許書同其失誤了。

註 12：見陳奇猷《呂氏春秋校釋》。台北，華正書局，1985 年 8 月。

註 13：歷來諸家對「⿰月尻」字之註解，或讀爲「穹」，或讀爲「高」，皆迂曲難通。見陳奇猷《呂氏春秋校釋》，頁 1421，校釋第三十八條。

變，至有以「州」表「尻」，而以「尻」表「臀」的傾向。長沙〈馬王堆帛書·五十二病方〉，有「人州出不可入者，以膏膏出者，而到（倒）縣（懸）其人，以寒水戔（濺）其心腹，入矣」的說法，〈十問〉簡也有「繟（縮）州」之詞，《爾雅·釋畜》：「州，竅。」殆以「州」字表示肛門。「州出」，即指脫肛（註 14）。「縮州」，意爲「提肛」，這是古代道家養生功法的一種，迄至今日，仍有此種修學功法之傳承。

「州」字，甲骨、金文作「」，原本象水中高出的陸地，卻拿來比擬人體雙臀之間虛窪的洞竅。以「州」爲「尻」，不知始於何時，其用來表示人體的「尻」（肛門）的部位（），則與甲骨文中的「尻」字，在構形上有出奇的神似處。就文字形體本身所能引起的意象之聯想而言，用「州」字來比擬人體的肛門，遠比半形半聲的「尻」，還要更加形象鮮明些。總而言之，「尻」指臀部中間虛窪的洞竅；「」字則專指臀部兩片突起的厚實肉塊，是形、義各別的兩個字。

不過，在西漢的簡帛文字資料中，有多處都是「尻」、「州」同時並舉的，如：

1. 旦起起坐，直脊，開尻，翕州，印（抑）下之，曰治氣。
2. 飲食，垂尻，直脊，翕周（州），通氣焉，曰致沫。（註 15）
3. 其事壹虛壹實；治之有節：一曰垂枝（肢），直脊，橈（撓）尻；二曰疏（諸案，疑爲「旋」字之譌）股，動陰，繟（縮）州。（註 16）

依上列三條「尻」、「州」對舉的簡文文意，似皆以「州」字表示「肛門」。至於「尻」字的詞義，則顯然不像後世訓詁學家們所理解的那樣，並非指人體虛竅的「肛門」，而是另有所指。若從簡文「開尻」與「翕（與「縮」同意）州」對舉的上下文意推勘，漢初學人似即以「尻」字表示雙「臀」。果真如此，

註 14：見《馬王堆漢墓帛書》【肆】〈五十二病方釋文註釋〉，「州出」條，頁 56。北京文物出版社，1985 年 3 月。

註 15：以上兩則，並見〈天下至道談〉第 33 簡，頁 112。同註 14。

註 16：見〈十問〉第 62～63 簡，頁 94。同註 14。

則前引許書之以「脽」（臀）釋「尻」，雖有自相矛盾之疏失，於此亦可得一同情之理解。然畢竟與前引的漢末高誘「後竅」之註及劉熙「廖牢深」之釋異訓，則有待進一步深入之疏通與論定。

西周恭王時器的〈永盂〉銘文中，曾出現有一個「」字，過去學者多依其形體，直接隸定作从尸从𠂤的「眉」，當人名看待，對於此字何以如此構形以及其本義爲何，都不能詳。

一九八六年在陝西安康出土的〈史密簋〉，銘文中有「史密右率族人、釐（萊）白（伯）、僰，眉周伐長必」一句，句中「眉」字作「」（表二～6），與〈永盂〉銘中的「眉」字，構形全同，顯係同字。各家均視作國族名，或不釋，或釋爲「夷」。今人劉釗根據裘錫圭先生「𠂤是堆之古字」，並讀甲骨文中的「庭𠂤」爲「庭殿」（指大庭之殿堂），及清人桂馥「殿即㞟，謂脽也」等說法，並聯繫〈曾侯乙墓竹簡〉「殿」字寫法，認爲「眉」字應該釋爲「㞟」，讀爲「殿」。意指殿後的軍隊。以此來通讀銘文，則文從字順。故將西周金文如〈永盂〉及〈史密簋〉之「眉」字，釋作「殿」字之初文「㞟」，自有其義理上的根據（註 17）。然而，爲什麼金文中的「眉」字會是後來的「㞟」字呢？換句話說，「眉」字與「㞟」字之間，究竟具有怎樣的形體淵源關係呢？這些都還有待梳理。「眉」、「㞟」兩字，同樣从尸爲形符，差別只在「尸」旁以外的「𠂤」與「共」（）的兩個形體部分。所謂窮源竟委，看來想要解決「㞟」是如何由「眉」形演化而來，還非得从「眉」字的聲符「𠂤」字入手探討不可。

關於「𠂤」字，甲文中習見，作「」（〈後〉二、二五、五）、「」（〈甲〉四五零）等形（表一～3,4）。兩周金文沿承甲骨文字，作「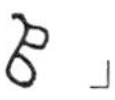」（〈召尊〉）、「」（〈左師壺〉）、「」（〈公朱右師鼎〉）等形，改易甲骨文契刻筆畫的方直爲圓曲，其基本構形並無改變。只是突出的兩個形體部分，由甲骨文中的左右互見，變而爲統一的向右。獨體的「𠂤」字如此，作爲偏旁時，則少數字例兩個外突的形體部分，亦有向左作者。卜辭或以爲卜官之私名，

註 17：見劉撰〈讀史密簋銘文中的『眉』字〉，刊在《考古》1995 年第五期，頁 434～435。

最常見的是假借作爲師旅之「師」字，用指軍隊，甲骨、金文同。《說文》於「官」字下釋「𠂤」爲「眾也」，說的是其假借義，並非「𠂤」字之本義。許氏在《說文》十四上釋「𠂤」爲「小阜」，後代文字學家多傾向於將「𠂤」字看作是「堆」的古文。許氏對於「𠂤」字的這些具有歧異性的解說，雖爲後人提供一個訓詁上的重要參照，也爲後人正確理解「𠂤」字本義引出不少糾葛。實則，「阜」字甲骨文作「」(〈庫〉一三零六)、「」(〈篋雜〉七二)「」(〈庫〉一九一七)、「」(〈甲〉二三二七）等形，並象「窖穴壁上供人出入用的腳窩或獨木梯」之形（註 18)，其豎畫皆直，與甲骨文中的「𠂤」字形體之作屈曲者，迥然有別（註 19)。其階梯之形體各異，蓋甲骨文尚處在文字的早期階段，所象之形，但取意足而已，故有種種不同的寫法，其爲象楷梯之形則一。梯數或作三級，或作兩級。其作兩級之簡體，則與「𠂤」字形近。但也只是形近，並非同形。如〈佚〉67 有「」、「」的繁簡兩體同見於一版，商承祚至誤以爲同是「師」字，實緣於對契文中「𠂤」、「阜」二字形體的微殊部分缺乏細察，以致有此誤解。

然而，到底「𠂤」字與「臀」字具有怎樣的形體關係呢？裘錫圭先生對此曾有鞭辟深刻的論述，他說：

> 「𠂤」是堆的古字，在古代有可能用來指稱人工堆築的堂基一類建築。堆是高出于地面的，从「隹」聲的字往往也含有高出的意思。《說文》：「崔，高也。」「崔，大高也。」「陮，陮隗，高也。」「顀，出額也。」都是例子。臀部古稱脽。《漢書・武帝紀》元鼎四年「十一月甲子，立后土祠于汾陰脽上」，顏師古注：「脽者，以其形高起如人尻脽，故以名云。」臀部所以名脽，大概就是由於它比背部和腿部突出。「脽」、「臀」古聲母相同。「脽」屬微部，「臀」屬文部，二部陰陽對轉。這兩個詞無疑有同

註 18：見徐中舒撰《黃河流域穴居遺俗考》，載在《中國文化研究彙刊》九卷，頁 7。

註 19：見該書頁 3042，「𠂤」字條下案語。並見於頁一二五四，「阜」字條下案語。又，近人于豪亮也早已提出「『𠂤』字決不是『小阜』」的有關論證，詳見《于豪亮紀念集》，頁 73～74。

源關係。《釋名．釋形體》：「臀，殿也，高厚有殿遌也。」以「殿」爲「臀」的聲訓字。古代稱高大的堂爲殿。《初學記》卷二十四居處部引《蒼頡篇》：「殿，大堂也。」古所謂堂，本指後世所謂堂基而言。「𠂤」（堆）與「殿」也應是同源詞。「𠂤」（堆）之轉爲「殿」，猶「脽」之轉爲臀。（註 20）

劉釗稱裘先生上面這一段對於「𠂤」字與「堆」、「脽」、「臀」等字具有同源關係的精采析論，是「迄今對這一難題的最好解釋」（註 21），筆者頗有同感。本文有關「𡰪」字之論述，大抵就是在裘先生的這個立論基礎上展開的。

劉氏甚至於進一步指出：「我們認爲對『𠂤』字本形的解釋，還存在另一種可能，即『𠂤』字本來就是『脽』的古字，本象尻形，『堆』是其引申義。」又說：「『𡰪』字从尸从𠂤，𠂤又是『堆』或『脽』的古字，所以把『𡰪』釋爲『脽』的古字是比較合理的。」筆者基本上也認同劉氏釋「𡰪」爲「脽」的這個結論。

在述古堂宋抄本《集韻》平聲灰部有「𡋯」字，下缺一字，作「□皃，通作敦。」今人顧廷龍據清「曹楝亭刻顧廣圻修補本」校對補錄，指出所缺之字爲「坐」（註 22）。𡋯爲「坐貌」，按六書分析法，應是「从坐从𠂤，𠂤亦聲」的會意兼形聲字。古文字除狀聲之詞、方國之名等專有名詞，以及識音之字外，凡形聲字，聲必兼義。此字所从聲符「𠂤」，其本義既象臀形，則其所兼之義，當與臀部有關，又與形符「坐」旁相涉。然既云「坐皃」，則意指形似「坐」而非「坐」，顯然與「坐」有別。敦、蹲中古同音，故「𡋯」字疑是「蹲」之本字。朱駿聲《說文通訓定聲・屯部》引《逸周書・武順》「一

註 20：見〈釋殷墟卜辭中與建築有關的兩個詞——『門塾』與『𠂤』〉一文，載裘著《古文字論集》，頁 190～195。北京，中華書局，1992 年。

註 21：同註 14。

註 22：見《集韻》書後附錄，頁 802。北京，中華書局，1985 年 5 月。

卒居後曰敦」，訓曰：「假借為殿，實為臀。」（註 23）凡假借字，必借音同或音近之字以為之。可證敦、臀音義近密，應屬同源關係。實則，「𦡊」之與「坐」，膝蓋皆屈，其間差別，僅在臀部之著地與不著地，臀部之落地者為「坐」，不落地者為「𦡊」。此字創制於何時雖難以考知，然字既从坐从𠂤會意，正表示所从之「𠂤」，與臀部之「坐」有密切關係。同時，也可作為前引劉說的一個有力補證。

不過，劉氏所說「𠂤」字「本象尻形」，我們卻不以為然。「尻」與「屍」係分指人體髀骨附近不同之部位，已如前述。今既云「象尻形」，便應是「尻」字，又如何能釋作「屍」呢？此種「尻」、「屍」用詞含混的表述，恐怕跟許書對於兩字之籠統說解不無瓜葛。然而，「𠂤」字本形既非小阜，又不象尻形，其構形取象究竟為何？關於此一問題，宋刻本《集韻》似乎為我們提供了一些富於啓示作用的線索。

由《集韻》「𦡊」字之从「𠂤」構形，令人聯想到先民或裸露其身，上體下蹲時，自後望去，兩片髀股正呈「  」形，豎寫之則成「  」形，便與甲骨文「𠂤」字形體無別。故甲骨文中「𠂤」字之構形，正象人之上體下蹲時之臀部形，應即「臀」（屍）字之初文。其所以由橫寫改作豎寫，或恐與「丙」字的早期形體作「  」，為避免二者形混有關。然而，古文字中从「𠂤」之字，固多作直式書寫，其作橫式書寫者，也並非沒有。如戰國時代的〈上平安君鼎〉「官」字作「  」，三國曹魏時代的〈三體石經〉「古文」「師」字作「  」，所从之「𠂤」，正存古形之真貌。至於《說文》「師」字「古文」作「  」，字中的「  」形，實由〈石經・古文〉「師」字橫寫的「𠂤」字「  」離析譌變而來（註 24）。故我們指出甲骨文中豎寫的「𠂤」字，係

註 23：見該書屯部第十五，頁 810。

註 24：參曾憲通〈三體石經古文與說文古文合證〉一文，載《古文字研究》第七輯，頁 284。

《說文》「師」字，「古文」作「 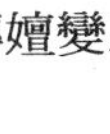 」，狀甚奇詭，若不可解。惟若從形體學之書寫筆勢演化角度加以推求，其輾轉嬗變之跡，可作如下之演示：

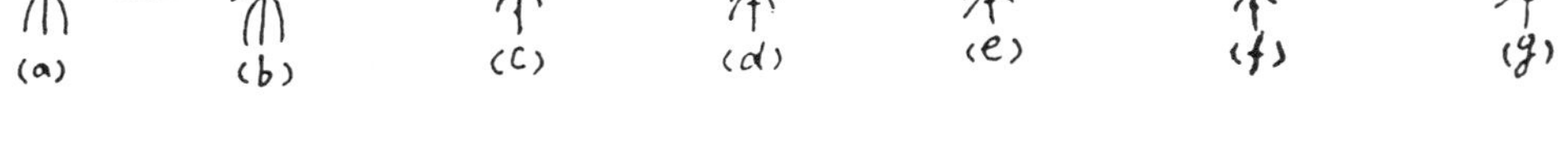
(a)
(b)
(c)
(d)
(e)
(f)
(g)

由象兩片左右並列的髀股形演化而來，絕非毫無根據的臆說。至於金文中的「眉」字，則係由於「𠂤」字多被假借爲師旅之「師」用，後來借義專行，本義既晦，故再增「尸」旁作爲形符，以復其初誼。又因臀部實居上體之下基，故又增「丌」爲意符而作「屝」（表一～8,9）。至於《說文》篆文作「屏」，隸、楷書作「展」，則均由「屝」之形體譌變而來。其譌變遞嬗演化過程，詳見下文析解。由此可證，在甲骨文中屢見，被借爲「師旅」之義使用的「𠂤」字，應即爲「展」（臀）字之本形初文。後見日本學者加藤常賢《漢字的起源》書中，對於「𠂤」字構形的說法，與鄙見略同（註 25）。唯加藤氏只是提出其觀點，並無進一步之論證。

作器年代被考定爲周宣王時代的〈師寰簋〉蓋銘文中，也有一個形近於〈史密簋〉「眉」字的「」字（表一～8）。劉釗根據戰國〈曾侯乙墓竹簡〉中的「展」字寫法，分析其構形爲「从尸从爪」，而釋之爲「展」。案，〈師寰簋〉銘文：「今余肇命汝率齊師、㠱、釐（萊）、僰、左右虎臣征淮夷」，文意與〈史密簋〉銘文用法相同。且所記內容也大致相近，故〈師寰簋〉中的「」字，應即〈史密簋〉中之「眉」字，劉氏釋「展」讀「殿」是對的。但他將〈師寰簋〉銘「」字構形釋作「从尸从爪」，則顯然是一種誤解。在〈師寰簋〉銘文與〈曾侯乙墓竹簡〉上，看似从「爪」的「展」字，所从的「」，乃是由「」的形體譌變而來。「」的寫法，左旁的一個圈，可以由第一筆直接向右上向內拳曲，一筆帶過。右方的一個圈，基本由兩筆寫成，只要寫得荒率，兩筆下方未能緊密接合，便成「」形，雖形似於「爪」，實則非「爪」。這不僅由前述「展」字係由甲骨文中的「𠂤」字增尸旁而成的論考堪爲說明，也可以從同文異范的〈師寰簋〉器、蓋銘文之對照比勘中，獲得一些蛛絲馬跡之驗證。〈師寰簋〉器銘與蓋銘同文，而形體微有小異，所从之「𠂤」旁作「」，左筆微向內向上作迴旋之勢，雖未與上畫接合，其與一般金文「爪」形寫法絕不相類。取與〈史密簋〉、〈永盂〉

註 25：加藤氏說，「𠂤」之字義爲「臀尻的肥厚高起形，即臀尻之形。」見該書頁 657，東京，角川書店，1981 年 6 月。

等銘文中的較早期「展」字形體對看，其爲由「㠯」形譌化之跡，猶依稀可以概見。

此外，與此譌形類似的尙有〈歸父盤〉的「歸」字，所从「㠯」旁譌作「」（表一～31），大概周人對於「㠯」旁的半圈形，是由上而下，分兩筆向內接合寫成。當用筆稍率意，兩筆下端未能密切接合時，便成此形。

《商周青銅器銘文選》於〈師寰簋〉銘文中「㞆」字，依銘文中的譌形，直接釋作「𡰥」的做法（註 27），也欠妥當。若不依後世隸、楷書釋作「展」，也當釋「㞆」才對。

西周晚期的〈展敖簋〉也出現有「展」字，在「㠯」旁的下方，又另外增加了一個「丌」旁作爲形符。爲此，「㠯」旁被迫不得不改作橫寫。髀股之「髀」，从「卑」構字。「𡱝」之从「丌」，應是由於人坐時，臀部實居上體之下基的緣故。此簋銘文分別鑄在器與蓋上，與〈秦公簋〉同。唯〈秦公簋〉銘文前半在蓋，後半在器。此簋則上半在器，下半在蓋，稍稍不同。但此器器身已佚，惟剩蓋銘，雖有泐蝕，銘文大致尙可通讀（註 28）。在不及六十字的銘文中，「展」字便出現了四次，或因泐蝕之故，形體各別，無一同者。其中第二個字例，微可看出其爲从㠯之形。其他三例，筆畫均有譌連現象，特別是第四個字例所从之「㠯」，下方形體已近於橫寫的「目」字（表一～9-12）。以致《商周青銅器銘文選》編撰小組，即據此將此簋蓋銘中的四個字例，都釋作「𡰪」字，而逕稱之爲「𡰪敖簋蓋」。雖不準確，也總還是忠於原器銘文字形。至於《漢語古文字字形表》之釋「𡱝」爲「真」，而稱作〈真敖簋〉（註 26），其錯誤則是顯而易見的。過去由於大家對於「展」字的早期形體缺乏認識，以致有此稱名不一的情況，今後此器應可全面改稱作「展敖簋」。

此外，《商周金文集成》第 2517 號的〈內子仲□鼎〉，有「」字，作人名用，原書未釋（表一～13）。依文字形體看來，應當也是「展」字。其所

註 26：見該書頁 324。

註 27：見該書第三冊，頁 307。北京，文物出版社，1988 年 4 月。

註 28：參《商周青銅器銘文選》（三），頁 335，「𡰪敖簋蓋」條下注【一】。同註 25。

从的「𠂤」旁，猶存象兩片髀股之原形。字下所从「丌」旁之中下方有一短曲筆，應是羨畫，故此字仍當釋為「屍」。

一九七七年九月，在湖北省隨縣擂鼓墩附近，發掘的戰國早期墓葬曾侯乙墓中，出土了大量的文字資料，除銅器銘文、石編磬刻文、木器刻文及相關器物上之墨書文字外，同時出土了二百四十枚的墨書竹簡（註 29）。簡文的內容，主要是記載車上配備的人馬及車上的兵器裝備。其中「大屍」、「左屍」、「右屍」之詞屢見。「屍」字或寫作「輾」，且多與「大旆」、「左旆」、「右旆」對舉。「旆」之本義，原為軍前大旗。古時載旆的前驅兵車，亦可稱「旆」。因「旆」字用為兵車名，簡文「旆」字，或从車寫作「轔」。故裘錫圭、李家浩二先生認為簡文「屍」或「輾」，並當讀為指殿後的兵車之「殿」（註 30），甚確。簡文「屍」从尸从𠂤从丌，構形與〈屍敖簋〉、〈內子仲屍鼎〉大致相同。惟所从之「𠂤」，多譌似為「爪」形。從筆勢上看，殆是沿承自西周〈師寰簋〉「眉」字之譌形而來。其所以致譌，主要是因為橫寫的「𠂤」旁，兩個外突的圈形下緣，與下面「丌」旁的上橫觸連而有共筆現象，傳抄者乍看之下，或不免會誤以為像似从「爪」形，故當其將橫寫的「𠂤」旁，與其下的「丌」旁拉開書寫時，便不自覺得寫成「爪」，那知這全是誤解。故知一切文字形體之譌誤，泰半都緣於傳抄書寫者，對於抄摹對象的字形之誤解而來。其从車之「輾」字，右旁的「屍」寫作「」，上部的「」，形體奇詭，應是前述同墓簡文中「屍」字下半部「」之省寫。又將原本置於左上方的尸旁，移至右下方。看似从丌，實非从丌。頗似楚系文字中「此」字右旁「」的寫法（表一 28～31），與前述（表一 14～17）作為獨體之「屍」字寫法不同。若非刻意省去「丌」旁，便是因其與「丌」形近而有意移來此處，以一符而兼兩形。不管如何，其為从尸从𠂤之變形，則無可疑。

註 29：見湖北省博物館編《曾侯乙墓》第五章「主要收穫」，頁 483。北京，文物出版社，1989 年 7 月。

註 30：並參《曾侯乙墓》書後附錄一・曾侯乙墓竹簡「考釋」第 10 條及第 76 條，頁 502 及 512。

至於从「𡱂」得聲的「殿」字，《說文》三下殳部釋云：「擊聲也。从殳𡱂聲。」篆文作「」。許氏釋「殿」爲「擊聲」，只釋得「从殳」之義，與从「𡱂」何涉？恐非言其本義。清代以來諸家所釋，並皆迂曲難通。「𡱂」既爲臀，「殿」字从「攴」（殳）从「𡱂」，其本義當如白川靜所說爲「擊臀」（註 31）。漢世〈急就篇〉云：「盜賊繫囚榜笞臀。」以榜笞臀，應即「殿」之本義。《說文》竹部有「簸」字，釋作「榜也」。《廣雅釋詁三》：「簸，擊也。」「殿」字从「竹」，蓋以竹殳擊臀（註 32）。

通過前面之論證，可知《說文》「𡱂」字（或「殿」字左旁所从）篆文作「」，是錯誤的譌形。「尸」下的「丌」是由橫寫的「𠂤」形譌來，最下面的「几」，則由「丌」譌來。其正確的形體，應是「从尸从丌从𠂤（𠂤亦聲）」作「」。而「𡱂」字由甲文象臀部髀股形之「𠂤」，演化而爲金文之「𡰯」與「𡱁」，再到秦簡的「𡱂」，漢簡牘與碑刻的「𡱂」，晉印的「殿」，乃至漸次演變成今本《說文》之「𡱂」。其間錯綜複雜的孳乳嬗變之跡，可作如下之表示：

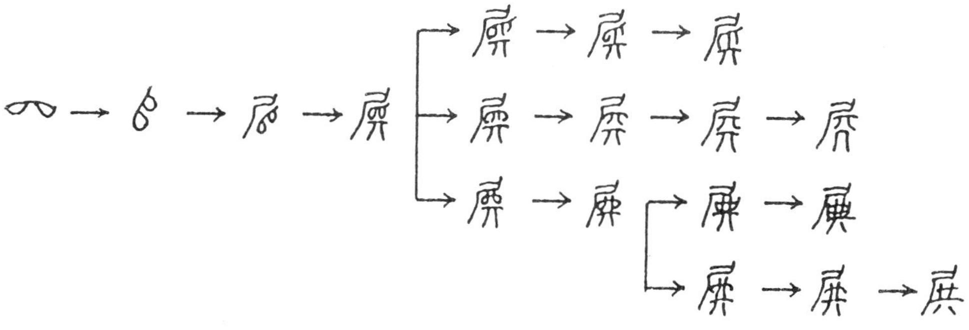

从「殳」的「殿」字，未見於戰國中期以前的古文字資料中。一九七五

註 31：見白川靜《字統》，頁 635。東京，平凡社，1986 年 5 月。亦見《文字新詮》，頁 338。台北，中國語文研究中心印行，1970 年 3 月。此書書前有梁實秋短序，不知何故，未著撰述人姓名，書中頗具卓識，時見懸解。其中某些觀點及說解文字，頗與高鴻縉《中國字例》一書有雷同處，疑是高氏所作。未知是否，待考。

註 32：閩南語亦稱「擊臀」爲ㄉㄧㄢ（唸第七聲），「㱥」（殿）字或即其本字。

年冬，在湖北省雲夢縣睡虎地的第十一號戰國晚期墓葬出土的秦簡，如〈秦律十八種〉、〈秦律雜抄〉及〈封診式〉（或稱〈治獄程式〉）等不少簡文中，然少數簡文筆畫稍有模糊，但通過比勘，其右旁从「攴」，左旁从「㞋」的文字構形，也大致都能清楚辨識（表一 18～20）。从「攴」與从「殳」，均有持物擊打之意，其在古文字中，作爲偏旁時，往往互用無別。如甲骨文的「鼓」字，右旁或从「攴」，或从「殳」，兩形互作。此類用例甚多，不煩枚舉。左半作爲聲符的「㞋」旁，「尸」下作「典」。既與《說文》篆文不同，也跟較早期的兩周文字有別。〈秦簡〉中另有作爲獨體的「典」字，如〈秦律雜抄〉第 32 簡（表一～32），字形與「殿」字左旁所从近似而稍異，蓋因所處位置不同而微變其形，其同爲「典」字則無可疑。「典」字在卜辭中作「」，「从冊从𠬞」，象兩手捧冊之形。所从之「」（冊），象以兩條絲線編聯簡札之形。簡札長短不等，多者五六枚，少者三枚。「秦簡」中作爲獨體字的「典」，簡札數目都是五枚，而作爲偏旁時，簡札減爲四枚或三枚。其後又譌省爲兩枚，從而與下方之「六」相合爲「共」，便與漢代「甘泉山題字」的「殿」字左旁無別，也就是後世行用的隸、楷書中「殿」字形體的由來。

〈秦簡〉「殿」字之所以从「典」，明顯可以看出當時是以「典」旁作爲標音的聲符使用。過去筆者在初研究〈睡虎地秦簡〉時，看到各種簡文中屢見从「典」的「殿」字，原以爲這便是「殿」字之本形。後來，有機會讀到劉釗討論〈史密簋〉「眉」字的文章，又看到兩周時代一些有關「展」字的早期形體，對於「殿」字之本形及其孳乳演化情形，才有較爲真切之認識。

透過本文前面的有關論證，既已確知「展」之本形爲「㞡」，故可推知「秦簡」中「殿」字左半所从的「典」旁，實際上就是從西周〈內子仲展鼎〉「展」字所从的「㒳」形，輾轉譌變而來。當然，由於「典」的讀音與「殿」字近同，受到「殿」字讀音的影響而聲化之結果，也無形中使原本因誤會而譌成的形體，卻變成具有標音功能的新體形聲字。這就好比有人誤犯了過，起先或不免爲本身的犯行感到悵然若失，但當他在無意中找到了某種足夠作爲開脫的理由時，他很有可能因此而視其犯行爲理所當然。在漢字發展史中，這類原本只是局部形體上的偶誤，後來，發現這個譌誤的新字形，竟然與原來的詞語具有音同或音近的關係，於是造反有理，便居之不疑，使得這個譌形久假不歸，再也沒有平反的機會，甚至還有可能就根據新的譌形之讀音，去改讀舊語詞。古漢語在聲韻上常有陰陽對轉，或同聲的旁轉、通轉等現象，都不能只當它是簡單的聲韻上之問題而已。實際上，譌形既有可能改變誤字的讀音，而讀音又會助長譌形之發展。在整個古代漢字與漢語的對應上，像這類錯綜複雜的問題，恐怕還存在不少，亟待後人的探賾與索隱。

《漢印文字徵》所收錄「殿中都尉」印文中的「殿」字，左旁作「㞟」，「尸」下作二「丌」相疊（表一～24）。這是迄今所見，與《說文》「㞟」字篆文形體最爲接近的字例。其間差別，只在下面的一個「丌」旁，「殿中都尉」印作「丌」，而《說文》篆文則作「几」。我們透過前述兩周文字資料有關「㞟」字的形體發展，大致可以理解《殿中都尉》印中「㞟」旁，所从兩個「丌」符的形體來源，上面的「丌」，其實是由橫寫的「自」旁，兩邊的曲筆斷開而譌來。其演化過程爲：

至於字下的「丌」旁，則早在西周時代的〈㞟敖簋〉及〈內子仲㞟鼎〉中，便已經作爲意符而出現了。《說文》「殿」字篆文所从的上一個「丌」形之譌，與《漢印文字徵》所錄者同。下面一個从「几」的形體，則明顯是由於「丌」旁的上橫兩端向中間縮收，致與其下的兩筆上端接齊所形成的。「殿中都尉」印的「殿」字，左旁「尸」下所从的兩個「丌」，只有上面一個是譌形；而《說文》「殿」字篆文中，左旁尸下所从的兩個部件，卻全係譌形。因此，我們幾乎可以肯定地說，《漢印文字徵》所收「殿中都尉」印的「殿」字，形體遠比《說文》中的篆文還要近古。換句話說，《說文》「殿」字的篆文，正是「殿中都尉」印「殿」字譌形進一步譌化的結果。

值得一述的是，被收在《漢印文字徵》書中的「殿中都尉」一印，並非「漢印」，而是晉朝印。此印現藏湖南省博物館，被收錄在《湖南省博物館藏古璽印集》第177號，與另一編號爲176的「殿中司馬」銅印，同被考定爲晉印（表一～25，註33）。實則，漢代並無「殿中都尉」之官銜，此一官職

註33：見該書頁40。湖南省博物館編，上海書店，1991年6月。

始置於西晉。《晉書・職官志》未載，卻見於〈輿服志〉（註 34），並經常出現在兩晉的史傳中（註 35）。故知此印確爲晉印，無可疑者。如此說來，制作時代較晚的「殿中都尉」印，其「殿」字形反而比成書時代早上兩百年以上的《說文》篆文還要近古近真。只有一種情況，才有可能對這個矛盾現象作出較爲圓滿的解釋，那就是，今本《說文》「殿」字篆文的譌形，係經兩晉以後的學者傳抄致譌並竄改過所形成的。由於迄今尚未發現有兩漢時代的「殿」字篆體的任何文字資料，若問原本《說文》篆文形體究竟爲何？目下也只有闕疑一途了。

註 34：見《晉書》卷二十五，頁 357。台北，藝文印書館出版。

註 35：《晉書・帝紀第八》，頁 96，有任「殿中都尉」的「王惠」；《晉書》卷一百二十六，〈載記第二十六〉，頁 1549，也有任「殿中都尉」的「張猛」。同註 31。又司馬光《資治通鑑・晉紀十》，愍帝建興元年：「帝遣殿中都尉劉蜀詔左丞相睿以時進軍」，故胡三省注云：「殿中都尉，屬二尉。」（諧案，「二尉」指殿中都尉與殿中校尉，並隸屬殿中司馬。）見該書卷八十八，頁 2800。台北，世界書局，1972 年 11 月。

（此篇之撰寫，蒙季旭昇教授惠借劉釗所撰文章資料，引發筆者深入探討之動機，特此致謝。）

第四節 說「悝」

《說文解字》十下心部釋「悝」：「啁也。从心里聲。《春秋傳》有孔悝。一曰：病也。」篆文作「」。

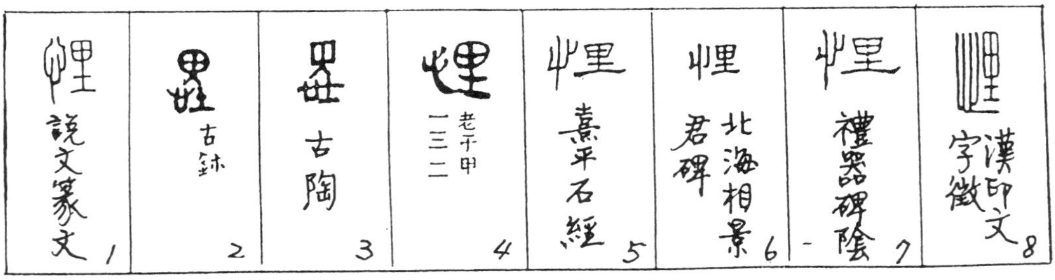
說文篆文 1
古鉨 2
古陶 3
老子甲一三二 4
熹平石經 5
北海相景君碑 6
禮器碑陰 7
漢印文字徵 8

（表一）「悝」字歷代形體演化一覽

甲骨、金文中，未見有「悝」字。在秦代以前，「悝」字唯見兩個字例，一爲〈古鉥文〉，一爲〈古陶文〉，均爲戰國時代之物。〈古鉥文〉「悝」字，作人名用。从人从鬼，鬼亦聲。陳簠齋釋「悝」之構形爲：「从田从壬从口」（註 1）。所云「从口」，經諦審其構形，實爲从心。至云「从田从壬」，乃从「鬼」之譌。古文字之从側立人形者，每於字下的長垂筆加點爲飾，作「」。又或延點爲短橫，便似「千」字。復於垂腳下方增一橫畫，則又與「壬」同形。這是古文發展過程中，常見的譌化規律。如「年」字本象人負禾，作「」，或作「」。西周金文如〈頌鼎〉、〈鄦侯簋〉等器，銘文中之「年」字，並於字下「人」旁加點作「」。其延點爲短橫，似从「千」者，如〈齊侯姜簋〉、〈曾姬無卹壺〉等器。其又於垂腳底端加橫畫，而狀似从「壬」者，如〈王孫鐘〉、〈齊鎛〉等。故知此字右下雖似从「壬」，實爲从「鬼」之繁化，當是「愧」之異構。所从「鬼」旁，「人」符之右下，雖似左下一筆由縮短而至消失，再經規整，則成〈馬王堆帛書・老子甲本〉之「悝」形矣。

至於〈古陶文〉「簺圖南里公孫」之「」字（表一～3），強運開《說文古籀三補》，依《說文》篆文「从心从里」，釋作「悝」。此處也是當人

註 1：見丁福保《說文古籀補》第十所引，頁 7。

名用。从「」，乃从「心」之形變。此由〈戰國古鉥〉「愢」字（表一～2）左下所从之「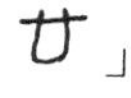」，可以明白判定其爲同一部件，只是筆勢一曲一直，微有小異而已，要皆爲戰國楚系文字所習見之形體。

〈古陶文〉「愢」字（註 2），右旁上部表示頭面的形體，只有豎筆，少一橫畫。與甲骨文「鬼」字一般寫法（），橫直筆作十字交叉者，稍有不同，唯仍當視作「鬼」之別體。因爲這個「鬼頭」部分，只是表示「面具」的準象形符號，它跟字下所从之「人」旁或「卩」旁，有具體實物可象者不同（註 3）。故在形體描畫的規範上，也就不若「人」、「卩」等象形符號那樣的要求嚴謹，而相對顯得比較寬鬆。

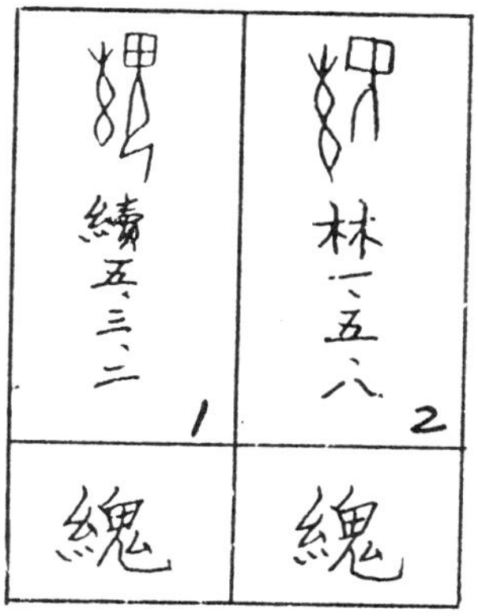
續五、三、二
1
林一、五、八
2
緦
緦

（表二）

類似的簡省寫法，甲骨文中也還有其他例證。如在《甲骨文編》卷十三糸部下，收有兩個从系之「緦」字，所从之「鬼」旁頭或作「」，或作「」（表二～1,2），與「鬼」頭之形體相類。後一例表示頭面的形體部分，由「田」省寫作「罒」形，上部少一橫畫，而文義不殊。故知此〈陶文〉「」字確爲「从心从鬼」構形，釋作「愢」，應可無疑。

《說文》別有「愧」字，列於女部釋「慚也」之「媿」字下，作重文異體。許氏因不明「愢」字乃「愧」字之譌形異體，故於釋「愢」爲「啁也」之外，又別出「一曰」，而釋之爲「病也」。案，「啁」與「調」同，从「口」與从「言」，古文字多通用。《世說新語》：「王丞相每調之。」調，即相嘲笑之意。又，〈東京賦〉：「由余以西戎孤臣，而愢秦穆公於宮室」，注云：「愢，猶嘲也，與詼同。」（註 4）實則，出言相嘲，令人心生慚愧，爲及物

註 2：見強運開《說文古籀三補》第十，頁 8。

註 3：參叢文俊〈論古文字書體演進的字形基礎〉一文，載《叢文俊書法研究文集》，頁 8～10。北京，中國文聯出版社，1999 年 10 月。

註 4：見桂馥《說文解字義證》卷三十二所引，頁 911。北京，中華書局，1987 年 7 月。

動詞，今閩南語猶存「kuī」之讀音；或受人之嘲而內覺慚愧，則爲不及物動詞。兩種用法義理本相通貫，只是角色立場不同而已。釋空海《萬象名義》釋「悝」云：「枯灰反。憂、謿、病」（註 5），因嘲而愧，以愧而憂，以憂而病，亦皆一義之轉。上引〈東京賦〉之「悝」字，以「愧」讀之，義亦融洽無礙。故知許氏釋「啁也」之「悝」，與釋「慚也」之「愧」，原是異體同字。

再從聲韻上看，「悝」字爲微部溪紐，所从之「鬼」爲脂部見紐。「溪」、「見」同爲牙音，「脂」、「微」同部，古音聲、韻都相近。故說「悝」、「愧」原本同字，也有古音學上的根據。至於《說文》「悝」字的中古音系有來紐「良士切」的另一讀音，應係秦、漢以後，此字右半已譌變爲从「里」形之後，所衍生的新讀法。

如〈馬王堆帛書・老子甲本〉：「而我獨頑似悝。」「悝」字，或假借爲俚俗之「俚」。今本多作「鄙」，「鄙」、「里」疊韻。此處「悝」字，顯係衍从已譌之「里聲」。到了後漢時代，如〈北海相景君碑陰〉的「淳于孫悝」；〈禮器碑陰〉的「曹悝」；〈漢印〉有「張悝」、「蘇悝」、「李悝印信」等，大抵即利用此已譌之「愧」字譌體，作名字用，亦可謂是化腐朽爲神奇，物盡其用矣。

然而，此字原本从「鬼」之形體，雖早在西漢時代（見表一～4）即已譌變，但其音讀卻始終保持在口語中流傳迄今。若非有戰國時代〈古鉨〉與〈古陶文〉上的兩個猶存古形之字例，吾人勢難知曉「悝」字本形之爲从「鬼」構形了。

註 5：見該書頁 442。台北，臺聯國風出版社，1975 年 5 月。

第五節　說「鬼」

《說文解字》九上鬼部釋「鬼」：「人所歸爲鬼，从人。田，象鬼頭。鬼陰氣賊害，从厶。，古文从示。」（註 1）篆文作「」。

說文篆文 1
說文古文 2
甲三三四一 3
菁五一 4
5
鬼壺 6
侯馬盟書 7
8
9
6.129 睡虎地簡 10
老子乙前 二二九下 11
汝陰侯墓 二十八宿 圓盤 12
漢印徵 13
東海廟碑 14
曹全碑 15
樊敏碑 16

（表一）　「鬼」字歷代形體演化一覽

鬼，甲骨文作「」（表一～3），或作「」（表一～4）。所从「人」旁，或作人立形；或从「卩」，作跽跪形。古文字从人與从卩常通用。頭部作大面方形，所象究何，歷代諸家說解不一。王筠說：「鬼字當是全體象形，其物爲人所不見之物。聖人知鬼神之情狀，故造爲此形，不必分析說之。」又說：「許君曰『人所歸爲鬼，从人』，可也。曰『鬼陰氣賊害，从厶』，則非也。古人言鬼，無不謂人之祖先者，故古文作『䰟』，豈可以賊害說之？且此及『兄』、『兒』等字，皆不必謂之从人，祇是有首有足，象人形而已。」（註 2）所言雖有理致，總覺難愜人意。近人叢人俊教授，對於這個俗名「鬼

註 1：《說文》「鬼」字之「古文」形體，《小徐本》作「」，所从「示」旁，與篆文「示」字寫法同，與《大徐本》異。今以戰國古文證之，當从《大徐本》。

註 2：見王著《說文釋例》卷二，頁 55-56。北京，中國書店，1983 年 7 月。

頭」的部分，提出了「鬼頭就是面具」的新觀點，並有進一步的申論。他說：「我們認爲，所謂『鬼頭』，實際上就是面具。民族學研究表明，在原始宗教活動中，神職人員往往佩戴面具進行巫術儀式行爲，藉以增加神秘感和威攝力。中國古代的神職人員男女名稱有別，《國語・楚語》所言『在男曰覡，在女曰巫』即是。『鬼』字从女、从人的分別，即可理解爲造字伊始男女神職人員的專用字，从卩乃儀式行爲中巫覡跪拜祭禱的形象，后來的文字應用使詞義泛化，各自專指的涵義遂不再分別，字形也就隨著逐漸淘汰，只保留一個从人的『鬼』了。从四川三星堆發現的青銅面具，到吉林高句麗城址發現的金銅面具來看，無不猙獰可怖，所以，戴面具的鬼手持棍棒之形表示可『畏』，以雙手佩戴面具而與生人有別是爲『異』字。」（註3）以上所引此段精闢生動的論述，不僅有理有據，並且合於卜辭時代的生活實際。除了「異」字之說解或有可商外，對於「鬼」、「畏」二字所从「鬼頭」構形初旨的見解，似較他說爲勝。

「鬼」字在商代卜辭中，有「多鬼夢」（〈前〉四・一八・三），字或从示，爲鬼神之專用語，用的是本義。在戰國時代〈陳肪簋〉「（恭）寷（寅）䰠（鬼）神」之「鬼」字，也是从「示」，與《說文》所錄「古文」同（註4）。其「鬼」旁下面所从「人」形，又增一「口」符，白川靜認爲向鬼神祝禱時，手中所持之器（註5）。至於作爲商人強敵的「鬼方」，則爲方國名稱，用的是其假借義。

西周以後，从立人形的「鬼」字獨傳，〈鬼壺〉作「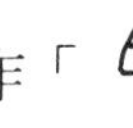」（表一～6），與甲骨文之字形略同。頭面上部略呈尖形，唯皆不从「厶」構形。春秋、戰國以後之「鬼」字，則於足部增「夊」爲形符，亦無从「厶」作者。古文字凡从側立之人形，往往即於字下增益象腳趾之「夊」符以爲繁文，此乃古文

註3：見〈論古文字書體演進的字形基礎〉一文，載在《叢文俊書法研究文集》，頁8。北京，中國文聯出版社，1999年10月。

註4：見《商周青銅器銘文選》（四），頁558。北京，文物出版社，1990年4月。

註5：見白川靜《字統》，頁145。東京，平凡社，1986年5月。

（表二）　从「鬼」構形諸字形體一覽

字發展之規律。〈汝陰侯墓二十八宿圓盤〉的「鬼」字（表一～12），所从「夂」符則與字下的「儿」離析而作「 ▢ 」，形似「口」形。至東漢則多改易四方之口形而爲三角之「 △ 」形，甚至在右上角筆不相接，作缺口狀，如〈曹全碑〉（表一～15）。至如〈樊敏碑〉的「鬼」字（表一～16），及〈魯峻碑陰〉「巍」字所从的「鬼」旁（表二～4），其三角形之頂角處，筆畫並未接合，便似「厶」形，爲《說文》篆文所本。

關于「鬼」字所从之「厶」旁之構形，歷來文字學家理解不同，說法各異。或謂爲繁文，如徐中舒云：「說文篆文又从厶者，乃後世之增繁。」（註6）至於如何增繁法，並無說明。或以爲乃聲符，如徐灝《說文段注箋》以爲

註6：見徐編《甲骨文字典》頁1021。四川辭典出版社，1988年11月。

「厶當爲聲。」（註 7）又，朱駿聲《說文通訓定聲》，亦將「鬼」字列爲派衍「厶聲」的十九名之一（註 8）。

實則，「鬼」字所从之「厶」旁，乃是由所从「儿」形下所加形符之「夊」旁，漸次譌變而來，與「背公爲厶」之「厶」，只有形體的偶然近似，音義全無關係。此由「鬼」字及从「鬼」構形諸字（見表二），於「儿」下附加「夊」符的有關字例之形體演化，可以推索得知。若把隨縣戰國〈曾侯乙墓漆二十八宿圖〉的「鬼」字（表一～7），與〈梁十九年鼎〉銘文中「魔」字，「鬼」旁下部所加「夊」符的寫法（表二～11），拿來跟〈睡虎地秦簡〉、〈馬王堆帛書〉及〈銀雀山漢簡〉等「鬼」字並列比觀，更加容易看出其爲从「夊」旁譌變而來的演化軌跡。其譌變過程大致如下：

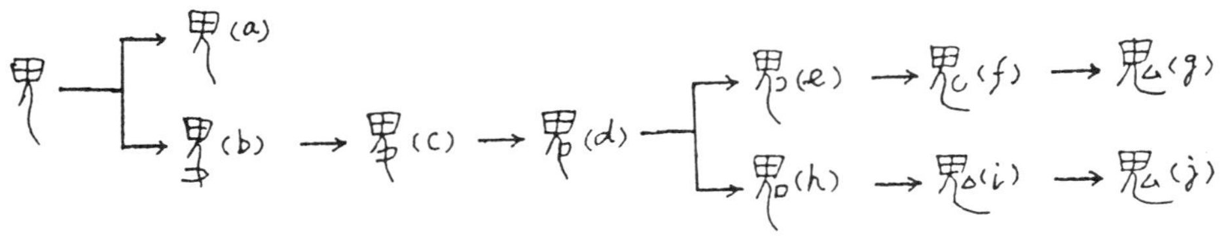

「鬼」字在商代及西周，原只从「人」形。春秋末期以後，始見有从「夊」之用例。起初，「夊」符只加在人形的足部的豎筆下端（b 形）。在〈侯馬盟書〉（表一～6、表二～9,14）及〈中山王壺〉（表二～8）的銘文裡，所从之「夊」符，或譌爲與「女」旁同形，此乃古文字中常見之譌誤現象。有人或據此以爲是「从女」，這完全是對於古文字的形體發展缺乏歷史性全面考察，所引生的誤解。

後來，「夊」符逐漸向上並向右移動（c 形～d 形）。以左邊有筆畫，右邊沒有，故「夊」符之向右挪動，實亦書寫時理勢之自然。到了戰國末年及西漢初年簡牘帛書中，整個「夊」符往往縮移到儿部右筆之右（d 形）。之後，有兩種發展情形，一種是將縮寫到右邊的殘存夊符「 ᑐ 」再向右移，與儿部

註 7：見丁福保《說文解字詁林》，頁 4058，「鬼」字條下所引錄。台北，商務印書館，1975 年。

註 8：見朱著該書頁 633。台北，藝文印書館，1975 年 8 月。

右筆離析（e 形），如表二～1,2,3 的三個「巍」字所从，及表二～12,15,16 等例均是（註 9）。若進而將其缺口，由向左轉爲向上或向右（f 形），便漸次形成从「厶」之形（g 形）。另一種則由縮寫到右邊的「夂」符殘形，即與儿部右筆相合爲共筆所造成的「口」形，獨立析離（n 形）。復由方形之「口」，變而爲三角形之「」形。頂角的接筆分離，再變而爲「厶」形，就成了後世行用「从厶」的隸、楷書之形體。

經過以上之爬梳推演，並有大量先秦古文字字例爲證，吾人可以得出如下之結論：「鬼」字在甲骨、金文中，字下多只从人作「」或增「夂」符爲繁形，作「」，本不从「厶」。其所从之「厶」，實由作爲「鬼」字繁文的「夂」旁，漸次譌變而來。今本《說文》篆文「鬼」字，乃據隸變後的隸書篆化而成之譌形。

至於《說文》五下夊部，訓「治稼畟畟進也」的「畟」字，實由「鬼」字演化而來，與「鬼」字原本是同字。許氏釋形謂爲「从田儿，从夊」，誤析上部「鬼」字初文之「田儿」旁爲「田儿」。又於同部訓「斂足也。从夊兇聲」的「㚇」字，上部所謂的「兇」旁，也是「鬼」之譌變，實與「畟」爲一字之異體。這些顯然是根據隸變後的漢隸譌形以爲說（註 10），值得深入探討。

註 9：表二～1 的〈睡虎地秦簡〉，乃採自《秦漢魏晉篆隸字形表》，其「鬼」旁的「人」符，似漏摹了左上的第一筆。

註 10：在秦、漢、魏、晉的篆隸文字資料中，未見有作爲獨體的「畟」、「㚇」兩字之用例。這兩個形體在古文字中，應是作爲「稷」、「稯」兩字之聲符而存在。參閱本書第二章第三節，〈說稷、稯〉。

第六節 說「戎」

《說文解字》十二下戈部釋「戎」云：「兵也。从戈从甲。 ，古文甲字。」篆文作「 」。（註 1）

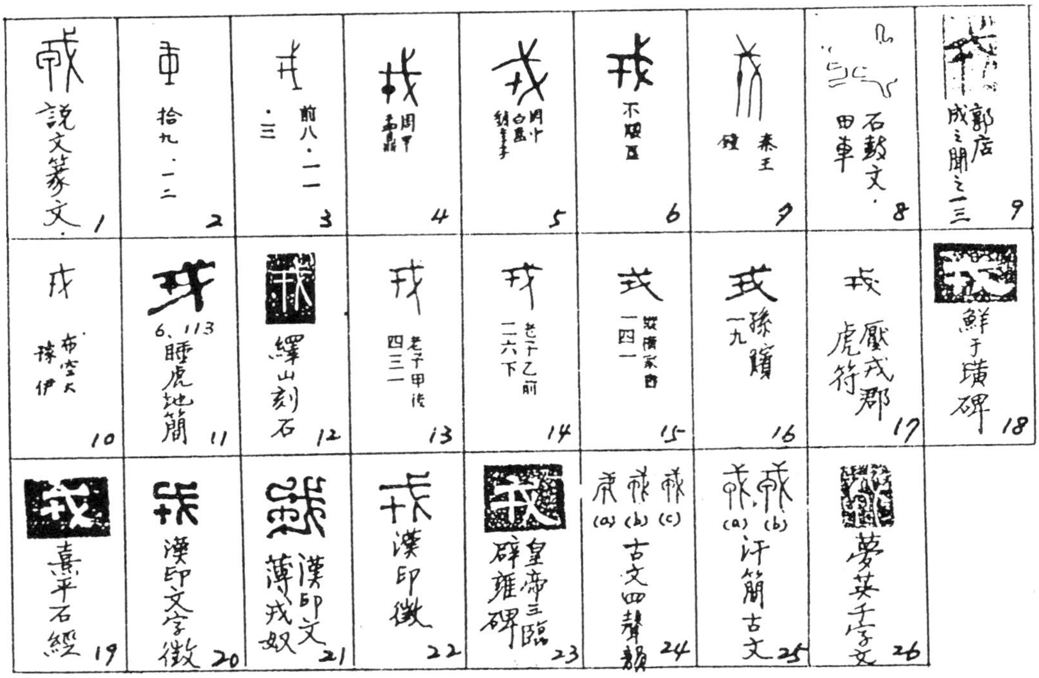

（表一） 「戎」字歷代形體演化一覽

註 1：此據《大徐本》。《小徐本》於「从戈从甲」之下，有「 ，古文甲字」五字。於日部「早」字篆文下同有此五字，《大徐本》並皆刪去，篆文則仍作从「 」。清人段玉裁《說文解字注》於「戎」字下，對此有所指陳。他說：「由『古文』『甲』、小篆『甲』所異甚微故也。漢隸書早（諧案，應是「甲」字之譌）字平頭，如小篆本平頭，『古文』乃出頭，作 。轉寫既久，惑不能別。於日部及此刪去五字。於『甲』篆則用出頭者爲小篆，別取《汗簡》所載異體爲『古文』。皆非也。」據此，知《小徐本》「甲」字篆文作 ，而「古文」作 ，差別惟在框帽上部的「平頭」與「出頭」而已。事實上，「甲」字框帽上部之平頭或出頭，原本只是書寫時筆勢之微殊，以此作爲「古文」與「篆文」之異體，根本不符漢字發展之歷史真實。《大徐本》刪之是也，段氏之論甚諦。

「戎」字，甲骨文作「」(〈拾〉九、一二）或「」(〈前〉八、一一、三)，「从戈从」。，象盾形，後乃線條化而演變作「＋」。商代金文〈父辛甗〉有「」字，象人一手持戈，一手持盾之形。甲文「」字，或即此形之省文（註 2）。裘錫圭先生說：「在古代，戈和盾分別是進攻和防衛的主要器械，兵戎的『戎』字，由『戈』、『』二字組成是很合理的。」（註 3）其說甚的。

周初金文〈盂鼎〉「戎」字，所从之「」作「」，以肥筆易甲骨文字之框廓寫法，至春秋時代之〈秦王鐘〉「戎」字所从之「」，仍作肥筆，猶存古文字構形遺意。至如西周中晚期的〈虢季子白盤〉、〈不𡢁簋〉等，所从框廓之「中」形，均已變為中實而純粹線條化，演變為从「＋」，與甲骨、金文「甲」字同形，盾形之象，已不復可見，後世遂誤以「戎」字為从「甲」。「戎」字所从之「＋」與甲骨、金文中「甲」字初形之「＋」，形體雖似無差別，但字形來源卻各不相同，算是異源同形，不可混為一談。

容庚《金文編》在「戎」字條下，所收十五器的十六個字例，全皆从「＋」構形，不从「甲」作，無一例外。實則，不僅春秋時代以前的「戎」字从「＋」不从「甲」，戰國以後的古文字資料也是一樣，如〈石鼓文・田車鼓〉「避戎止陕」之「戎」字，子形上下之間雖多剝蝕而致漫漶，其从「＋」之形仍隱然可見（表一～8）。

他如〈秦國陶文〉、〈布空大〉、〈睡虎地簡〉，以及刻立於秦始皇統一六國後的〈繹山刻石〉(219 B.C.）中的「戎」字，也是从「＋」不从「甲」。羅福頤《漢印文字徵》一書所收「戎」字十七例，《漢印文字徵補遺》所收兩例，計十九個漢印篆文字例，全皆从戈从＋，文字形體儘管變化多端，無一从「甲」作者。漢代金文如壓戎郡虎符，也跟漢印文字中的篆文一樣，都與甲骨、金文以來的先秦古文字一脈相承，並不从「甲」。至於文字已有相當隸化，而篆書意味卻仍濃厚，如〈馬王堆帛書〉、〈銀雀山漢簡〉等西漢早期古隸墨跡文

註 2：說見徐中舒主編《甲骨文字典》卷十二，頁 1359，「戎」字條下。

註 3：見裘著《文字學概要》第四章，「形體的演變」，頁 62。北京，商務印書館，1988 年 8 月。

字，以及已經完全隸化，如〈鮮于璜碑〉、〈熹平石經〉等後漢碑刻文字，就更不用說了。

秦系文字「戎」字从「十」(毌）不从「甲」，六國古文字如齊魯系的〈布空大〉及楚系郭店〈成之聞之〉第十三簡的「戎」字（表一～9,10），也同樣不从「甲」作。吾人从甲骨、金文中有關「戎」字之形體演化，「戎」字原本从「十」(毌）不从「甲」；復遍檢東漢覆亡以前的所有各類古文字資料，未見有一個从「甲」的「戎」字字例出現。據此，我們幾乎可以肯定地作出這樣的論斷，即：漢代以前，从「甲」作「」的「戎」字形體，根本是子虛烏有的，故許慎《說文解字》原書「戎」篆文必不从「甲」作今形。今日傳世諸本《說文》「戎」字篆文之所以均从「甲」作者，必係出於後人之竄亂臆改而然。

裘錫圭先生說：「大概漢代某些學者誤以爲『戎』字所从的『十』是古『甲』字（甲冑也是重要的戎器），所以把戎的篆文改成了『』。」(註 4）將「戎」字篆文誤改爲「从甲」的年代定在漢代，我們考察了漢、魏以下，至唐、宋之間的有關文字資料，這樣的說法，恐怕還值得商榷。

值得一述的是，漢印中的繆篆，如表一～21「薄戎奴」之「戎」字，所从之「十」，基於印面整體空間屈曲勻滿之審美需求，橫畫雖有展長，並向下向內宛曲的筆勢上之變易，其與中豎作十字相交的結構關係，並未遭到破壞。縱觀漢字發展史，這顆漢印的「戎」字，應可算是《說文》成書前後，唯一與「甲」字篆文外部形體微有類似的一個特別字例了！後世誤將「早」、「卓」、「戎」等字下部所从之「十」理解爲「甲」之古文，其根本因由，固然是因爲看到「甲」字在甲骨、金文中的初文作「十」，遂把這些不明形體由來的从「十」之字，想當然耳地跟「甲」串聯起來。而像上舉「薄戎奴」的「戎」

註 4：見裘撰「秦漢時代的字體」一文，載在《中國書法全集》第七卷，頁 41。北京，榮寶齋，1993 年 3 月。諧案，此段論述文字先此已見於其《文字學概要》，頁 62。原本只是泛言「某些文字學者」，在這篇後出的文章中，反而確指而改作「漢代某些學者」，不知何據而作如此之改變？(參見註 3）

字，將所从的「＋」寫成「」之類的繆篆特殊寫法，對於後世文字學家的這種从「十」即从「甲」之「想當然耳」的誤導，乃至「理直而氣壯」地將這些从「＋」諸字，全面予以改寫成从「甲」的事態發展，多少也有一些助長的作用在。

由漢印「薄戎奴」的「戎」字寫法，隱約爲吾人思考今本《說文》篆文「戎」字譌形之由來指引了索解的方向。其由从「＋」譌爲从「」之過程，可作如下之推演：

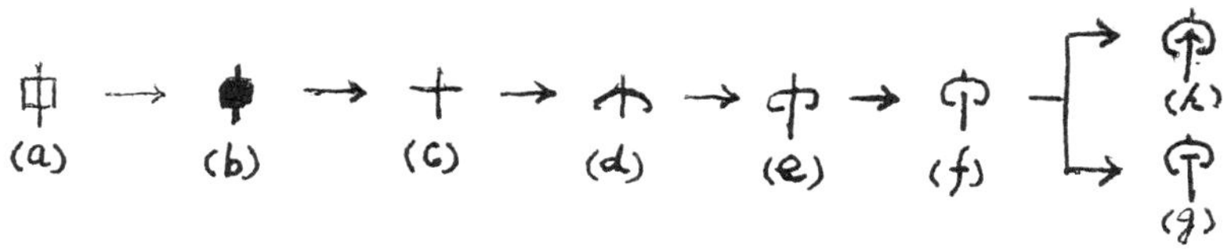
(a)
(b)
(c)
(d)
(e)
(f)
(h)
(g)

a 形爲甲骨文之所从，原作盾牌框廓之形；b 形爲金文，盾形由甲骨文之框廓易而爲實體之肥筆；c 形則肥筆線條化而爲短横，爲篆、隸、楷書之所承用。d 形始見於漢印「薄戎奴」之印文中，其後横畫由外向下向內盤曲；e 形中豎下部引長；f 形中豎以盤曲之横畫爲界，離斷爲二，與「甲」字篆文形近。後被文字學家誤解爲从「甲」，遂依「甲」字篆文改寫之，於下部被引長之豎筆上方加一短横則成 g 形，或加一似「入」字之「」，則成 h 形。

清人鄭珍《汗簡箋正》卷六，甲部「戎」字下，對於此字从「甲」與从「十」之演變，曾經有所推求，他說：「省作，後再變作，合書之即成「＋」。今傳〈齊侯鐘〉銘文有篆，〈嶧（案：當作繹）山碑〉同。其形已如漢隸，則其初省宜如是耳。」（註 5）殆因其時代限之，既未能對「戎」字的歷史發展作通盤之考察，又對今本《說文》「戎」字篆文形體深信不疑，故爾作出如此倒果爲因之謬誤論斷。

就迄今可以考見的从「甲」之「戎」字寫法，除了今本《說文》篆文外，在傳鈔古文獻方面，最早見於郭忠恕《汗簡》及夏竦《古文四聲韻》。至於實物文字資料則見於夢英「千字文」，巧的是三者均出於宋人之手（並見表一～24,25,26）。據此，我們可以確知，「戎」字譌爲从「甲」的篆文形體，至遲到了北宋時代已普遍存在了。至於此一篆文譌形究竟始於何時，於今已難確知。

註 5：見該書 542 頁。台北，藝文印書館，1991 年 1 月。

惟夏竦《古文四聲韻》上平聲於所錄从「甲」的兩個「戎」字古文下，注云：「並張揖集。」這又透露了一些與「戎」字从「甲」的「古文」、「篆文」譌形有關的一些訊息（註 6）。誠如《古文四聲韻》的說法，則此从「甲」之「戎」字譌形，似乎當早在三國時代已然。可惜曹魏正始〈三體石經〉並無「戎」字「古文」及「篆文」之遺留，莫由檢證。

然而，就夏氏所錄「並張揖集」的兩個「戎」字「古文」看來，構形並不相同，表一～24 的 b 所从之「十」，形體尚同於前述「薄戎奴」漢印之「戎」字，至於另一個「古文」形體 c，其所从之「甲」的形體，則爲唐人「甲」字的普遍習慣寫法（註 7）。顯然已是誤爲从「甲」之譌形。若說是張揖原書已有此正誤之兩形，則惟成書年代稍早約七十餘年的郭忠恕《汗簡》，也收有兩個「戎」字古文，一在戈部，一在甲部。收在戈部的「戎」字，所从之「甲」作「」，形體與今本《說文》篆文相同（下之一，六十八頁）；而收在甲部，字下注云「張揖古文」的「戎」字，所从之「甲」則作「」，可以看出是由漢印繆篆「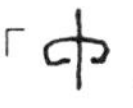」演變而來，中豎已被拉長，且與上部離斷，同於前述譌化過程推索表中之 f 形，雖形近於「甲」，尚未被改寫成「甲」。據此，則張揖所集古文「戎」字，在郭氏《汗簡》成書之際，只收一個字例，且並未譌爲从「甲」。但在七十餘年後夏氏《古文四聲韻》成書時，卻無端又增出另一個从「甲」的譌形字例來（註 8）。

註 6：張揖，字稚讓，清河人（一說河間人），爲魏太中博士，精究字學，著有《廣雅》四卷；《埤蒼》三卷；《三蒼訓詁》三卷；《雜字》一卷；《古文字訓》三卷。有關張揖著作，見兩唐志著錄。參顏之推《顏氏家訓．書證第十七》，頁 409，注釋第一條。

註 7：參見本書第七章第五節表二～5，李陽冰〈三墳記〉「甲」字及同表～10〈唐寫本木部殘卷〉「柙」字右旁寫法。

註 8：案，郭氏於五代之周太祖廣順初（951～953），曾爲朝散大夫、宗正丞兼國子「書學博士」。入宋以後，亦仕於宋。建隆初，因故坐貶乾州司戶參軍。其後流落，不復更求仕進。太宗初即位（976～），聞其名，召授國子監主薄，館於太學，令刊定歷代字書。（見謝啓昆《小學考》卷十七，881～883 頁，廣文書局。1969 年。）其《汗簡》一書，當即成於此際。又，據夏氏《古文四聲韻》序，知該書撰成進上於宋仁宗慶歷四年（1044）2 月 24 日。兩書撰作時間前後相去大約七十餘年。

至於夏竦書中所收，另一個〈道德經〉古文「戎」字字例（表一～24a），作「」，所从之「」，似《說文》篆文「丁」字。（其譌化過程頗類於「亭」字之由「」演化為「」。）此處卻仍只是从「十」的變體，並不从「甲」作。於此，可以看出北宋初年的文字學家們，對於「戎」字古篆文形體的搖擺不定之猶疑情境。

由於从「甲」的「戎」字古篆文譌形在漢、晉以前的文字資料中並未出現，卻開始並且大量見於宋初的傳抄古文著錄，以及宋人的書寫文字實物中，我們利用這些文字資料，既可推知「戎」字篆文由从「」譌為从「甲」的演化跡象，也有足夠的理由試作如下之推斷，「戎」字篆文譌為从「甲」的時代，應當就在北宋以前的五代或唐代，絕不可能如裘錫圭先生所說的是在「漢代」。

《大宋重修廣韻》於一東「戎」字下注云：「說文作，兵也。」並於其下出重文「」字。經考法國巴黎國民圖書館所藏《敦煌唐寫本切韻》第二種，有「戎」字，字下但有四字注文：「而戎反四」。又，延光室影印清故宮所藏《唐寫本王仁昫刊謬補缺切韻》，「戎」字下則注云：「如隆反四。丘（誥案：當作兵）也。西戎牧羊人。」（註9）兩種唐寫本均無《大宋重修廣韻》所引《說文》注釋文字，更無从「甲」的「戎」字之重文異體，再參酌本文前述从「甲」的「戎」字古篆文譌形，從未出現在漢、晉以前的文字資料裡，卻大量見於北宋初的傳抄古文著錄及書寫文字實物中。可見从「甲」之「戎」字篆文譌形，或即出於唐或五代文字學家之所臆改。因乏確切證據，於此僅能述此疑義，以俟宏博。

註9：以上兩本，均見於《十韻彙編》一東第一頁。

第十章　結　語

漢字乃據語音與詞義以造字，每一字形，各有其創制時之本音與本義。故分析本形，以說明造字之原始音義，是研究古文字學的宗旨所在。許慎《說文解字》一書，乃根據篆書形體，透過偏旁筆畫之分析，探求漢字的六書構形原理。全書分五百四十部首，以統貫九千三百五十三個字頭篆文及一千一百六十三個重文，是一部富有創造性的學術偉構。其所保存漢代以前的古文字材料，不僅有助於後人認識秦、漢以來的篆書，也成了今人識讀戰國古文字，以及殷、周甲、金文字的津筏。且書中的訓解部分，內容豐富，涉及面至爲廣泛。可以預見的，即使在未來，想要了解中國古代的社會文化及經濟等相關知識，《說文》都是學者必備必讀的一部重要參考書，其學術價值是難以估量的。

由於時代的限制，許氏所據以說釋形、義的「古文」、「籀文」及「篆文」，多半是春秋、戰國以來，屢經傳抄的文字資料，不少形體已有譌變。根據這些形體早已譌變的文字資料，所作出的有關偏旁分析與音義訓解，其錯誤是無可避免的。同時，由於可供參考的古文字資料有限，書中多只就單字分析其六書的靜態結構，未能對漢字的形成發展與演變規律，作進一步的動態揭示。這對於漢字形體發展之研究而言，無疑是一大缺憾。

本論文是在前人研究成果的基礎上，以《說文》篆文譌形爲研究對象，根據出土甲骨、金文、璽印、貨幣、古陶、簡牘、帛書等古文字資料，結合書法中與書寫密切相關的「筆法」、「筆意」與「筆勢」等概念，從形體學之角度，歸納爲「離析之譌」、「連合之譌」、「增冗之譌」、「刪減之譌」、「穿突之譌」、「縮齊之譌」、「錯綜分合之譌」、「其他之譌」等八個類型，所進行的一系列探討。就今本《說文》篆文譌形看來，其中絕大部分是許書原本之誤，也有一小部分是出於魏、晉以後學人的傳抄竄改所形成的譌誤。論文中皆分別加以爬梳清理，並推索其所以致譌之由，徹底究明漢字形體發展的歷史真相。論文中對於一向處於相對薄弱的「形體學」學理部分，賦予了較多的關注。同時，對於「形體學」學科之獨立，也提出了呼籲。

實則，我們指出《說文》的缺失與錯誤，絲毫沒有貶低許書的價值之意。

相反的，正是基於實事求是的學術研究精神，期待後人能夠突破許書的時代範限，使許書在未來能夠發揮其更大效益的學術功能，這才是本論文研究的主旨所在。

筆者始終相信，無論是從事藝術創作或學術研究工作，乃至世間一切有爲諸法，惟有先能進行批判性地接受，才可能會有創造性的發展與成果展現。對於前人的別裁卓識，我們沒有理由不服膺接受，而對於前人學說的不如理部分，我們也絕難盲目信從。明儒王陽明先生說：「夫學貴得之心，求之於心而非也，雖其言之出於孔子，不敢以爲是也，而況其未及孔子者乎？求之於心而是也，雖其言之出於庸常，不敢以爲非也，而況其出於孔子者乎？」（〈答羅整菴少宰書〉）其言圓融通達，書紳久矣。故在論文中也不時提出筆者在文字形體學研究上的一愚之得，其中當然包括對於許氏及其他先進學者不當學說的指陳與批評。見解或難免有欠圓熟，甚至未必正確。但自信尚能秉持學術良知，直言而無所隱諱。並且，始終本諸「無徵不信」之原則，書中全皆依靠證據說話。惟筆者學植荒陋，且本論文之研究方向，蓁莽初闢，尚屬嘗試階段，前人論著可供取法者甚少。兼以撰寫倉促，其中罣漏謬誤必多。深盼能獲得前輩師長及同道學者之不吝指正，俾能修訂改進，減少錯誤。

參考書目

一、專書

1. 《十三經注疏》，鄭玄等注、孔穎達等疏。台北，藝文印書館，1976 年。
2. 《三代吉金文存》，羅振玉。北京，中華書局，1983 年。
3. 《于豪亮學術文存》，于豪亮。北京，中華書局，1985 年。
4. 《小學考》，謝啓昆。台北，廣文書局，1969 年 2 月。
5. 《小屯南地甲骨》，姚孝遂、蕭丁。北京，中華書局，1985 年。
6. 《中國文字學》，唐蘭。上海古藉出版社，1979 年。
7. 《中國文字學》，孫海波。台北，學海出版社，1979 年 11 月。
8. 《中國文字學概要・文字形義學》，楊樹達。上海古籍出版社，1988 年。
9. 《中國古文字學通論》，高明。北京，文物出版社，1987 年。
10. 《中國古文字と殷周文化》，李學勤、裘錫圭、樋隆康、伊藤道治、松丸道雄學術討論會專輯，東方書店編。1989 年 3 月。
11. 《中國古代度量衡圖集》，北京，文物出版社，1984 年。
12. 《中國字例》，高鴻縉。台北，三民書局，1976 年。
13. 《中國青銅器》，馬承源主編，陳佩芬、吳鎮烽、熊傳新編撰。上海古籍出版社，1988 年 7 月。
14. 《中國字書史研究》，福田襄之介。東京，明治書院，1982 年。
15. 《中國新出土 の 書》，西林昭一。東京二玄社，1989 年。
16. 《文字・文學・文化》，先師于大成。台北，文鏡文化公司，1986 年。
17. 《文字析義》，先師魯實先。台北，魯實先全集編輯委員會，1993 年 6 月。
18. 《文字逍遙》，白川靜。東京，平凡社，1987 年 4 月。
19. 《文字學概要》，裘錫圭先生。北京，商務印書館，1988 年。
20. 《文字學論文集》，陳師新雄、先師于大成主編。台北，木鐸出版社，1975 年。
21. 《文物與考古論集》，北京，文物出版社，1986 年 12 月。
22. 《古文四聲韻古文研究》，許學仁。文史哲出版社。
23. 《古文字研究》(一～二十二輯)，北京，中華書局，1979～1989 年。
24. 《古文字研究論文集》，四川大學學報叢刊。四川人民出版社，1982 年。
25. 《古文字研究簡論》，林澐。吉林大學出版社，1986 年。
26. 《古文字論集》，裘錫圭先生。北京，中華書局，1992 年。
27. 《古文字學初階》，李學勤。北京，中華書局，1985 年。

28.《古文字學與語言學論集》，中山大學中文系主編。廣州，中山大學出版社，1986 年 6 月。
29.《古文字學論集》，國際中國古文字學研討會。香港中文大學，1983 年。
30.《古文字學導論》，唐蘭。台北，樂天出版社，1973 年。
31.《古韻通曉》，陳復華、何九盈。北京，中國社會科學社，1987 年。
32.《玉篇零卷引說文考》，曾忠華。台北，商務印書館，1970 年。
33.《甲骨文字根研究》，季旭昇先生國立台灣師範大學國文研究所博士論文。台北，1995 年 7 月修訂自印本。
34.《甲骨文 の 世界》，白川靜。東京，平凡社，1988 年。
35.《甲骨文字詁林》，于省吾主編。北京，中華書局，1996 年 5 月。
36.《甲骨文字釋林》，于省吾。台北，大通書局，1981 年。
37.《甲骨文斷代研究例》，董作賓。台北，中央研究院歷史語言研究所，1965 年。
38.《甲骨文簡論》，陳煒湛。上海古籍出版社，1987 年。
39.《甲骨學—文字編》，朱芳圃。台北，商務印書館，1972 年。
40.《甲骨學導論》，吳師璵。台北，文史哲出版社，1973 年。
41.《石鼓文研究‧詛楚文考釋》，郭沫若。北京，科學出版社，1982 年。
42.《全國出土文物珍品選》，北京故宮博物院，文化部文物局，文物出版社，1987 年。
43.《老子校正》，陳錫勇。台北，里仁書局，1998 年 10 月。
44.《字樣學研究》，曾榮汾。台北，學生書局，1988 年。
45.《汗簡（郭忠恕）‧古文四聲韻（夏竦）》。北京，中華書局，1983 年。
46.《汗簡箋正》，鄭珍。台北，廣文書局，1974 年。
47.《西周青銅器銘文分代史徵》，唐蘭。北京，中華書局，1986 年。
48.《先秦楚文字研究》，許學仁。國立台灣師範大學國文研究所碩士論文，1979 年 6 月。
49.《呂氏春秋校釋》，陳奇猷。台北，華正書局，1985 年。
50.《李陽冰的研究》，黃敬雅。新竹，國興出版社，1985 年。
51.《周祖謨語言文史論集》，周祖謨。浙江古籍出版社，1988 年。
52.《金文 の 世界》，白川靜。東京，平凡社，1988 年。
53.《尚書集釋》，屈萬里先生。台北，聯經出版事業公司，1983 年 2 月。
54.《尚書新證》，于省吾。台北，崧高書社，1985 年 5 月。
55.《金文詁林》，周法高。香港中文大學，1974 年。
56.《金石書法學術研討會論文集》，行政院文化建設委員會，高雄師範大學國研所，1991 年。
57.《長沙子彈庫戰國楚帛書研究》，李零。北京，中華書局，1985 年 7 月。

58.《阜陽漢簡詩經研究》，胡平生、韓自強。上海古籍出版社，1988 年。
59.《侯馬盟書》，台北，里仁書局，1980 年。
60.《段玉裁遺書》，段玉裁。台北，大化書局，1977 年 6 月。
61.《音略證補》（重校增訂本），陳師新雄。台北，文史哲出版社，1991 年。
62.《胡厚宣先生紀念文集》，中國社會科學院甲骨學殷商史研究中心編輯組編。北京，科學出版社，1998 年 11 月。
63.《俗文字學》，陳五雲。鄭州，河南人民出版社，2000 年 1 月。
64.《唐代石刻篆文》，施安昌。北京，紫禁城出版社，1987 年。
65.《唐寫本說文解字木部箋異》，莫友芝。四庫善本叢書初編・經部。
66.《唐寫本說文解字木部箋異注評》，梁光華。貴州人民出版社，1998 年。
67.《紀念陳伯元教授榮譽退休學術研討會論文集》，紀念陳伯元教授榮譽退休學術研討會論文集編輯委員會編。台北，洪葉文化事業公司，2000 年 7 月。
68.《書跡名品叢刊》（1～208 冊），東京，二玄社。1958 年。。
69.《殷周金文集成》（1～18 冊），中國社會科學院考古所。北京，中華書局，1984～1994 年
70.《殷墟卜辭綜述》，陳夢家。北京，中華書局，1988 年。
71.《殷虛文字記》，唐蘭。北京，中華書局，1981 年。
72.《殷墟書契考釋》，羅振玉。台北，藝文印書館，1969 年。
73.《殷契駢枝全編》，于省吾。台北，藝文印書館，1975 年。
74.《殷墟卜辭斷代研究》，方述鑫。台北，文津出版社，1992 年 7 月。
75.《殷周青銅器通論》，容庚、張維持，北京，文物出版社。1984 年 10 月。
76.《殷墟卜辭綜類》，島邦男。台北，大通書局，1970 年 12 月。
77.《荊門郭店竹簡老子解詁》，劉信芳。台北，藝文印書館，1991 年 1 月。
78.《荊門郭店楚簡老子研究》，崔仁義。北京，科學出版社，1998 年 10 月。
79.《荀子柬釋》，梁啓雄。台北，河洛圖書出版社，1974 年。
80.《馬王堆一號漢墓》，北京，文物出版社，1973 年。
81.《馬王堆漢墓帛書》（壹）、（參）、（肆），北京，文物出版社，1980～1985 年。
82.《假借遡原》，先師魯實先。台北，文史哲出版社，1973 年。
83.《望山楚簡》，湖北省文物考古研究所、北京大學中文系 編。北京，中華書局，1995 年 6 月。
84.《許慎與說文解字》，姚孝遂。北京，中華書局，1983 年。

85.《許慎與說文解字研究》，董希謙、張啓煥。河南大學出版社，1988 年。
86.《敦煌漢簡》（上、下）。北京，中華書局，1991 年。
87.《曾侯乙墓》（上、下），北京，文物出版社，1989 年。
88.《雲夢龍崗秦簡》，劉信芳、梁柱編著。北京，科學出版社，1997 年 7 月。
89.《隋唐字樣學研究》，李景遠。國立台灣師範大學國文研究所博士論文，1979 年 6 月。
90.《新編諸子集成》，台北，世界書局，1978 年。
91.《商周青銅器銘文選》（一）、（二）、（三）、（四），馬承源主編。北京，文物出版社，1986～1990 年。
92.《楚王子午鼎與王孫誥鐘銘新探》，邱德修。台北，五南圖書公司，1992 年。
93.《楚國簡帛文字構形系統研究》，李運富。長沙，岳麓書社，1997 年 10 月。
94.《楚帛書》，饒宗頤、曾憲通。香港，中華書局，1985 年。
95.《楚簡老子柬釋》，魏啓鵬。台北，萬卷樓圖書公司，1999 年 8 月。
96.《詩經釋義》，屈萬里先生。台北華崗出版部，1974 年 10 月。
97.《詩經正詁》（上、下冊），余師培林。台北，三民書局，上冊 1993 年，下冊 1995 年出版。
98.《詩經古義新證》，季旭昇先生。台北，文史哲出版社，1995 年 3 月增訂版。
99.《漢字形體學》，蔣善國。北京，文字改革出版社，1959 年。
100. 《漢石經集存》，馬衡。台北，聯貫出版社，1976 年 6 月。
101. 《漢字三論》，殷煥先。齊魯書社，1981 年。
102. 《漢字古今談》，陳煒湛。北京，語文出版社，1988 年。
103. 《漢字取象論》，臧克和。台北，聖環圖書公司，1995 年 10 月。
104. 《漢字史話》，李孝定。台北，聯經出版社，1977 年。
105. 《漢字的起源與演變論叢》，李孝定。台北，聯經出版社，1986 年。
106. 《漢字與書法文化》，姚淦銘。廣西教育出版社，1999 年。
107. 《漢字學》，蔣善國。上海教育出版社，1987 年。
108. 《經籍籑詁》，阮元。台北，明倫出版社，1972 年 4 月。
109. 《睡虎地秦墓竹簡》（普及本，附釋文、注釋、語譯、索引），睡虎地秦墓竹簡整理小組。北京，文物出版社，1978 年。
110. 《睡虎地秦墓竹簡》（線裝本，附照片、釋文），睡虎地秦墓竹簡整理小組。北京，文物出版社，1977 年。
111. 《睡虎地秦簡研究》，杜忠誥，日本國立筑波大學藝術研究所碩士論文，1990 年 2 月。自印本。

112. 《說文正補》，先師魯實先。（載段玉裁《說文解字注》書後），台北，黎明文化事業公司，1974 年。
113. 《說文重文形體考》，許師錟輝。台北，文津出版社，1973 年。
114. 《說文解字》，許慎著，徐鉉注（陳昌治本）。北京，中華書局，1974 年。
115. 《說文解字引論》，任學良。福建人民出版社，1985 年。
116. 《說文解字句讀》，王筠。北京，中華書局，1988 年。
117. 《說文解字注》，段玉裁。台北，黎明文化公司，1974 年。
118. 《說文解字通訓定聲》，朱駿聲。台北，藝文印書館，1975 年。
119. 《說文小篆研究》，趙平安。廣西教育出版社，1999 年。
120. 《說文中之古文考》，商承祚。台北，學海出版社，1979 年。
121. 《說文解字通論》，陸宗達。北京出版社，1981 年。
122. 《說文解字詁林》，丁福保。台北，商務印書館，1975 年。
123. 《說文解字義證》，桂馥。北京，中華書局，1983 年。
124. 《說文解字講稿》，蔣善國。北京，語文出版社，1988 年。
125. 《說文解字研究法》，馬敘倫。北京，中國書店，1988 年。
126. 《說文解字繫傳》，徐鍇。北京，中華書局，1987 年。
127. 《說文類釋》，李師國英。台北，信毅印刷出版，1974 年。
128. 《說文釋例》（附檢字索引），王筠。北京，中華書局，1998 年。
129. 《說文釋例》，王筠。北京中國書店，1983 年。
130. 《銀雀山漢墓竹簡》，北京，文物出版社，1985 年。
131. 《墨池編》（上）、（下），朱長文。台北，漢華文化公司，1978 年。
132. 《戰國文字通論》，何琳儀。北京，中華書局，1989 年。
133. 《歷代鐘鼎彝器款識法帖》，薛尚功。台北，廣文書局，1972 年。
134. 《積微居甲文說》，楊樹達。上海古籍出版社，1986 年。
135. 《鍥不舍齋論學集》，陳師新雄。台北，學生書局，1990 年 10 月初版二刷。
136. 《叢文俊書法研究文集》，叢文俊，北京，中國文聯出版社，1999 年。
137. 《簡帛佚籍與學術史》，李學勤。台北，時報文化出版公司，1994 年 12 月。
138. 《簡牘書法》，黎泉。上海書畫出版社，1985 年。
139. 《轉注釋義》，先師魯實先。台北，洙泗出版社，1976 年。
140. 《魏三體石經殘字集證》，呂振端。台北，學海出版社，1981 年。
141. 《魏石經初探》，邱德修。台北，學海出版社，未著出版年月。
142. 《辭典部首淺說》，蔡信發先生。台北，漢光文化事業公司，1985 年。
143. 《觀堂集林》，王國維。台北，河洛圖書出版社，1975 年。

二、期刊論文

1. 《上海博物館集刊》，上海，古籍出版社。
2. 《中央研究院史語所集刊》，中央研究院歷史語言研究所。
3. 《中國文字》，台北，藝文印書館。
4. 《中國語文研究》，香港，中文大學中國文化研究所，吳多泰中國語文研究中心。
5. 《文物》，北京，文物出版社。
6. 《古文字研究》，北京，中華書局。
7. 《江漢考古》，北京，文物出版社。
8. 《考古》，北京，文物出版社。
9. 《考古與文物》，陝西省考古研究所。
10. 《書法研究》，上海書畫出版社。
11. 《書法叢刊》，北京，文物出版社。
12. 《書道研究》，東京，美術新聞社。
13. 《語文論叢》，上海教育出版社。
14. 《簡帛研究》，廣西教育出版社。

三、工具書

1. 《大廣益會玉篇》，顧野王原著，孫強、陳彭年等重修增訂。北京，中華書局，1987 年 7 月。
2. 《千唐誌齋藏誌》，河南省文物研究所、河南省洛陽地區文管處編。北京，文物出版社，1989 年。
3. 《中山王嚳器文字編》，張守中撰集。中華書局，1981 年 5 月。
4. 《中國書法名蹟》，青山杉雨、今井凌雪、古村喜齋、古谷蒼韻四先生編集。東京，每日新聞社，1979 年 10 月。
5. 《中國楷書大字典》，嚴慶祥。台北，藍燈文化事業公司，1987 年 11 月。
6. 《文化大革命期間出土文物》（第一輯），出土文物展覽工作組編輯。北京，文物出版社，1972 年 2 月。
7. 《互註校正宋本廣韻》，余迺永。台北，聯貫出版社，1974 年。
8. 《木簡字典》，佐野光一。東京，雄山閣，1995 年。
9. 《王羲之書法字典》，杭迫柏樹。東京，二玄社，1988 年 8 月。
10. 《包山楚簡文字編》，張光裕、袁國華編。台北，藝文印書館，1992 年。

11. 《古文字通假釋例》，王輝。台北，藝文印書館，1993 年。
12. 《古文字類編》，高明。東京，東方書店（中華書局版），1987 年。
13. 《古陶文字徵》，高明、葛英會。北京，中華書局，1991 年。
14. 《古陶文彙編》，高明。中華書局，1990 年。
15. 《古陶文孴錄》，顧廷龍。台北，文海出版社，1970 年 1 月。
16. 《古陶文彙編》，高明。東京，東方書店（中華書局版），1989 年。
17. 《古幣文編》，張頷。北京，中華書局，1976 年。
18. 《古璽文編》，羅福頤。北京，文物出版社，1978 年。
19. 《古璽彙編》，羅福頤。北京，文物出版社，1981 年。
20. 《古籀彙編》，徐文鏡。台北，商務印書館，1977 年。
21. 《北京大學圖書館藏歷代金石拓本菁華》，北京大學圖書館金石組，胡海帆、湯燕編。北京，文物出版社，1998 年 4 月。
22. 《四庫全書簡明目錄》，永瑢。台北，河洛圖書出版社，1975 年。
23. 《正字通》，張自烈。北京，國際文化出版公司，1996 年。
24. 《正續一切經音義》，釋慧琳、釋希麟。上海古籍出版社，1988 年 1 月。
25. 《甲骨文合集》（1～13），郭沫若主編。北京，中華書局，1982 年。
26. 《甲骨文字典》，徐中舒主編。四川辭書出版社，1988 年。
27. 《甲骨文字集釋》，李孝定。台北，中央研究院歷史語言研究所，1974 年。
28. 《甲骨文編》（改訂版），孫海波。大化書局，1982 年。
29. 《甲骨文簡明詞典》，趙誠。北京，中華書局，1988 年。
30. 《石刻篆文編》，商承祚。北京，中華書局，1976 年。
31. 《先秦貨幣文編》，商承祚等。書目文獻出版社，1983 年。
32. 《同源字典》，王力。北京商務印書館，1982 年 10 月。
33. 《字形匯典》（一～五〇冊，前三十冊已出版，後二十冊待刊），聯貫字形匯典編纂委員會編。台北，聯貫出版社，1983～1996。
34. 《字統》，白川靜。東京，平凡社，1986 年。
35. 《吐魯番出土文書》（壹），中國文物研究所、新疆維吾爾自治區博物館、武漢大學歷史系編。北京，文物出板社，1992 年 10 月。
36. 《吉林大學藏古璽印選》，吉林大學歷史系文物陳列室編。北京，文物出版社，1987 年 9 月。
37. 《宋本玉篇》，顧野王。北京，中國書店，1983 年。
38. 《居延漢簡》（圖版之部），中央研究院史語所，1977 年。
39. 《居延漢簡甲乙編》（上下冊），中國社會科學院考古所。北京，中華書局，1980 年。

40.《居延新編》(全二冊),甘肅省文物考古研究所、中國社會科學院歷史研究所等合編。北京,中華書局,1994年12月。
41.《青銅器銘文檢索》(全六冊),周師 何總編,季旭昇、汪中文主編。台北,文史哲出版社,1995年5月。
42.《金文常用字典》,陳初生。陝西人民出版社,1987年。
43.《金文詁林補》,周法高、張日昇等。香港中文大學,1977年。
44.《金文編》(增訂四版),容庚編,張振林、馬國權摹補。北京,中華書局,1985年。
45.《金文編‧金文續編》,容庚。台北,洪氏出版社,1974年。
46.《金石文字辨異》,邢澍。台北,古亭書屋,1970年。
47.《金石異體字典》,邢澍、楊紹廉原著,佐野光一編。東京,雄山閣,1980年。
48.《長沙走馬樓三國吳簡---嘉禾吏民田家莂》(上、下),長沙市考古研究所、中國文物研究所、北京大學歷史學系走馬樓簡牘整李組編著。北京,文物出版社,1999年9月。
49.《匋文編》,金祥恆。藝文印書館,1964年。
50.《英國所藏甲骨集 》(上下冊),李學勤、齊文心、艾蘭。北京,中國社會科學院歷史研究所、倫敦大學亞非學院編輯,中華書局,1985年。
51.《故宮博物院藏古璽印選》,羅福頤主編。北京,文物出版社,1982年12月。
52.《原本玉篇殘卷》,顧野王編撰。北京,中華書局,1985年。
53.《唐六典》,李林甫主編。北京,中華書局,1992年1月。
54.《殷墟甲骨刻辭類纂》(上、中、下冊),姚孝遂、蕭丁。吉林大學古籍研究所叢刊之六,中華書局,1989年。
55.《書道全集》(全26卷),東京,平凡社。1986年5月,初版第17刷。
56.《秦代陶文》,袁仲一。西安,三秦出版社,1987年。
57.《秦漢金文錄》,容庚。台北,樂天書局,1974年。
58.《秦漢南北朝官印徵存》,羅福頤。北京,文物出版社,1987年。
59.《秦漢魏晉篆隸字形表》,徐中舒主編。四川辭書出版社,1986年。
60.《書體字典》,美術文化院編輯部。漢城,美術文化院,1983年2月。
61.《偏類碑別字》,羅氏原著,北川博邦編。東京,雄山閣,1975年。
62.《常用國字標準字體表》,教育部編。正中書局,1979年。
63.《異體字字典》,李圃編。上海,學林出版社。1997年。
64.《郭店楚簡研究》,張光裕編。台北,藝文印書館,1999年。
65.《復古編》,張有。四庫善本叢書初編‧經部。
66.《湖南省博物館藏古璽印集》,湖南省博物館。上海書店,1991年6月。

67.《集古求真》，歐陽輔。京都，中文出版社，1971 年。
68.《集韻》，丁度等。上海古籍出版社，1985 年。
69.《敦煌漢簡》，甘肅省文物考古研究所編。北京，中華書局，1991 年 6 月。
70.《敦煌遺書書法選》，徐祖蕃、秦明智、榮恩奇編選。甘肅人民出版社，1985 年 10 月。
71.《敦煌漢簡》（大英圖書館藏），大庭脩。東京，同朋社，1990 年 6 月。
72.《雲夢睡虎地秦簡文字編》（待刊），杜忠誥編。1989 年。
73.《新編秦漢瓦當圖錄》，陝西省考古研究所秦漢研究室編。西安，三秦出版社，1987 年 5 月。
74.《碑別字新編》，秦公輯。北京，文物出版社，1985 年。
75.《漢代簡牘草字編》，陸錫興。上海書畫出版社，1989 年。
76.《漢印文字徵》，羅福頤。北京，文物出版社，1978 年。
77.《漢印文字徵補遺》，羅福頤。北京，文物出版社，1982 年。
78.《漢字的起源》，加藤常賢。角川書店，昭和 57 年。
79.《漢語古文字字形表》，徐中舒主編。四川辭書出版社，1987 年。
80.《漢隸字源》，婁機。台北，鼎文書局，1978 年。
81.《漢簡》（全 12 卷），赤井清美編著。東京，東京堂，1975 年 10 月～1977 年 8 月。
82.《漢簡文字類編》，王夢鷗。台北，藝文印書館，1974 年。
83.《漢簡書法選》，徐祖蕃編選。蘭州，甘肅人民出版社，1988 年 3 月。
84.《說文古籀補》，吳大澂。北京，中華書局，1988 年。
85.《說文古籀補補》，丁佛言。北京，中華書局，1988 年。
86.《說文古籀三補》，強運開。北京，中華書局，1986 年。
87.《銀雀山漢簡釋文》，吳九龍。北京，文物出版社，1985 年。
88.《鴛鴦七誌齋藏石》，趙力光編。西安，三秦出版社，1995 年 12 月。
89.《歐法字彙》，文史哲出版社編輯部。台北，文史哲出版社，1981 年 10 月。
90.《樓蘭---殘紙、木牘書法選》，谷村喜齋先生編集。東京，日本書道教育會議，1988 年。
91.《篆隸字典》，赤井清美。東京，小高製本株式會社，1989 年。
92.《篆隸考異》，周靖。四庫善本叢書初編・經部。
93.《戰國古文字典----戰國文字聲系》，何琳儀。北京，中華書局，1998 年。
94.《龍龕手鑒新編》，潘重規編。北京，中華書局，1988 年。
95.《魏晉唐小楷集》，東京，二玄社，1987 年 2 月。
96.《隸書大字典》，伏見冲敬。東京，角川書店，1989 年 3 月。

97.《隸書大字典》(原名《隸篇》),翟云升。台北,宏業書局,1975 年 8 月。
98.《隸辨》,顧藹吉。台北,世界書局,1961 年。
99.《隸釋・隸續》,洪适。北京,中華書局,1985 年。
100. 《顏真卿字典》,石橋鯉域。東京,二玄社,1992 年 3 月。
101. 《類篇》,司馬光等。北京,中華書局,1984 年。
102. 《釋名》,劉熙。台北,育民出版社,1970 年。
103. 《鐘鼎款識》,王厚之。北京,中華書局,1985 年 7 月。
104. 《續甲骨文編》,金祥恆。台北,藝文印書館,1959 年。
105. 《鐵雲藏貨》,劉鶚。北京,中華書局,1986 年 6 月。

作者簡介

杜忠誥，一九四八年生，臺灣彰化縣人。省立台中師專語文組畢業，日本國立筑波大學藝術學碩士，國立臺灣師範大學國文系學士及國文研究所文學博士。精研八法與文字形體學，擅各體書。作品曾獲中山文藝獎、吳三連文藝獎及國家文藝獎等。曾個展於國立歷史博物館國家畫廊、臺北市立美術館、台灣省立美術館及日本東京銀座鳩居堂畫廊等處。歷任全國美展、中山文藝獎、國家文藝獎等評審委員，臺北市立美術館作品審查委員、高雄市立美術館典藏委員、國立歷史博物館美術文物審議委員、中華書道學會理事長等。現任國立臺灣師範大學國文系所專任及美術系所兼任副教授。著作有《書道技法一二三》、《睡虎地秦簡研究》、《杜忠誥書藝集》、《說文篆文訛形釋例》等。

國家圖書館出版品預行編目資料

說文篆文訛形釋例 / 杜忠誥著. -- 初版. --
臺北市：文史哲, 民 91
面 ； 公分. -- (文史哲學集成 ; 464)
參考書目：面
ISBN 978-957-549-418-6(平裝)

1.說文解字 － 研究與考訂 2.中國語言 －
文字 － 形體

802.21 91003039

文史哲學集成 464

說文篆文訛形釋例

著 者：杜 忠 誥
出版者：文 史 哲 出 版 社
http://www.lapen.com.tw
登記證字號：行政院新聞局版臺業字五三三七號
發行人：彭 正 雄
發行所：文 史 哲 出 版 社
印刷者：文 史 哲 出 版 社
臺北市羅斯福路一段七十二巷四號
郵政劃撥帳號：一六一八〇一七五
電話 886-2-23511028・傳真 886-2-23965656

平裝實價新臺幣七〇〇元

中華民國九十一年(2002)七月初版
中華民國九十八年(2009)二月初版修訂

ISBN 978-957-549-418-6